城镇化是人口、资金、产业在地理空间的"映射"，

它更像是一个结果。

过去，

城镇化之所以被看作是中国经济增长的驱动力，

是因为它顺应了市场化改革、货币化进程和全球化浪潮三大转变，

城镇化在很大程度上是对这三大转变的一种响应。

未来，

只有进一步启动新的改革，

释放市场力量，

才能使下半段的城镇化成为经济增长的发动机。

The Financial Perspective of the Urbanization Transformation in China

城镇化大转型的金融视角

巴曙松　杨现领◎著

厦门大学出版社
XIAMEN UNIVERSITY PRESS
国家一级出版社
全国百佳图书出版单位

本书在撰写过程中，得到卓智基金会和钟永钰、吴卫军先生的大力支持，在此谨致谢意。同时，本书是《房地产大周期的金融视角》一书研究的继续与深化。

序言：中国城镇化的大转型

从更为广泛的意义上说，中国的城镇化是全球城镇化浪潮中引人注目的一个重要组成部分。

目前世界超过50％的人口生活在城市，我们已经处于一个城镇化的世界。据预测，2050年之前，仍将有30亿人加入城市居民的行列。城市的新增人口大部分将集中在亚洲、非洲和拉丁美洲，这些地区每个月将新增500万城市居民，而欧洲和北美，每个月新增城市人口将只有50万。

在这个浪潮之中，亚洲国家的城镇化更加引人注目。亚洲发展银行的统计数据显示，1980—2010年，亚洲城市人口增长数量超过10亿人，高于其他地区的总和。从最新的数据看，目前亚洲地区的城市居民数量占据全球城市居民数量的50％，城市人口总量超过欧洲地区的3倍。预计到2040年将有另外10亿人加入城市之中。这种规模庞大、史无前例的城镇化进程在中国、印度这两个国家表现得尤其突出。

中国是亚洲乃至全球城镇化浪潮的一个重要组成部分，在全球化的驱动下，中国的城镇化不仅改变和重塑了中国的发展路径，也对全球经济产生了重大影响。1978—2012年，中国的城镇化率从18％提高到52.7％，城市人口从1.7亿人提高到7.1亿人，城市人口增加量平均每年超过1 500万人，其中绝大部分来自农村向城市的净迁移人口的增加。这些数以亿计的迁移人口从中国的内陆迁移到沿海省市，先是流向沿海的广州、深圳，然后是浙江、江苏、上海。这些省市的人均GDP在2010年已经和发达国家相差无几，上海和深圳已步入全球生产效率最高的城市之列。更为重要的是，规模庞大的流动人口经由中国沿海的制造业加入全球产业链和全球贸易的大潮之中，亦对全球经济格局产生了不可忽视的深远影响。

目前中国的城镇化浪潮方兴未艾。从 1996 年至 2011 年的 16 年里，中国的城镇化迅速完成了加速发展阶段的前半段（城镇化率从 30％ 提升到 50％），这种举世瞩目的城镇化速度使中国成功实现了从贫困陷阱向中等收入国家的转变。在未来 20～25 年里，中国的城镇化将进入加速发展阶段的后半段（城镇化率从 50％ 提升到 70％），在这段时间里，中国将面临着进入高收入国家还是陷入中等收入陷阱的历史性拐点。在此之前，中国用 30 多年的时间完成了发达国家花 100 多年走过的城镇化道路，这种规模庞大、速度极快、"高度浓缩"的中国式道路使中国城镇化的成功和中国城镇化的问题一样突出，辉煌成就的背后暗含着不少的问题。在此之后，中国未来的城镇化将面临更多的挑战，前半段积累的突出问题，将在后半段集中释放。如果不能改变城镇化的驱动方式，中国未来的经济增长、社会包容性及环境持续性都将受到不利影响。从国际经验来看，只有少数国家在越过 50％ 的城镇化率拐点之后，成功走向了高收入社会，而大多数国家的城镇化水平尽管继续提高，却没有带来经济的持续增长和效率的持久改进，最终进入中等收入陷阱。

从这个角度讲，中国未来的城镇化更像是一个转型的概念，它将更为强调质量和效率的含义，更为突出发展模式的转变，它的战略目标和历史意义在于将中国成功推向高收入国家。为此，未来中国的城镇化道路注定将会是一条艰难的转型之路。从更大的范围来讲，中国的这场城镇化转型恰好契合大危机时代全球产业链的重新调整、新兴市场与发达国家之间再平衡的宏大主题，因此，中国的城镇化转型也可视为全球经济、产业和贸易转型的一个组成部分。

为此，本书的出发点和着眼点在于转型，我们将在转型的框架中重点思考如下命题：

第一个命题：中国未来城镇化的关键在于增长动力的转型

从历史的角度看，中国的城镇化和经济增长之间保持了高度的相关性。然而，这种相关性的出现在很大程度上是因为全球化浪潮、市场化改革和货币化进程三者的叠加驱动并加速了中国的城镇化进程，进而带来了快速的经济增长。具体而言，土地市场化改革加速了城镇化的发展，并经由房地产市场化改革效应的放大，推动了城市基础设施的建设；户籍制度的松动促进了人口从农村向城市的流动、劳动力从农业向工商业的流动，从而带动生产效率的提升；全球化浪潮和全球产业分工则为中国制造、中国出口开辟了广阔的市场空间，从而使中国的工业化、城镇化和经济增长出现了协同效应。然而，从全球性金融危机之后的新格局以及中国自身的约束条件来看，无论是外部的驱动力，还是内部的驱动力，都将出现不同程度的弱化，这些都意味着中国未来的城镇化需要寻找新的增长动力。从这个意义上讲，中国城镇化转型的第一要义是增长动力的转型。

理论上，增长动力转型的本质是要为城市的经济增长与繁荣寻找可持续的动力之源，最原始的动力通常来自生产率的提高。一般来说，城镇化过程中生产率的提高来自三个方面：

其一是结构效率，即人口从生产率低的农业部门向非农部门转移。在这个阶段，生产率的提升和城市人口增长的速度大体保持一致。50％的城镇化率是一个标志性的临界点，在此之前，农村农业人口以极快的速度转向城市工商业，结构效率极大释放，这通常也会伴随劳动生产率的快速提升。然而，越过这个临界点，一旦城市的主导产业由工业转向服务业，结构效率提升的速度便会自然下降。

其二是规模效率，即人口密度所产生的聚集效应。通常最先是农业技术创新推动农业人口向城市制造业集中，产生制造业的规模效应，接着是制造业技术创新推动人口向城市服务业集中，产生服务业的规模效应。更为重要的是，通常也只有在更多人口的城市中，才能产生企业家的创新及对技术的生产性使用，也才能进一步促进城市的扩张和经济的增长。在这个阶段，生产率的提升和城市人口的存量规模相关性更大。例如，在美国，在大城市的大都市区工作的工人收入通常比小城市的工人收入要高出30％，生活在居民人口超过100万人的大都市区的美国人的生产效率比那些生活在规模较小的都市区里的美国人平均高出50％以上。

其三是分工效率，即不同城市之间的专业分工、劳动力的素质和交通运输网络的完善对于城市的分工往往具有重要作用。城市分工和专业化取决于城市劳动力的构成和人力资本的积累。Henderson对美国、巴西、韩国和印度的经验研究表明，由于教育水平的差异，不同城市的生产结构具有明显的专业分工。他研究的317个城市制造业样本数据中，分别有40％、17％、42％的城市根本不存在计算机、电子元器件和航天制造业。同时，一个跨城区的交易网络和城际交通网络也在城市分工和经济增长中发挥着至关重要的作用。一般意义上，大城市在商业服务、小城市在制造业上的专业程度更高，但是需要便利的交易网络和交通网络将两者连接起来，实现不同城市之间的产品贸易。

总体上讲，结构效率、规模效率和分工效率是城市化驱动经济增长的三条渠道，如果不具其一，那么城市化就几乎不可能会伴随经济增长。通常，在城市化的早期阶段，结构效率居于主导地位，恰当的政策应该是促进人口自由流动，使农业劳动力最大限度地转移至非农产业，从而促成生产率的提升。然而，随着城市化进入中后期阶段，即城市人口增长速度趋缓，甚至不再增长，规模效率和分工效率开始居于主导地位，此时，恰当的政策应该是在促进人口聚集效应所发挥的规模和协同作用的同时，最大限度地消除人口密度过高所产生的负作用。

1880—1940 年的 61 年间，美国的城市化率与人均 GDP 增长率保持了极为一致的相关性，然而 1940 年之后，美国的城市化率超过 60％之后，城市化速度明显放缓，但人均收入的增长速度依然保持上升态势。一般性的解释是，在初始阶段，城市化与经济增长的强相关性反映的是劳动力等资源从农业向工商业转移带来生产率上升，这是一种资源的产业配置效应；而在城市化的中后期，收入的上升反映的则是工业和服务业内部生产率的大幅度改进，而这通常是由技术进步、知识溢出和规模经济效应所引起。一个相反的案例是巴西，20 世纪 60 年代后期，巴西的城市化率为50％，在其后的 20 年里，伴随着城市化的继续推进，生产率与人均收入也有明显的上升，但 80 年代之后，虽然城市化率仍在上升，但人均 GDP 水平却一直止步不前，甚至在 1980 年之后的 5 年里连续出现大幅度下降。

过去 10 多年，中国在将劳动力从农业转移到效率更高的制造业和服务业方面取得了显著的成效。第一产业就业人数占比由 2001 年的 50％下降到 2011 年的 35％，这 11 年间，中国的城市就业增长率平均每年为3.3％，11 年累计创造了近 1.5 亿个就业岗位，城市就业总量增长了40％。由于农业劳动者的生产率仅是城市劳动者的 10％左右，这种大规模的就业转换促进了中国生产率的大幅提高，这也是中国经济快速增长的动力之一。

然而，相对于结构效率的快速提升，中国规模效率和分工效率的提升并不显著。从过去 10 多年的经验来看，这两种效率发挥的作用十分有限，例如即使是中国最大的城市，其人口规模和人均收入之间似乎也不存在显著的相关性。另外，由于过去很长一段时间，中国的生产中心集中在东部沿海，中国发挥的是制造业中心的作用，真正与中国制造业形成分工的是海外服务业，例如中国产品出口到海外，使用的是海外的供应链体系。因此，中国制造业与服务业之间的分工效率并不明显。

展望未来，中国的分工效率和规模效率的提升潜力巨大，也只有这两种效率逐步提高，才能对冲结构效率自然下降带来的效率损失。具体而言：其一，从区域之间的分工来看，沿海城市由于土地成本和劳动力成本的上升，对制造业的吸引力正在下降。但是内陆地区，特别是20世纪八九十年代出生率很高的河南、江西和广西，现在的人口红利依然存在，且较为显著，劳动力成本仍低于马来西亚、泰国、菲律宾等亚洲经济体，这吸引制造商从中国沿海迁至内陆地区。原则上，这可以说是一种跨区域的制造业重新配置，也是一种对冲沿海成本上升和实现区域间产业分工的必然选择。其二，从城市之间的分工来看，内陆中心城市在未来的制造业发展浪潮中通常是作为中高端科技型产业的中心，中低端制造业为了规避高地价和高房价，往往倾向于选择内陆中小城市，使之成为生产和制造中心，从而形成中心—外围城市、中心城区—郊区之间的制造业分工。其三，从规模效率来看，未来若能形成以城市群为载体的空间结构，沿海和内陆中心城市的人口聚集、知识溢出和劳动力匹配等方面的规模效应也将逐步显现。

然而，分工效率和规模效率的实现也需要中国未来的基础设施投资等方面的政策作出必要的改变：其一是加大对沿海与内陆之间交通一体化基础设施建设的投资和融资支持力度，将内陆城市与沿海城市连成一体，承接产业转移；其二是加大对城市之间的交通网络化设施的投资和融资支持力度，通过城际公交、城际铁路、城际客运、支线机场轨道交通，将城市与郊区、中心与外围连成一体，降低生产和贸易成本；其三是治理"城市病"，以最大限度地消除人口聚集所产生的负外部性，从而将经济集聚的正外部性保持在较高水平。

第二个命题：中国未来城镇化的核心内容在于人口城镇化的转型

爱德华·格莱泽在其著作《城市的胜利》中曾精辟地指出："城市实际上是一个彼此相互关联的人类群体，城市不等于建筑，城市等于人。"

在我们看来，人是产业和城市互动融合的核心，有"产"才有"城"，产业是城市的基础，是城市财富增长的源泉，有竞争力的产业塑造可持续增长的城市；有"人"才有"产"，通常，人口的持续净流入是判断一个城市产业增长潜力的关键指标，更为重要的是，人口素质和人口结构对于城市经济增长的持续性也同样重要，一个拥有更多年轻人才的城市，必然更充满经济活力。

从这个角度看，人口的城镇化作为城镇化有机系统的一个组成部分，其重要性不言而喻。然而，对于中国而言，无论是同发达国家，还是同新兴市场国家相比，人口城镇化的含义都要远为复杂。具体而言：

第一，从正常逻辑来看，城镇化进程中按人口流动主导方向可分为四个阶段：从农村进入城市、从小城镇进入大城镇、从城区进入郊区、郊区城镇化从而形成大都市圈。因此，不同阶段的人口流向并不相同，人口城镇化的含义也自然不同。以美国经验来看，1920 年之后，美国城市化率突破 50%，人口城市化率上升的速度趋缓。1970 年，美国大都市区内，郊区人口数量超过了中心城市人口数量，郊区成为中产阶级的天下，经济重心也随之转移到那里，汽车文化大行其道，郊区的购物城取代了市中心商业区，成为零售业的主导形式。1979 年，美国城市人口占全国总人口的比重超过 70%，之后，基本保持稳定，但人口集中的趋势没有变，只是城市的空间结构发生了明显的变化，周边的郊区也被囊括其中，构成以多中心为主要特征的大都市区。1990 年，又是一个划时代的年份，美国有一半以上的人口居住在居民人口超过 100 万的大型都市区里，美国的都市区化又向大型化迈进了一步。从此，城市之间的界限变得模糊，城乡概念已不能准确描述美国的人口分布，取而代之的是大都市区和非大都市区。

从中国的情况看，2011 年，城镇化率突破 50%，作为一个标志性转折点，未来人口流向很可能会发生多层次的变化。在这个临界点之前，人口的主导流向是从农村进入城市，尤其是进入大城市。第六次人口普查数据显示，全国外来人口 1.4 亿人，其中 80% 集中于上海、深圳、北京、东莞、广州等 50 个城市，外来人口数量排名前十的城市的人口流入占比就高达 43.2%。在此之后，人口的流向将从单一逐步走向多元：其一，鉴于中国的农业劳动生产率仍处于较低水平，农村仍然存在一定规模的劳动力，未来若能顺利推动农业规模种植和农业工业化，农村仍有可能节约出不少劳动力，他们仍将继续沿着从农村到城市的传统道路迁移。其二，鉴于沿海及个别发达城市生活成本日益提升，且伴随着流动人口的老龄化和工业岗位的内迁，未来将有部分流动人口返回内陆，甚至返回家乡。其三，随着交通一体化，中心城市和郊区之间的产业分工将发生变化，人口的重新分布也将是自然趋势。

第二，从城镇存量人口的分布结构看，尽管 2011 年中国的城镇化率已突破 50％，在 6.9 亿城镇常住人口中，却只有 60％左右居住在 650 多个城市（含直辖市、地级市和县级市），仍有 40％左右即 2.8 亿左右的常住人口居住在近 2 万个镇区。

然而，从多个经济指标衡量，镇区和市区都存在较大的差距。从人口规模看，市区平均人口超过 50 万人，而镇区平均人口则在 1 万人左右，这样的人口密度不足以产生现代城市经济所必需的规模效应和聚集效应；从产业和劳动力就业情况看，镇区平均工业企业数量仅仅为市区的 25％，平均就业人数不足市区的 10％；从投资密度即建成区每平方公里获得的投资规模看，镇区是市区的 10％。在显著的差距之下，镇区由于人口密度低、企业规模小、基础设施条件差，不仅无法充分吸纳农村转移人口，更无法实现城市经济所必需的生产、消费、贸易和交通运输的规模效应。因此，中国人口城镇化的空间布局事实上是一个极为分化的状态，最大的差距不是体现在大中小城市之间，也不是沿海与内陆城市之间，而是体现在市区和镇区之间。考虑到这种现状以及下一阶段中国人口城镇化转型的主线索，中小城镇向中小城市的转型也将是一个关键环节。

第三，中国的人口城镇化在很大程度上仍然是极不平衡的过程。首先，中国的人口城镇化过程多是以劳动力为单位的流动，举家外出的人口流动较少，这里的一个直接结果是劳动力的流动促进了中国非农产业部门的生产力的极大提升，但是由于缺少以家庭为单位的消费活动，流动的劳动力无法形成正常的城市消费，多余的生产能力则不得不依赖出口。其次，中国常住人口城镇化和户籍人口城镇化也存在不一致。2011 年中国常住人口城镇化率为 51％（常住城镇人口规模为 6.9 亿人），但是户籍人口城镇化率仅为 35％（户籍城镇人口为 4.6 亿人），两者差值达 16 个百分点。考虑到中国的养老、医疗、教育和公共服务在一定程度上均与户籍挂钩，这种差距本身即意味着非户籍人口，主要是迁移人口，并非真正意义上的城镇居民。

第三个命题：中国未来城镇化的落脚点在改革

从某种程度上说，围绕城镇化来推动改革将成为未来中国实体经济领域最为重要的一条主线索。历史上，中国城镇化的过程也可视为一种改革的过程，正是基于土地用途转换、人口流动、对外开放等一系列改革政策才使得中国的城镇化能够以史无前例的速度推进，并释放巨大的改革红利。站在当前的时点观察，无论是进一步释放城市增长的潜力，还是促进人口的城镇化，改革都将是重要的环节和落脚点，土地改革、户籍改革和融资体制改革则将成为最为关键的三个领域。

从土地改革来看，历史上不同阶段的土地改革为土地用途的转换和投融资结构的转变提供了基础性条件，从而在不同阶段为中国的城镇化注入显著的"制度红利"。展望未来，如果能够在现有土地制度的基础上进一步启动新的土地改革，那么也将为中国未来的城镇化注入新的红利。具体而言：其一是耕地流转改革，目标是变分散种植为规模种植，提高农业劳动生产率，促使潜在的农村人口进入城市。其二是集体建设用地流转改革，目标是克服城市建设用地指标约束。在中国当前的土地供给机制下，有的城市土地扩张速度过快，往往会透支规划期内的用地指标额度，从而形成城市扩张的硬性约束。同时，由于不同城市的发展速度不同，用地指标的耗费速度也自然不同，一个明显的结果是发达城市的指标约束更为紧张，欠发达城市的指标约束则相对宽裕。因此，为了解决土地指标的总量不足和区域错配问题，目前不少地方正在试点的集体建设用地流转有望成为下一阶段土地制度改革的突破口之一，最有可能的两种流转方式分别是增减挂钩和直接入市。其三是土地增值收益改革，这是实现转移人口市民化的关键突破口，潜在的改革方向有两个：在一次收益环节，提高农民在土地增值收益分配中的占比；在二次收益环节，改革土地出让金的用途，以更大的比例用于城市转移人口的公共支出。

从户籍改革来看，改革的目标是实现城市居民和城市移民之间的机会均等和公共服务均等以及城乡一体化。从目前各方凝聚的共识来看，户籍改革的重点在于同步降低城镇户籍门槛和建立以可以携带的"最低公共服务包"为依托的居住证制度，以加强流动人口服务的公平性，促进流动。

　　从融资体制改革来看，中国推进新型城镇化的瓶颈之一即是城市基础设施融资，未来基础设施投资正逐步从高铁、高速公路和机场建设转向地铁、城际交通网，以及城市供水、燃气管道和污水处理等公共设施。然而，在当前融资和财税体制下，城市基础设施融资依然存在诸多挑战，突出表现在地方政府缺少可持续的支柱税种和主体税源、公共服务责任和财力不匹配、地方债务负担压力较大、城市基础设施建设过度依赖土地出让收入等。要解决上述突出矛盾，需要政府进行必要的城市融资工具创新、财税体制改革以及土地制度改革等，从而打造可持续的城市融资方式。在这个前提下，市政债、房产税、公私合营以及诸多金融创新工具都有可能在探索、规范和扩大的基础上，成为可行的潜在融资方式。

　　总体上观察，中国的城镇化正处于一个大转折的时间段。路漫漫其修远兮，成就已写入历史，未来仍须探索，让我们以积极乐观的态度期待中国的城镇化谱写出新的历史华章。

巴曙松

2013 年 7 月

目录

问 题

❋ 我们需要什么样的城市

城市代表着人们不再依赖自然界的恩赐，而是另起炉灶，试图构建一个崭新的、可操控的秩序。

——雅克·埃吕尔：《城市的意义》

对过而不入者来说，城市是一回事，对被困在城市不能离开的人，城市又是另外一回事；你初到某城，感觉是如此这般，当你告别这座城市永不回头时，感觉又完全不同。这四种情况，可以为同一个城市赋予四种不同的名字。

——Italo Calvino：《看不见的城市》

　　我们处于一个城镇化的世界。在美国，2.43亿人口生活在仅占全国总面积3%的土地上；在日本，生活在东京及其周边城区的人口已突破3 600万；在印度，孟买中心城区居住着1 200万人口；在中国，过去20多年，数以亿计的流动人口从内陆迁移到沿海，那个时候，农民从最穷的省份流出，如贵州、四川、安徽、河南，在1990—1995年间、1995—2000年间、2000—2005年间跨省流动人口分别达到1 000万、3 200万、3 800万，这些人口先是流向沿海的广州、深圳，然后是浙江、江苏、上海。这些省市的人均GDP在2010年已经和瑞士、澳大利亚相差无几，上海和深圳已步入全球生产效率最高的城市之列。

城市的世界

　　过去30年，全球的城镇化浪潮是一种奇迹。1950—1975年，全球的城市人口和农村人口都在增长，在此之后，城市人口的增长速度开始远远高于农村人口。在2008年，全球历史上人口居住在城市地区的比例首次达到50%。根据联合国的预测，2050年，这个比例将达到70%，见图0.1。从这个角度看，全球城镇化的巨大浪潮不仅没有结束，反而是在快速推进之中。

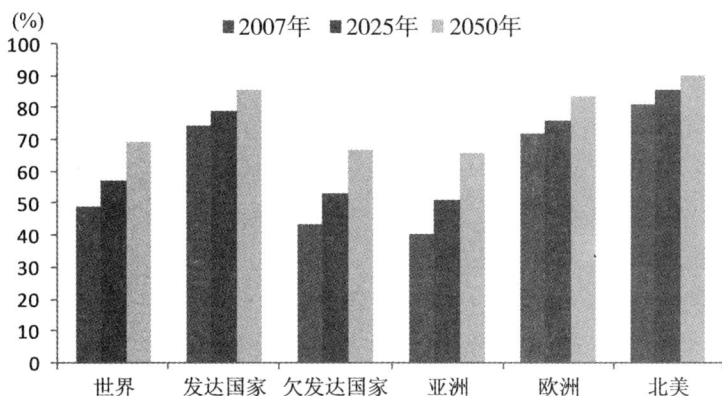

资料来源：联合国，2008年

图0.1　世界城市人口的变化趋势

在这个浪潮之中，亚洲国家的城镇化更加引人注目。亚洲发展银行的统计数据显示，1980—2010年，亚洲城市人口增长数量超过10亿人，高于其他地区的总和。从最新的数据看，目前亚洲地区的城市居民数量占据全球城市居民数量的50%，城市人口总量超过欧洲地区的3倍。预计到2040年将有另外10亿人加入城市之中。这种规模庞大、史无前例的城镇化进程在中国、印度这两个国家表现得尤其突出。相反，由于城市人口占比已经超过70%、快速的人口老龄化和人口自然增长率的降低，发达国家的城市人口增长速度也将放缓，根据联合国的估计，2025—2050年发达国家的城市人口年平均增长率将由1975—2007年的0.8%下降到0.3%。

亚洲国家的城市人口不仅规模庞大，而且增长速度极快。特别是在亚洲的新兴市场国家中，大多数城市的人口增长率平均每年都达到4%，很少会出现低于2%的情况。如果人口以每年2%的速度增长，那么城市居民的数量35年就可以翻一番；如果增长率为4%，那么这一时间将减少为17年。相比之下，过去64年（1949—2012年），中国的城市人口增长率平均每年高达5%，见图0.2（1949—1977年数据未体现）。这种极快的速度使得中国的城市人口占比由1949年的10%，上升到2012年的52.6%。对比世界不同地区城市人口从10%到突破50%所花费的时间可以发现，拉丁美洲经历210年才完成这一进程，欧洲则经历了150年，北美则是105年，见图0.3。

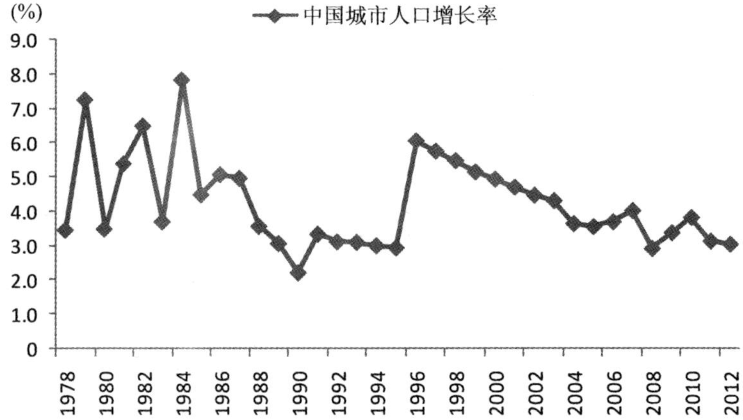

资料来源：亚洲发展银行

图0.2 中国城市人口增长率

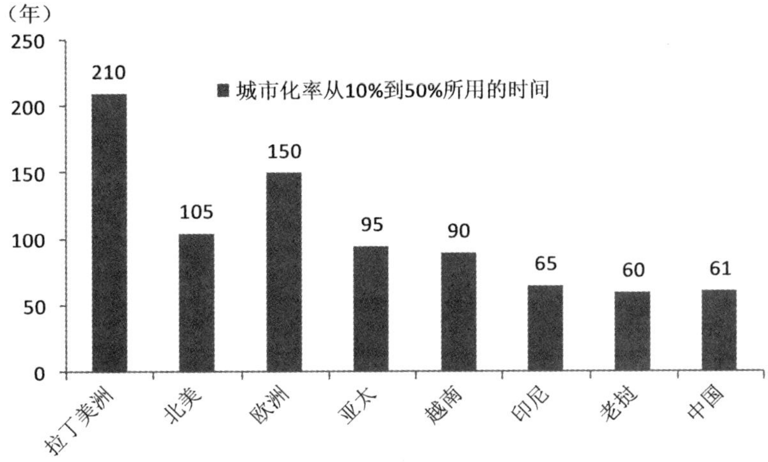

（年）

■ 城市化率从10%到50%所用的时间

250
210
200
150
150
105
100
95
90
65
60
61
50
0

拉丁美洲　北美　欧洲　亚太　越南　印尼　老挝　中国

资料来源：亚洲发展银行

图0.3　不同国家和地区城市人口比例从10％增加到50％所花费的时间

　　与亚洲国家快速的城镇化相比，特大城市的人口扩张速度更令人惊讶。2010年全球23个超大城市（人口超过1 000万）中有12个在亚洲，约占全球的50％；目前全球人口密度最高的三大城市都位于亚洲，全球10个人口最稠密城市中有8个在亚洲。预计到2025年，亚洲超大城市的数量将达到21个，全球将达到37个。

大机会、大问题？

　　从全球范围来看，我们已步入城镇化的世界，亚洲国家的城市人口比例将在未来几年快速上升到50％，中国已于2011年完成这一目标。那么，一个自然的问题便是：城市人口增长背后的动力是什么？特别是中国等发展中国家，是什么因素吸引人们蜂拥转移到城市？城市本身是否也是问题所在？

城市有何吸引力

　　城市之所以具有吸引力，通常是因为城市在诸多方面形成了显著区别于农村的普遍特征。法国历史学家费尔南多·布罗代尔曾宣称:"城市永远是城市,不论它位于何处,产生于何时,空间形式如何。"乔尔·科特金在其鸿篇巨制《全球城市史》中也曾精辟地指出:"尽管它们可能远隔重洋、相距万里,这个城市世界从一开始,就带有某些普遍的特征。"科特金将其高度提炼为六个字:神圣、安全、繁忙。他认为,如欲成为有吸引力的城市,必须同时具备精神、政治、经济这三个方面的特质,三者缺一不可。只要有一个薄弱环节,就会摧毁城市的基础,最终导致城市吸引力的退化,甚至城市的衰亡。① 不过,科特金定义的有吸引力的城市是全球进入工业社会之前的古典城邦,一个现代意义上的具有吸引力的城市,其普遍特征必然会有所不同。

一个最显著的不同是现代城市的经济条件。城市之所以具有吸引力,或者城市人口的快速扩张之所以被解读成是一个正面的现象,一个大的前提条件是城市所提供的规模经济和放大效应,可以增加人们实现就业、获得服务、拥有更好生活质量的机会。

首先,城市是规模经济集中显现的地方,从而使之成为经济增长和繁荣之地,并能够创造更多的就业机会。通常,城市人口密度较高,可以使专业化活动广泛存在,越大的城市就越能够在更大的范围内促进专业分工,不仅可以创造更多的岗位,以吸引人口流入,也可以促进生产力的提高。因此,经验分析通常会得出这样的结论:生产力和城市规模存在明显的正相关关系,当人口增加 1 倍,生产力会提高 3%~30%,具体大小则取决于不同行业和经济结构。这使得大城市对经济增长的贡献度要远高于相应的人口比例,这一点在新兴市场国家表现得更为明显。有数据表明,圣保罗和曼谷的人口分别为巴西和泰国人口的 10%~15%,这两个城市却创造了所在国家 GDP 的 40% 以上,另据测算,仅孟买一个城市就产生了印度税收收入的 40%。

其次,城市的规模经济可以使公共基础设施的高成本由更多的消费者分摊,基础设施和教育设施都是如此,在这种情况下,城市公共基础设施的每个使用者所支付的成本远远低于农村地区。这些公共基础设施不仅可以提高人们的生活质量,也可以对城市的长期经济增长产生积极作用。一

---

① 乔尔·科特金著,王旭译:《全球城市史》,社会科学文献出版社,2010,第15~17页。

个教育设施良好、基础设施完备的城市，生产力也必然较高，这将进一步增加城市居民的收入，从而吸引更多的人口。

再次，从社会消费结构的变化趋势看，人们对城市工业品和服务的需求弹性远远高于对农产品的需求弹性，致使农村地区的生产很难支撑其人口增长。因此，在农村人口增长越快、城乡收入差距越大的地方，城市的人口增长将会越快，这使得那些离开农村、进入城市的人口在就业和经济境况方面都得到了改善。经验上，可以得到这样的关系，即在城乡收入差距越大的国家，城市的扩张速度和城市的人口增长应该是越快的。

需要特别指出的是，城市的规模经济不仅仅体现在生产活动和公共设施上，而且也表现在消费的更多选择上。城市的专业分工不仅仅停留在工业生产或可交易的服务上，也体现在文化艺术和科学教育上，对科学的开放和更广泛的受教育机会对经济的增长是十分重要的，这已经成为一个被人们广为接受的基本经济事实。[①] 也有实践证据表明文化和民族的多样性以及与此相关的包容性会对经济增长产生积极影响。这种包容性能吸引有创造力的人才，保证文化的多样性和经济的动力。此外，艺术和文化也是消费品，一个能大量提供这种消费品的城市对大多数人来说是有吸引力的，城市由此获得了额外的活力。

正是基于这样的吸引力，全球范围内城市的扩张才被认为是一个正面积极的现象，并吸引人口不断进入城市。然而，也有研究指出，互联网时代的到来、通信技术的改进、交通成本的下降所产生的生产力将抵消城市的规模经济优势，从而使城市变得不是那么重要，然而，仅仅从现实世界观察，特别是亚洲国家方兴未艾的城镇化浪潮来看，这是一种尚需检验的判断，至少到目前为止，未被证明是正确的。

城市有何问题

在某种程度上，城市的问题和城市的吸引力同样突出，城市不仅具有人口集聚的规模效应，也有人口集聚的成本。我们可以把城市视为一个俱

---

① Tibaijuka，A.（2006），The importance of urban planning in urban poverty reduction and sustainable development，World Planners Congress，Vancouver，2006.

乐部，在一定限度内，已有成员很欢迎新成员的加入，这会丰富俱乐部的生活。然而，如果人数达到一定限度，新成员的继续加入开始产生副作用，新老成员对俱乐部空间、资源和活动的争夺会日益激烈，并由此产生较高的成本，降低所有人的生活质量。因此，城市是有集聚成本的，这通常会与高昂的房价、交通秩序的混乱、污染的增加和犯罪率的上升联系在一起。

第一个典型问题是高房价。在城市房地产市场，房价高昂和住宅紧张是突出问题，这是因为几乎所有类型的房地产，如办公楼、购物中心和居民楼都在激烈地争夺城市的有限土地资源，特别是中心城区的土地资源，这导致高地价和高房价几乎是不可避免的问题，这在那些土地供给缺少弹性、住宅建设密度过低的城市会表现得更为明显。另外，理论研究和实际情况都表明，房屋租金和城市规模之间存在正相关关系，换言之，大城市的房价无论在绝对意义还是相对意义上都要高得多。虽然由于较高的生产率，城市特别是大城市总能够提供更高的工资，不过，部分工资也被高房价所抵消，这种价格关系不仅仅体现在房地产上，也体现在各种消费品上，因为，大城市的高租金也必然会反映在消费品中，这是极为自然的事情。

相对而言，城市中心的土地价格会更高，这导致的问题是只有能够产生足够利润的高科技产业、商业服务业和住宅才有能力承担过高的地价，进而大大减少了公园、绿地和其他公共设施的土地数量，进而降低城市生活的质量。此外，市中心土地的稀缺也会导致更多的人无法承担日益上升的房价和生活负担，因此，贫民窟和棚户区往往会成为房地产价格高涨之下的副产品，这在新兴市场国家表现得更为突出。

第二个典型问题是城市的环境。污染类似城市"有毒的鸡尾酒"，在新兴市场国家包括中国的不少工业城市中，许多污染物未经处理便排放到周围的环境中。世界银行的数据显示，世界上污染最严重的20个城市中，中国占了16个，在这些城市中，经济成功和环境问题并存。

从根本上讲，城市的经济优势必然会伴随能源消费的快速增长。实证研究也表明，一个城市的繁荣程度和能源消费的强度之间存在极为明显的正相关关系。圣保罗消费的能源占据巴西的60%，而那里的人口仅占全国的15%。事实上，全球温室气体排放量的75%来自城市。

进一步观察，以石油为基础的经济和以汽车为主要交通工具的生活方式也与城市环境密切相关。石油作为能源在很大程度上支撑和促进了城镇化，石油的易得性反过来又使得低密度住宅、城市的平面扩张、汽车出行成为可能。汽车排放的废气在全部温室气体的排放中占据很大份额。

第三个典型问题是城市贫困问题。这涉及城市增长的普惠性和社会发展的包容性问题。平均而言，城市居民的生活条件要好于农村，毕竟城市人口能够获得更多的工作机会、更好的基本服务，然而，这并不能掩盖城市贫困的现实。在新兴市场国家的城市中，甚至一些发达国家的城市中，仍然有大量人口特别是外来移民生活在非正规的社区、工作在非正规的行业，这些人通常处于收入较低、住房拥挤、工作环境不安全，以及卫生设施缺乏等不利境地。需要特别指出的是，城市贫困绝不仅仅是收入不高的问题，贫困也涉及基本服务（如供水、卫生、教育和医疗等）不均等的问题，而且贫困所涉及的诸多方面是彼此相互联系的。供水、卫生和医疗条件不足会影响教育和健康，这反过来又会影响他们的生产能力和获得高收入的机会。

中国的城市、中国的问题？

相比之下，中国的城市或者中国的城镇化以规模庞大、速度极快著称，从而具有"高度浓缩"的特征，这使得中国城市的成功和中国城市的问题都非常突出，巨大成功的背后暗含着巨大的问题。

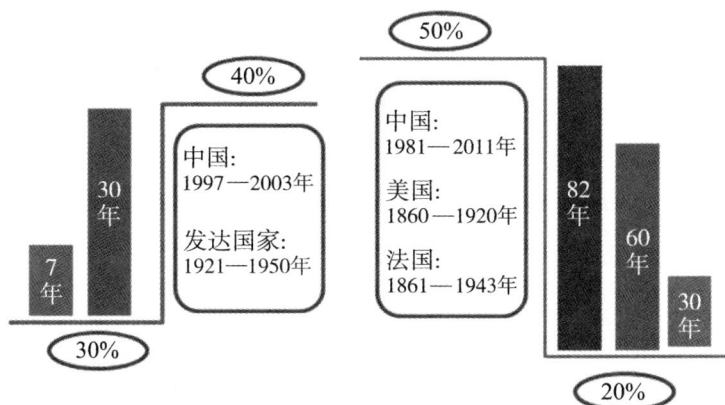

资料来源：作者梳理

图 0.4 中国"高度浓缩"的城镇化之路

对比来看，中国的城镇化发展之路相比传统的发达国家要"精短"得多。美国、英国、联邦德国和苏联的城镇化之路悠悠漫长，经历了一两百年的历程，而后起的发展中国家，中国作为最典型的代表，在后发优势的推动下，城镇化之路走得几乎是一帆风顺。以城镇化率从 30% 提升 10 个百分点为例，中国是在 1997—2003 年间完成的，而发达国家是在 1920—1950 年间完成的，平均用了 30 年；从改革开放至今，中国的城镇化率已经从 20% 提高至 52.6%，用了 30 年的时间，而法国用了 82 年，美国用了 60 年。

从经济增长和财富积累的角度讲，中国的城镇化同样耀眼夺目。中国的城镇化和经济增长、财富积累保持了正相关关系。如果城市的灯光代表繁荣的程度，那么中国的城市更为耀眼。从时间序列数据看，其一，GDP/单位城市土地面积从 2000 年到 2011 年增长了 4 倍，而且呈现加速增长态势，见图 0.5。其二，城镇化增速与人均 GDP 增速之间保持了显著的正相关关系，更为重要的是，这种相关关系是动态调整的，且存在一个明显的转折点，即在 2000 年之前，人均 GDP 增速与城镇化增速大致相当，经过标准化处理后的增速之差保持在 20 个百分点，但 2000 年之后，我们发现虽然随后的近 10 年是中国城镇化平均增速最快的阶段，但是人均 GDP 的增长速度却更快，两者之间的增速之差直线上升至 60 个百分点，见图 0.6。这反映了中国城镇化进程中生产率的极大提升。

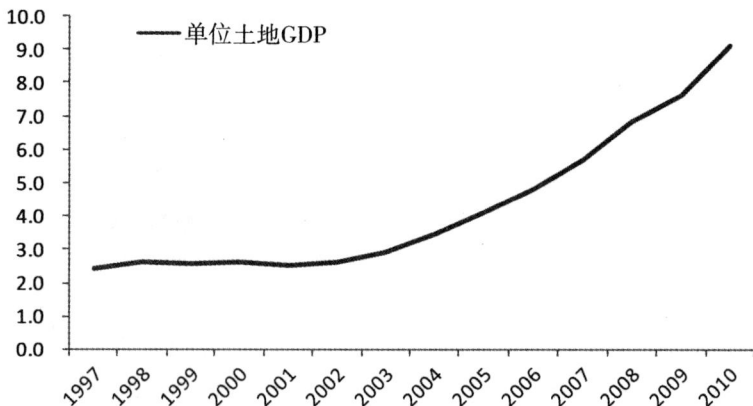

资料来源：作者梳理

图 0.5　GDP/单位城市土地面积过去 10 年增加了 4 倍

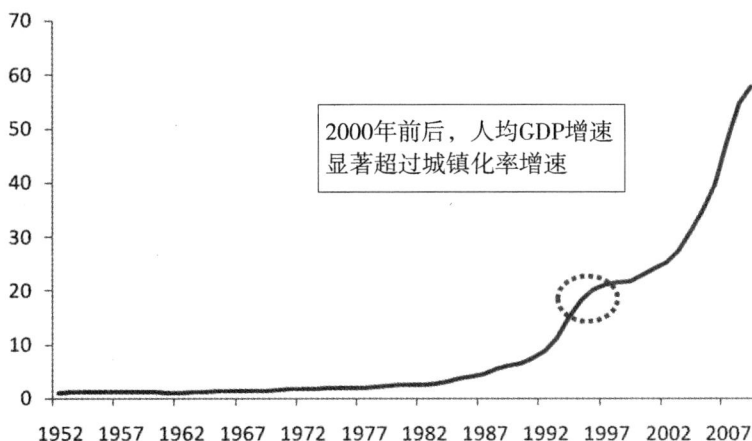

资料来源：作者梳理

注：该指数衡量的是人均 GDP 增速与城镇化率增速的相对变化关系，这两组时间序列数据均经过了标准化处理，即初始年份均标准化为 100

图 0.6 中国的城镇化率增速和人均 GDP 增速保持了显著的正相关关系

　　与财富的快速增长相比，财富向中心城市、大城市迅速集中也十分突出，繁华的灯光在目前这个阶段似乎还没有开始形成明显的辐射效应，换言之，中国的城市发展和财富分配事实上并不均衡。如果用单位土地 GDP 和人均 GDP 作为参考标准将中国城市进行划分，可以发现，经济密度最高（代表城镇化程度最高）、最为富裕的城市集中在长三角和珠三角，且数量有限，如图 0.7 所示，尽管包头、东营、克拉玛依、鄂尔多斯这几个城市的人均 GDP 很高，但是单位土地 GDP 却在极低水平，这种反差意味着这些城市的繁荣和城市的规模效应没有明显关系，它们主要是依赖自身的自然资源。从另一个指标来看，中国 GDP 规模最大的 10 个城市占全国 GDP 的比重最高时曾达到 25％，近年一直稳定在 23％左右，而这 10 个城市的土地面积占全国的比重不足 2％。这也意味着城镇化进程中的财富创造和积累是非均衡的，在最终收敛之前，差距拉大是必然的，国际经验也是如此。

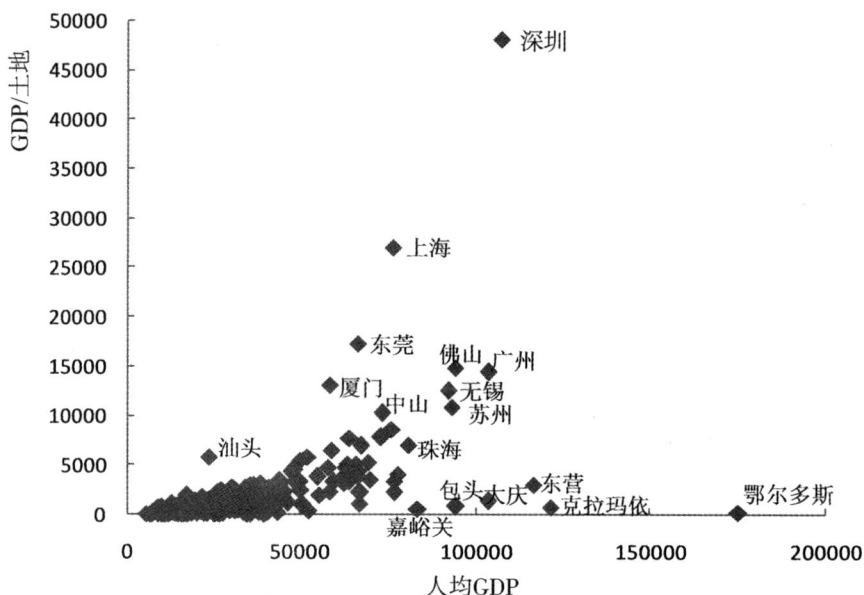

资料来源：作者梳理

图 0.7　中国不同城市的人均 GDP 和单位土地 GDP

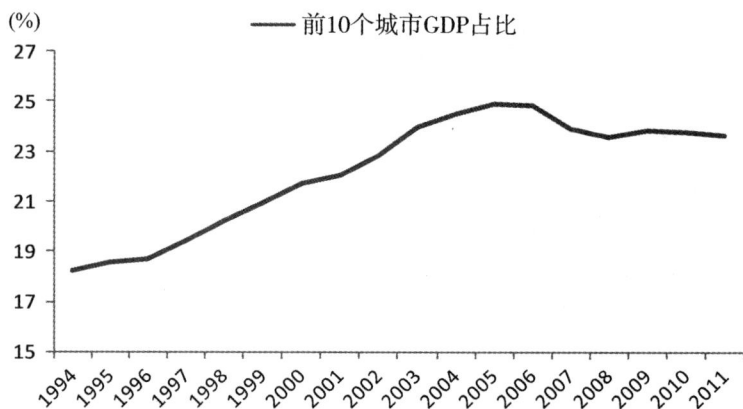

资料来源：作者梳理

图 0.8　前 10 个城市 GDP 比重变化

　　然而，相对于中国城镇化的成功，城镇化的问题同样不容忽视，这不仅表现在城市之间增长的不平衡上，也突出表现在以下几个方面：（1）中国的高地价和高房价问题。这个问题在一线城市，特别是一线城市的中心城区，表现得更为突出。考虑到保障房建设的缺位，大量外来人口和城市中低收入家庭无法真正实现"住有所居"。（2）大量外来流动人口无法真正享受与城市居民等同的公共服务。从城市人口的口径上看，国家统计局的人口城镇化的数据中，包含了大量在城市工作的流动人口，即在外务工6个月以上的流动人口。当前，中国大约有1.6亿户籍不在城市的农民工被计入城镇人口中，剔除这部分外来流动人口，其中真正的"纯城镇化率"，也即非农户籍的人口占比仅三成，常住人口口径的城镇化率高出户籍人口口径的城镇化率15个百分点。（3）城市污染问题。数据显示，中国70%的城镇处于缺水状态，90%的城镇水域和65%的饮用水受到不同程度的污染，50%的饮用水不符合饮用水标准，污水处理率达到了36%，水污染造成的经济损失为GDP的1.5%～3%，全国城市的生活垃圾达到了1.5亿吨，每年以8%～10%的速度增加。

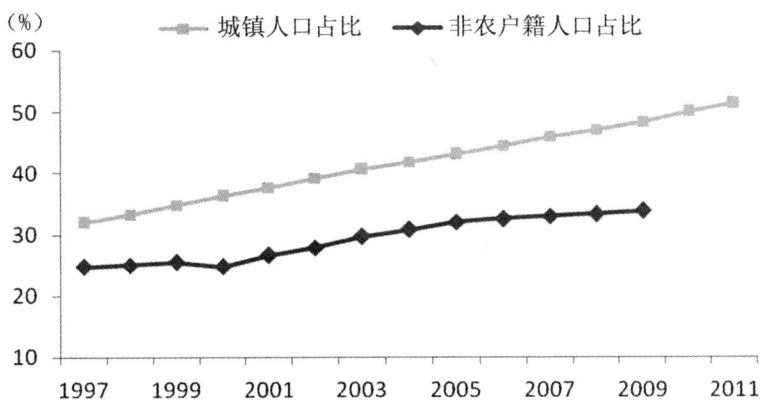

资料来源：CEIC，作者梳理

图0.9　我国"纯城镇化率"

我们需要什么样的城市

回头总结，我们应该可以得出以下几个判断：第一，全球已经是一个城镇化的世界。2011年底，城市人口已占全球总人口的50%以上。发达国家的城镇化浪潮已经减速，以中国为代表的新兴市场国家城镇化浪潮仍将主导未来的城镇化进程。第二，中国的城镇化无论是规模，还是速度，在人类历史上都鲜有先例。以 2011 年中国的城镇化率突破 50％为临界点，中国也已过渡到城镇化的社会。未来中国的城镇化速度虽然有所趋缓，但仍将处于一个快速推进的区间。第三，城镇化的社会有其自然的吸引力，也有其必然的问题，城市的成功和城市的问题是一个硬币的两面。在这一点上，中国表现得更为突出。

既然可以认为城镇化浪潮作为一种社会和经济发展的趋势不可阻挡，也认为与城镇化相伴而生的社会和环境问题十分普遍，那么，站在当前的时点，思考未来中国的城镇化，我们需要回答的问题便是：中国到底需要什么样的城镇化？如何在城市的发展、环境的可持续与社会的包容性之间取得平衡？高房价作为一个突出的问题，如何应对？一个可持续的城镇化目标不会自然实现，中国的决策者应该如何实施恰当的改革政策？总体上，这些问题构成本书的研究重点。

第一篇:理论解释

城镇化的逻辑

这是一个汽车、电子通信和工业技术圈定了城市地理轮廓的时代。

——乔尔·科特金:《全球城市史》

第1章　何谓城市

通过对全球城市历史的观察和比较，可以发现有一个中心命题纵贯于整个城市历史，也始终贯穿于城市经济学和城市历史学的研究潮流。这个中心命题便是：城市具有什么样的共同特征，或者城市的要素是什么？事实上，定义一个城市也应该从城市的普遍特征出发。

乔尔·科特金将城市的普遍特征提炼为六个字：神圣、安全、繁忙。他认为城市应该发挥三种不同的重要功能，即构建神圣的空间、提供基本的安全保障、拥有一个商业市场。一个城市或多或少地都拥有这些功能的全部或部分。一般而言，他强调，城市在这三个方面只要有一个薄弱环节，就会损毁其基础，甚至最终导致其衰亡。[①] 不过，乔尔·科特金对城市普遍特征的概括更适应于早期的城邦或商业城市。2009 年，世界银行曾提出一种新的概念，把城市的基本特征也概括为六个字：密度、距离、分割。通常，更高的密度、更短的距离、更少的分割意味着一个城市成功实现繁荣的机会更大。三者相互关联、缺一不可，但又非同等重要。在一个城市之内以及城乡之间，提升密度最重要；在一个区域之内以及城际之间，缩短距离最重要；在一个国家之内以及国际都市之间，减少分割、扩大开放最重要。世界银行的这个概括主要把握了城市的经济功能和地理因素的重要性，但忽略了城市的社会特性。那么，我们该如何理解城市的含义，如何定义城市呢？

我们提供的答案也是六个字：增长、包容、绿色。需要说明的是，这个理解更像是一种期望，更像是成功城市的表征，我们希望城市能够变成

---

① 乔尔·科特金著，王旭译：《全球城市史》，社会科学文献出版社，2010，第15~17 页。

一个经济增长、社会包容、生态绿色的地方，一个城市只有具备这三个特征，才能实现持久的成功，这种成功需要综合体现在经济、社会和环境三个方面。然而，事实上，这三个特征之间虽然相互关联，彼此却并非完全兼容：多数城市在经济增长方面表现卓越，却有失社会包容，对资源环境的破坏相当严重；而有的城市虽然环境优美、社会包容，却未必能够实现经济增长。

经济增长

城市区别于农村，或者一个成功的城市，所需具备的关键特征是可持续的经济增长。一个城市之所以有可能实现持久的增长，是因为它的经济密度和它的产业构成。

首先是它的经济密度。它是指经济活动的地理集中度，既可以指单位城市空间的人口规模、企业和资本聚集度，也可以指交通运输设施的密集度。通常，经济密度可以用单位城市土地面积所承载的 GDP 来衡量，单位城市土地 GDP 或单位城市建设用地二、三产业增加值是比较合适的度量标准。

高密度一般意味着劳动力、资本和技术在城市地理空间上更高的集中度，而这反过来又与生产、消费和贸易的规模经济相辅相成，这是因为：其一，单位货物和服务的固定生产成本越大，生产的规模经济效应就会越明显，生产集中到一个地方的动力就越强，从而实现生产密度的提升。其二，人口密度最高的地方，也是市场潜在需求最大的地方，消费的规模效应就更为突出。城市之所以成功，不仅因为生产的规模经济可以使企业在一个地方集中办公，也因为城市较大的人口规模可以使企业便捷地找到潜在的需求客户，从而达到最优生产规模。如果一个企业的最优市场规模是300 万人，那么落户于一个至少有 300 万人的城市就是一个优势，否则就会产生额外的运输和配送费用。更为重要的是，一个城市的人口规模越大，通常意味着城市消费越多样化，从而为生产不同消费品和提供不同服务的企业提供了多种可能性，间接提升了城市发展的可持续性，因为过于单一的产业往往是城市落败的根源之一。其三，密度通常也伴随着贸易和交通运输、物流配送的规模经济。世界上历史最为悠久的城市是"贸易之城"，城市是买卖双方见面的地方。这里，密度或人口规模再次成为关键，人口越多，贸易越容易达成，而且与贸易相关的交通运输、物流配送、营销费用支出又涉及固定成本，人口越多，贸易的规模效应也就越大。毕竟，所有的运输方式都具有规模经济，一个在来回两个方向都能装满货物的交通工具，必然意味着单位商品的运输成本最低。作为一个结果，规模及由规模所促成的贸易往往也成为城市发展的动力之一。总体上，密度是形成和扩展城市的最为核心的要素，而且越高的密度、越大的规模经济自然意味着越高的财富集中度。因此，随着城市的发展，密度最高的城市是一国之内，甚至世界范围之内最富有的城市，柏林、伦敦、巴黎、新加坡、维也纳等国际性城市每平方公里所创造的 GDP 超过 2 亿美元。

其次是它的产业构成。与农村相比，城市中大部分经济活动都围绕非农产业展开。一个城市只有实现从农业向非农产业的转变，才能实现生产效率的提高和经济的增长。不过仅仅粗略考虑非产农业的比重可能还是不够的，事实上，大量的研究和经验已经表明，一个城市实现经济增长的初始动力往往来自人口从农业向非农产业的转移所产生的劳动生产率的提升，这种提升被称为"结构效应"；然而一旦到了一定界限，非农产业占比达到峰值，升无可升，则这时的劳动生产率提升将来自城市非农产业即工业和服务业内部生产率的大幅度提升，而这通常源于技术进步、规模经济和分工效率。

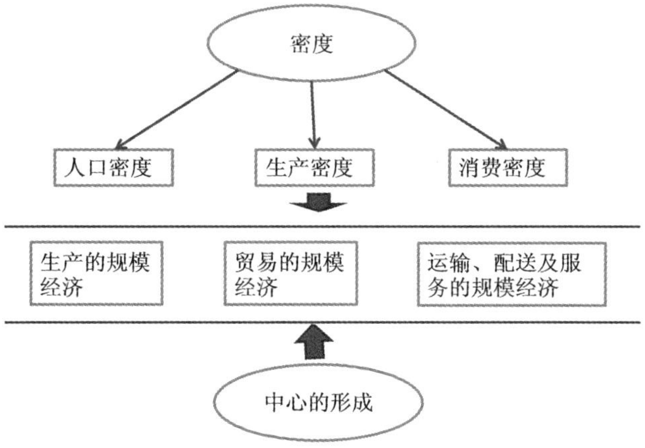

资料来源：作者梳理

图 1.1　经济密度

社会包容

2000 年，联合国人居署在《世界城市报告》中首次提出了包容性城市的概念，并将其作为世界城市发展的新目标。该报告将包容性城市定义为经济、社会、政治和文化四个方面，并特别强调城市不同主体发展权利的同质均等性、高水平医疗、教育等社会服务资源的广覆盖与均衡配置以及移民的融合等。2000 年之后，国内外学者对城市的包容性进行了广泛的研究，简单归纳总结，他们通常都认为一个具有包容性的城市既反映了城市对不同地域、不同语言、不同文化背景、不同价值观的人群的接纳程度，反映了城市不断满足居民生存和发展的需要，也反映了弱势群体能够分享城市发展成果的程度。

在我们看来，一个城市的包容性是不同于城市建筑的非物理属性的综合，它来自历史文化、习俗观念、城市管理政策等所构造的一种集体认同意识，它会产生一种强大的凝聚力，从而形成城市繁荣的稳固的积淀。社会学家罗伯特·帕克认为"城市是一种心灵状态，是一个独特的风俗习惯、思想自由和情感丰富的实体"。这个实体应当不仅仅包括可以直接观察到的物理属性，也包括不可观察到的非物理属性，两者加在一起才能最终产生城市的"认同感"，从而决定哪个地方才能取得最后的成功。

特别是对于发展中国家的城市，这一点尤其重要。在那里，一个突出的特点就是：农村移民是城市人口增长的关键来源，他们如果不能顺利融入城市世界，获得最基本的市民属性和城市认同感，就很可能沦落为真正意义上的"无根之人"。尽管发展中国家的政府要么会强调给予这些外来者以城市的基本的养老、医疗、廉价住房等保障性措施，以容纳这些移民；要么干脆为了防止城市居民与外来移民之间的冲突，而采取疏散性措施，将移民重新"移出城市"，从而产生城镇化的倒退，然而，从某种意义上讲，这两类措施都可能不是关键，真正能够让农村移民融入城市的途径是缩短非物理距离，使其获得对城市的认同。这不仅需要消除身份差异、解除移民向上层社会爬升的人为限制，更重要的是要使移民的后代逐步获得城市认同，这在很大程度上需要用教育来解决。道格·桑德斯在其著作《落脚城市：最后的人类大迁移和我们的未来》中曾警示："这个时代的历史有一大部分都是由失根之人造就而成，这些原本生长于乡村的人口，心思与志向都执着于他们想象中的城市中心，身陷于一种巨大的奋斗中，目的是在城市里为自己的子女争取一片基本但长久的立足之地。"反之，"如果他们因为公民权遭到剥夺，于是采取极端乃至暴力的手段，以寻求在都市体制中取得一席之地"①。

因此，为了提高城市的包容性，往往需要通过减少或破除文化、身份、政策等方面的认同障碍，从而减少移民向中层社会、城市中心、财富靠近的"无形距离"。否则，即使一个富裕的城市，最终也可能因为不能获得市民认同的一致性，而陷入萧条乃至衰退。

生态绿色

城市通常会面临水和空气的污染、能源的消耗以及环境的破坏等诸多挑战。城市人口规模越大、城市经济增长速度越快，这种挑战可能越明显。然而，从城市发展可持续的角度讲，一个城市为了保持持久的竞争力，不仅需要使之成为一个增长的城市、一个包容的城市，也要使之成为一个绿色的城市。

首先，绿色的城市需要减少污染。污染问题是很多城市面临的普遍问题。伦敦的雾霾、日本的水俣病都是在其城市发展过程中出现的现象。中国快速的城市人口扩张也产生了类似的问题。中国环境保护部发布的中国环境公报显示，中国重点城市已经成为污染排放的主要来源：2010 年，113 个重点城市废水排放量为 370 亿吨，占全国废水排放量的 60.0%；化学需氧量排放量为 579 万吨，占全国化学需氧量排放量的 46.8%；氨氮排放量为 59 万吨，占全国氨氮排放总量的 49.0%；二氧化硫排放量为 1 082万吨，占全国二氧化硫排放量的 49.5%；烟尘排放量为 363 万吨，占全国烟尘排放量的 43.8%；工业粉尘排放量为 189 万吨，占全国工业粉尘排放量的 42.1%；工业固体废物排放量为 233 万吨，占全国工业固体废物排放量的 46.8%。

---

① 道格·桑德斯著，陈信宏译：《落脚城市：最后的人类大迁移和我们的未来》，上海译文出版社，2012，第 2 页。

其次，绿色的城市需要节能。随着城市人口的快速增长和城市建设用地规模的扩张，资源的逐渐趋紧是一个难以避免的现象。哪怕是在最发达的国家，城市都对能源使用的增长做出最大的贡献。研究也表明，城市扩张的过程会在三个方面影响对能源的使用：其一是传统燃料向现代燃料的转换；其二是货物和服务的需求增加了隐性的能源消耗；其三是住户增加和交通消耗，不过如果能够用公共交通取代私人交通，对降低人均能耗会产生积极影响。

在中国，城市也是能源消耗的主要地区。据统计测算，中国 287 个地级以上城市能源消耗占全国总能源消耗的 55.48%，城镇能源消耗占全国总能源消耗的 80% 以上。不同的是，在中国，生产领域是能源消耗的主要领域，而在发达国家和地区，生活领域是能源消耗的主要领域，这种差异反映了中国城市所处的发展阶段不同于西方国家，见图 1.2。

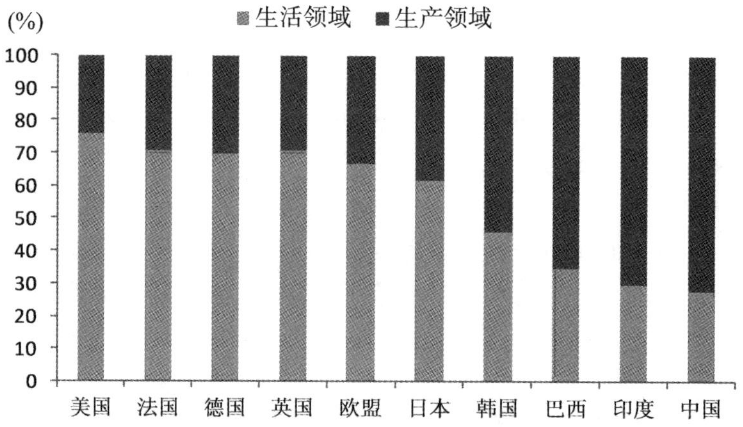

资料来源：麦肯锡、作者梳理

图 1.2　不同国家和地区生活、生产领域能耗的对比

城市是增长、包容和绿色三个变量的"组合体"

如果说古典城市的普遍特征是"神圣、安全、繁忙"，那么一个可持续的现代城市必须满足"增长、包容、绿色"三个特征。某种程度上，一个现代的城市可以说是这三个变量的函数或者组合体，一个城市能否取得成功将在很大程度上取决于这三个变量的组合方式。因为每个城市所面临的密度、距离和开放条件各不相同，所以，每个城市都是相似却又不同，普遍之中亦有个性。

原则上，一个城市只有实现包容的增长、绿色的增长，才有可能取得成功，并使这种成功得以持久延续。然而，增长、包容和绿色这三个变量并非同等重要，对于不同的城市，重点不同：在一个以乡村为主导的社会，核心的问题是增长，在这种情况下，人口从农村向城市的转移是主流趋势，这个趋势伴随着增长，但也附着社会和环境问题，对包容和绿色这两个变量是负面影响；在一个以城市为主导的社会，包容和绿色的重要性有所增加，核心的问题是通过包容度的提高，使外来移民享有均等的公共服务和均等的就业机会，从而实现"繁荣的传递"和"财富的分享"。

不过，需要进一步指出的是，尽管对于城市而言，快速的增长、包容的社会和绿色的生态很重要，但这仍然只是一个结果，在很大程度上，它们与城市是一种逻辑上的平行关系，而非因果关系。增长并不会自动实现，它的背后是生产率提高带来的人口集中和生产集中；包容性也不会自动提高，它的背后是对外来移民关注的提升和社会政策的实施；绿色的生态也不会自动实现，它是城市产业结构实现以服务业为主导，能源消费结构更加合理以及出行方式发生变化的结果。因此，我们需要进一步探索城市背后的驱动力量和形成过程，这个过程正是城镇化。

第2章 何谓城镇化

尽管国内外关于城镇化的定义至今没有统一，[1] 但是从经典的城市经济学、城市地理学、城市历史学的代表性研究来看，城镇化的概念通常应该涵盖以下几个层面的含义：（1）城镇化是农村居民向城市居民生活方式转化的过程，反映在城市人口的增加、城市建成区面积的扩展、景观和社会以及生活方式的城市环境形成。换言之，城镇化体现为城市人口的增加、城市和城镇数量的增加，更为核心的是城市的社会和行为特征在整个社会的扩展。[2]（2）城镇化是一个过程，是被一系列紧密联系的变化所驱动的过程，这些变化包括经济、人口、政治、文化、科技、环境和社会等的变迁。（3）城镇化使城市体系的动态和特征方面发生了巨大的变化，城镇化引起土地利用模式的改变、社会生态的改变、建筑环境的改变和城市生活本质的改变。

城镇化是一种动态转变过程

无论是国外学者定义的城镇化，还是国内学者定义的城镇化，在本质上，它们都是一种动态的转变过程。

首先，城镇化表现为生产和就业结构的转变。城镇化的过程在起点上

---

① 国际学术界最为常用的提法是"城市化"，国内通常是"城镇化"，考虑到城市的范围或地理空间本身即包含中心城市、郊区、中小城镇，是一个大都市区的概念，本书不加区别地使用这两个提法。

② 保罗·诺克斯、琳达·迈克卡西著，顾朝林等译：《城市化》，科学出版社，2009，第2～9页。

即表现为人口从农业向非农产业转移、土地从农业用途向工商业用途的转换，这个过程的结果就是第一产业产值在 GDP 中的占比会呈现持续下降的趋势，第二、三产业产值占比则呈现持续上升的态势。伴随产业结构的变化，就业结构也会呈现类似的变迁过程，即第一产业就业人数占比下降，第二、三产业就业人数占比上升。从国际经验对比来看，处于城镇化成熟阶段的国家，第一产业产值和就业人数占比通常处于较低水平。2011年，美国、德国、日本和韩国第一产业产值占比分别为 2%、1%、2%、5%；第一产业就业人数占比分别为 2%、2%、4%、8%。对比而言，2011 年，中国第一产业产值占比为 10%、就业人数占比为 34%。从这个角度评估，中国的城镇化进程仍然远未结束，见表 2.1 和图 2.1。

表 2.1　不同国家产业和就业分布

单位：%

		美国	中国	德国	日本	韩国
产值占比	一产	2	10	1	2	5
	二产	23	47	30	34	54
	三产	75	43	69	64	41
就业人数占比	一产	2	34	2	4	8
	二产	18	30	25	25	27
	三产	80	36	73	71	65

资料来源：作者梳理

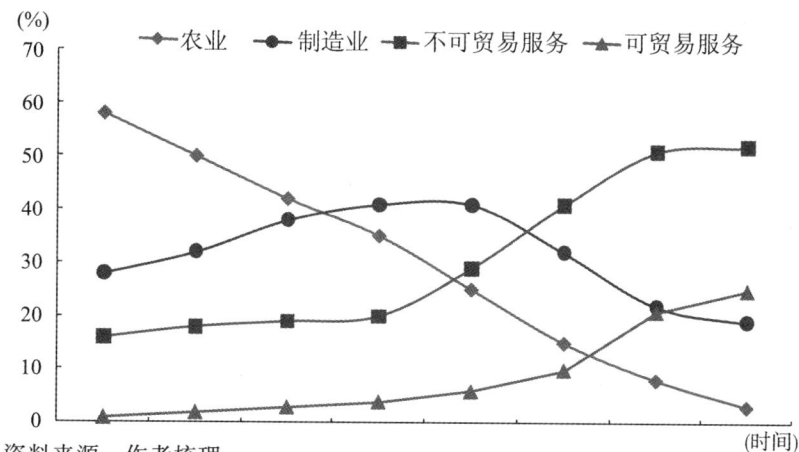

资料来源：作者梳理

注：主要发达国家近百年来就业分布变化趋势

图 2.1　劳动力就业分布的历史变迁：国际经验

其次，城镇化是消费模式转变的过程。随着人口从劳动生产率低的农业部门转向劳动生产率高的非农部门，人均收入也应该处于持续的上升通道，而人均收入上升的一个自然结果就是消费结构开始出现规律性变化，食品支出在总消费中的比重趋于下降是一个必然结果，而消费者在食品之外（如汽车、娱乐、旅行、卫生保健、教育、电子通信）的开支开始呈趋势性增加。

更为重要的是，消费结构的转变和生产结构的转变之间是相互促进的。居民消费结构的系统性转变意味着以农业为基础的产品在生产系统中的占比下降，意味着农业和农业相关产业对劳动力的需求降低，从而进一步促使劳动力离开农村，迁往城市，促使城市人口进一步增加。换言之，如果农民职业转换（从农业到非农产业）的速度跟得上消费模式转变（从食品到非食品）的速度，则农民必将进入工资更高的制造业或服务业，从而收入增加，形成正反馈效应。

如果从这个角度简单对比，可以发现，中国城市居民的食品支出占比仍然高达 38％，远远超过发达国家和地区的比重，这也意味着中国城镇化进程长路漫漫，见图 2.2 和图 2.3。

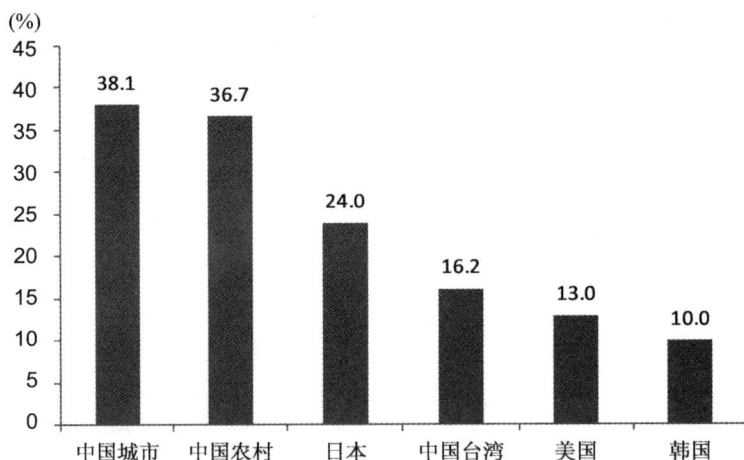

资料来源：华创证券梳理

图 2.2　不同国家和地区食品支出占比

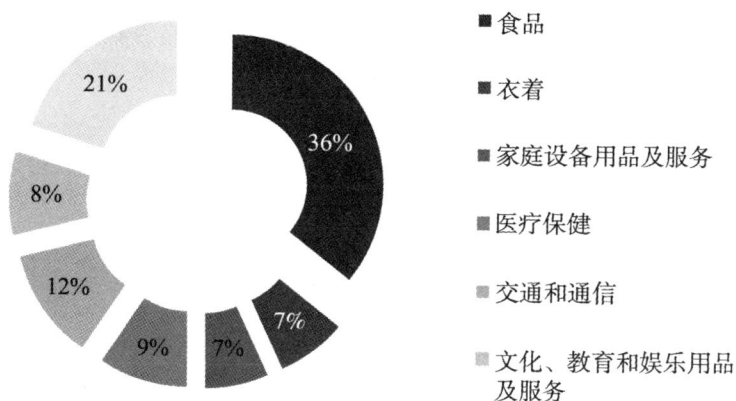

- 食品
- 衣着
- 家庭设备用品及服务
- 医疗保健
- 交通和通信
- 文化、教育和娱乐用品及服务

21%　36%　8%　12%　9%　7%　7%

资料来源：华创证券梳理

图 2.3　2011 年中国农村消费支出结构

城镇化是地理空间的重塑

如果说城镇化是一个过程，是人口和土地向非农部门转换的过程，那么从地理空间上，这种转换既可以发生在现有大城市，或者大城市的郊区，也可以发生在中小城镇，甚至可能发生在农村。从这个角度看，城镇化的过程也是地理空间的重塑过程。

换言之，从人口空间分布的趋势看，人口在地理空间上的集中趋势并非一成不变，而是呈现出明显的动态演进特征。威廉姆森开拓性地研究了 24 个国家的城市人口空间集中度的演变过程。他指出，城市的集中度往往会经历一个从收敛到发散的变化，即在城镇化的初始阶段，人口会在某些特定的中心区域加速集中，然后，随着经济发展，后发的外围区域会出现追赶效应，人口的集中也开始向外围发散，区域之间的人口分布会更加平衡，经济与收入差距也日益减小。[①] 日本在 20 世纪五六十年代城镇化的初期，三大城市圈集中了全国 45％的人口、55％的工业生产和 72％的

[①] Williamson，J. G. （1965），Regional Inequality and the Process of National Development，*Economic Development and Cultural Change*，13，3-45.

大学生，直到 70 年代，随着后发地区生产率的提高，人口也开始出现从三大城市圈向地方圈的逆向转移。[①] 总体上他认为，城市人口的空间分布集中度往往会呈现一个倒 U 形模式。

Cheshire 则根据经济发展的不同阶段，将人口的流动区分为几个阶段：第一阶段通常发生在经济发展的初期，这一阶段农村人口向城市快速流入，且外来人口主要居住在城市核心区；第二阶段发生在经济发展的中期，城市人口增长主要发生在中等城市和郊区，且城市人口增长的速度开始趋缓；第三阶段通常发生在经济的成熟期，城市人口比例的增长进一步放缓，一些城市和市中心甚至出现人口负增长；第四阶段通常发生在后工业化阶段，城市人口比例大致平稳，但一些特大型城市和核心地区人口开始恢复增长，所以城市人口比例总体处于较高水平。然而，老工业区城市的人口比例下滑比较常见。[②]

因此，正是因为人口在不同地理空间上的转移，才使得城市规模由中心向外围扩张，并形成了规律性的空间结构。在学术研究领域，通常将这种空间结构自内向外和自小向大分为四个圈层，代表了城市空间结构演变的四个阶段：其一是中心城市发展阶段。中心城市的面积一般在 100～600 平方公里，半径 5～10 公里，人口密度每平方公里 1 万～2 万人。其二是包含郊区的大都市区发展阶段。由中心城市和外围城市组成，面积一般在 1 500～2 000 平方公里，半径 30～50 公里，人口密度每平方公里 5 000～10 000 人。其三是大都市圈发展阶段。由一个以上的大都市区组成，面积一般在 1 万～2 万平方公里，半径 100 公里左右，人口密度每平方公里 1 000～2 500 人，其中周边大都市区的人口可以大于中心大都市区。其四是大都市带发展阶段。由一个以上的大都市圈组成，面积一般在 3 万平方公里以上，半径 200～300 公里，人口密度每平方公里 300～1 000 人。国际经验表明，发达国家著名的大都市，例如欧洲的伦敦大都市、巴黎大都市，美国的纽约大都市、洛杉矶大都市，日本的东京大都市

---

① Barro，Robert J. (1991)，Economic Growth in a Cross Section of Countries，*Quarterly Journal of Economics*，CVI，407-443.

② Cheshire，P. C. (1995)，A New Phase of Urban Development in Western Europe? The Evidence for the 1980s，*Urban Studies*，32，7，1045-1063.

等，一般都经历了完整的发展阶段，形成了较为齐全的四个圈层。①

城镇化也伴随着矛盾冲突

城镇化也是一个充满矛盾冲突的历程，能够在多大程度上克服或者弱化矛盾，则成为衡量城镇化质量的关键影响因素。具体而言：

首先，从经济层面讲，城镇化过程本身意味着劳动生产率的提升过程，也应该意味着收入提升的过程。然而，现实中一个普遍的现象是在城镇化的初期和中期阶段，劳动生产率的提升速度可能会远远快于收入的增长速度，这导致劳动者收入占比通常会处于下降通道。这种变化速度的差异通常来自两个方面：其一是在农业经济占据主导的阶段，农产品中绝大部分的成本都是劳动力成本，因此，该阶段劳动者收入在 GDP 中的比重极高。然而，伴随城镇化的进程，随着工业经济的到来，工业品中绝大部分的成本为非劳动力成本，该阶段劳动者收入在 GDP 中的比重开始下降。其二是资本和劳动的议价能力之间的差异。在城镇化快速启动和推进的阶段，大量农村转移人口进入城市部门就业，这改变了原有的城市劳动市场供求结构，导致资本的边际生产力大于劳动的边际生产力，因此，资本获取收入的能力显然会大于劳动获取收入的能力。其三是制度因素。通常由于不恰当的政策安排，例如户籍、社会保障、教育、医疗等方面的制度不到位，往往会使农村转移人口与城市居民相比，不能享受等同的公共服务，这是隐性的收入损失。

正是基于这种自然和非自然的因素，劳动生产率提升速度与收入增长速度之间的差距往往会保持一段很长的时间，并会带来几个明显的结果：第一个结果是消费结构转换的速度跟不上生产结构转换的速度，从而使得消费在 GDP 中的比重通常持续下降；第二个结果是与劳动者收入比重下降的趋势相反，企业收入比重则会呈现上升趋势，未分配利润也会越来越多，这会导致企业储蓄率的提升和企业投资支出能力的增强，最终的结果是投资在 GDP 中的比重会呈现上升趋势；第三个结果是由于投资和生产

---

① 周晓华：《新城模式：国际大都市发展实证案例》（第 2 版），机械工业出版社，2007，第 50～51 页。

能力的扩张无法被国内消费能力所吸收，因此，任何一个快速经历城镇化的国家都必须通过出口来消化产能，出口在 GDP 中的比重也将自然上升。

从历史经验观察，在英国历史上的快速城镇化时期，尽管当时的经济实际增长速度很快，但非技术工人的实际工资增长却是滞后的，1550 年到 1849 年间年均增长率只有 0.13%。与此相类似，中国在经济起步和城镇化前 20 年也出现类似情况，低技术工人的工资几乎不涨，甚至在实际 GDP 增长达到每年 9%～10% 的时候也几乎不涨。从数据上进一步观察，过去几十年，在中国快速城镇化的阶段，中国固定资产投资以 20% 左右的增速扩张，投资占 GDP 的比重在 2011 年扩大至 46.2% 的历史高点。另外，中国劳动者报酬占比直到 2008 年才开始停止下降趋势。这就是城镇化历史中的真实写照，见图 2.4 和图 2.5。

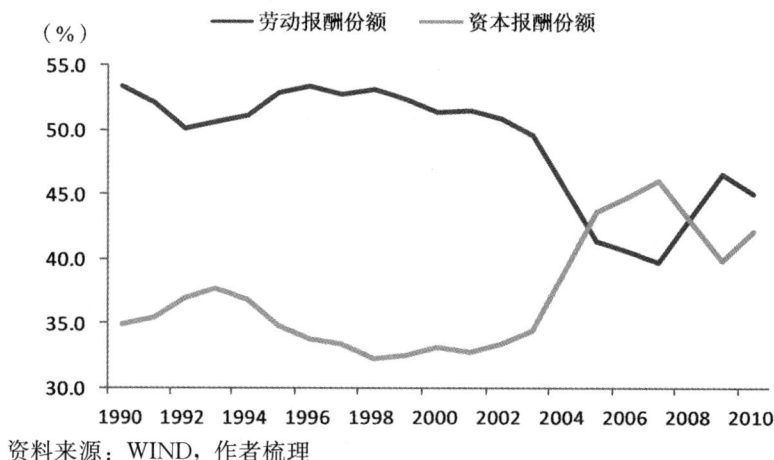

资料来源：WIND，作者梳理

图 2.4　中国的劳动报酬份额和资本报酬份额占比

其次，城镇化的过程通常也会伴随社会的非包容性和环境的不可持续问题。

从城镇化的结果上看，社会的非包容性问题主要表现为收入的不公平性和非收入的不公平性两个方面。这两个方面，既是经济发展过程中所出现的必然现象，也同一定发展阶段的社会经济制度密切相关。

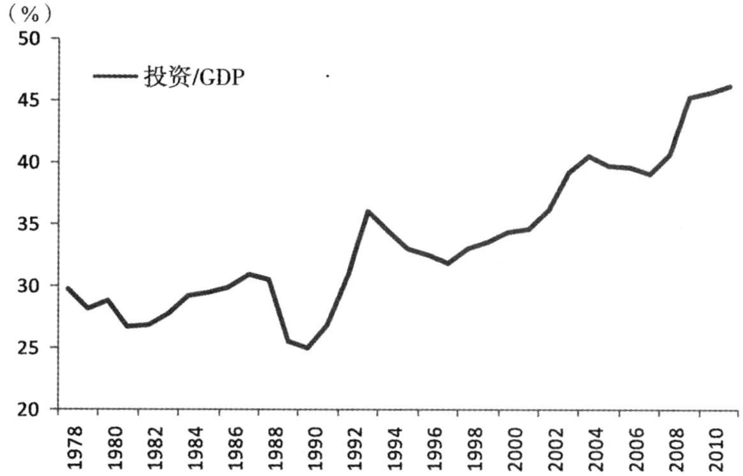

资料来源：WIND，作者梳理

图 2.5 中国的投资率

收入的不公平性主要体现为城市的贫富差距，包括城市中的贫困问题，以及城乡差距问题。在亚洲快速城镇化的国家和城市，贫困问题一直相对较为严重，从绝对人口数量来看，亚洲具有世界上最大的贫困人口群体。从平等性的角度来看，亚洲开发银行计算了世界发展中国家和地区2001—2010 年的"最高收入群体收入（消费）/最低收入群体收入（消费）"的数据后发现，不平等现象在亚洲普遍存在，但是程度要轻于拉丁美洲和撒哈拉以南的非洲。[①] 中国是亚洲地区发展最快、脱贫速度也最快的国家。以 2005 年的购买力平价计算，在 1990 年，中国日均收入在 2 美元以下的人口占 84.6%，而到了 2008 年，降为 29.8%。但是中国城市贫困问题依然严重，据有关测算，中国城市贫困人口一说为 3 000 万～5 000 万。从公平性的角度来看，中国的收入分配差距要低于印度、印度尼西亚等其他亚洲国家。自 1990 年到 2010 年，中国农村基尼系数出现了一个先上升后下降的趋势，但是城市人口之间的不公平性在持续上升，而且维持在 0.3 以上的一个水平。[②] 2007 年，亚洲开发银行根据中国 2004 年的数据估计，中国总体基尼系数已经超过了 0.4，处于令人担忧的高位上。

[①] Framework of Inclusive Growth Indicators 2012，亚洲开发银行。

[②] Framework of Inclusive Growth Indicators 2012，亚洲开发银行。

　　非收入的不公平性包含很多方面的含义和内容，比如经济机会的不平等、教育的不平等、社会保障的不平等等。非收入的不公平性制约了贫困人口通过努力来改善自身生活条件的机会，使得社会马太效应严重，富裕者更为富裕，贫穷者很难改变贫穷的状态。相较于收入的不公平性而言，非收入的不公平性是更为严重、更为影响城镇化可持续性的一个问题。亚洲开发银行将非收入的不公平性概括为接受教育及卫生医疗的非公平性、使用基础设施的非公平性、两性非公平性，以及社会保障体系制度的非公平性等。从亚洲国家的对比情况来看，中国在接受教育、卫生医疗、电力及燃料使用，以及两性公平方面在亚洲国家中均处于一个较好的位置。从社会支持保障体系来看，2010 年中国政府保障体系支出占政府总体支出的 10% 左右，在亚洲地区处于中下游的位置。不过，中国非收入的不公平性问题不仅仅是要从总体数据上来看，从不同群体的角度来看，中国非收入的不公平性问题要比亚洲开发银行报告中的数据显得更为严重，尤其是从农民工群体的角度来看。依据我国当前制度，农民工在一个城市工作居住了半年以上，即可被统计为城镇人口。但是，在缺乏该城市户籍的情况下，农民工的社会保障权和子女社会抚养权等市民应当享受的基本权利得不到保障。至 2011 年，中国城镇化率已经达到了 51.27%，城市户籍人口只占了总人口的 35% 左右。这表明，目前在中国，城市中有 1/3 左右的居民并不能充分享受市民应享受的权利。尽管这种权利的具体内容在不同的城市内涵不同，但是城乡户籍的差异导致存在超过 60 种的社会福利差异，[①] 社会非收入不公平问题严重。

　　环境问题也是城镇化过程中的一个突出问题。环境库兹涅茨倒 U 形曲线描述了城镇化和环境污染之间的一个实证关系。1991 年，Grossman 和 Krueger 通过对 42 个国家面板数据的分析，发现环境污染同经济增长呈现倒 U 形的关系。关于库兹涅茨倒 U 形曲线的内在逻辑，一般的看法认为在倒 U 形曲线的左侧，环境污染程度随着经济增长而上升，经济增长必然带来环境破坏，长期增长受制于环境因素而不可持续。倒 U 形曲线拐点和右侧曲线的出现，普遍认为存在着内生和外部两种因素：从内生的角度来看，拐点和右侧曲线的出现可能来自产业升级过程。由于较为清

---

① 林家彬：《破除农民工市民化的权利障碍》，《决策探索》2012 年 12 月（下），第 46 页。

洁的农业的发展，特别容易带来污染的工业转到清洁的服务业，或者随着经济的发展，清洁技术亦在发展；但是，产业升级的过程亦可能意味着重污染的工业转移，在中国，这种转移可能意味着东部城市的污染会被逐渐转移到中西部城市。从外部因素来看，环境政策、人口密度、居民素质等因素亦会影响到倒 U 形曲线拐点和右侧曲线的出现。国外学者利用美国各州的实证结果发现，美国的倒 U 形曲线的转折点在人均年收入22 675美元处。据亚洲开发银行预测，亚洲的环境库兹涅茨曲线拐点将出现在人均年收入40 971美元处，按照 2010 年亚洲人均年收入为 6 107美元来计算，目前全亚洲地区离拐点还有一定的距离。

第3章 城镇化的动力

关于城镇化的内在动力，虽然存在诸多分歧，但一个确定的共识是：推动和重塑城镇化的核心动力是经济条件变化。探索和追溯城镇化的变迁，应当把经济变化的时间序列和节奏看成是最基本的主题。其中最为关键的经济条件是生产力条件的变化，有什么样的生产力条件，就有什么样的经济条件，也就自然有相应的城镇化演进节奏。从国际经验观察，农业生产力、工业生产力、信息生产力依次是推动城镇化的三个动力来源。从这个角度看，既然认为城市背后的驱动因素是生产力条件和经济条件的变化，那么长期来看，生产力条件会发生趋势性变化，中短期来看，经济条件也会有周期性起伏，因此，城市作为一个动态的调节系统，应该会对已经变化甚至即将变化的条件作出反应，从而使得城镇化成为一个动态调整的过程。

生产力条件的变化

如果说重塑城镇化的内在驱动力是生产力的变化，那么也就可以说城镇化的本质事实上是一场生产率的革命。只有生产率的提升，才能实现密度的提升和规模效应，进而催生可持续增长的城市。

首先，农业劳动生产率的提高是推动人口由农村向城市集中的最原始的驱动力。农业劳动生产率的提高意味着单位农产品所需求的劳动力减少，从而为非农产业和城市释放更多劳动力，也使城市的生产和生活密度得以提升。对于英国、美国、德国这样的已经完成城镇化的国家，农业就业比重一直维持在2%～3%之间，中国的农业就业比重从1978年的71%

下降到 2011 年的 35%。

通常农业劳动生产率的提高源于两方面：一方面，农业机械的广泛使用和技术改良提高了农业的机械化水平，解放了一大部分劳动力，农民的劳动时间大大缩减；另一方面，化肥、农药、种子的改良支出促进了粮食产量的提高。不同国家的农业劳动生产率存在十分显著的差异（见图3.1），美国平均每个农业劳动力创造的农产品价值是中国的 12 倍左右，是印度的 120 倍左右，这种差异并不是因为美国人勤劳，而是因为美国的农业劳动生产率高，这背后反映的是育种技术、土地制度、肥料、农业机械设备、仓储配送设施的差异。[①]

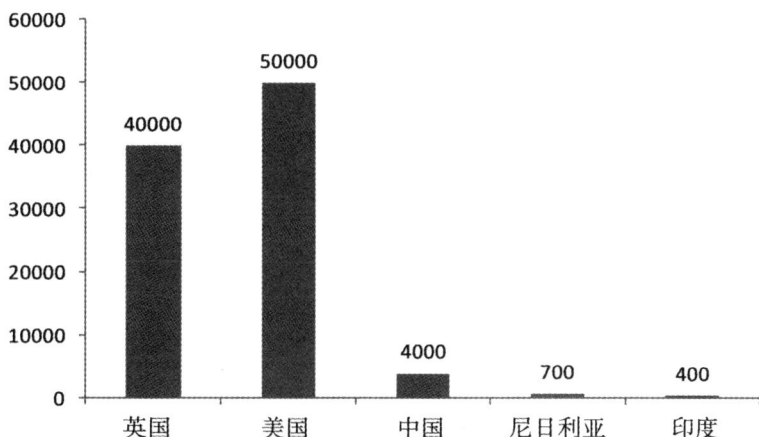

资料来源：作者梳理

图 3.1 不同国家平均每个农业劳动力创造的农产品价值（美元）

更为重要的是，农业劳动生产率提高的过程也从另一个方面刺激着城镇化进程。现代农业从肥料、农业机械到先进的配送、运输和仓储设备越来越依赖大量的城市输入。同时，现代农业也越来越依赖城市提供的广泛的金融和科技服务。因此，对城市产品的需求自然会随着农业劳动生产率的提高而增长，从而使农村和城市、农业和工业形成良好的互动关系，[②]

---

① 农村需要足够的运输基础设施、仓储和配送设施将农产品以最快的速度、在预定的时间内送达预定的地点，只有这样，才能最大限度地降低农产品贸易的交易成本。

② 马里奥·波利斯著，方菁译：《富城市、穷城市》，新华出版社，2011，第 175 页。

见图 3.2。

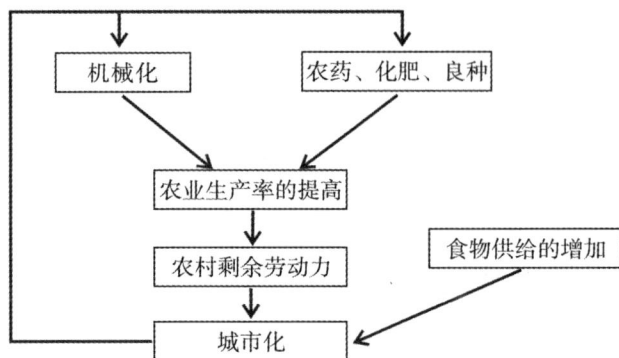

资料来源：作者梳理

图 3.2　农业生产率是推动城镇化的原始驱动力

从这个角度看，对于发展中国家，特别是一些落后地区，城镇化的关键可能在于农业生产率的提高，将人带入城市的前提是将技术带入农村。

其次，制造业劳动生产率的提高则是现代经济中推动城镇化的崭新力量。从国际经验观察，欧洲地理大发现、宗教改革和工业革命极大地促进了经济发展和社会体系的重构，工业生产规模和成熟度极大提升，远洋技术的进步促进了世界的融合，欧洲国家的海外市场为经济的发展提供了广阔的贸易空间和稳定的原材料供给。以英国为例，英国的工业革命伴随的是英国工业技术水平的迅速提升，同时也伴随着英国疯狂的殖民扩张。工业革命给商品的制造地点、制造方式带来了质的变化，成为城市发展的强效催化剂。1750 年的曼彻斯特不过是一个人口只有 1.5 万人的小镇，1801 年已经成为一个有 7 万人口的城市，1911 年成为一个拥有 230 万人口的世界城市，作为一个制造业中心，其经济、社会和文化都发生了惊人的变化。

从美国来看，19 世纪 40 年代，美国的工业经济开始萌芽，欧洲的工业技术开始被引进北美，与此同时，蒸汽机车的发明和铁路系统的建设为经济的起飞创造了条件。19 世纪末，美国城市作为新的世界科技中心，成为技术进步的前沿，电灯、电话等皆在此时问世。进入 20 世纪，技术创新始终贯穿于美国的发展历程，无论是 20 世纪 50 年代的新科技还是 20 世纪 90 年代的互联网技术，均为美国的经济发展带来巨大的动力，经济的发展进一步推动了城镇化的扩张和重构。

然而，制造业生产率的提高对城镇化的刺激作用不止于此，更为重要的是，生产率的逐步提高将工人导向机器难以替代的服务业领域，从而为中心与外围之间的产业分工提供了可能。作为一个结果，这导致存量劳动人口在制造业和服务业之间的重新配置，同时由于不同制造业、服务业对地价、工资、运输成本的敏感度不同，因此，并非所有行业都集中在中心城市才是最优选择，这为外围或中小城市的存在提供了可能。

进一步考察，对于后发的新兴市场国家，生产率提高通常源于全球技术前沿的变化及对该前沿的追赶，追赶速度一定程度上也决定了后发国家推动城镇化的潜在速度。研究表明，一国的生产率追赶速度与该国和世界领先国家的相对收入差距成正比。以中国对美国生产率的追赶为例，如果把美国当作世界领先国家的代表，随着中美的收入差距逐渐缩小，中国生产率追赶速度就会缓慢下降。从数据上看，如果将美国的全要素生产率（TFP）视为 100，美国、德国、日本等发达国家之间的差异十分有限，见图 3.3。而 2008 年中国的生产率水平不足美国的 15%、人均收入不及美国的 10%，而且全球技术前沿还以每年 1% 左右的速度在改进，中国作为后发国家的追赶空间仍然存在，但作为一个结果，随着生产率差距的收窄，赶超速度会放缓，世界银行和 IMF 的测算表明，未来 5~10 年中国的生产率增长速度较之以前将下滑 0.5 个百分点。如果这个判断成立，那就意味着中国未来的生产率提高速度将有所减缓，从而城镇化的内在驱动力也将有所弱化。

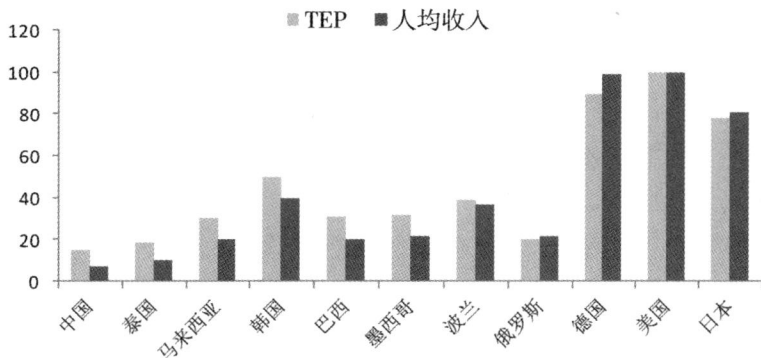

资料来源：作者梳理

图 3.3　中国的生产率提升空间

　　基于这种认知，可以引申出一个判断：由于不同的后发国家在不同的发展阶段对全球技术前沿追赶的速度和路径均存在差异，那么，这种差异反过来也将对该国的城镇化产生不可忽略的影响。具体而言：（1）当一个国家处于低收入发展阶段，生产率提升的路径是将劳动力从低生产率的农业转移到更高生产率的制造业，这个过程本身即是城镇化的过程。（2）当一个国家处于中等收入阶段，生产率进一步提升的路径则是将现有制造业的生产要素转移到具有更高附加值的经济活动，从而实现劳动力和资本在城市内部不同产业，特别是生产性服务业之间的再分配，以及资源向新产品和新工艺的流动。从历史经验看，日本、韩国、中国台湾在经历快速的生产率追赶后，人均收入与美国的收敛程度分别达到 90%、50%、60%，尔后顺利进入平稳增长和平衡城镇化阶段。而巴西、南非、叙利亚、菲律宾在经历第一阶段的追赶式增长之后，却未能实现第二阶段的顺利转换，从而生产率的提升后续乏力，并陷入城镇化的停滞。

交通和通信条件的变化

　　交通运输工具的革新与城镇化的历史关系悠久而复杂。如果没有便利的交通，或者运输费用极高、运输速度极慢，那么经济增长和人口增长就只能集中在城市内部或周边地区极为有限的范围内。从这个角度讲，正是基于交通运输工具的不断更新，才使得区域和国家间的长途运输、城市之间的区域内运输、城市内部的运输效率不断改进，从而在更大的地理空间上拓展了城市的功能。因此，可以大致认为：城镇化事实上也是一场交通运输工具的革命，它改变了距离、重塑了空间，从而也极大地影响了城市的人口和产业配置结构。

　　首先，交通运输工具的革命所带来的通勤模式的转变通常会促使人口、土地在空间上重新配置。20 世纪初，制造业主要集中在港口和铁路枢纽，就业集中在城市中心，这是因为在马车和有轨电车时代，运输成本高于工人的通勤成本，在这个阶段，企业外迁并非理性选择。随着新的交通工具的发明和交通大动脉的兴建，制造业的分散成为一种趋势。以美国为例，在都市中心区，制造业雇佣人数的比例 1948 年时约占 2/3，但是到了 2000 年，只占到 1/2 以下了，与之相伴的是，尽管美国的城镇化水平不断提高，但是居住在大城市的人数占比却在不断下降，见图3.4。

其次，在交通运输工具的革命中，交通大动脉的兴建促进了交通枢纽城市的发展，改变了中心城市和港口城市的地理优势。随着交通网络的建设，新的城市乃至城市群开始崛起，城镇化水平会进一步提高，而原有的枢纽城市的地位开始下降。

再次，从一个城市内部来看，交通运输工具的变化将会带来人口的郊区化趋势。历史上，伴随着交通运输工具的变化，美国、法国、英国人口郊区化的趋势十分明显。1801—1961年，伦敦距离市中心3英里范围内居住的人口的比例从88%降到28%。

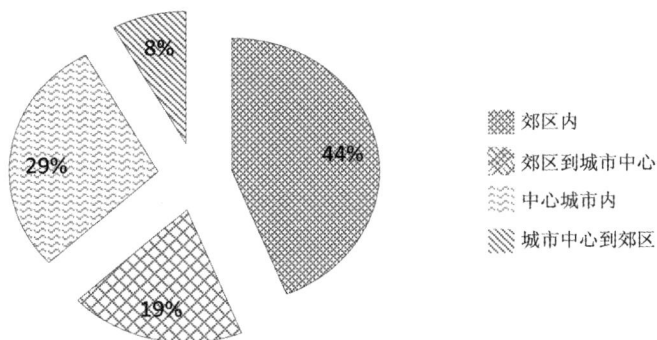

44%

29%

8%

19%

▧ 郊区内
▨ 郊区到城市中心
▦ 中心城市内
▧ 城市中心到郊区

资料来源：作者梳理

图3.4　美国都市区的通勤模式（2000年）

总体上观察，交通运输工具的变化与城镇化之间存在极为明显的关联性。在海运港口运输时代，最大、通常也是最早的大型都市商业中心往往临海而建；在内河运输时代，城镇化通常会进入一个"由点到面"的推进过程，往往伴随的是大型中心城市的繁荣向内陆沿河一带的大范围拓展；在铁路运输时代，通常也会是城市的鼎盛时期；在汽车运输时代，则是城镇化向郊区扩展的阶段；在航空运输时代，则是大都市区进一步向大型化发展的阶段。[①]

①　王旭：《美国城市发展模式：从城市化到大都市区化》，清华大学出版社，2006，第428页。

金融条件的变化

金融条件的变革与城镇化之间同样也有着十分重要，却常被忽略的关系，以至于到目前为止，关于城市问题的研究尚未将金融系统纳入统一的分析框架中。纵观全球城市史，可以确定地说，每一个城市的兴起、每一次城镇化转型的背后都可以观察到金融系统的影响力。

历史上，第一次系统性的城市转型是向工业城市的迈进。工业城市或者说以工业经济为核心特征的城镇化阶段，大生产、大物流、大消费和大金融是最为突出的表现形式。如果没有金融系统的支持，资本密集度极高的大规模生产便无法实现；如果没有金融系统的支持，资金消耗极大的交通设施网络便无法建设，从而也就没有与大生产相匹配的大消费、大零售或者大物流系统。

20世纪80年代之后，发达国家的代表性城市正在经历由工业城市向服务业城市的大转型。这种转型引发了"去工业化"的浪潮，也引发了城市工业内部不同产业之间的重组与并购活动，最终将城市竞争力的导向由制造业转向服务业，特别是现代生产性服务业。观察这个变化趋势，可以发现，在后工业时代的城市系统中，金融的支持作用已经不体现在对制造业生产活动的支持上，而是体现在对制造业重组与并购的支持上。反过来，一旦城市完成向服务业的转型，实体经济的利润来源、风险分布、融资期限结构将发生深刻的变化，从而也将对金融系统提出新的需求。

总体上观察，以服务业为核心特征的城镇化阶段，规模的重要性下降，小众或个性化生产的重要性上升，而且伴随信息通信网络以及电子商务平台的兴起，消费的空间约束有所弱化，供应链的配送和反应效率显著提升，使得立足于定制化的消费比重增多，这也进一步扩大了小众生产的可能空间。因此，大规模生产向小众化生产转换，必然会进一步刺激金融系统由工业时代为大企业提供金融服务的商业模式转向为中小创新型企业提供金融服务的商业模式。

——

第4章　城镇化的机制

　　如果说经济条件的变化是推动和重塑城镇化的动力之源，那么人口在城乡之间和不同产业之间的流动、企业在不同地理空间上的工厂和办公地点选择则构成城镇化的动态调节机制。进一步讲，尽管我们也强调人口流动与人口密度、规模经济之间存在极为重要的关系，然而，在很大程度上，人口流动仍然只是一个结果。尽管我们也已经指出生产率的提高和交通运输工具的革新是人口流动和城镇化的先决条件，但是仍然需要探索它们之间的关联机制。

人口流动的动态调节机制

　　为什么人口会出现地理空间上的集中？人口密度的变化趋势如何？从现有的理论研究和实践经验可以看出，人口在地理空间上的流动通常会呈现出一种"集中—分散—再集中"的过程，尽管现有文献分别从收入差距、交易成本、规模经济和经济发展阶段等角度分析了这种过程，但其实仍然只是刻画了部分因素。结合已有的研究和我们对城市及城镇化的定义和理解方式，人口流动的内在逻辑可以概括为一种人口集中带来的"收入效应"与"成本效应"之间的动态调节机制。具体而言，这种调节机制可以细分为两个因素：（1）收入效应。相对于农村，城市非农产业以及非农产业本身所具有的规模经济特征决定了城市通常可以为流动人口提供相对较高的工资和较高的就业率，这是城市人口集中或密度提高带来的收入效应。（2）成本效应。较高的人口密度或较大的人口规模首先意味着规模经济，但是到了一定临界值，便开始产生交通拥堵、房价高涨、环境污染等一系列规模不经济或成本效应。在相对有效的劳动力市场上，劳动力市场的弹性可以使得不同的劳动力根据自身收入效应与成本效应的评估，选择离开还是留在这个城市，从而引发不同人群在城乡之间、不同城市之间的有效流动。

这样看来，一个城市的人口规模事实上是收入效应与成本效应之间动态平衡的结果。城市经济为劳动者带来的收益使人们聚集在一起，直到这种聚集经济的成本大于收益。如果我们将这种收入效应与成本效应的差额定义为"净工资"，那么在一个相对有效的劳动力市场上，我们可发现一个城市的人口规模或人口流动会出现几个阶段（图4.1）：（1）当人口规模从初始水平开始扩大时，收入效应远远大于成本效应，净工资曲线斜率呈现加速上升的态势，这是劳动生产率的提升所导致，在这一阶段，劳动力不断向城市集中。到了 B 点，净工资达到最高水平，B 点也是理论上城市人口规模的最优水平。（2）B 点之后，净工资曲线开始向下，但由于对于外来流动人口而言，只要净工资大于他们自身劳动的供应价格（这里主要指他们进入城市而放弃的其他收入即机会成本），他们就会选择进入城市，直到 N 点，劳动力供给曲线与净工资曲线相交，这时净工资与劳动力供应的机会成本相等，N 点即为城市最终平衡规模。（3）N 点之后，劳动力向城市的流入停止，人口规模开始下降。

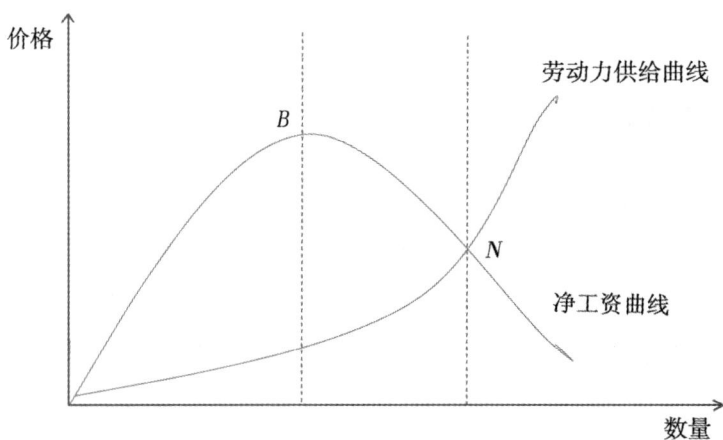

资料来源：作者梳理

图 4.1 城市人口规模的决定

从这种动态的调节过程，我们可以发现，城市的最优规模和平衡规模之间存在较大的差异，从 B 点到 N 点的每一单位劳动净流入事实上已开始产生所谓的成本效应，并对现有居民构成一种负外部性。

除了收入—成本效应之外，还有三个因素也同样重要。

第一是人口流动能力。在这一点上，流动人口的年龄结构起决定性作用。越来越多的老龄人口会对一个城市的增长能力形成制约，从而降低其吸收力；而且人口老龄化本身也会对年轻人口的流动能力形成制约，据日本政府部门的统计，日本每年有 10 万年轻人放弃工作以照顾老人，当前日本老龄人口即 64 岁以上人口占比已大于 14 岁以下人口占比，老龄化正逐步侵蚀着日本的活力；更重要的是，老龄人口占比越高，通常意味着越来越高的政府养老和医疗支出负担，也意味着分担城市公共基础设施成本的人口基数在减少，从而导致财政压力以及公共基础设施恶化，进一步削弱城市的吸引力。长期看，每个国家都难以避免人口老龄化的问题，每个人也都会变老。随着一个城市人口的老化以及每一个劳动力的逐步老化，这个城市的人口流动能力便不可避免地下降。

第二是不同群体的收入能力。人口的收入能力是指不同的劳动者由于受教育年限等诸多方面的原因，导致比普通劳动者的收入水平更高。原则上，更高的收入能力既意味着更高的成本承受能力，他们也更有条件留在城市中心；反过来，更高的收入能力也意味着他们最有可能去选择郊区环境更好的低密度住宅，在当前以汽车为基础的生活方式时代，这种选择变得更为容易，最终选择留下还是离开，将取决于各自的偏好。从国际经验看，高收入人群的郊区化甚至"田园化"是一种更为常见的现象。

第三是住宅密度。考虑到住宅成本提高是人口集中带来的最显著的结果，也是影响人口流动的关键因素，把住宅供给能力作为一个单独的影响因素进行讨论是十分必要的。基于最简单的经济学原理，城市人口集中本身会带来土地和住宅需求的上升，从而推动地价和房价上涨，这反过来又增大了人口流动的成本，而解决这种冲突最为有效的手段则是扩大住宅供给，高密度住宅的建设则为扩大供给提供了潜在空间。原则上，高密度住宅是在固定不变的土地面积上提供更多空间、更多建筑的一种必要的方式。鉴于在城镇化进程中，对城市中心住房需求的不断上升，建设更多的高密度住宅似乎是一种较为合理的选择。更为重要的是，高密度住宅所增加的供给不仅影响着住房价格，也影响着一个城市的人口规模。不同城市的住宅供给与城市人口之间的数量关系是极为一致的。美国大城市的数据表明，一个城市的住宅存量增加1%，它的人口基本也保持着同样比例的上升。历史上的经验也表明，当纽约、波士顿和巴黎加强高密度住宅建设限制和新房建设限制时，当地的人口增长将会放缓，如果限制达到了一定程度，当地甚至会出现人口的流失。另一个典型的例子是印度的孟买，它曾经实施了发展中国家最为严厉的住宅限制，要求中心城市的新建项目平均必须低于一定水平，限制的结果是不仅没有阻止人口的流入，反而是不断流入的移民不得不挤在非常狭小的空间里。

企业的工厂和办公地点选择的动态调节机制

对企业工厂和办公地点的选择起决定作用的因素通常是原材料在产品成本中的占比、运输成本的大小和土地价格的高低。让我们从制造业和服务业两种不同类型企业的选择角度来讨论这一问题。

土地价格在制造业企业的工厂地点选择中占据很重要的权重。由于不同制造业对土地成本的敏感度不同，中心城市的高成本将部分制造业从中心城市拉到外围。不同制造业拉出效应的大小取决于几个因素：（1）运输成本在产品价值中的占比。这个占比越小，公司越有可能集中在中心城市，从而享受大城市和高密度带来的规模优势。（2）运输输入成本与输出成本之间的平衡。如果终端产品的输出成本远远小于原材料的输入成本，则该产业或公司集中在资源所在地更符合利润最大化原则，但资源所在地未必是大城市。造纸业和冶炼业是典型的例子，它们都需要集中在木材和矿山所在地。（3）对土地和空间的敏感度。有的行业如汽车装配厂需要占用较多的土地，因此，对高地价的容忍度更低，它更需要迁往周边城市。作为一个结果，制造业，特别是一些中低端制造业，为了寻求更低的土地成本、靠近输入地，往往会在中心城市的外围落户。

服务业则不同，在办公地点的选择中考虑的关键变量是人口密度。不同服务业人口规模和密度的敏感度不同，有些必须集中在中心城市，有些则不然。具体而言：（1）对于消费者必须亲自到场的非生产性服务业，最为关键的变量是市场规模、消费者的出行意愿及消费行为的频率，有的服务业如时尚服装店、专业医疗保健、专业教育、歌剧等需要大的市场，且消费频率不高，所以通常会集中在大城市。（2）对于生产性服务业，有些之所以必须集中在大的中心城市，最主要的约束是面对面的接触需求（如律师事务所、会计师事务所、金融业、管理咨询业等），该约束条件不那么紧的服务业则可以落户在外围城市。

作为一个验证，我们可以从美国写字楼和制造业工厂的分布来观察这种调节机制。在 20 世纪 70 年代以前，美国很多城市的写字楼多集中在 CBD 地区，见图 4.2。尽管 CBD 地区租金较高，但是 CBD 的区位优势抵消了租金成本，CBD 更有利于满足企业之间的接触性需求。然而随着技术的进步，特别是通信技术的进步，人们可以在远离 CBD 的地区就业。例如人们可以在郊区办公，通过信息技术将文件传输到总部，这样 CBD 的区位优势就没有以前那么明显了。CBD 地区更多地服务于那些对租金弹性大的企业。根据对租金的弹性的不同，城市的企业选址呈现出明显的层次性，例如，高端的金融服务业和商业中心对于区位的租金弹性较大，而制造业对于租金的弹性相对较小，导致它们对城市地段和位置的选择开始出现分化。对于此种现象的一个经济学的解释就是，商贸金融等行业所提供的商品是一种典型的不可贸易品，商业中心的人流量决定了它只能在城市的 CBD 地区，没有人会把 LV 这种奢侈品店开到人迹罕至的郊区。制造业产品是一种典型的可贸易品，方便的交通条件决定了区位因素对它的影响很小，这样，在一个城市内部，政府就可以选择收益最大化的组合，在选址上，做好劳动力资源和土地成本之间的权衡，而在城市远郊的

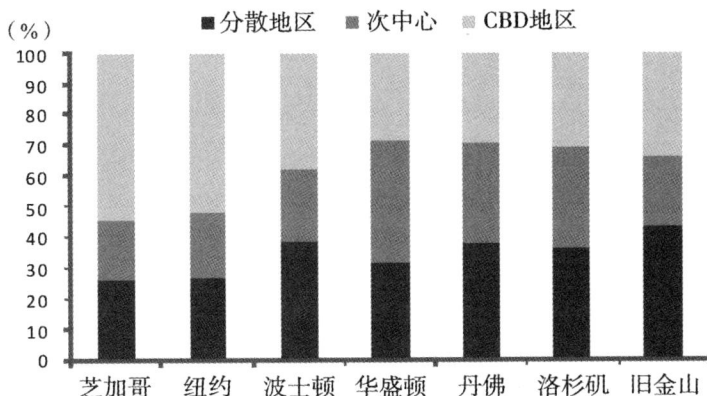

资料来源：作者梳理

图 4.2　美国市中心、次中心和其他地区的写字楼面积

地区，则只适宜发展农业。这样，基于土地租金的不同，在不同的地区，城市便形成了一个典型的产业布局：金融业在城市中心，而制造业只能在城市外围地区，在两者之间，是高密度的住宅，而在制造业外围，由于地价低廉，则可能是低层住宅和农田，见图 4.3。

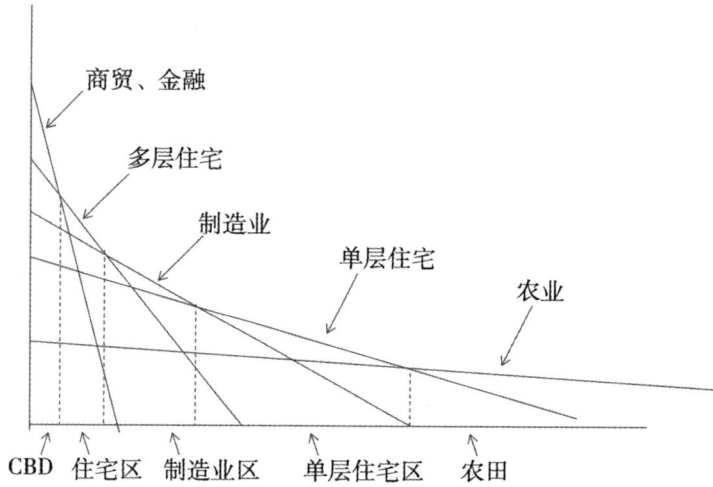

商贸、金融

多层住宅

制造业

单层住宅

农业

CBD　住宅区　制造业区　单层住宅区　农田

资料来源：作者根据伯吉斯地租理论梳理

图 4.3　城市不同产业的空间布局

第5章 以城市看待增长

我们的分析已经基本得出两个结论：其一，推动和重塑城镇化的内在动力是生产条件、交通条件和金融系统的变化；其二，将这三个变化与城镇化联系起来的动态调节机制是人口和企业的流动。将这两个结论加在一起，则可以引申出我们希望探讨的如下问题，即在不同的经济条件下，人口和企业的流动能否以及如何驱动经济增长？这种增长是否具有可持续性？

生产率的提升是关键

城镇化要想驱动经济增长，需要满足的第一个条件即是生产率的提升，如果没有生产率的提升，城镇化未必和经济增长联系在一起。从我们对城镇化的定义、动力和机制的分析来看，城镇化过程中生产率的提升通常源于四个方面：

其一是人口从生产率低的农业部门向非农部门转移。在这个阶段，生产率的提升和城市人口增长的速度大体保持一致。

其二是人口密度所产生的规模效应。通常最先是农业技术创新推动农业人口向城市制造业集中，产生制造业的规模效应，接着是制造业技术创新推动人口向城市服务业集中，产生服务业的规模效应。更为重要的是，通常也只有在拥有更多人口的城市中，才能产生企业家的创新及对技术的生产性使用，也才能进一步促进城市的扩张和经济的增长。[①] 在这个阶段，生产率的提升和城市人口的存量规模扩大相关性更大。

其三是不同城市之间的专业分工、劳动力的素质和交通运输网络的完善对于城市的分工往往具有重要作用。城市分工和专业化取决于城市劳动力的构成和人力资本的积累。Henderson 对美国、巴西、韩国和印度的经验研究表明，由于教育水平的差异，不同城市的生产结构具有明显的专业分工。[②] 他研究的 317 个城市制造业样本数据中，分别有 40%、17%、42%的城市根本不存在计算机、电子元器件和航天制造业。同时，一个跨城区的交易网络和城际交通网络也在城市分工和经济增长中发挥着至关重要的作用。一般来说，大城市在商业服务、小城市在制造业上的专业程度更高，但是需要便利的交易网络和交通网络将两者连接起来，实现不同城市之间的产品贸易。

其四是恰当的公共政策，特别是开放、人口流动、土地利用、基础设施等方面的政策往往至关重要。首先，公共基础设施投资不仅影响城市生活成本，而且也影响着生产效率，它是信息和知识溢出效应得以实现的基础（Lucas，1988）。[③] 其次，土地与产权制度、地方政府自治权、地方融资和债务规模都在一定程度上影响城市的规模和经济的增长。再次，涉及人口流动、通信和交通基础设施投资的公共政策会对城市系统、人口转移模式、区域经济发展产生深远的影响。

作为一个验证，我们可以从两个维度来对比城镇化与经济增长之间的实证关系。

第一个维度是从时间序列层面。从单个国家不同历史阶段的纵向来观察，我们可以发现城镇化与经济增长之间的定量关系或者相关性强弱程度存在显著的差异。历史上，从 1880 年到 1940 年的 61 年间，美国的城镇化率与人均 GDP 增长率保持了极为明显的相关性，然而 1940 年之后，美

[①] E. Helpman (1998)，The Size of Regions, in D. Pines, E. Sadka and I. Zilcha (eds.)，*Topics in Public Economics：Theoretical and Applied Analysis*，Cambridge University Press，33-54.

[②] Henderson, J. V. (1988)，*Urban Development：Theory, Fact and Illusion*，Oxford University Press.

[③] Lucas，R. E. (1988)，On the Mechanics of Economic Development，*Journal of Monetary Economics*，12，3-42.

国的城镇化率超过 60% 的临界点，城镇化速度明显放缓，但人均收入的增长速度却出现了极为显著的加速上升。罗默和卢卡斯等人认为，在初始阶段，城镇化与经济增长的强相关性反映的是劳动等资源从农业向工商业转移所刺激的生产率上升，这是一种资源的产业配置效应；而在城镇化的中后期，收入的加速上升反映的则是工业和服务业内部生产率的大幅度改进，而这通常是由技术进步、知识溢出和规模经济效应引起的。

然而，并非所有的国家都经历了与美国类似的城镇化与生产率改进路径。20 世纪 60 年代后期，巴西的城镇化率为 50%，在其后的 20 年里，伴随着城镇化的继续推进，生产率与人均收入也有明显的上升，但 80 年代之后，虽然城镇化率仍在上升，但人均 GDP 水平却一直止步不前，甚至在 1980 年之后的 5 年里连续出现大幅度下降。这说明，城镇化远远不是经济持续增长的充分条件。从巴西的情况分析，这里的根本原因在于，巴西在实现劳动力从农业向工业的转移之后，城镇化的后期，工业内部的生产率并未实现提升，截至 2009 年，巴西的城镇化率为 86%，超出美国 4 个百分点，但其人均 GDP 仅为美国的 1/5 左右。

肯尼亚则是另外一个完全不同的例子：有城镇化，却无增长。1960 年肯尼亚的城镇化率为 7%，其后，在这个很小的基数上，肯尼亚的城镇化率有了较快的增长，但人均 GDP 一直未出现明显增长，这说明其城镇化并非由工业化拉动，生产率也未有提升。非洲的其他几个国家也出现了类似的现象，但总体上并不具有普遍性。联合国 2007 年的一项研究显示，人口超过 100 万的 109 个国家样本中，只有 25 个国家的城镇化率与人均 GDP 之间呈现负相关关系。后续的许多研究也表明，这些国家主要是非洲的一些小国，而出现这种反常现象的原因则在于地理和政治因素。

因此，总体上，同一国家在不同发展阶段，城镇化与经济发展之间的影响系数并不存在完全一致的相关性：一般而言，在城镇化的初期，城镇化率与人均 GDP 之间的相关性比较强，生产率的改进主要由产业之间的转移所引起；随着城镇化的逐步推进，相关系数将不断降低，这说明在不同阶段，影响经济增长的主导因素也在发生着变化。

第二个维度是从跨国层面。我们可以发现城镇化与经济增长之间的关系存在明显分化。从跨国对比来分析，Arthur Lewis 的早期研究表明，在城镇化率达到 60% 之前，很少有国家的人均 GDP 能达到 1 万美元

（Arthur Lewis，1977）。[①] 这种简单的二元回归分析基本上可以解释不同国家之间 55％左右的收入差异。这意味着长期内，城镇化是影响生产率提高和收入增长的重要变量。为了进一步观察各个国家城镇化与经济增长水平之间的横向对比关系，我们根据联合国发布的 2009 年世界城镇化报告，将各个国家的城镇化率与人均 GDP 水平统一标准后，我们发现城镇化差异可以解释约 40％的国家间的收入差异，而且人均收入在 1 万美元以上的国家，其城镇化率都已超过 60％，一定程度上也印证了 Arthur Lewis 的实证结果，见图 5.1。

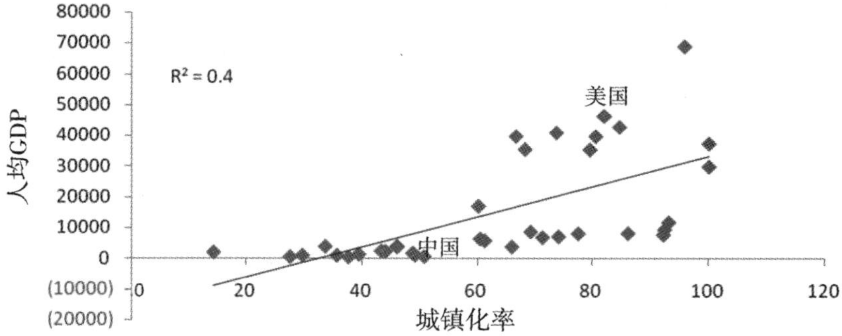

资料来源：2009 年世界城市化展望

图 5.1 城镇化率与人均 GDP 之间的关联性

同时，我们将不同国家进行分类后，发现不同国家城镇化率与经济增长的关系存在明显的分化：第一类为高城镇化与高增长同步发展的国家。这类国家主要是欧美发达国家和东亚新兴工业经济体，其中美国、英国和德国等 G7 成员国既是世界上最早启动和完成城镇化的国家，同时也是经济最发达、人均 GDP 水平最高的国家；中国香港、韩国、新加坡和中国台湾等东亚新兴工业经济体作为后起之秀，在实现快速经济增长的同时，也在较短的时间里实现了城镇化。第二类为相对于经济增长，城镇化水平略显滞后的国家。这类国家的特征是经济发展水平较高但城镇化水平较低，从数量上看，这类国家不是太多。这里我们列举两个例子：2009 年斯里兰卡的城镇化率仅为 14％，但人均 GDP 为 2 041 美元，相对于其他国

---

① Arthur Lewis（1990），*Silicon Valley Locational Clusters*：*When Do Increasing Returns to Scale Imply Monopoly*，Mathematical Social Sciences，19，235-251.

家同类的收入水平，该国的城镇化明显滞后；泰国也大致如此。第三类为低城镇化与低增长同步发展的国家。这类国家的城镇化率与人均 GDP 水平都较低，如印度、印度尼西亚、巴基斯坦等，通常广大的发展中国家属于这一类型。第四类为过度城镇化的国家。这类国家的城镇化率相对于经济发展水平略显过度。典型的国家如加纳，人均 GDP 仅为 671 美元，但是其城镇化率已达到 51%。

因此，不同国家城镇化率与经济发展水平之间的关系并不存在统一的范式，也不是绝对的正相关。例如利比亚虽然是全球最穷的国家之一，人均钢材、水泥和电力消费量均远低于中国，但其城镇化率为 47%，已接近中国。原因就在于，一个国家的城镇化可以通过快速经济发展来实现，给农民提供附加值高的工业和服务业就业机会，但是如果仅仅是让没有土地和工作的农民进入城市的贫民窟，也同样能实现城镇化率的迅速上升。

总体上，国际经验表明，城镇化与经济增长并非简单的线性关系，在初期，城镇化可以通过劳动力的转移、农业向工商业的转换实现生产率的提高和经济的增长，但在后期，城镇化则必须通过人口的集中、城市规模的扩大、产业内部的生产率提升、专业化的分工等渠道才能真正产生增长效应，即顺利实现城镇化与经济增长的传导过程。

交通和地理条件同样重要

交通和地理条件在某种程度上决定商品、服务、劳动力、资本、信息和知识穿越空间的难易程度。尤其是对于商品和服务贸易而言，交通的便利性和地理位置的特殊优势往往会决定城乡之间、不同城市之间贸易活动的时间和交易成本，见图 5.2。

从这个角度看，一个城市要想保持经济增长，其中一个条件是它与乡村、郊区、国内其他城市甚至国际城市之间需要保持最短的距离，显然这需要通过公路、铁路、航空、内河运输、信息网络等硬件基础设施的建设，铺设一张高效、一体化的交通和通信网络，从而最大限度地减少运输和通信成本。

特别是在现代经济条件下，交通和地理条件的重要性更大于以往。这是因为：其一，现代工商业经济"播种"与"收割"在地理空间上分离。

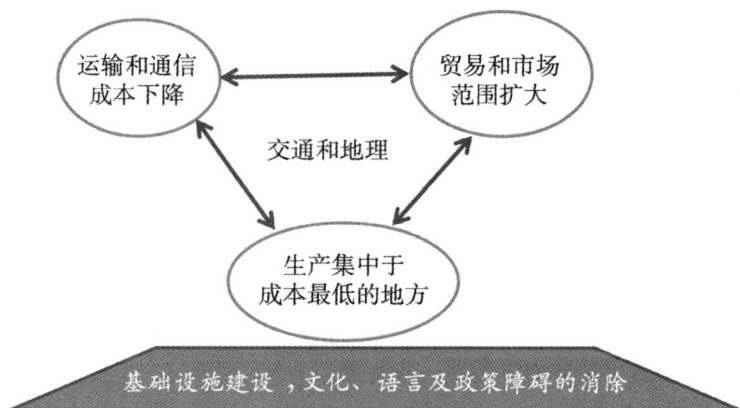

资料来源：作者梳理

图 5.2　更便利的交通意味着更广泛的贸易和更大的规模经济

农业的播种与收割必须在同一块土地上进行，而工商业却无此约束。交通运输和通信成本的降低使得企业可以在中心城市进行产品设计和项目融资，而在中小城市进行产品生产，因此，大中小城市之间的距离越短，这种分离和分工会越充分。其二，通常中心城市是服务业的中心，而服务业终端产品的运输成本极低，且服务业覆盖的区域十分广泛，可以为周边城市提供全面、细致的金融、会计、咨询服务，而中小城市则可以专注于生产，实现城市—郊区、中心—外围的共荣共存，相得益彰。其三，土地是最不易流动的要素，只有便利的交通才可以间接提升土地市场的灵活程度，使之在不同用途之间有可能顺利转换。如果运输成本足够低，中心城市就有可能将中低端制造业移至郊区或外围，为高科技产业、服务业和住宅用地腾出土地；相反，郊区或外围也就有可能承接产业转移，提升土地的经济密度，加快共同繁荣的步伐。其四，交通运输、通信成本的下降是对冲能源和劳动力成本上升的关键手段。其五，总体上，运输和通信成本的下降会刺激贸易和市场范围的扩大，这反过来又促使生产集中于成本最低的地方，规模经济由此产生。只要距离足够短，在极端情况下，如果运输和通信成本下降至零，那么所有生产将集中在同一地点，例如，如果全世界不存在文化、语言和审美观的差距（无形距离），全球电影产业很可能就会集中于好莱坞等少数几个中心。

接下来，我们可以从多个角度来验证交通和地理条件对于经济增长的重要性。

第一，不同的交通和地理条件决定了城镇化所带来的经济增长在地理空间上的分布通常是不平衡的。这是一条从客观经验总结出来的基本规律，适用于城乡之间、不同城市之间、不同国家之间。城市发展会将农村远远甩在后面；一些省份生活质量迅速改善，而另一些省份却仍然落后；一些国家迅速变富，而另一些国家则越来越穷。从这个角度看，这个世界不是平的，至少从城镇化和财富创造的角度看是如此。下面几组数据可以从多个维度揭示这种财富地理分布不均现象。第一组数据：2007年，以GDP总量衡量全球最大的600个城市人口规模达15亿，占比为22%，GDP规模达30万亿美元，占比超过50%；2025年人口规模将增长到20亿，占比25%，GDP规模将增长到64万亿美元，占比将接近60%，见图5.3。第二组数据：美国和西欧的大城市数量分别为259、186个，GDP占比分别为84%、64%，人口占比分别为80%、58%，人均GDP分别是其他城市的134%、130%；拉丁美洲和中国的大城市数量分别为289、710个，GDP占比分别为76%、78%，人口占比分别为55%、48%，人均GDP分别是其他城市的257%、383%，见图5.4。这组数据也暗示了城镇化速度相对较快的发展中国家，人口和财富会迅速向大城市集中，财富的地理分化更为显著。

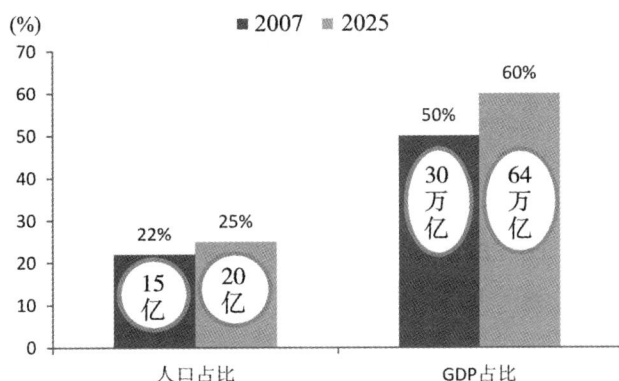

资料来源：作者梳理

图5.3 全球最大的600个城市人口和GDP规模及占比（GDP：美元）

大城市GDP占区域GDP的比重

大城市人口占区域总人口的比重

大城市人均GDP与其他地区的差距

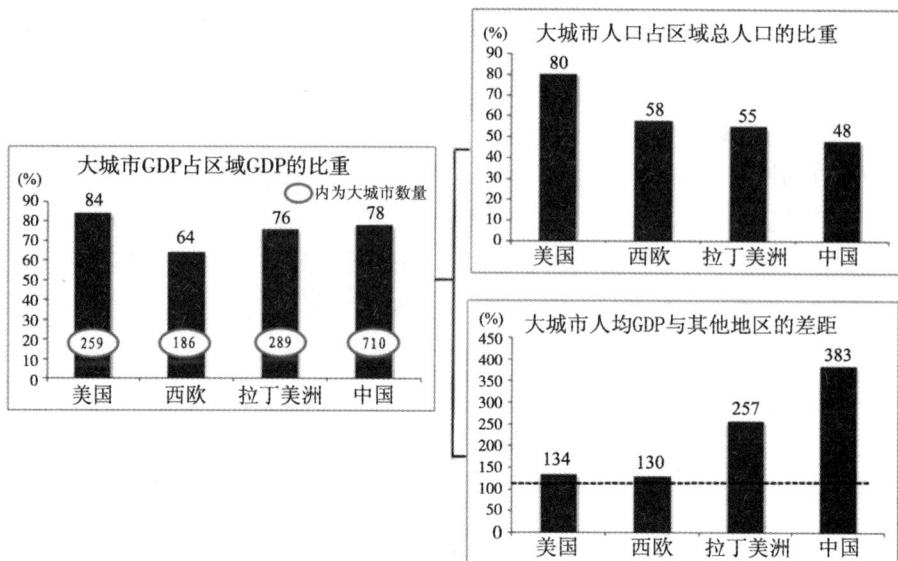

资料来源：作者梳理

图5.4 代表性国家和地区大城市的人口和财富集中度①

第二，交通和地理条件决定了城镇化和经济增长往往也会是不同区域之间分化的过程，难以实现多极化增长。通常，一个国家能否实现多极化增长，从经济地理角度考察，关键取决于几个条件：其一是一国经济中心和贸易伙伴边界之间的距离，这个距离的长短很大程度上决定了一国范围内外围地区的规模大小，距离越短，就有越多的外围地区容易被排斥在繁荣之外。其二为是否拥有一个占据主导地位的贸易伙伴，如是，则贸易更容易被拉往一个方向。从这个角度看，中国可以被视为一个典型的例子。中国只有一面面对海洋，贸易集中在东部，使广大的内陆地区成为宽泛意义上的"外围"地区（巴西与中国类似，见图5.5）。美国则是一个相反的例子，其国际贸易的方向不存在单一性，西部有东亚、东部有欧洲、北部有加拿大、南部有墨西哥，每个方向都只分享贸易的一部分，因此，美国基本不存在所谓的外围地区，全国各地不同地方，因为不同的原因实现平衡增长。

————————

① 对于美国和西欧，定义2010年人口15万以上的城市为大城市；对于中国和拉丁美洲，定义2010年人口20万以上的城市为大城市。

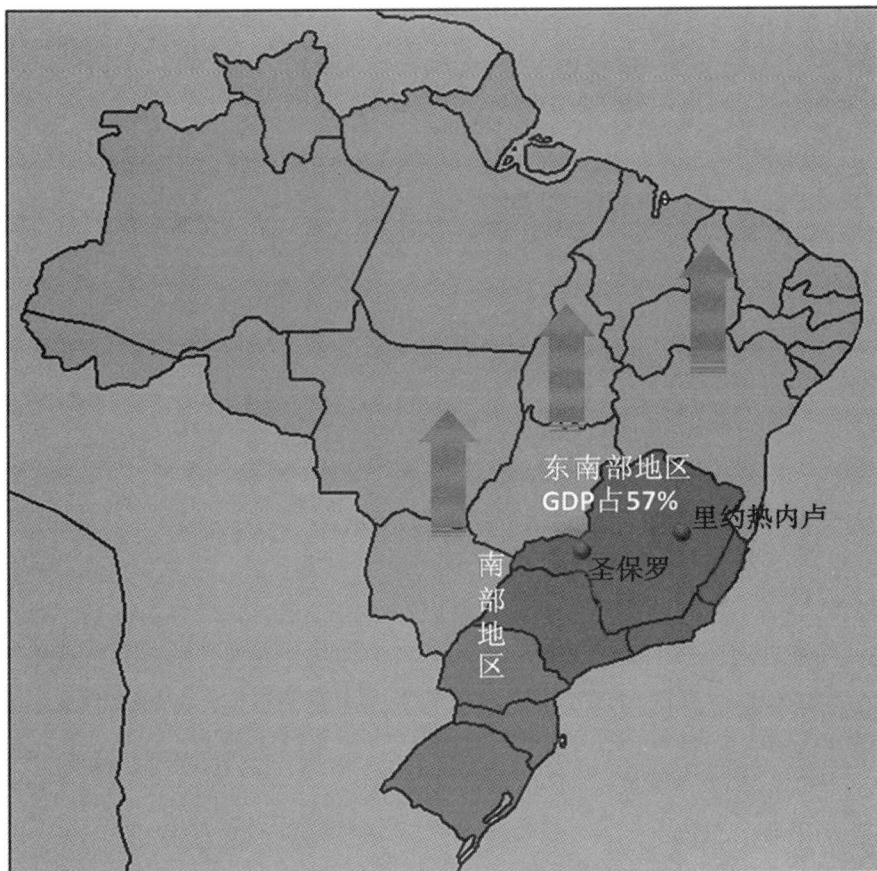

资料来源：作者梳理

图 5.5　巴西是单极增长的典型

　　第三，从城市的中心—外围关系看，交通和地理条件对于它们之间的产业分工和生产率提升很重要。原因是：其一，制造业与现代生产性服务业的联系，以及生产与管理的分离，使得工厂的理想位置既要与大城市中心保持一定距离，以避免承受中心城市的高地价，又不能离得太远，在通勤范围之外，因为它的总部管理人员、供应商、银行家需要频繁往返于城市与工厂之间，因此，便利的交通可以使他们之间保持密切的联系。其二，中心城市的"知识和技术密度"决定了它可以覆盖的潜在距离。经济活动在中心城市的集中度越高，房价和人工成本越高，只有高科技的制造业和现代服务业才能够承担高成本，见图 5.6，如果交通条件足够方便，

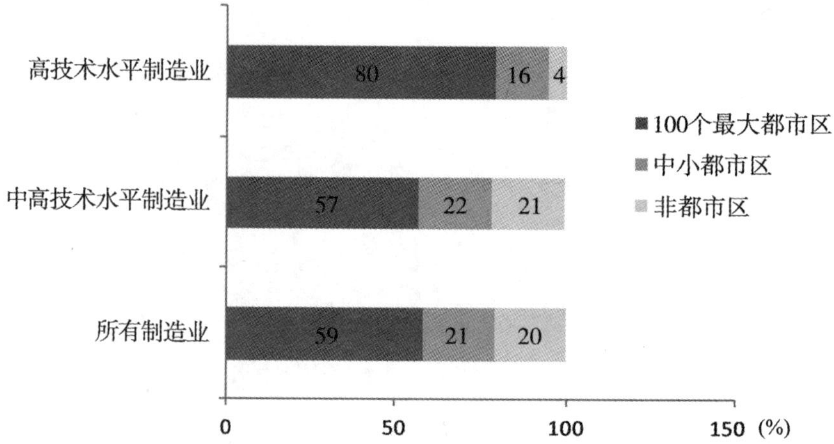

资料来源：作者梳理

图5.6 美国的高科技产业主要集中在大城市

那么其他中小型制造业和服务业就可以在周边城市寻找落脚点。其三，中心—外围之间的邻居关系很重要，一个繁荣、活力四射的中心城市从来不会将她的邻居（外围城市）置于贫困的境地而无动于衷，邻居将分享中心城市的繁荣，而且这种共生关系一旦确立，就难以逆转。相反的关联性同样成立，在繁荣的地方，邻近是上天的恩赐；在贫困的地方，邻近是一种可怕的诅咒。

衰落和转型也是一种常态

尽管我们已经花费较大的篇幅来论述城镇化与经济增长之间的联系，然而，一个不可忽略的事实是：在中心城市和郊区之间，增长和繁荣既有可能分享，也有可能相互冲突，即郊区的繁荣往往也意味着中心城市的衰落；有的城市在农业向工业转换的过程中实现了上升期的增长，却在工业向服务业转换的过程中迎来了衰退。按照我们的理解框架分析，一个城市之所以出现类似的增长与衰落周期，主要是因为一个城市既可能因为它的"收入效应"而吸引人口流入，也可能因为它的"成本效应"而导致人口流出，或者因为交通运输条件的变化使那些原本具备空间和地理优势的城市最终丧失这种优势。另外，在全球化条件下，开放可以使后发新兴城市获得更广阔的国际市场而日益繁荣，也可以使传统的发达城市面临更为激烈的国际竞争而衰落。因此，总体上看，毫无疑问，城市存在一个生命周期，它类似于生命体，有出生期、成长期、成熟期，也自然有萎缩期或衰落期。正如 Herwig Birg 所指出的那样："随着 21 世纪的来临，许多国家从长达一个世纪的人口增长阶段转入长期的人口减少阶段。这一现象史无前例，它并不是由战争、传染病或饥荒之类的负面外因引起的；相反，它发生在空前繁盛的和平年代。"① ——这就是城市的周期，但它绝不仅仅是一个人口的衰减周期，还有与之相伴的一系列转变的周期。

以伦敦为例，它曾作为世界第一大城市长达 100 年，却从 20 世纪初开始经历人口的持续衰减。这种衰减首先发生在中心区，1901—1981 年，内伦敦的人口数几乎下降了 45%；后来这种衰减遍及整个城市，1939—1991 年，大伦敦的人口数下降了 22%。不只是伦敦经历了这种衰落，欧洲的不少工业城市如利物浦、曼彻斯特、巴黎也有类似的下降周期。这样看来，欧洲，原本作为现代城镇化浪潮的领军者，现在城镇化已渐渐趋向衰落。事实上，不光是欧洲，美国的工业城市目前也正经历着类似的痛苦周期。

底特律的衰落也许更为典型，它代表了一个城市从工业向服务业转型过程中是如何走向衰落的。数据显示，在 1950—2008 年间，底特律的人口下降了 100 万以上，占其人口总量的 58%。今天超过 30% 的底特律市民处于贫困状态。底特律中等家庭的年收入为 3.3 万美元，大约相当于美国平均水平的 50%。2009 年，金融危机期间，底特律的失业率高达 25%，比美国其他任何一座大城市至少高出 9 个百分点，同时高出全国平均水平 2.5 倍。2008 年，底特律的自杀率为美国最高，比纽约市高出 10 倍以上。不过，尽管底特律的衰落是极为严重的，但它绝不是个案。在 1950 年的美国十大城市中，有 8 座城市的人口此后至少下降了 15%；在 1950 年的美国最大的 16 座城市中，有 6 座城市（它们分别是布法罗、克利夫兰、底特律、新奥尔良、匹兹堡和圣路易斯）的人口此后下降了 50%。在欧洲，利物浦、格拉斯哥、鹿特丹、不来梅和维尔纽斯等城市的

---

① Herwig Birg，Die demographische zeitenwende，Munich，2001.

规模也远不如从前。工业城市的时代已经结束，至少在西方国家如此，而且它们的时代已经一去不复返了。一些原来以制造业为主的城市已经成功从生产产品转向生产创意，但大多数仍然继续行走在缓慢而无情的衰退之路上。

引发底特律走向衰落的原因也许更值得反思。作为一个典型的工业城市，底特律成功的因素也隐含了它走向衰落的基因。工业城市不同于传统的贸易城市或信息化时代的现代城市，它的核心特征是大规模生产、廉价低技能的劳动力和自上而下的垂直管理，这是工业时代的标志性特点。然而，随着工业城市向服务业城市的转变，那些拥有大量小型企业的城市的发展速度远远快于由大型企业主导的城市；文化水平高的城市远比文化水平较低的城市更加成功。底特律只有 11％ 的成年人拥有大学文凭。更重要的是，相对于制造业的一枝独秀来说，产业的多元化更加有利于城市的持续发展，底特律事实上却是由少数巨头企业主导的单一支柱型产业城市的典范。

从另一个角度看，底特律也是全球化的牺牲品。随着日本、德国等国家的兴起，美国汽车业面对着来自全球的冲击。随着日本丰田等企业的技术创新步伐的加速和 20 世纪 70 年代的石油危机，美国汽车的高耗能使得美国汽车业遭受重创，美国原来保持了 50 余年的比较技术优势逐渐丧失，汽车产量从 1965 年的 1 113 万辆下降到 1980 年的 800 万辆，占全球产量份额从 1960 年的一半以上滑落到 1980 年的 20.7％。1968 年，美国汽车业的进出口第一次出现逆差，美国由全球的汽车出口国变成了净进口国，丰田、本田、日产、马自达等小型车备受欢迎，遍布美国的大街小巷。汽车业的不景气对于昔日的"汽车之都"的打击无疑是剧烈的。与此同时，标准化的产品线对劳动力的大量挤出，导致底特律的失业率迅速攀升。雪上加霜的是，三大汽车工厂为了应对工会和美国全境的汽车需求增长，开始将汽车厂搬迁出底特律，加上美国国内汽车销量自 60 年代后期的 40 年中并没有多大的增长（见图 5.7），这进一步打击了底特律的就业状况，加速了城市的衰落进程。

日本城市的衰落则为我们提供了另外一幅图景，即人口结构老化对城市发展的负面冲击。与其他国家相比，日本人的预期寿命是全世界最高的，日本女子的预期寿命是 85 岁，男子是 78 岁。更加严峻的是日本严重的少子化现象，日本的生育率水平在 1967 年的时候为 2.23，而这一数字

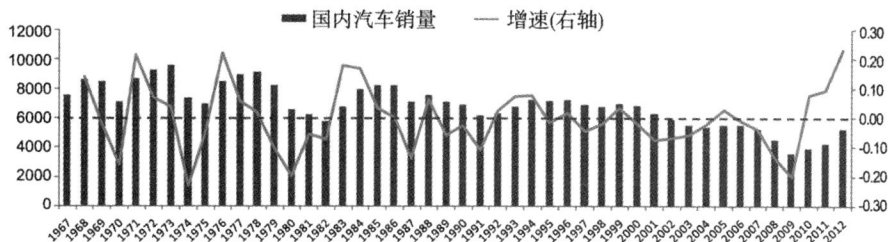

资料来源：作者梳理

图 5.7　20 世纪 60 年代后美国的汽车工业发展缓慢

在 2004 年已经降到 1.28，处于世界最低水平。通常认为一个国家要保持人口稳定，其生育率至少要达到 2.1。这样一来，低生育率加上人口的高预期寿命带来了人口的老龄化现象。2002 年，领取养老金的人数是缴纳养老金人数的 1/4，而根据一项预测，这一比例在 2050 年将会达到 1∶1，这意味着，每一个生产者都背负着一份养老的重任。根据日本政府的一项调查，每年大约有 10 万人放弃工作以照顾年迈的父母。1990 年 65 岁及以上老年人口比重为 12.1%，2000 年上升到 17.4%，2005 年已经达到 20.2%，2008 年为 22.1%。人口老龄化带来日本经济活力的下降，而经济活力的下降进一步降低城市的活力。尽管日本的大城市没有像底特律那样急剧衰落，但是，仍然有一些城市呈现出明显的衰落迹象。作为日本第二大都市，大阪的城市人口从 1965 年的 316 万人一路下滑，到 1995 年，城市人口达到谷底——260 万人，直到近些年才有一定的增长。过去的 20 年中，原先总部在大阪的好多公司都已经将总部搬到了东京。大阪的衰落只是冰山一角，人口老龄化还使得一些制造业城市面临着劳动力基础的丧失。福冈县北九州市是一个重工业城市，但是人口老龄化正在抬高劳动力的成本，城市的衰落带来人口的外流。在北海道，传统的矿业城市正经历着严重的人口老龄化和人口外流，降幅最大的是夕张，人口数降幅达到 86.7%。

　　这些例子都表明城市的发展有周期，不过正是因为有周期，所以才有转型。正如菲利普·奥斯瓦尔特所称："城市的周期性收缩也可能成为新潜力，城市的周期性也可能产生危机到革新的转变。"当然城市周期与转型的问题也为城市的管理者提出了新的挑战，即管理者不仅仅应该为"城市的发展而决策"，也应该为"城市的衰落而决策"，从而以新的方法和思路应对城市的周期，实现城镇化率的可持续增长。

第二篇：美国观察

美国城市的发展和转型

纽约振兴——衰退——振兴的经历向我们揭示了这座现代大都市的核心悖论：尽管远距离的交流成本已经下降，接近性却变得更有价值。从剧情的波澜壮阔来看，纽约的经历是独一无二的，但推动这座城市奇迹般崛起、衰退和重生的关键因素也可以在芝加哥、伦敦、米兰等城市身上找到。

——爱德华·格莱泽：《城市的胜利》

无论是研究一个城市的兴衰更替，还是研究一个国家城镇化的历史进程，美国经验都具有不可替代的研究价值。由于美国的城镇化进程很少受到偶然或不确定因素的干扰，市场驱动力量的影响直接而强烈，因此，城市的发展脉络和城镇化的演进节奏都有清晰的规律可循。为此，我们以美国作为一个样本，以探讨不同阶段人口、土地、产业在美国地理空间上的配置过程，从而揭示城市及城镇化的本质、推进节奏及其影响。

从美国的城市体系的演进历程来看，人口的流动、产业的区域变迁是重塑美国城市空间的两个关键力量。基于不同的经济条件和交通运输条件的变化，人口和土地两大要素的重新配置深刻影响了美国城市的结构。因此，人口在地理空间上的流动、不同产业的区域重构也自然成为探索美国城市发展的两条主线。

——作者

第6章 美国的人口流动

从人口角度讲，城市的形成和拓展、城市的繁荣与衰落都与人口流动密切相关。美国令人赞叹的开放度和包容度使之成为世界上人口流动性最强的国家之一，流动人口无论在绝对量上还是在比例上均处于较高水平，人口的高度流动性既塑造了美国的城市人口结构，也间接改变了美国的土地利用方式和产业的区域配置结构。

表 6.1 美国城市人口变化的历史比较（1690—1960 年）

年份	2 500人以上城市数量	总人口（百万）	城市人口比例（%）
1690	4	0.21	8.3
1790	24	3.9	5.1
1820	61	9.6	7.2
1860	392	31.4	19.8
1880	939	50.2	28.2
1920	2 722	105.7	51.2
1940	3 464	131.7	56.5
1960	4 996	178.5	63.1

资料来源：根据美国历史统计数据梳理

美国人口的跨区流动

从区域流动方向来看，美国流动人口的绝对量历史上一直处于上升态势，尽管远距离的人口流动比例有所降低，但是人口流动的大致脉络仍旧比较明晰，且表现在三个方面：（1）人口最初的聚集区在东北部重工业区，这里是移民最先到来的地区，也是经济率先发展的地区；（2）随着经济重心的西移，人口向西流动的趋势非常明显，西海岸吸收了最多的流动人口；（3）南部人口主要迁徙到北部重工业带，迁往西部的人口相对较少。如图 6.1 所示。

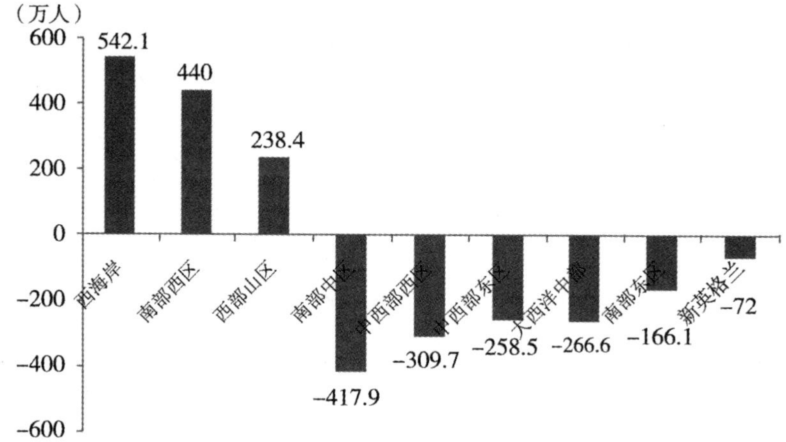

资料来源：作者梳理

图 6.1　美国区域人口流入流出趋势汇总（1900—1940 年）

据此，可以将美国人口的跨区流动区分为几个层次：

第一，东北部是美国人口最早的聚集区，东北部对移民的吸引促进了东北部商贸和工业区域的发展。从人口来源看，东北部是欧洲移民最早到达和聚居的地区，移民经济促进了商贸的形成，东北部出现了美国最早的一批城市。但是，城市的数量和规模都十分有限。1690 年人口超过 2 500人的城市只有 4 座，19 世纪初，城市人口的比例只有 7%左右。由于城市人口较少，人口较为集中，最初的城市半径一般在 3 公里以内。

然而，这种情况被 19 世纪 40 年代新一轮、大规模的欧洲移民所改变。这个时候，大量的欧洲移民开始涌入北美，且主要聚集在离欧洲较近的东北部区域。19 世纪 40 年代初到 50 年代末，主要港口累计登记迁入美国的移民达到近 500 万人，其中 90%以上来自欧洲。随后，欧洲大陆快速的工业化和农业机械化则进一步推动大量的欧洲移民向北美这块富饶的土地迁徙。这些新移民不仅带来了新的技术，也为美国工业的发展带来了大量的资本，形成了美国第一次大规模的资本内流。随之，美国的工业化开始起步，城市工业的发展将人口拉向城市，农业技术的革新则将农业劳动力推向城市，两种效应的叠加使得人口开始向城市快速集中。

1890—1910年，美国移民数量继续增加，总量达1 200多万人，占到当时美国人口增长的1/3。1920年，在美国人口中，移民占据了48％的比重，在大城市中，这一比重则更高，达到了58％。巨量的人口涌入，促使原有城市人口密度提升，密度的提升则释放了城市工业的规模效应，促进工业水平的提升和城市的发展。城市数量在这一时期翻了两番，五大湖一带作为著名的工业带，工业化有力地带动了城镇化，纽约及其邻近村庄的人口在1920年达到了创纪录的475万人。1880年芝加哥人口只有50万人，1890年跨过100万人大关，1900年跨过200万人大关，基本保持了每十年增加一倍的人口扩张速度，使之成为当时美国的第二大城市。

第二，跨越百年的美国"西进运动"极大地提高了西部地区的人口密度，成为西部城市发展的引擎。历史记载，刺激人口西进的原始动力来自黄金的诱惑，"淘金热"开启了西部，尤其是太平洋沿岸城市的大门，在发现黄金的第二年，西进的淘金客就高达6万~10万人。在后来的西进移民中，对土地的占有成为他们的首要选择。电影《燃情岁月》中，一个父亲带着一家人，来到西部大荒原，开垦山区的牧场，便是"西进运动"的一个历史缩影。西部各州政府在这一时期实施的政策也成为推动"西进运动"的有利因素，政府多次降低土地价格，缩小一次性的售地面积，从而使得越来越多的人得以获得土地，密西西比河流域地区和大平原地区成为美国粮食的重要产区。更重要的是，农业的发展不仅为西进的人口提供了基本的物质保障，也为日后的经济发展提供了重要支撑。

在人口西进过程中，铁路系统的发展和电报线的铺设也成为重要的催化剂。这一时期，美国铁路系统的发展十分惊人，铁路总里程从1860年的3万英里猛增至1890年的16万英里，扩张4倍多，见表6.2。西部的木材、矿产通过铁路运至全美，而那些邻近原材料的城市，基于无可比拟的区位优势而迅速崛起，例如匹兹堡和克里弗兰之所以成为全美重要的钢铁基地，正是得益于它们临近宾夕法尼亚州的大煤田，而旧金山地区由于贵金属的开发，则产生了不少矿业城镇。总体上，跨越百年的人口"西进运动"使原来地图上标注"大荒原"的地区崛起一座座繁荣的新城市，见图6.2。

表 6.2　美国不同经济区域在三次铁路铺设投资高峰期的情况

投资规模占比（%）	东北部及中大西洋沿岸			中西部	南部	合计
	总计	新英格兰	中大西洋			
1828—1843	68.9	21.6	47.3	7.1	24.0	100.0
1844—1850	76.9	46.2	30.7	11.7	11.4	100.0
1851—1860	22.7	5.5	17.2	50.3	27.0	100.0
投资规模（百万美元）	东北部及中大西洋沿岸			中西部	南部	合计
	总计	新英格兰	中大西洋			
1828—1843	94.6	29.7	64.9	9.7	33.0	137.3
1844—1850	132.3	79.5	52.8	20.2	19.7	172.2
1851—1860	166.9	40.5	126.4	370.3	199.4	736.6

资料来源：作者梳理

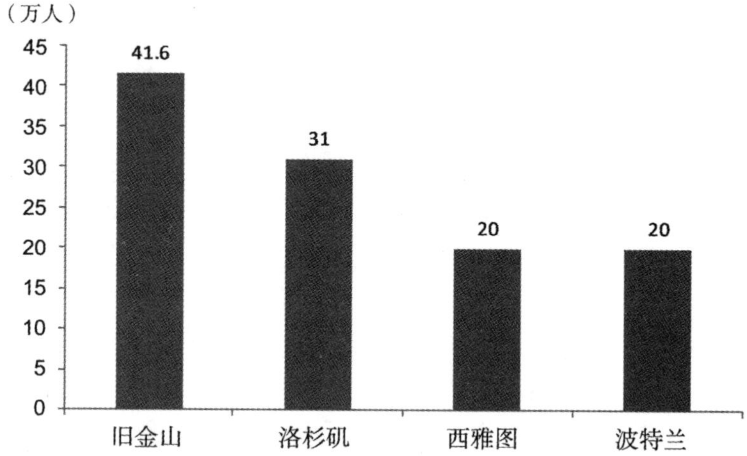

资料来源：作者梳理

图 6.2　"西进运动"中崛起的新城市规模（1900 年数据）

第三，19 世纪末，大批黑人向北方流动，形成规模浩大的"黑人向北运动"。美国"西进运动"开始之时，南方黑人还处在农奴制的枷锁下，随着美国内战的结束和奴隶的解放，大量黑人开始离开土地，去城市寻找更好的生计。1870 年，约有 15 万人离开农村的种植园，前往城市谋生；1880 年，这一数字上升到了 20 万。19 世纪 90 年代开始，大批黑人开始离开南方，展开了声势浩大的北进运动，这些移民的目的地集中在东北部工业区和中部城市。数据显示,1890 年之后的 20 年间,芝加哥的黑人社区从 4 000 个增加到了 15 000 个,增加了近 3 倍,黑人从 1.5 万人增加到 5 万人,见表 6.3 和表 6.4。

表 6.3　1910—1930 年美国各主要地区黑人人口迁移情况

单位:千人

	1910—1920 年	1920—1930 年	1910—1930 年
大西洋沿岸中部地区	170.1	341.5	511.6
北部的中部地区	244.1	361.3	605.4
大西洋沿岸南部地区	−161.9	−508.7	−670.6
南部的中部地区	−292.5	−240.3	−532.8

资料来源:据 Historial Statistics,p.91 资料计算

表 6.4　1910—1930 年美国黑人人口城镇化进程对比

		1910 年	1920 年	1930 年
城市人口(百万)	白人	39.83	50.62	63.56
	黑人	2.69	3.56	5.19
城市人口比例(%)	白人	48.73	53.38	57.63
	黑人	27.36	34.02	43.68

资料来源:据 Historial Statistics,p.12 资料计算

第四,20 世纪 60 年代之后,人口老龄化和西南部经济发展促使新一轮的人口向西部和南部流动。20 世纪 60—70 年代,美国 65 岁以上的人口数量由 1 600 万人增长到 2 500 万人。这些退休人员离职后,多半迁往气候宜人、风光秀丽的“阳光带”城市安度晚年,并在 80 年代形成高峰期。这些人口在流动人口中的比例虽然不高,在 80 年代占美国人口总数的 17%,占流动人口总数的 7%,但流向比较集中,因而对迁入地区产生了比较大的影响。据统计,1975—1985 年,东北部及中大西洋地区老年人口净流失 34.4 万人;中部五大湖地区净流失 20.92 万人;同期,西部和南部的净迁入规模达 55.5 万人。

除了老龄人口外,还有大批退伍军人在服役期满后落户西部和南部。

这些人口分别占加州、华盛顿、内华达、亚利桑那和新墨西哥人口的1%左右。尽管比重较小，但是他们的财富相当可观，甚至不乏巨富者，结果就造成这样一种局面：他们在东北中部的"冰雪带"劳作大半生所得的钱财随着他们到"阳光带"，或作为投资，或作为消费，转瞬间成了那里的财源之一，这不啻一次空前的"人"与"资本"的大转移。

与此同时，"阳光带"都市区吸引了大量劳动密集型企业和高新技术企业。在近20年军工技术的发展积淀，以及军工转民的政策刺激下，20世纪60—70年代，美国西海岸成为全球科技革命的发源地，因科技变革而形成的高科技产业大体有7类：飞机制造业、宇航业、医药业、电子计算机业、通信仪器、电子元件和导弹，见图6.3。西部"阳光带"的迅速发展促进了洛杉矶、达拉斯等城市作为新的商业中心迅速崛起。在这一时期，美国137个大都市，有81个出现人口的净迁入，西部15个大都市中，有13个净迁入，南部49个大都市中，有43个城市人口净流入，这两个地区的人口增加量分别为92万和139.4万，而东北部城市则流失了102万人口。

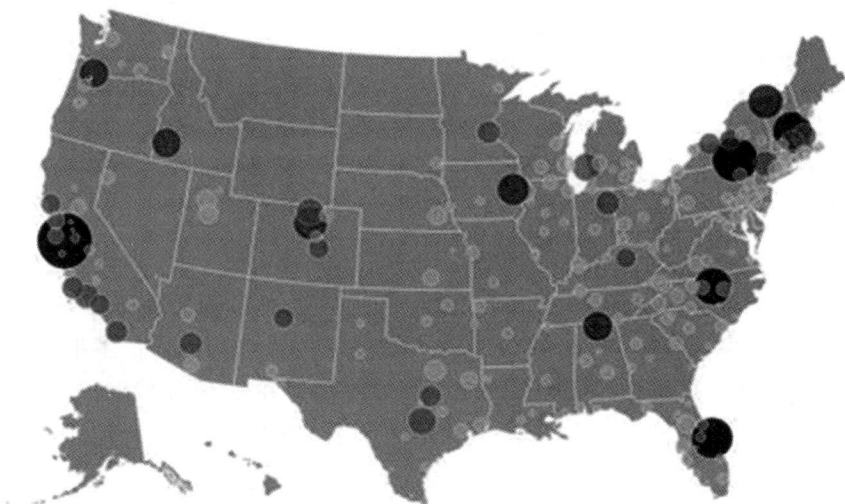

资料来源：作者梳理

图6.3　美国电子信息业分布

美国人口的跨城流动

美国人口在不同城市之间的流动主要取决于两个因素：其一是城市的生命周期决定了有的城市会衰落，有的城市会崛起，人口从衰落的城市流出，走向崛起中的城市。从这个意义上讲，人口流动既是城市生命周期的自然体现，同时也加速了旧城市的衰落。其二是跨城交通网络的一体化，缩短了时空距离，也打破了不少城市的空间垄断优势，使得更多的城市获得了发展机会，从而也触发人口的重新分配。

首先，美国旧城市的衰落和新城市的崛起是人口流动的原因，而人口流动反过来进一步刺激了城市的分化。美国最先兴起和最早衰落的城市是那些区位优势明显的港口和贸易城市，它们通常是大宗商品的集中出口地或进口商品的集散地，多数集中在沿海易于贸易的地区。然而，随着交通运输方式的转变和新的交通运输模式的引进，原先的区位优势开始丧失，那些无法完成转型的城市在这一过程中迅速衰落，并出现人口的流出甚至负增长。最典型的例子是圣路易斯。1904年，作为西部最大的城市，圣路易斯依赖其水路运输的中心地位，工商业十分发达，人口规模仅次于纽约、芝加哥等少数城市。然而，随着铁路的兴起，水路的重要性与日俱减，没有铁路与东部经济发达地区的快速联系，圣路易斯与当时的竞争对手芝加哥相比，处处处于下风。早在1857年，芝加哥就已有10条铁路干线和11条铁路支线，货畅其流，而圣路易斯则日渐衰落，如今圣路易斯人均年收入仅16 000美元，比全国平均水平低26%；贫困率则高达25.7%，是全国平均水平的2倍多。

美国制造业城市的衰落则引领了新一轮人口流动浪潮。20世纪70年代，由于来自新兴市场国家和地区的激烈竞争，美国传统的制造业城市开始走向衰落，企业收益率持续下降，工厂倒闭，失业率上升，消费不振，这个过程被城市经济学家们称为"去工业化"。从数据上看，20世纪70年代，传统制造业城市底特律的就业岗位损失30%以上，近1.6万人失业，失业和非充分就业使得城市人口外迁。然而，制造业城市的衰落和服务业城市的兴起往往是同时发生的，见图6.4。有的城市则因为把握住城市产业转型的脉搏，成功实现了城市的产业转型和持续增长，从而对人口也保持了持久的吸引力。例如，纽约、芝加哥等城市作为成功转型的典型，不断提升其公司总部中心的吸引力，其地位不断强化，从财富500强企业总部分布来看，纽约、芝加哥等城市目前仍然具有无可比拟的优势。又如，西部"阳光带"的迅速发展也促进了洛杉矶、达拉斯等城市作为新的商业中心迅速崛起，人口持续流入。

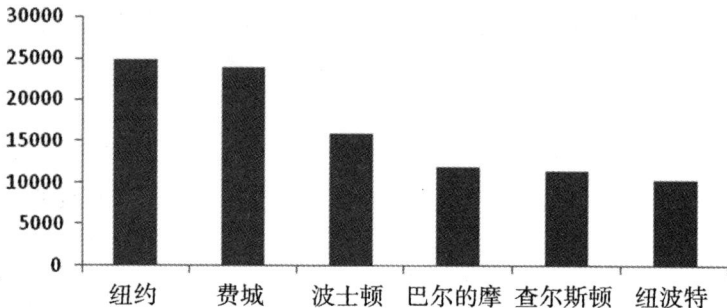

资料来源：作者梳理

图 6.4　美国早期的几个大城市只剩下纽约持续繁荣（1775 年城市人口数据）

其次，交通运输工具的改进以及城际交通网络的一体化进一步提升了可达距离，促进了人口的跨城流动。交通运输工具的革新既有可能使原有的港口和贸易城市出现衰落，也有可能为其他一些城市注入新的发展动力，美国的丹佛就是这样一个例子。丹佛最初是由淘金客们建立起来的小城市，因为临近矿区，人口迅速流入，但是在科罗拉多采矿业大发展的过程中，丹佛的地理优势逐步丧失，快速走向衰落，人口迅速流向其他市镇。这个时候，丹佛经历了痛苦的转型和涅槃重生，成功转型为贸易和物流中心城市，通过向其他采矿城市提供食品和其他商品续写了繁荣，特别是随着两条铁路的修建，丹佛成为落基山的枢纽城市，其工商业迅速发展，到 20 世纪初，丹佛已经拥有 20 万人口，成为西部重要的城市。

近期以来，随着城际高速公路体系的完善和区域航空网络的建设，美国出现了两个看似矛盾的现象，即"区域的扩散"和"大都市区的合并"。一方面，交通运输的进一步改善促进了相近城市的同城化趋向，另一方面，可达距离的提高、便宜的地价、地方支持政策、低廉的能源成本和税率，促进了西部和南部城市的快速发展，城市出现区域的扩散。特别是1945 年之后，南部各州开始制定各种优惠政策，如降低税率，限制最高的个税标准，以吸引人才和投资。在这一时期，一些大型企业，如美国航空、美孚石油、可口可乐等，纷纷将其总部搬到西南部的城市。这些大公司的搬迁，带来的是相应城市资本和就业机会的增加，对西南部城市的发展起了重要的作用，西部的制造业就业比重从 1950 年的 8.1％提高到了 1990 年的 17.2％，东北部老工业基地的就业人数则减少了将近 22％。同时，伴随着交通体系的进一步完善，城市人口的比重不断地提高，但是大城市人口的比重却呈现出下降趋势，大城市对人的吸引力持续下降，1960 年大城市人口占超过 1/10 的比重，到 2010 年，其比重下降到 8％以下，见图 6.5。

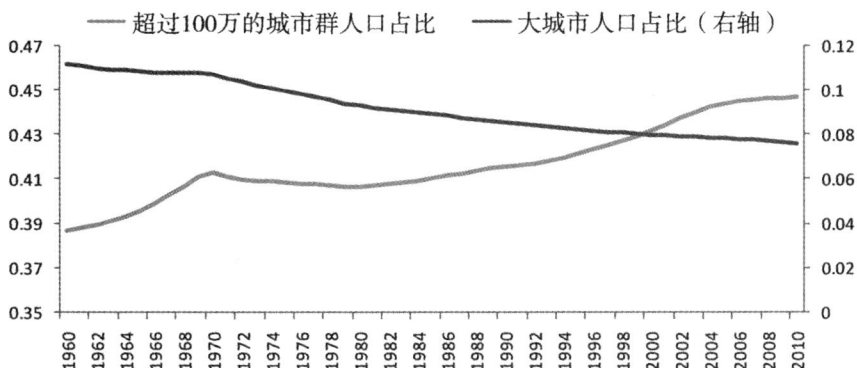

资料来源：作者梳理

图 6.5　美国大城市人口占比不断下降

美国人口的城内流动

在一个都市区的范围内，人口郊区化或者人口分散化是一个世界趋势，背后的驱动因素通常有三个：其一是收入效应，收入的增加会引致人们对低密度住宅的需求，因此，从国际经验观察，高收入会促使人们到离市中心更远的郊区居住。其二是成本效应，一方面是市中心高昂的房价和生活成本，另一方面是新的交通工具使得人们的交通费用下降，通勤范围扩大。因此，交通技术的创新通常会导致通勤费用和通勤时间的节约，从而使郊区的生活和居住成本下降。其三，就业岗位的郊区化和人口的分散化之间的相互推动也是一个十分重要的因素，就业岗位随着人口转向郊区，同时，工人又进一步随着就业岗位转移至城郊。

美国人口的郊区化趋势印证了这一点。1920—1930 年，美国郊区人口增长了 34.2%，而同期中心城区的人口增长率为 22.4%。20 世纪四五十年代，美国人口郊区化迎来了最为波澜壮阔的时期。20 世纪 50 年代，美国郊区人口增长了 1 900 万，10 年增长了 50%，而同期中心城区只有 10% 的增速，人口增加仅为 630 万，如果不考虑中心城区边界的扩张，城市中心人口增长率仅为 1.5%，郊区人口的增长率则达到了中心城区人口的 41 倍以上。[1] 1970 年，郊区人口已经占到美国人口的 37.2%；1980 年，郊区人口达到了 1.91 亿，在美国人口中的占比达到 44.8%，[2] 某种程度上，美国已经成为一个郊区化国家。仔细探寻人口郊区化的动因和效果，不外乎以下几点：

第一，交通运输工具的革新是人口从中心向郊区流动的驱动力之一。最初的城市人口主要集中居住在城市中心，由于技术限制，工厂生产和经营必须在同一地区，随着新的交通运输工具（城市火车、马车、有轨电车等）的投入运营，城市的通勤范围扩大，交通工具的变迁扩大了城市的外延。同时不同交通工具之间的竞争促进了通勤费用的下降，这在很大程度上促成了人口的郊区化趋势。特别是随着汽车的发明和汽车的大规模生产及价格下降，以汽车为基础的生活方式促使郊区化达到了顶峰。从这个意义上讲，郊区化是在汽车轮子下面的郊区化。1930 年，汽车的保有量已经达到 2 300万辆，每 5 个人就有 1 辆汽车，1945 年之后，汽车的保有量继续提升，1960 年，汽车的保有量达到了 6 200万辆，1990 年，汽车的保有量达到了15 700辆，每千人拥有的汽车量达到 621 辆。与传统的交通工具相比，汽车操作灵活，可以深入城市和农村，这一便利性使得汽车极大地改变了城市的空间结构。汽车允许人们生活在离城市中心距离略远的地区，从而带来城市居民生活和就业的空间分离。随着郊区居住人数的增加，工厂对厂址有了更多选择，工业郊区化趋势日益明显。1940 年，全

---

① Dennis R. Judd. *The Politics of American Cities*：*Private Power and Public Policy*. Boston：Little，Brown and Company，1979，p. 159.

② Carl Abbott. *The New Urban America*：*Growth and Politics in Sunbelt Cities*. The University of North Carolina Press，1987，p. 60.

美工业园区的数量只有区区 35 个，但是到了 70 年代，这一数字猛增到 2 500 个，郊区日益成为制造业的主要选择，这便带来了城市中心的地价下降和郊区的地价上升，郊区化带来的直接影响便是房地产的繁荣，郊区化使得全美买房的比例由原来的 41％上升到 46％，如洛杉矶的郊区人口在 20 世纪 20 年代的 10 年中增长了 6 倍，而同期的中心城区人口增长则仅有 26％，见图 6.6 和表 6.5。

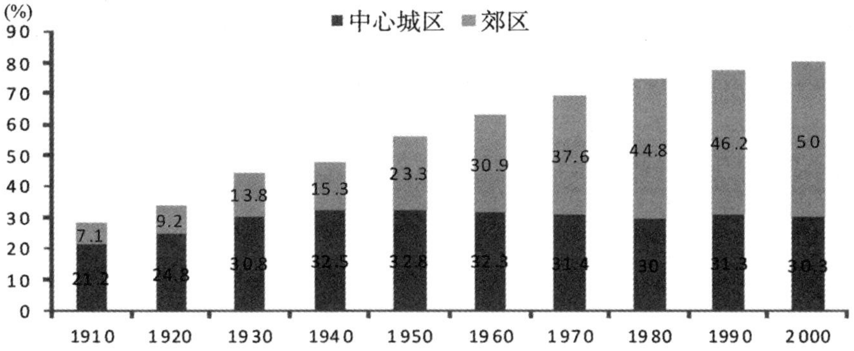

资料来源：作者梳理

图 6.6　1910—2000 年居住在大城市的人口比例（中心城区和郊区）

表 6.5　不同阶段不同类型的城市人口规模及增速

分类	1930s		1920s		1910s	
	人口（万）	增速（％）	人口（万）	增速（％）	人口（万）	增速（％）
中心城区	129	4.2	532	20.5	468	23.4
卫星城	183	13	457	48.7	196	31.3
卫星城市区	74	7.3	269	40.6	156	30.2
卫星城郊区	108	28.1	188	68.1	59	34.5

资料来源：作者梳理

　　第二，美国人口的郊区化带有明显的渐次性。通常首先是富有的上层阶级和中产阶级搬出城市中心，居住在郊区地带，随着郊区化趋势的推进，城市中心的人口结构出现了较为显著的变化，留在城市中心的主要是黑人和来自农村的移民，城市出现了贫民化的趋势。同时随着郊区人口、族裔、阶层的不断分化，最初居住在郊区的富人，选择向更远的风景优美的郊区移动。这就造成了一个现象，即人口的郊区化呈现出明显的梯度特征：城市人口向郊区迁移，郊区人口向更远的郊区迁徙，城市的边界进一步扩大。但是受基础设施服务的制约，人口的郊区化不可能无限扩展，这便为卫星城的发展提供了契机。尽管在人口的绝对数量上，中心城市的人口增长速度快于卫星城市，但是在增速上，卫星城显著快于中心城市，卫星城郊区的人口增长速度又快于卫星城。

第三，黑人对城市中心的占据进一步加剧了人口的郊区化趋势。20世纪，美国黑人大迁徙，南部的黑人向东北部和西部地区迁徙，同时由于黑人相对高的生育率，黑人在城市中的占比不断提高。截至 1970 年，纽约等 12 个大城市的黑人比例达到了黑人总数的 28%，纽约的黑人总数达到了 166.7 万，芝加哥达到了 110.3 万。虽然在法律上种族隔离政策已经废除，但白人对黑人仍旧有一种天生的排斥感。通常情况下，白人社区禁止向黑人出售或出租住宅，一个白人社区一旦有一个黑人进入，其价值立刻下降剧烈，一个白人跟其邻居交恶后，最恶毒的报复手段便是将自己的住宅租给或卖给黑人。白人如此反感黑人，既有种族歧视的因素，也有其他因素，由于黑人文化水平低，黑人群体的犯罪率高，白人便将黑人视为潜在的犯罪对象，黑人进入社区，无形中增加了白人的恐惧感，且黑人大多在经济上较为困难，无力对房屋进行必要的修缮，从而对社区居民的居住环境带来一定的负外部性，因此黑人的进入使得白人干脆抛弃原来的社区，而转移到郊区。根据一项调查，1950—1960 年，芝加哥每周便有 5 个白人街区变成黑人街区。同时出于偏见，白人认为黑人孩子不良习气重，为了自己孩子的教育，白人干脆搬到郊区定居。根据一项调查，全美 71% 为白人家庭，而在城市中心的白人家庭只占到所有家庭的 32%。在辛辛那提，过去 10 年间大批人口迁出后，取而代之的是黑人、来自肯塔基和田纳西山区的移民以及一些寻求城市救济的人。①

---

① 资料来源：Simon Kuznets and Dorothy Swaine Thomas. Population Redistribution and Economic Growth：United States，1870－1950. Philadelphia，American Philosophical Society，1960，pp. 94－96

第7章　美国的产业重构

从探讨城市产业布局、工业化和城镇化发展规律的角度讲，美国的历史进程同样有其不可替代的研究价值。美国不同产业在不同城市或城市群之间动态重构的历史进程，在很大程度上是由市场自发力量所驱动，因此发展脉络清晰，带有一定的"原生态"特征，据此可更准确地认识工业化和城镇化的一般规律，这对于中国当前工业化和城镇化道路的选择有不可替代的参考价值，理论意义和实践意义均很突出。

如果简单归纳这个历史规律，我们可以把它概括为如下三个方面：

第一，从驱动力来讲，大机器工业在19世纪中期启动了美国城镇化的引擎。城市是工业得以存在和发展的必然载体，为工业发展提供了地理空间，自由流动的劳动力，资本、技术和自然资源的集聚。但工业化的完成并不意味着城镇化的完成。与工业化发展形影相伴的是生产性服务行业的快速扩张，这类行业的扩张导致更多人力资源直接从第一、二产业"生产部门"转移到第三产业中的"生产性服务部门"，导致城镇化率比工业化率有更快和更长久的提升。

第二，从人口和产业的区域布局结构看，美国城市的发展自东北部新英格兰和中大西洋地区，到中西部五大湖地区，再到西海岸地区，自东向西，具有明显的三阶段梯度开发的特征。每一阶段的开发都是一次气势恢宏的"人"与"产业"在特定区域的集聚，并依托当地自然资源的优势，孕育出在全国范围内专业化分工极强的"区域经济增长极"。

第三，从城市空间构成看，在"区域经济增长极"中，"人"与"产业"的集聚终极形式就是大都市区（metropolitan district），并以此为辐射中心，不断兼并扩张，最终与临近大都市区的区域形成"大都市群"或"大都市带"。例如，19世纪上半叶纽约率先繁荣发展，以此向外辐射，北起波士顿、费城、华盛顿特区，南至里士满，沿大西洋沿岸跨越 10 个州。19 世纪下半叶芝加哥脱颖而出，以此向外辐射，东起匹兹堡、布法罗、克里夫兰、底特律，西达圣路易斯，中有密尔沃基、哥伦布，南绕五大湖成半月形。二战后洛杉矶迅速崛起，以此向外辐射，北起西雅图、波特兰、旧金山，南至圣地亚哥和凤凰城，连绵贯穿了整个西海岸，如图 7.1 所示。

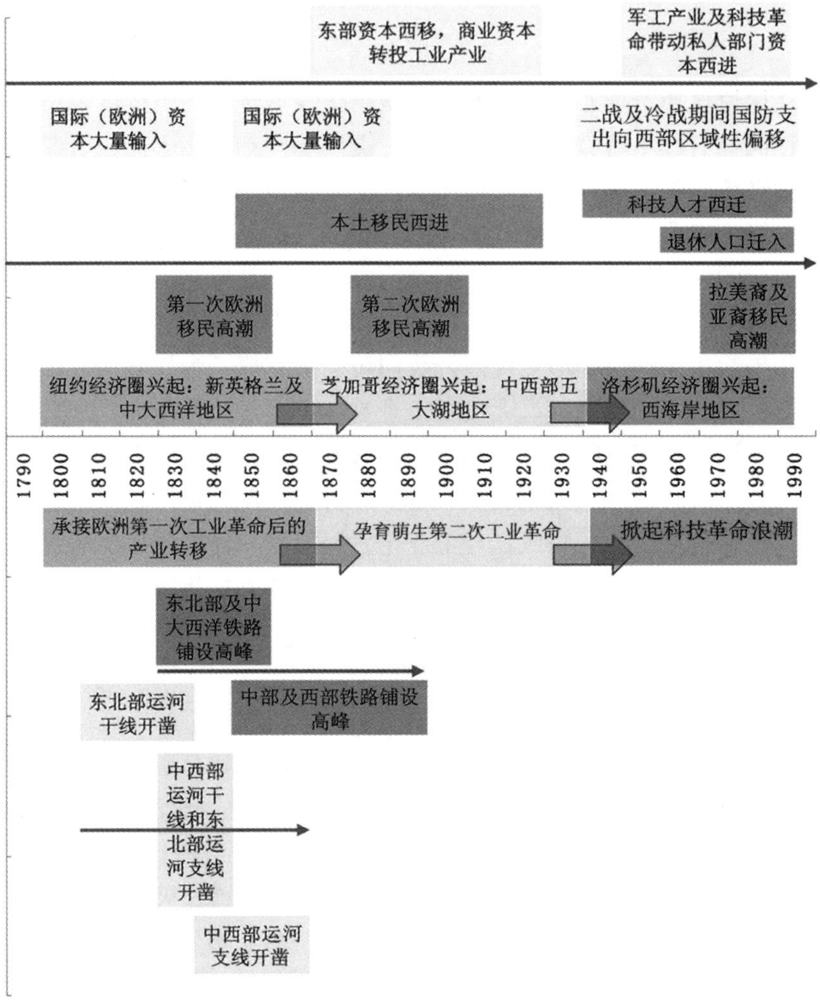

资料来源：华创证券

图 7.1　美国三大城市群经济梯度递进发展历史

大机器工业启动美国城镇化的引擎

几乎同所有国家城镇化的进程相似，美国的城镇化也是从人口流动和城市人口的增长开始的。在美国城镇化兴起的过程中，城市人口的增长主要来源于两个方面：一是不断涌入的外来移民，二是美国农村人口向第二、三产业的转移。就农村人口而言，城镇化使得 19 世纪和 20 世纪美国的农业从业人口占总人口比重呈直线下降的态势。农业人口的转移主要是因为农业机械化的发展导致了各地农场之间的激烈竞争和农业生产率的大幅提高，对劳动力数量的需求大幅度减小。他们为了谋生，主动或被迫进入工业发达的城市就业。

然而，真正掀起美国城镇化浪潮的却是工业。工业的发展，特别是其社会化大生产的发展，孕育了大批新兴行业和企业，大量就业机会的出现意味着对农业劳动力的大量吸收。这就出现了列宁指出的大机器工业必然造成农业人口的流动转移和集聚。结合美国的历史，可以看出这种人口流动及其与工业发展的互动关系具有鲜明的特征。

对于工业来说，城市是其存在和发展的必然载体，因为工业的发展离不开特定的地理空间，自由流动的劳动力，资本、技术和自然资源的集聚。在这个意义上，城市对工业发展的作用主要体现在如下几个方面：其一，城市发展为工业发展输送源源不断的资本、劳动力和技术。其二，城市基础设施完善为工业化的崛起提供了各种必要的社会服务。其三，城市人口的增加和面积的扩大实际上就是工业市场的拓宽。其四，城市作为工业发展的载体，各种工业部门的各类企业云集于此，这就促进了各个行业的专业化分工和协作生产，使得原来彼此分散的生产过程汇合成彼此不可分割的社会化生产过程，从资源的开发、原材料和中间品的加工，直至最终产品的形成等全部过程都可以在一个城市内完成。

就美国的历史来看，美国工业化起始于 19 世纪二三十年代，这一时期主要是以轻工业为主，具有现代意义的企业和工厂尚未大规模兴建，在地域上又仅限于东北部地区，因此工业虽然发展迅速，但仍然不能撼动农业在国民经济中的主导地位。19 世纪六七十年代开始，在第二次工业革命的推动下，美国工业化进程加快，进入前所未有的高速发展时期，工业成为带动经济发展的火车头，与此同时，城镇化也正式进入高速发展时期。

工业化和城镇化并不同步

严格讲，工业化的完成并不意味着城镇化的完成。从时间上说，美国在1890年以前就完成了向工业化社会的转变，而城市社会的形成是在1920年（城镇化率达到50%），两者相差30年；美国工业从业人员占比达到顶峰是在20世纪50年代，而城镇化率在接下来的60年中依旧稳步上升。这种工业化发展在先、城镇化发展在后的现象反映了两者之间的必然联系和差异。从功能上来说，工业是城市产生和发展的基础。由于各个工业部门所创造的就业机会吸引了劳动力，而劳动力的集中又为大工业的社会化生产提供了必要的前提；此外，劳动力作为生产者和消费者，他们的集中又增加了对住房、教育、饮食、商业零售、公共交通、供电供暖、污水处理等产业的需求；同时，在工业发展的进程中，各个行业的生存和发展离不开其他行业的支持，这样，人、资本、制造业和服务业的集中相互促进、相互作用，使得城市不断发展。

我们以"城镇化率/工业化率"来描述工业化活动引起的人口在空间上的集聚效应，可以看到在世界范围内，普遍的规律是城镇化率高于工业化率，见图7.2，即：随着工业产出占总产出比重的提高，会有更大比重的人口集聚于城市，工业化的完成并不意味着城镇化的完成。

城镇化率/工业化率

法国	4.61
美国	3.72
英国	3.65
日本	3.64
巴西	3.15
德国	2.66
中国台湾	2.51
韩国	2.11
俄罗斯	2.03
南非	1.97
全球平均	1.95
马来西亚	1.73
印度	1.18
中国	1.05

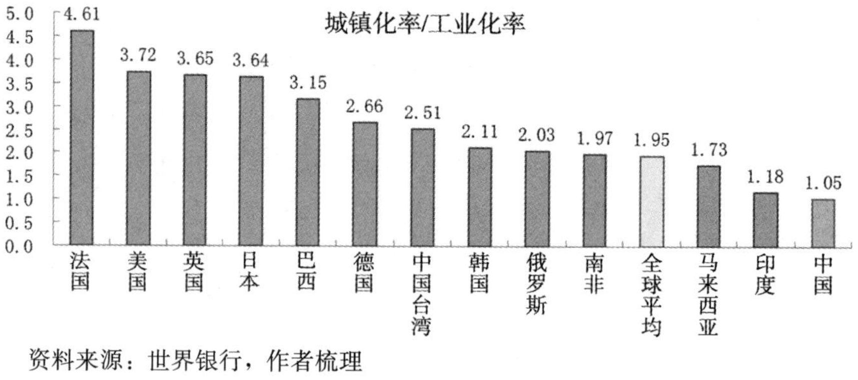

资料来源：世界银行，作者梳理

图7.2 全球城镇化率普遍高于工业化率的一般历史规律

简单推论，其背后的逻辑可能是：与工业化发展形影相伴的是生产性服务行业的快速扩张（比如：交运、仓储、物流，批发、零售贸易，金融保险服务，技术研发等）。这类行业的扩张导致更多人力资源直接从第一、二产业"生产部门"转移到第三产业中的"生产性服务部门"，而后者需要集聚于已经出现"人"与"产业"集聚的区域，即城市，所以城镇化率与工业化率相比有更快的提升。因此，城镇化可以归结为两步：第一步是工业化带来人与资本的一次集聚；第二步是由工业发展衍生出的生产性服务行业带来人与资本的二次集聚。如图7.3所示。

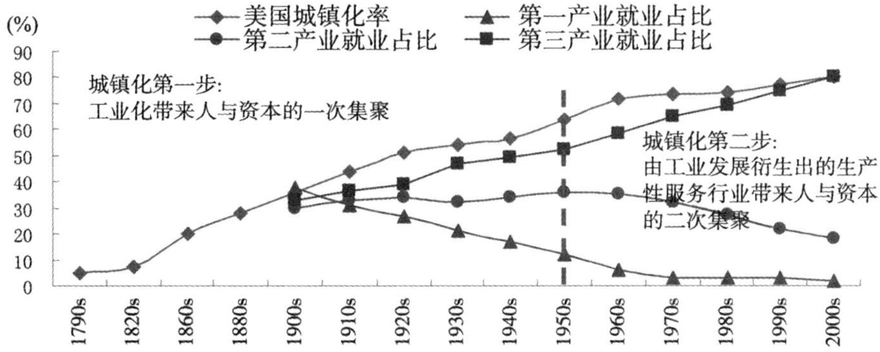

资料来源：世界银行，作者梳理

图7.3 美国城镇化率与三次产业就业结构变化

服务业增长的原因包括需求和供给两个方面。需求因素主要是指随着经济发展和人均收入的增加，人们对服务的消费需求将逐渐超越对工业制品的消费需求，从而推动社会经济向以服务消费为主导的状态发展。供给因素主要是指由于工业劳动分工拓展和深化所带来的工业部门对服务活动的中间需求极大地扩张，如工业生产链条中日益拓展的研发、设计、管理、调研、检测、售后等活动。这些环节都需要拥有更高技能和知识资本含量的劳动力参与，构成了分工深化所带来的中间服务需求。

第8章 美国三大都市圈

　　简单讲，美国东部纽约经济圈的确立主要是凭借其得天独厚的海港优势承接了第一次工业革命后欧洲轻工制造业的产业转移。中部芝加哥经济圈的崛起，虽然在某种程度上是以纽约经济圈工业化的延续为前提，但是更重要的是凭借其重工业原材料的资源优势，扮演了推动第二次工业革命的萌生和发展的角色。洛杉矶经济圈的发展是后来者居上，它受益于二战及冷战初期，近20年军工技术发展的积淀，成为引领全球科技革命的发源地。因此，五大湖地区和西海岸的发展都是建基于新的、更高的起点之上，而并非简单地承接前期经济发展区域的产业转移。这表明区域经济的发展不可避免地存在不平衡现象，而这种不平衡又为梯度递进、新产业开发提供了空间上的可能。最终，美国以三大城市为中心的三大经济区域，产业分工明确，鼎足而立，相得益彰，保证了美国经济的持续稳定发展。

纽约经济圈：欧洲产业转移的"桥头堡"

　　美国的工业化和城镇化最早开始于纽约经济圈。伴随着第一次移民潮和境外投资潮，从19世纪初期到19世纪60年代，"人"和"国际资本"在以纽约为辐射中心的"东北部新英格兰地区"和"大西洋中部地区"快速集聚，使得该地区的工业、商贸及金融业空前活跃，成为承接欧洲产业转移的"桥头堡"。如果我们从特定角度归纳纽约取得成功的原因，那么以下几个因素都是值得思考和关注的：

　　第一个因素是"美国梦"吸引大量移民。19世纪的欧洲，贵族尚未退出历史舞台，社会等级森严，宗教歧视严重。而北美大陆相对宽松的政治和宗教环境为那些具有冒险精神、对专制制度具有强烈反抗意识的欧洲人提供了摆脱贫困的发迹机会。许多来自英格兰、爱尔兰、苏格兰和德国的穷苦移民通过自己的辛勤劳动获得了比当时欧洲更为优越的生活条件，成为富裕的农场主或企业主。即使那些以"契约奴"身份来到北美大陆的贫困人口也能在相对较短的时间内获得欧洲封建专政制度下一般民众终生可望而不可即的自由权利和平等地位。正像本杰明·富兰克林所观察到的那样："从事任何一种技能的还算不错的工匠肯定能找到工作，并得到很好的报酬……如果他们很穷，他们可以先从仆人和雇工做起，如果他们严肃认真，勤奋工作，勤俭节省，他们不久就会成为主人，建立自己的事业，结婚，养家，进而成为受人尊敬的公民。"（选自《富兰克林文集》）

"美国梦"的口号就是这时喊出的，其核心是成功取决于自己的才能和努力，而不是家世和背景。这自然对移民有较强的吸引力，使得纽约成为一个名副其实的世界移民中心，此现象自19世纪初一直持续到20世纪中叶。从数据上观察，从1830年到1857年，到达美国的欧洲移民超过450万人，他们中的大部分留在了纽约。

进一步看，从19世纪初期至19世纪60年代，以纽约为辐射中心的美国东北部及中大西洋地区的城镇化水平快速提高（城镇化率从不到10％升至35.7％）。其中，东北部新英格兰地区的城镇化率从7.5％上升至36.6％；大西洋中部诸州的城镇化率从8.7％上升至35.4％。此外，从该阶段美国全国的城市分布来看，工业城市在东北部及大西洋中部聚集的现象十分明显。到19世纪60年代，新英格兰和大西洋中部的城市人口占全国城市人口的61％，但这两个区域的总人口仅占全国的33％。而发展相对更早的南部诸州的城市人口仅占全国城市人口的17％，但却拥有着全国人口的33％，见图8.1。

第二个因素是国际资金流入。在整个19世纪，美国吸纳了欧洲对外投资的绝大部分；同时，和现代美国不同，19世纪的美国人对于储蓄表现出高度的偏好。内外资本的集聚是19世纪美国经济增长中另一个显著的驱动因素。在纽约经济圈发展的三个关键时期——19世纪初、19世纪30年代和60年代，均出现过国际资本大规模流入的情况。这时期美国资本市场发展刚刚起步，很多项目不能从发展初期的金融机构获得资金，而成熟的欧洲资本市场为这些项目提供了大量资金。这些输入的资金被投资在经济增长的关键领域中，特别是在运河和铁路系统的修建项目上。从数

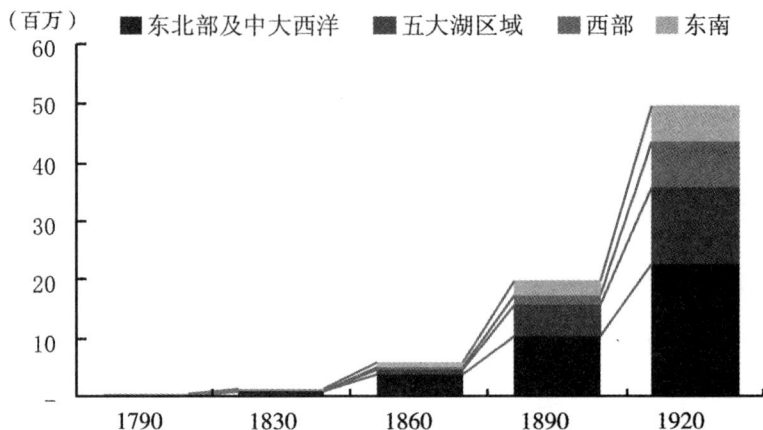

（百万）
东北部及中大西洋　　五大湖区域　　西部　　东南

资料来源：斯坦利·恩格尔曼、罗伯特·高尔曼著，王珏、李淑清译：《剑桥美国经济史（第二卷）：漫长的 19 世纪》，中国人民大学出版社，2008

图 8.1　1790—1920 年美国城市人口分布

据上来看，19 世纪 30 年代，美国所接受的外国资本净流入量不少于 1.89 亿美元（人均 12 美元多）；外国资本的比重达到净资本的 20%。在 19 世纪 60 年代，资本流入更是以空前的速度递增，资本净流入累计达到 7.61 亿美元（人均超过 21 美元）；外国资本的比重达到净资本的 15%。

第三个因素是得天独厚的地理自然优势。纽约大致居于大西洋沿岸城市的中心点，同时居于南北走向的哈德逊河的中心点，从地理位置上来讲，类同我国上海和日本东京的位置，有利于形成经济中心。更重要的是，纽约是天然良港，终年不冻，港阔水深，海岸线长达 600 英里（近1 000公里）。天然的地理优势赋予了纽约运输成本优势，使其成为连接欧洲的最理想的贸易中心，有助于承接欧洲的先进生产力，这种格局使得纽约拥有了一个较高的起点。

第四个因素是大量基础设施的兴建打好了纽约经济圈的工商业基础。在 19 世纪及时的运河开凿和铁路铺设使得纽约经济圈与广阔的内陆腹地连成一体。富饶的内陆地区为东中北部沿海城市提供了充裕的农业及工业大宗原材料、劳动力以及部分市场需求，成为东中北部沿海城市发展的大后方，而同期英国城市恰恰缺少这种条件，城市发展的后劲不足。

首先是 1815—1843 年的美国运河开凿高潮时期。从运河建设周期上看，美国历史上的运河建设经历了三个明显的阶段。其中，第一阶段建设集中在东北部地区；中西部建设主要集中在第二、三阶段。第一阶段，是从 1815 年至 1834 年，建造的是纽约州体系和宾夕法尼亚州体系，包括伊利运河、宾夕法尼亚主线运河的建设，以及切萨皮克和俄亥俄运河的开工。其中，最主要的就是伊利运河，它把纽约与五大湖地区和密西西比河流域连在一起，大幅节约了通航时间和运费。在通航前，从伊利湖东部到纽约的货运费每吨为 120 美元，时间为 3 周，通航后货运费每吨降为 6 美元，时间减少到 8 天。第二阶段，是从 1835 年至 1843 年，主要建设集中在中西部内部运河体系，并且大部分工作是已开工运河的在建工程。具有代表性的就是俄亥俄运河以及俄亥俄系统的西部分支，这些分支的建设补充了已经开工的主干道，并建立了连接东中西部的运河网络。第三阶段，是从 1844 年至 1860 年，这段时期的建设集中在现存运河网络的支线上，以及此前中西部一些中断项目的复工。如表 8.1 所示。

表 8.1　美国运河投资的三个主要阶段

时期	重点地理区域	运河投资总额（百万美元）	其中：公共投资（百万美元）
1815—1834 年	东北部（干线）	58.6	41.2
1835—1843 年	中西部（干线）东北部（支线）	72.2	57.3
1844—1860 年	中西部（支线）	57.4	38.0

资料来源：斯坦利·恩格尔曼、罗伯特·高尔曼著，王珏、李淑清译：《剑桥美国经济史（第二卷）：漫长的 19 世纪》，中国人民大学出版社，2008

其次是 1830—1890 年的美国铁路扩张时期。在运河建设的第二阶段（19 世纪 30 年代），美国已经开始着手另一种运输形式——铁路——的建设。虽然南北战争爆发后铁路建设突然放慢速度，但在战争结束后铁路建设热潮得到恢复。如果把美国和欧洲主要国家在 1840 年至 1888 年间修建的铁路里程进行比较，不难发现，美国修建的铁路里程基本可以和欧洲国家铁路修建里程的总和相媲美。在 1830 年至 1890 年期间，以南北战争为分界点，内战前后美国铁路铺设分别经历了三个高峰期，经过这三个铺设高峰期后，至 19 世纪 90 年代末期，美国铁路营运长度达到 20 万英里，

这一长度相当于美国历史上所修铁路总长的 3/4，同时，美国的铁路密度
达到了全国大部分地区都有可通行支线的程度。

从经济区域的铁路铺设角度来看，从 19 世纪 30 年代至 50 年代，美
国的铁路铺设主要是连接东北部和中大西洋城市。截至 1850 年，美国已
有 9 000 英里的铁路里程。其中，东北部的新英格兰区域和中大西洋诸州
以 5 300 英里的总长度占到了全国总里程的 60％ 左右。铁路与运河结为一
体，基本上完成了东北部交通运输网，同时在中西部形成了部分交通支
线。到 1854 年，人们从纽约到中西部的芝加哥乃至圣路易斯均可全程坐
火车。

表 8.2　19 世纪欧美铁路铺设里程数对比

单位：英里

	1840 年	1850 年	1860 年	1870 年	1880 年	1890 年
英国	838	6 620	6 430	5 540	17 930	19 870
法国	360	1 890	5 880	9 770	14 500	10 900
德国	341	3 640	6 980	11 730	20 690	24 270
俄国	16	310	990	7 100	14 020	17 700
其他欧洲国家	324	2 005	7 605	19 160	34 580	47 320
欧洲国家合计	1 879	14 465	27 885	53 300	101 720	120 060
美国	2 820	9 020	30 630	53 400	93 670	156 080

资料来源：沃尔特·W. 罗斯托：《世界经济史：历史和展望》，得克萨斯大学出
版社，1978

在 19 世纪 50—90 年代，美国铁路的铺设以放射状自大西洋港口城市
伸向内陆。这一时期的后半段是全国铁路运输网统一时期和中西部市场逐
渐融入全国性市场的开端之际，为中西部地区在下一阶段进入重化工业的
发展黄金时期打通了基础的物流运输渠道。

正是在这些因素的带动下，纽约经济圈的地位成功塑造，使纽约成为
承接欧洲产业转移的"桥头堡"，率先进入了工业化阶段。在这一时期，
纽约经济圈的主要产业以出口导向型的轻工制造业和航运业为主，其中制
造业包括：纺织制革、造纸印刷、日用五金、烟草加工和农产品加工等。
此外，在这个阶段其金融财政中心的地位也在逐渐孕育。

芝加哥经济圈：二次工业革命的资源重地

19 世纪最后 30 年，美国的工业化和城镇化进入鼎盛时期，在这一时期，经济发展的热点地区向中西部转移，以芝加哥为辐射中心的五大湖区域脱颖而出。具有时代性影响的制造业带在该区域迅速形成，成为带动全国经济发展的火车头，这一趋势一直延续至第二次世界大战结束。五大湖经济区的崛起与美国工业化纵深发展密切相关，工业化向中西部的推进，即是东北部及大西洋中部地区工业化的延伸，但更重要的是，该地区扮演了推动第二次工业革命萌生和发展的角色。从芝加哥城市圈形成和演进的进程来看，以下几个因素是最重要的：

第一，移民西迁，五大湖地区快速城镇化。19 世纪初，芝加哥还是人迹罕至之处，19 世纪 40 年代后移民大军西进，芝加哥才日益繁荣。50 年代后，连通东北部及中大西洋地区与五大湖地区之间的铁路及水运网络基本建设完成，芝加哥随之成为该地区的重镇。此后，虽然在 1871 年因特大火灾 2/3 城市被摧毁，但在东部资本的资助下开始重建。1880 年芝加哥市人口达到 50 万人，1890 年跨过 100 万人大关，1900 年跨过 200 万人大关，见图 8.2，每 10 年翻一番，一跃成为美国第二大城市，在当时世界城市中雄踞第 5 位。

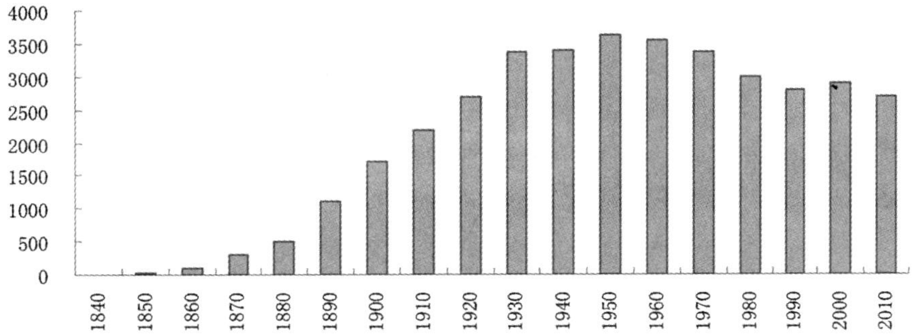

资料来源：梁茂信：《都市化时代：20 世纪美国人口流动与城市社会问题》，东北师范大学出版社，2002

图 8.2　19 世纪中叶以来芝加哥市人口变化

从五大湖地区城镇化的速度来看，从 19 世纪 60 年代到 20 世纪 20 年代，该地区城镇化率从 14.1％上升至 60.8％，上升了 3 倍以上，由低于东北部及中大西洋地区城镇化水平，到高于东北部及中大西洋地区城镇化水平近 10 个百分点，其中最为突出的是 1870—1890 年的 20 年间，而同期东北部及中大西洋地区的城镇化进程却出现停滞。至 1920 年的数据显示，五大湖地区城市人口已经占全国城市人口的 24.1％，仅次于中大西洋地区。

第二，资本西移，在五大湖的工业领域迅速集聚。在移民西进的同时，国内外资本也竞相流向五大湖地区，雄厚的商业资本逐渐在该区域集聚。银行、土地抵押公司、保险公司等金融部门逐渐兴起，五大湖地区形成了一个一体化的资本市场，芝加哥成为全国第二大金融中心，地方市场更趋于活跃。资本进入五大湖地区的渠道主要有三条：其一是东部资本西移：新英格兰和中大西洋地区的资本家纷纷到五大湖地区投资建厂。如后来称雄一时的"卡内基钢铁有限公司"、洛克菲勒的"俄亥俄美孚石油公司"等均是在内战后的 1870 年前后由东北和中大西洋迁来。其二是五大湖地区原有商业资本转向工业资本：19 世纪 70 年代，商界投资办工厂风靡一时。各城市报纸、广告上，倡导发展制造业的内容触目皆是。各种赞助制造业的团体脱颖而出，如"密尔沃基制造业者协会"、"伊利诺伊制造业者协会"、"克里夫兰制造业者联盟"，以及名目繁多的工业俱乐部，其成员多为新崛起的商业大亨。其三是来自欧洲的外资继续在美国经济发展中扮演举足轻重的角色。虽然 19 世纪中后期，外国资本净输入较前两次外资涌入高峰期有所下降，但平均比重依旧能达到 10％上下。特别是在 1882 年至 1896 年期间，在这 15 年中有 14 年资本是净流入的，累计规模约 20 亿美元。从外资投资结构上来看，虽然以铁路债券为主的传统基建投资依旧占优势，但在此期间，国外资金开始普遍介入采矿业、制造业、农业和土地开发等行业。

第三，五大湖区域重工业和农业资源富饶。五大湖地区地势平坦，土地肥沃，自然资源丰富。这里不仅有美国最大的五个湖泊所形成的水系，为工农业发展提供了取之不尽的水力资源，而且，矿产资源十分丰富。广阔的煤炭带覆盖了俄亥俄、印第安纳和伊利诺伊。苏必利尔湖区有全美国最大的铁矿，可以横渡五大湖送往各地的钢铁工业区。威斯康星和密歇根具有十分丰富的森林资源。到 19 世纪末，五大湖区域已经成为美国木材、铁矿石、煤炭、粮食和畜牧业产品的主要来源地和供应地。富饶的自然资源与四通八达的水路交通网络有利于五大湖地区构成一个完整的经济区域。它扼守美国东西水路交通要道，是美国东、西、南方各个地域的接合部，因而易于形成全国经济活动的枢纽。

在这个背景下，移民西迁，资本西移，"人"与"资本"在煤、铁和木材等重工业资源富饶的五大湖地区再次集聚，这顺应了当时以钢铁和电力技术为标志的二次工业革命浪潮，其结果必然是有力地推动工业区的形成和城镇化的发展。另外，二次工业革命时期出现了美国历史上空前的"科技发明热"，新技术、新发明、新工艺层出不穷。1870年申请发明专利权的有12万项，1910年就已经达到100万项以上。因此，五大湖区域工业化建立于更高的生产力水平的基础上。这里拥有的各种优越的自然资源条件，与更高水平的工业化一拍即合，由此进入一个大机器工业蓬勃发展的时期。同样重要的是，美国经济发展的不平衡性，给五大湖地区城镇化造就了有利的空间优势。五大湖地区尚在开发，旧的经济结构束缚较小，从而得以充分地利用地区独具的优势，跳跃式发展，后来者居上。这种跳跃式发展的现象在当代美国仍然存在。第二次世界大战后，在新的技术革命浪潮冲击下，美国经济发展的重心正在向工业化水平较低的远西部、南部移动，这两个新兴的城市群亦在迅速崛起。

最后需要指出的是芝加哥经济圈的兴起，使美国区域经济格局出现了新的变化。首先，以中西部城市体系为基础，构成一个完整的工业区，即美国称谓的制造业带。这条制造业带的特点是集中于原料产地，利用当地自然资源优势，侧重于发展钢铁冶炼、机械制造、食品和肉类加工等二次工业革命的新产业，成为美国的重工业基地。芝加哥经济圈的这些专业化城市具有很强的竞争能力，迫使纽约经济圈也向专业化方向调整，侧重巩固其传统工业，如纺织制革、烟草加工、日用五金等，即以轻工业为主。这样区域经济专业化的格局再次清晰，芝加哥和纽约经济圈各有侧重，并在原料、市场和技术等方面互相交流促进，使美国整体经济更加协调发展。

洛杉矶经济圈：战火中孕育出科技革命的新浪潮

二战伊始，美国经济重心伴随着"人"与"资本"的第三次集聚，再度向西迁移，以洛杉矶为辐射中心的西部太平洋沿岸城市带逐步崛起。其发展阶段大致可分为 20 世纪 40—50 年代、60—70 年代和 80—90 年代：洛杉矶经济圈的崛起始发于 40—50 年代的二战及冷战期间，由于战争支出和国防建设的需要，政府主导的资金和人力配置向该地区倾斜。其后在该地区近 20 年军工技术发展的积淀下，军工转民用触发了 60—70 年代的科技革命。再者，新科技日趋成熟，在 80 年代伴随着"亚洲四小龙"经济的腾飞，美国的贸易重心向太平洋国家和地区倾斜，太平洋沿岸城市带进入鼎盛阶段。

归纳起来，洛杉矶经济圈的成功同样可以从人口和资金流动的角度找到线索，但有所不同的是，科技革命的新浪潮可能起到了至关重要的作用。

第一，人口增长，特别是人才的增长。二战前，太平洋南部城市与在全美经济中一直遥遥领先的东北部、中大西洋和五大湖区域不可同日而语。然而，经过二战、冷战和 60—70 年代科技革命之后，这一现象已经发生根本性的扭转。60 年代西部及西南地区人口比重超过了新英格兰和中大西洋地区，70 年代基本和中西部五大湖地区持平，并在 80 年代成为美国人口最多的区域。

一方面，这一区域之所以能够吸引人口，自然方面的因素是西海岸地区气候宜人。美国西海岸地区宜人的气候，充足的阳光，开阔的空间，对人口具有相当大的吸引力。因为落基山脉的地理位置，美国西海岸的气候被分化为几个特征分明的地段区域。在美国西海岸北方，落基山脉西边是温顺的海洋性气候，四季如春，冬夏气温平稳，很少低于 0℃ 或高于 30℃，冬季雨水较多。西海岸南部因为纬度的变化，四季平均气温更高。这个地段的代表性城市是洛杉矶，冬季很少低于 10℃，夏日酷热。同时，美国西南地域辽阔，气候温和，光照充足，适宜军事训练和建造军事设施，因而得以在二战及冷战期间获得爆发式的发展。西部绵延数百里的大片沙漠荒原虽有碍经济发展，却便于空军飞行训练，再加上众多可供海军栖息的不冻港，这些都使西南部的大部分地区成为发展国防工业的理想场所。因此，在绝大多数国防工业和军事基地落入这些地区的同时，以科技人才为核心的北部劳工纷纷向西南地区迁入，使得加州、亚利桑那州、华盛顿州、俄勒冈州、内华达州的人口快速增长，加上当地居民的城镇化，使西南部许多名不见经传的小城市一跃成为生机勃勃的大都市，见图8.3。例如，西南地区在医药、计算机设备、通信设备、电子元件、宇航制造等高新技术工业中就业人员从 1972 年到 1982 年就增长了 40%。新墨西哥州也是一个受益者，该州从事国防、能源及各种基础研究的高科技公司近 80 家。截至 80 年代，该州科技类职工所占比例居全美之首，这些企业大多是 70 年代迁入的。除大型公司的研究型人才之外，以大学为单位的研究中心也吸引了大批外地青年前来求学。西部的加州伯克利大学、斯坦福大学已经闻名遐迩，得克萨斯大学和新墨西哥大学也逐渐为人瞩目。

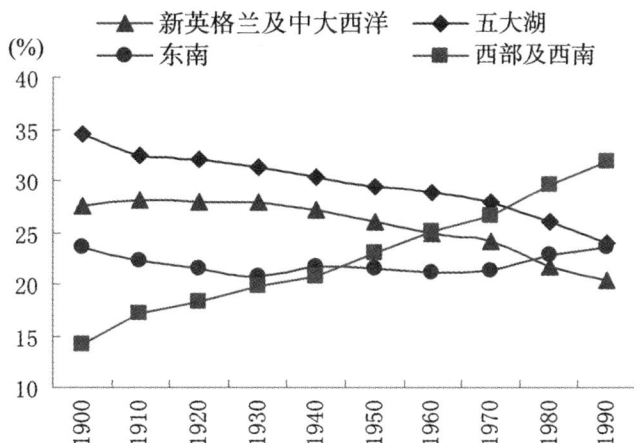

资料来源：US Bureau of the Census

图 8.3　20 世纪美国主要经济区域人口比重

另一方面，移民法案的开明化掀起拉美裔及亚裔的移民高潮。西南部城市不仅吸引国内其他地区人口持续西迁，而且还吸引了大批外来移民，及至 20 世纪 80 年代，形成美国历史上又一次移民高潮，这次移民高潮集中在美国西部大城市。其中，旧金山、洛杉矶的移民比重之大，足可与纽约市相提并论，洛杉矶因此被报界誉为"新艾利斯岛"（注：艾利斯岛坐落在纽约港，从纽约的港口进入美国的移民要在艾利斯岛上接受合法性和健康检查，艾利斯岛成为18—20世纪初期美国移民最重要的登陆地）。这种变化很大程度上是由于1965年出台的几个移民法案的结果。法案客观上放松了对拉美裔和亚裔移民的限制，由于地理临近的因素，促进了亚裔和拉美裔移民进入美国西南部。1965年的法案改变了美国移民政策的基础，从以国家来源配额为基础的配额管理转向考虑劳动技能、家庭团聚和人道主义照顾。新政策显著改变了移民的国家来源，到20世纪下半叶，新兴的移民已经形成。20世纪60年代，拉美裔和亚裔移民占合法移民的半数以上，到了20世纪80年代，占到了80％以上，见图8.4。在80年代末期，移民最多的前7个国家依次是墨西哥、菲律宾、越南、多米尼加共和国、韩国、中国和印度。

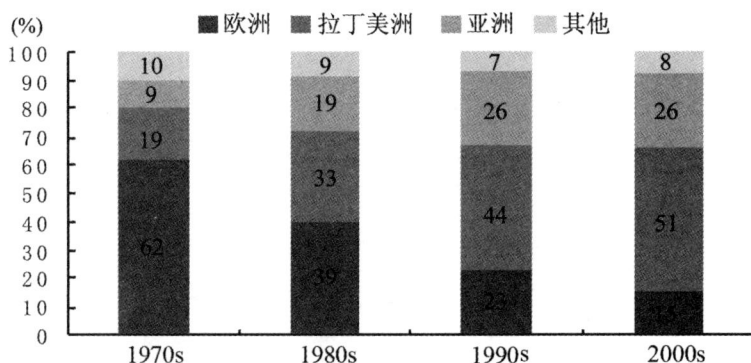

资料来源：US Bureau of the Census

图8.4 美国1970—2010年移民所属地占比

第二，资金的聚焦和技术的沉淀。20世纪40—60年代，洛杉矶经济圈发展早期，该地区资本的集聚主要依赖于二战及冷战期间美国国防开支的区域性偏移。二战期间，美国作为世界反法西斯同盟的"军工厂"，军事工业急剧膨胀，在巨额的联邦国防开支中，西南部吸收了绝大部分。这20年中平均每年约有70％的国防开支投放于西部和南部，尤其是西部已有的城市。如当时西部的32个大都市区，共获得联邦政府的军火生产合同总数的85％。这样，西部大城市的现有基础与联邦政府国防开支的倾斜政策一拍即合，形成空前的战时繁荣。二战后，为适应冷战的需要，联邦政府仍向西部投放巨额国防开支。二战结束后的五六十年代中，美国联邦政府的国防开支有增无减，到 70 年代末期，年度预算更增至 2 000 亿美元。在这笔开支中，西南部一直占据较高的比重。例如，50 年代西部共计得到联邦主要军事项目合同总数的 1/3，联邦用于"研究与发展"基金总数的 1/2，联邦研制导弹拨款总数的 2/3，而当时西部人口仅占全国人口总数的 1/6。1986 年，西部研发资金中的 3/4 来自联邦政府。从事军工生产的劳动力占西部劳动力总数的 50% 以上。即便到了 1976 年，南部和西部的军事人员开支也占据了全国的 78%，接受与军工相关的研发资金占全国总数的 50% 以上。在 1983—1986 年里根政府实施的"星球大战"计划过程中，有 70% 的联邦资金落入加州、新墨西哥、得克萨斯、科罗拉多和华盛顿州等。

在联邦政府的支持下国防工业迅猛发展，也吸引了大批相关工业部门和企业迁往西部，战后又有部分军事工业转为民用工业，私人部门资本进一步向该地区转移。这些产业和国防有密切关系，使它的产品一旦试验成功就有市场的保证，可获取丰厚的利润。因此，东北部、中大西洋、五大湖地区的大企业和资本集团竞相前往，洛杉矶经济圈的崛起自然是水到渠成。

最终，军工技术积淀叠加要素集聚，60 年代科技革命于美国西海岸萌生。在经过 20 年军工技术的发展积淀，以及军工转民用的政策红利刺激下，20 世纪 60—70 年代，美国西海岸成为引领全球的科技革命的发源地。因科技变革而形成的高科技产业大体有 7 类：飞机制造业、宇航业、医药业、电子计算机业、通信仪器、电子元件和导弹。这一方面得益于在二战及冷战时期的政府主导下，"人"与"资本"在该地区的快速集聚；另一方面是由于西海岸的工业部门传统束缚较少，易于采用新兴技术，使得高新技术产业得到迅速发展，这与 19 世纪中后期，工业发展相对滞后的五大湖地区萌生二次工业革命的情况相近。此外，高新技术类工业产品体积小，产品附加值高，抵消了西部某些城市位置偏僻、交通不便等因素的消极影响，而且不受水资源短缺的束缚。

第三，与太平洋国家和地区的贸易往来推动西海岸城市发展，并于 80 年代进入鼎盛时期。美国对两大洋国家和地区贸易格局的改变，也是推动西海岸城市的高速发展的另一重要因素。随着日本及"亚洲四小龙"等太平洋国家和地区的崛起，西海岸诸州与太平洋国家和地区的贸易往来日趋紧密。从 20 世纪 60 年代初到 70 年代末，美国国民生产总值中外贸业所占的比重翻了一番。尽管纽约市依然保持着外贸中第一大港的地位，但对外贸易增长幅度最大的却是墨西哥港和太平洋沿岸的港口城市。1971—1983 年，休斯敦、加尔维斯顿及其他墨西哥湾城市在全国贸易中所占比重由 19％上升至 27％，太平洋港口则由 15％上升至 23％。80 年代伊始，美国对外贸易的重心进一步由大西洋转向太平洋，形成一个历史性的转折。到 1982 年，美国与太平洋各国和地区贸易总额达到 1 210 亿美元，而与大西洋各国和地区的贸易总额则降至 1 116 亿美元。1970 年，美国进出口总数的 25％经由西部港口，到 1980 年这一比例上升到 38％。洛杉矶港区与长滩港区已经称雄全美，1983 年，其货物进出口额远远超过东部大港纽约港与新泽西港之和。

　　洛杉矶经济圈的崛起标志着美国产业区域布局趋于成熟。这也意味着在经历约 200 年，东、中和西部三次梯度开发之后，美国的产业区域布局最终形成。美国以三大城市为中心的三大经济区域，产业分工明确，鼎足而立，相得益彰，保证了美国经济的持续稳定发展。其中，洛杉矶和新英格兰地区是电子信息产业重镇；生物医药遍布三大经济圈；汽车、机械制造和初级金属产业集中在五大湖地区；能源、化工和纺织服装产业集中在东南部。

　　通过回顾美国近 200 年工业化和城镇化的发展历史，我们发现美国自东向西，具有明显的三阶段梯度开发的特征。每一阶段的开发都是一次气势恢宏的"人"与"资本"在特定区域的集聚，并依托当地自然资源的优势，孕育出在全国范围内专业化分工极强的"区域经济增长极"。在"区域经济增长极"中，"人"与"资本"的集聚终极形式就是大都市区，并以此为辐射中心，不断兼并扩张，最终与相邻大都市区形成"大都市群"或"大都市带"。

第三篇：中国观察

历史经验的两面性

21 世纪，中国的城镇化和以美国为首的新技术革命将成为影响人类的两件大事。

——诺贝尔经济学奖获得者斯蒂格利茨

第9章 耀眼的成功

从多个维度评估，中国过去几十年的城镇化是一个成功的历程。以最为常见的城镇化率衡量，从 1978 年的 18％快速上升到 2012 年的 52.7％，这使得城镇人口从 1978 年的 1.7 亿增加至 2012 年的 7.1 亿。换言之，在过去 30 多年，中国已经成功地将超过 5.4 亿人由农村转向城镇，这种规模和速度在全球城镇化历史上是罕见的。伴随快速推进的城镇化进程，中国的经济结构也发生了十分显著的变化，从产业结构的调整来看，第一产业产值占比已经由改革开放前后的 30％下降到 2012 年的 10％，下降了 20 个百分点；从就业结构的调整来看，第一产业就业比重由改革开放前后的 70％下降到 2012 年的 34％，下降了 36 个百分点。这种快速的产业和就业结构转变，极大地促进了中国的人口从低效的农业部门转向高效的非农部门，也促使土地从农业用途快速转向工商业用途，实现了经济效率的提高，也实现了土地价值的重估。从这个角度看，中国过去几十年的城镇化已在事实上成为经济增长的一个关键引擎。[①] 在我们看来，中国过去 30 多年，特别是过去 10 多年，平均每年超过 10％的经济增长速度，都可以从城镇化这把"钥匙"中找到潜在答案。

数以亿计的人口流动

过去 20 年，数以亿计的流动人口从内陆迁移到沿海，那个时候，农

---

① Michael Spencer, Patricia Annez, and Robert Buckley. *Urbanization and growth* (2009)，IBRD.

民从最穷的省份如贵州、四川、安徽、河南流出，在 1991—1995 年间、1996—2000 年间、2001—2005 年间跨省流动人口分别达到 1 000 万、3 200万、3 800 万，这些人口先是流向沿海的广州、深圳，然后是浙江、江苏、上海。这些省市的人均 GDP 在 2010 年已经和瑞士、澳大利亚相差无几。

快速的人口流动带来了几个显著的结果：

第一，数以亿计的流动人口从内陆走向沿海，加入全球制造业产业链的重构之中。规模庞大的人口、廉价的劳动力成本，加之中国加入 WTO 所释放的制度红利，极大地提升了中国制造业的竞争力，也使得中国经常项目顺差占 GDP 的比重在 2007 年达到历史峰值，中国出口占全球出口市场份额的比重在 2008 年达到 15％的历史高位，出口成为中国经济的一个重要构成部分，这使得以购买力平价衡量的中国 GDP 占全球 GDP 的份额也同步达到 15％，见图 9.1。

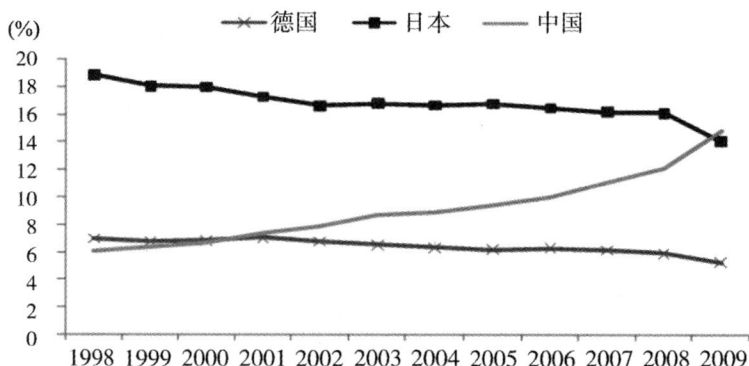

资料来源：作者梳理

图 9.1　中国出口占全球出口市场的份额

第二，人口净流入城市实现了快速的人口集中、产业转变和经济增长，这使得人口净流出地区的城镇化进程整体上处于滞后态势。从数据上看，人口净流入主要集中于北京、天津、上海、广东和浙江五大省市，快速的人口流入使得这些省市的人口在 2006—2011 年分别上升了 26％、25％、18％、8％和 6％。从个别城市来看，2011 年北京、上海和深圳这三大中心城市的流动人口和户籍人口之比分别为 58％、65％、291％，见图 9.2。流动人口作为生产和消费的主体，对城市生产结构和就业结构转变起到了至关重要的推动作用，也成为城市发展和繁荣的基础推动力。

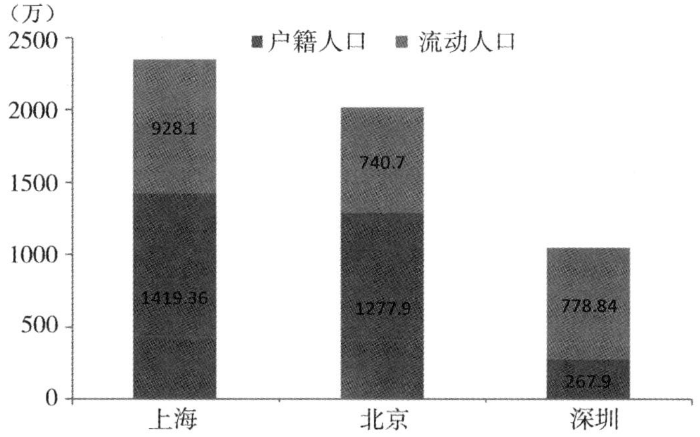

图 9.2　三大中心城市流动人口和户籍人口构成比例

　　同时，人口流出主要集中在贵州、广西、安徽、四川和河南等欠发达地区，这些省份（含自治区）的人口在同期下降了 10％、6％、6％、3％和 3％。对比而言，人口流入最多的 5 个省市的人口占全国人口的比重上升了 4.2 个百分点至 16.2％，而人口流出最多的 5 个省市的人口比重则下降 4.5 个百分点至 23.5％。这种人口流动趋势的极大差异使得这些地区在过去的城镇化历史上整体上落后于沿海省市。一项针对人口流动和经济增长之间实证关系的研究表明，2006—2011 年各省（市、自治区）之间的人口流动与各地人均 GDP 的绝对值具有很强的相关性，换言之，人口净流入的规模越大，该城市的人均 GDP 水平则越高，因此，人口流入使一个城市变得更加繁荣，而不是相反。

　　第三，大量的人口从农村流向城市，使得中国的常住人口城镇化率大幅提升，同时也缩小了中国城镇化与工业化之间的差距。截至 2012 年，按照城镇常住人口的口径（居住超过 6 个月），中国城镇化率为 52.57％，较 2001 年的 37.66％提高了约 15 个百分点，即过去 12 年间，中国的城镇化率以平均每年提高 1.36 个百分点的速度在推进。然而，在相同的时间段，中国的工业化程度并没有出现明显的提升。截至 2012 年，第二产业占 GDP 的比重为 45.3％，仅比 2001 年的 45.15％有略微上升。因此在过去的 12 年中，城市常住人口的快速增长使得中国的城镇化滞后于工业化的局面得到了大幅度的改进。

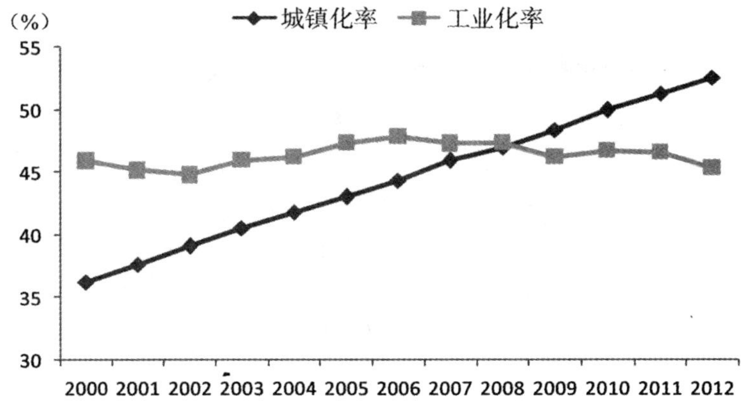

资料来源：作者梳理

图 9.3　我国城镇化率与工业化率的对比

开创中国式"土地神话"

土地具有不同用途，从生产属性讲，它可以用于农业用途，也可以用于工商业用途，同时土地也兼具资产属性和金融属性。如果从土地角度来评估城镇化，那么它的核心含义则是将土地从农业用途转向工商业用途，并使土地的资产功能和金融功能得以重塑。具体而言，中国的土地城镇化在实际运行层面包含以下几个关键环节：其一，从农地转向商业用地，完成必要的征地和一级开发之后，土地可以在二级市场上"招拍挂"，这既可以使地方政府获取土地出让金和预算外收入，同时也可以使开发商获取住宅和商业用地，从而满足城市人口的居住和商业需求。其二，从农地转向工业用地，在这种转换过程中地方政府可以通过低地价、零地价吸引投资，从而推动城市的投资和工业发展。其三，从农地转向基础设施用地，这种转换可以通过"行政划拨"和"协议出让"的形式，以零地价或者极低的价格补贴基础设施投资，改善城市公共服务功能。其四，转换用途之后的土地通常可以用作资产抵押物，地方政府、政策性公司和开发区管委会可将土地作为抵押获得融资，见图9.4。

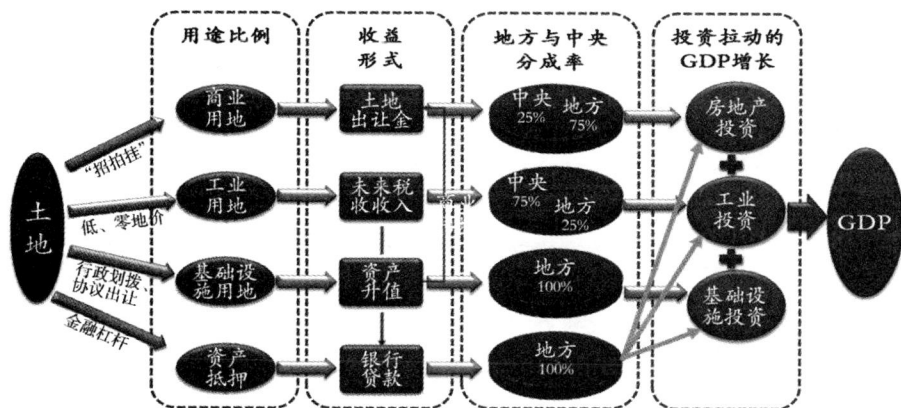

资料来源：作者梳理

图 9.4　土地财政示意图

从某种程度上说，理解土地从农业用途向非农用途转换的过程和机制是追溯中国城镇化历史的逻辑起点，也是以城镇化视角解释中国经济增长的关键线索。在这一点上，学术界更为普遍的称法是"土地财政"。然而与通常简单地把"土地财政"理解为地方政府"低价征地、高价卖地"不同，我们认为一个更为全面的解释是："土地财政"是地方政府以土地为调节工具，为开拓地方预算内（制造业和服务业税收）、预算外（土地出让金）财政收入来源，并在最大限度上利用土地作为融资工具使用信贷杠杆，在区域竞争中通过低价供给工业用地和高价、限制性供给商住用地而实现地方财政收入最大化、投资与增长目标，并在结果上实现中国土地城镇化进程的一个完备运作体系。具体则包括以下几个关键环节：

第一个环节是低价出让工业用地，吸引制造业投资，带动服务业发展。

为吸引制造业投资，地方政府一方面事先进行"三通一平"、"七通一平"等配套基础设施投资，另一方面制定各种税收和优惠政策来招商引资。各地制定的招商引资政策中几乎毫无例外地设置了用地优惠政策，包括以低价协议出让工业用地，按投资额度返还部分出让金等。为抑制地方政府以低地价甚至零地价过度出让工业用地，中央政府曾专门针对工业用地制定最低出让标准，但是这种标准事实上仍然处于极低水平，例如一等土地上海黄浦区的出让标准也仅为 840 元/m²，最低十五等土地的出让标准为 60 元/m²，甚至不足以覆盖前期的开发成本，见图 9.5。因此，由于地方政府需要事先付出土地征收成本、基础设施配套成本，因此出让工业用地往往意味着地方政府从土地征收到招商入门这个过程中在财政上实际上处于净损失状态。

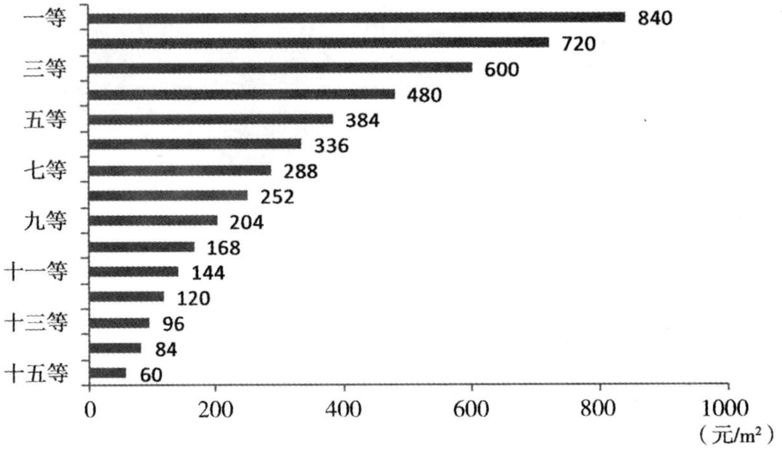

资料来源：作者梳理

图 9.5 中央政府规定的最低工业用地出让标准

以珠江三角洲这个中国最为活跃的制造业中心为例，上世纪 90 年代末期和本世纪初，很多市、县、镇级地方政府提出"零地价"来争取制造业发展。长江三角洲的情况也不例外，即使在土地资源最为紧缺的浙江省，征地和基础设施配套成本高达 10 万元/亩的工业用地，平均出让价格只有 8.6 万元/亩，大约有 1/4 的开发区出让价不到成本价的一半。2002 年后的一段时间，很多市县工业用地的价格都在下降，降幅达到每平方米 40~50 元。近年来，随着沿海发达地区建设用地指标的紧张以及国内产业分工转移，低价出让工业用地的趋势开始向中西部省市蔓延。从 2011 年数据来看，一线、二线、三四线城市的工业地价分别为 823 元/m²、408 元/m²、262 元/m²，分别为住宅地价的 1/10、1/11、1/8，见图 9.6，工业用地价格不仅偏低，而且长期稳定在低水平。

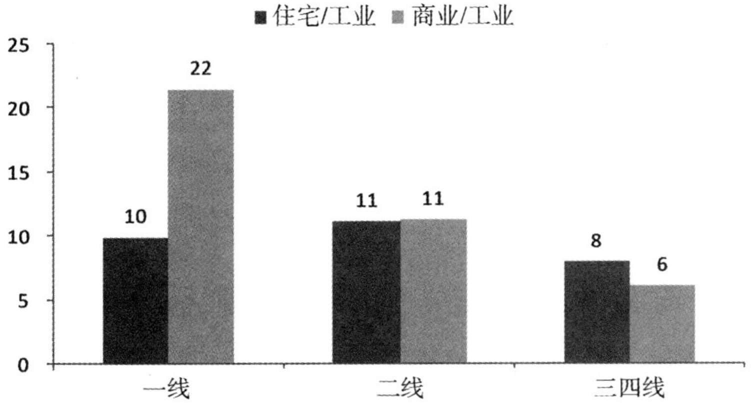

资料来源：作者梳理

图9.6 不同城市住宅地价、商业地价与工业地价的比值

通常的理解是地方政府低价出让工业用地是为了获得未来制造业所带来的增值税收入流，但事实上并非完全如此。首先，虽然增值税总量最大，但是分税制改革之后地方政府只能取得其中的 25％，其余的 75％ 为中央政府所得，而且制造业具有较强的流动性，地方政府并无必要为获取这个较低的分成而放弃潜在的收益。其次，地方政府的核心考虑在于通过制造业投资带动服务业的发展，从而获得营业税和商业用地的土地出让金。由于营业税、土地出让金收入完全归地方政府所有，地方政府在工业用地出让上的目标，是吸引到投资后直接带来的未来增值税收入流贴现值和其对本地服务行业推动后间接带来的营业税收入流贴现值，以及土地出让金收入能超过地方政府的土地征收和基础设施建设成本。只要能实现上述目标，那么就值得继续低价出让工业用地。2002 年税收分成改革，将所得税由地方税变为共享税（60％归中央、40％归地方）之后，地方政府在土地配置上的这种策略也表现得更为明显，营业税在地方财政收入中的占比持续上升，而增值税和所得税占比则持续下降，见图 9.7。

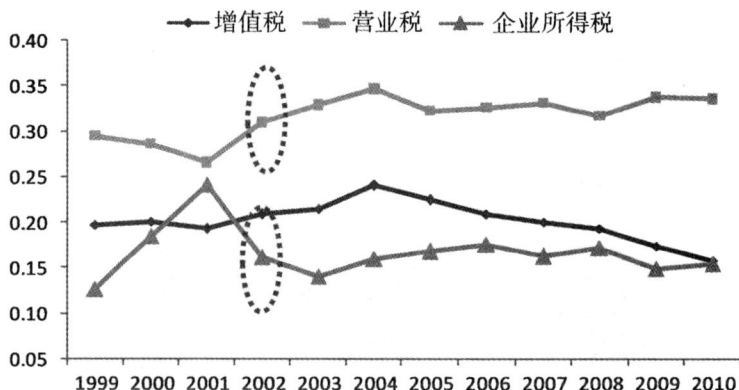

资料来源：作者梳理

图9.7 地方政府分项税收占比变化趋势

第二个环节是高价出让住宅和商业用地，获取土地出让金。

与工业用地的出让策略不同，地方政府在二级市场上"招拍挂"出让商业用地，是其获取土地出让金和预算外收入的主渠道，是地方政府表外活动的资金来源。对于公共设施用地，地方政府可以通过"行政划拨"和"协议出让"的形式，以极低的价格补贴基础设施投资，改善城市公共服务功能，从而提升土地价值，也间接提升用于"招拍挂"的商住用地的出让价格。这里需要解释的是，政府社团、交通用地和市政公共设施用地虽然以"行政划拨"形式出让，未经过公开市场出售，表面上没有价格，但事实上，它改善了城市的公共服务功能，扩大了周边土地的资产升值空间。因此，地方政府在公共设施用地与商住用地上的出让策略是一个配合关系。

与常识不同，土地财政作为地方政府的一种融资方式，资金来源方（土地出让）的每一笔资金都会在资金使用方形成一笔有产出能力（获取未来收入）的资产。从2010年地方政府土地出让金的配置方向看（表9.1），50％的资金用于征地拆迁补偿，这一部分资金相当于将农村土地直接货币化，形成农民的资产性收入，并成为消费和投资的财富基础；38％的资金用于廉租房、农村与城市基础设施建设，这相当于土地出让金配置于未来可以进一步带来收入或资产升值的领域，相当于土地出让金的资本化；最后的12％用于安置企业职工，这一部分相当于资产的置换，即将企业所占土地整改和出让之后，再以货币或实物的形式补偿给企业职工。从这个支出结构对比可以看出，这是中国的土地财政与西方发达国家如欧元区债务融资模式的关键区别，中国的土地财政融资分别对应着一笔潜在的经营性资产，而欧元区的债务融资则往往对应着福利支出等，难以产生潜在的产出与之匹配。

表 9.1　2010 年土地出让金支出总量与结构

类　　别	金额（亿元）	占比（％）
征地拆迁补偿等成本性支出	13 396	50
农村基础设施建设及补助农民等支出	2 248	8
廉租房支出	464	2
破产或改制企业土地出让收入用于安置职工	3 337	12
城市建设支出	7 532	28

数据来源：财政部

第三个环节是土地作为资本金和资产抵押物，使地方政府最大化地利用金融杠杆。

土地相当于投资主体的自有资本金，是使用金融杠杆的支点，地方政府投放土地与中央银行投放货币具有异曲同工之处，是形成货币需求与供给的重要支撑。地方政府以不同方式向外商、开发商等投资主体投放土地，相当于增加了这些投资主体的自有资本金，使之可以扩大信用，使用金融杠杆，从而动用更多的资金用于投资。从这个相对狭义的角度看，地方政府此时投放了土地即相当于投放了货币，也扩大了投资总规模。因此，土地投放过程即相当于货币创造过程。

土地杠杆的使用者并非只有地方政府一家，国有企业、产业园区、高校甚至中央政府都是直接或间接的受益方，都会在一定程度上对货币需求与供给产生影响。土地财政的受益方是多元的，国有企业、中央部委、高校所拥有的国有土地，无论是以前占有的，还是后来划拨或购买的，都可以进入土地资产货币化的通道，也可以同样的方式推动投资规模和货币需求的扩张。

作为资产抵押物，地方政府债务多以政府的土地储备中心、政策性公司和开发区管委会的土地作抵押，房地产开发贷款、居民按揭贷款和多数产业园区甚至大学城和新校区的贷款也或多或少地与土地挂钩，土地作为融资手段，本质上是土地资本化，通过金融工具将未来收入流贴现到今天用于投资支出。

将这三个环节放在一起观察，我们可以得出一个简单的判断：土地财政的存在使得中国的地方政府有意愿并有能力参与工业化与城镇化进程，规避一般私人投资所需要承受的项目启动成本。在地方政府以土地财政模式参与投资项目的机制下，项目收益变成城镇化与工商业繁荣产生的分成税收收入增长和土地资产升值，项目成本则变成为促成该项目而让渡的低价土地、税收优惠及各种组织成本。因此，加入土地财政的变量之后，项目投资的原则由一般意义上的项目收益率管理转变成资产负债表管理，项目经营变成资产经营，这是理解我国城镇化、投资扩张和经济增长的基本出发点。

在这种情况下，地方政府的核心考虑不是单个项目的经济合理性，例如，仅就项目损益而言，城市道路、地铁、高速公路等典型的基础设施建设都难以达到项目盈亏平衡，但地方政府可以通过未来税收增加、周边土地资产升值等来平衡前期成本。因此，加入土地财政这个约束变量之后，地方政府以极快的速度实现土地城镇化，将土地的工商业价值和资产金融属性释放出来。通过这个过程，地方政府解决了中国城镇化过程中的资金瓶颈问题。

首先，这个运作机制解决了项目资本金问题。

为建立投资风险约束机制，有效控制投资规模，中央政府从 1996 年开始就对经营性项目启动资本金制度，即投资项目必须首先落实资本金才能进行建设，投资项目资本金可以用货币（中央财政预算内资金、项目专项资金等）出资，也可以用实物、工业产权、非专利技术、土地使用权和国有股权作价出资。通常，中央政府只对重大的国家项目承担全部的资本金，对于大部分项目，特别是商业化程度高的项目，项目资本金需要地方政府提供配套资金（根据不同项目类型，配套比例为 30％～40％）。

以地铁项目为例，平均来看，东部沿海城市修建地铁的成本为每公里4 亿元，一条单线地铁工程所需资金为 100 亿～150 亿元，4 年竣工投入运行，其中 40％是建设成本，40％为设备成本，20％为土地开发成本。

由于前期投入较大（地铁项目中央政府基本不会出资），作为典型的无营利项目，仅依靠未来的票务收入，该地铁项目几乎不可能获得贷款，为解决这个问题，地方政府首先需要克服的难题是筹集项目资本金。

按照 2009 年中央政府对资本金比例的最新规定（表 9.2），地铁项目的最低资本金比例为 25%，那么在该项目上，地方政府需要筹集 25 亿～37.5 亿资本金。具体操作中，在 2009 年大规模信贷刺激期间，资本金贷款、地方债、信托股权投资和企业债均在不同程度上发挥了一定作用，但发挥核心作用的是土地资产作为各级政府融资平台的资本金被注入投资项目中，在满足最低资本金需求之后，土地也可作为抵押资产进行项目的债务融资，这进一步扩大了地方政府的投融资空间，地铁项目还扩大了沿线土地资产的升值空间，未来的土地出让收入又成为偿还项目贷款资金的主要来源。从这个例子可以看出，土地在整个基础设施项目投资中是核心的要素。

表 9.2　2009 年中央政府规定的各行业固定资产投资项目的最低资本金比例

2009 年	最低资本金比例（%）
钢铁、电解铝项目	40
水泥项目	35
煤炭、电石、铁合金、烧碱、焦炭、黄磷、玉米深加工、机场、港口、沿海及内河航运项目；除保障性住房和普通商品住房外的其他房地产开发项目	30
铁路、公路、城市轨道交通、化肥（钾肥除外）项目	25
保障性住房和普通商品住房项目、其他项目	20

资料来源：作者梳理

其次，这个机制解决了信贷资金的来源问题。

在土地财政的运作中，土地不仅可以作为基础设施项目的资本金，而且当地方政府以不同方式、不同价格向外商、开发商等投资主体投放土地时，相当于增加了这些投资主体的自有资本金，使之可以扩大信用，使用金融杠杆，从而动用更多的资金用于投资。从这个相对狭义的角度看，地方政府此时投放了土地即相当于投放了货币，也放大了投资总规模。因此，土地投放过程即相当于货币创造过程，地方政府投放土地与中央银行投放货币具有异曲同工之处，是形成货币需求与供给的重要支撑。

反之，如果土地市场降温，土地价格下跌，土地出让量减少，那么不仅项目资本金融资出现困难，也会对整个信贷和货币投放产生抑制。因此，2008年金融危机之后，土地市场的冰冻使投资项目融资放缓。中央政府为顺利实施4万亿刺激政策，一方面将1996年以来实施的资本金比例降低，另一方面通过优惠按揭利率、降低首套房首付比例和税费减免等手段刺激房地产市场，从而带动土地市场以极快的速度回暖，也使得一轮土地和信贷扩张的政策刺激周期得以启动。

增长成为一个必然结果

在人口城镇化和土地城镇化两股力量的驱动下，中国的城镇化取得了显著的成效，这突出地表现在城镇化与经济增长的正向关系上。

第一，虽然从国际经验观察，城镇化既有可能是经济增长的动力，也有可能是经济增长的结果，但是如果不考虑这种因果关系，那么，一个国家成功的城镇化至少应该伴随着经济增长，换言之，两者至少应该保持相关关系。从中国的历史经验来看，城镇化与经济增长之间的正向相关系数极高（见图9.8），而且城镇化进程最快的省市也曾经是经济增长最快的地方。长三角和珠三角作为沿海两个率先实现城镇化的区域，也是中国经

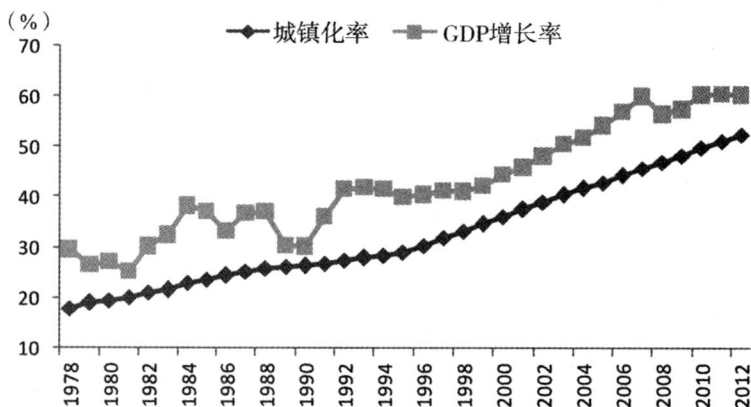

资料来源：作者梳理

图9.8 城镇化伴随着快速的经济增长

济的两大"区域经济增长极",见图 9.9。上海和深圳作为两个区域的中心城市,也曾在快速城镇化的过程中实现了经济的起飞和繁荣,深圳在其经济增长最快的时候,GDP 增长率曾一度突破 30%,见图 9.10。

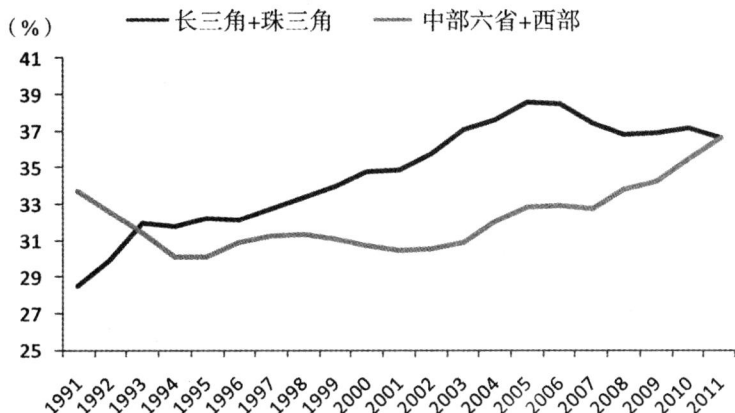

资料来源:作者梳理

图 9.9 长三角和珠三角成为中国率先发展的两大"区域经济增长极"

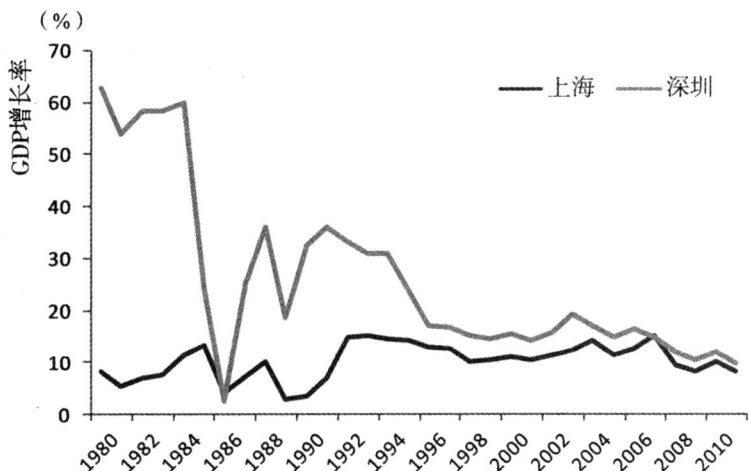

资料来源:作者梳理

图 9.10 深圳和上海在 80、90 年代实现了快速的经济起飞

第二,快速的城镇化伴随着高歌猛进的投资扩张。即使在正常情况下,大规模的城镇化进程也会伴随着基础设施需求和房地产住宅需求的快速扩张，从而使城镇化与投资之间保持极强的关联度。例如，在北京和上海，我们可以看到现代化的住宅和商业大楼、宽阔的交通大道、功能齐全的城市地铁以及高效运营的机场，这些都意味着投资。然而这并非中国故事的全部，在中国式"土地财政"机制的驱动下，中国的投资扩张步伐显得更快。过去30年，中国固定资产投资以平均每年21%的增速扩张，固定资本形成占GDP的比重也在2011年上升至46.2%的历史高点，尤其是2008年金融危机之后，经过大规模逆周期的刺激计划，投资占GDP的比重在过去3年跃升了6个百分点，见图9.11。

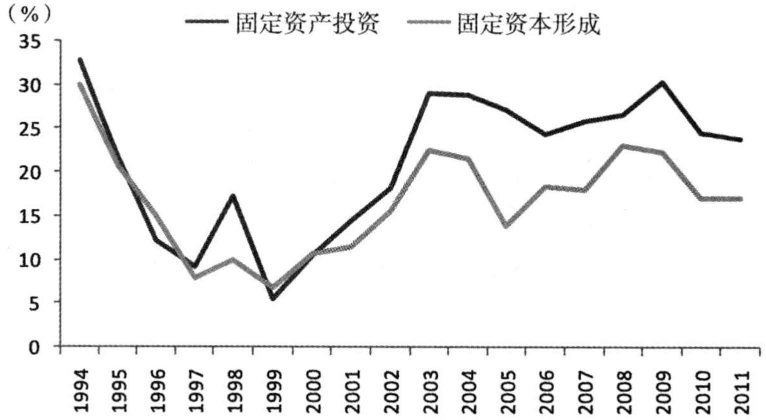

资料来源：WIND

图9.11 中国固定资产投资

虽然从国际经验观察，任何一个处于城镇化快速推进过程中的发展中国家，城镇化都会伴随快速的投资增长，因此，投资扩张和投资率的上升应该具有一定的合理性，然而，对于中国而言，真正的问题似乎是中国的投资率无论以何种标准衡量都远远高于发达国家和同属追赶型经济体的亚洲新兴工业经济体：（1）以峰值水平衡量，日本、韩国、中国台湾、印度分别在1973年、1991年、1975年、2007年达到最高水平，分别为36%、38%、31%、36%，假如以2011年中国46%的峰值计算，也比这些国家和地区高出8~15个百分点。（2）以亚洲国家经济快速增长期间的平均投资率衡量，日本在1966—1970年取得11.1%的高增长，这一期间的投资率为36%；韩国在1986—1990年取得9.6%的高增长，这一期间的投资率为32%；印度在2006—2009年取得8%的高增长，这一期间的投资率为 36％；泰国在 1987—1991 年取得 11％的高增长，这一期间的投资率为 36％；比较而言，中国在 2006—2009 年取得 11.4％的最高增长率，但对应的投资率为 44％。同为后发追赶型经济体，中国比同类国家和地区在高增长时期的投资率高出 10 个百分点左右，见图 9.12 和表 9.3。

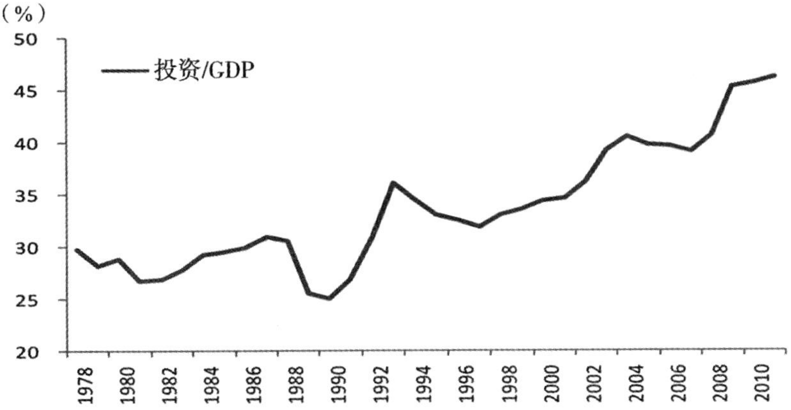

资料来源：WIND，作者梳理

图 9.12 中国投资率已达历史之最

表 9.3 不同经济体投资率与消费率的横向对比，中国大陆投资率为各经济体之首

	中国大陆	日本	美国	韩国	中国台湾	泰国	印度
投资/GDP（％）							
2010 年	46.2	20.5	15.5	28.6	21.7	24.7	31.8
历史峰值	46.2	36.4	23.2	38	30.9	41.6	35.8
出现年份	2010	1973	1943	1991	1975	1991	2007
消费/GDP（％）							
2010 年	33.8	58.6	70.6	52.5	58	53.7	61.9
历史低谷	33.8	52.3	49.5	49.1	47.2	53.2	61.7
出现年份	2010	1970	1944	1988	1986	1995	2009

资料来源：CEIC，作者梳理

第三，快速的城镇化催生了中国房地产市场的"黄金繁荣期"。随着城镇化水平的提高和城镇人口的增长，从 1998 年中国开启住房市场化改革以来，中国的房地产市场整体上处于黄金发展期。从数据上观察，2011 年，全国商品房销售面积、销售额和开发投资额分别比 1998 年增长 8 倍、

21 倍和 16 倍，复合增长率分别为 18%、27% 和 24%。因此，历史上，中国的城镇化进程与房地产市场的发展保持了十分密切的关系。经验数据显示，1998—2011 年房地产各类指标与城镇化率相关系数接近或超过 90%。

第10章　突出的问题

相比于成功之处，中国城镇化的问题也相当突出，这也是中国经验的两面性。最让人关注的问题表现在几个方面：其一是劳动力城镇化和家庭城镇化的不一致。中国的人口城镇化在很大程度上是以劳动力为单位的流动，举家外出的人口流动较少，这里的一个直接结果是劳动力的流动促进了中国非农产业部门的生产力极大扩张，但是由于缺少以家庭为单位的消费活动，流动的劳动力无法形成正常的城市消费，多余的生产能力则不得不依赖出口。其二是常住人口城镇化和户籍人口城镇化的不一致。2011年中国常住人口城镇化率为51％（常住城镇人口规模为6.9亿），但是户籍人口城镇化率仅为35％（户籍城镇人口为4.6亿），两者差值达16个百分点。考虑到中国的养老、医疗、教育、公共服务等均在一定程度上与户籍挂钩，这种差距本身即意味着非户籍人口，主要是迁移人口，并非真正意义上的城镇化。其三是城市土地扩张的速度快于城市人口增加的速度，这也是被广泛关注的焦点问题。然而，从国际经验观察，土地城镇化与人口城镇化的速度之间到底应该保持怎样的配比关系仍然是一个值得研究的问题。如果一个国家处于郊区化阶段，那么这个时候城市人口通常不会再有明显增长，但是土地城镇化却以更快的速度扩张。其四，中国产业城镇化和就业城镇化的速度不一致。2011年中国第一产业产值占比为11％、第一产业就业人数占比为35％，产值占比与就业人数占比的匹配度仅为0.3（匹配度＝产值比重/就业比重），无论是与美国、德国相比，还是与日本、韩国相比，都处于偏低水平，这意味着中国第二、三产业对就业的吸纳能力不足。

如果说过去几十年中国经济快速增长的奇迹可以从城镇化的故事中找到答案，那么中国经济中多种结构性失衡问题也同样可以从城镇化的故事中找到答案。这就是中国城镇化历史经验的两面性。

消费率下降正常吗

在中国城镇化的历程中，投资率持续上升、消费率持续下降是一个事实，也是一个共识。然而，对于背后的根源却存在诸多分歧。如果从城镇化的角度考察这一问题，那么，我们可以发现消费率下降且低于常态水平的根源在于两个层面：其一是正常因素，其二是非正常因素。

正常因素：劳动生产率提升速度快于劳动者收入增长速度

当一个国家的城镇化处于从农业向工业转换的阶段时，劳动生产率的提升速度通常会快于劳动者收入增长的速度，而劳动者收入增长的速度也会快于消费增长的速度。作为一个自然的结果，表现为从生产和消费结构上，我们会发现生产能力的扩张远大于消费能力的扩张。表现在消费率指标上，就是作为分母的 GDP 增长很快，但是作为分子的消费增长相对较慢。总体上，两者的叠加使得消费率处于下降阶段，但是这是一种正常的状态。之所以说它是正常状态，是源于经济学的三条基本规律。

第一条基本规律是刘易斯拐点规律。它是指在具有二元经济结构的国家，由于农村地区沉淀了大量劳动力，同时农业生产的低效率导致农村劳动力仅能获得维持生存的平均工资，此时工业部门仅需付出略高于生存工资的工资水平即可吸引农村剩余劳动力。由于农村存在大量剩余劳动力，因此工资无须上涨便能够吸引农村劳动力从农业转移到非农产业，劳动力的供给曲线是水平的；伴随着农村剩余劳动力的大量转移，农业生产率开始提高，此时农村剩余劳动力供给紧张，其工资水平将出现上涨。刘易斯拐点即是剩余劳动力从无限到有限，剩余劳动力工资从不变到增长的拐点。按照这个简单规律，一个国家在达到刘易斯拐点之前，大量劳动力从农业转向非农产业，劳动生产率会大幅提升，但是工资收入却难以同步提升。

第二条基本规律是人口红利拐点规律。它是指一国在经济发展过程中，由于出生率下降相对于死亡率下降的时滞，一国人口增长率将先上升后下降，这会导致在之后的一段时间内，人口结构中生产性的劳动年龄人口占比高，消费性的少儿人口和老年人口占比低，用消费性人口除以生产性人口表示的总人口抚养率较低，因此生产能力总体上大于消费能力。这一阶段称为人口红利阶段。伴随着劳动力人口逐渐步入老龄化，低人口增长率带来的新增劳动力数量下降，总人口抚养率将上升，经济进入人口负债阶段，消费性人口开始大于生产性人口，这种比例关系的转变一定程度上也决定生产能力和消费能力的转变。因此，当一个国家处于人口红利阶段时，消费能力通常赶不上生产能力。

第三条基本规律是库兹涅茨拐点规律。库兹涅茨曲线指出在一国收入分配与经济增长之间存在倒 U 形曲线关系。随着一国收入水平的上升，收入分配差距将趋于扩大，当经济水平达到较高程度时，收入差距将开始缩小。这显示经济发展的关注点从注重效率到注重公平的转化，库兹涅茨拐点就是倒 U 形曲线的顶点。通常，能否成功缩小收入分配差距，越过库兹涅茨拐点是一国能否从投资转向消费，摆脱中等收入陷阱，跻身高收入国家的关键。

总体上观察，在一个国家成功跨越这三大拐点之前，消费率的下降是大概率事件。相反的逻辑也成立。如果一个国家在发展的过程中逐步进入刘易斯拐点和人口红利拐点，消费的下降趋势会不断得到缓解直至逆转为上升趋势。从国际经验来看，日本经济在 60 年代中后期越过刘易斯拐点后，劳动生产率开始下降，经济增速也出现了系统性下滑。80 年代初期，虽然日本经济经历了短暂复苏，但是其增长速度再也无法回到刘易斯拐点之前的水平。而在 1990 年前后，日本经济越过人口红利拐点后，经济增长中枢再一次出现下移。无独有偶，韩国经济在 1980 年前后越过刘易斯拐点后，也出现了增速放缓。更重要的是，在刘易斯拐点之后，工资收入开始逐步上升，消费能力会逐步累积。在日本经济跨过刘易斯拐点和人口红利拐点后，由于劳动力供应的逐渐紧张，劳动者收入获得提升，从而提高了劳动者收入在国民收入中的比重。伴随着劳动者收入占比的上升，私人消费兴起，经济增长的动力逐渐从投资带动型转化为消费拉动型，见图10.1。在 1990 年前后日本"人口红利窗口"关闭之后，储蓄率水平出现了接近 20 年的系统性下降。伴随着人口结构的变化，储蓄倾向较高的劳动年龄人口比重下降，而消费倾向较高的老年人口比重上升，将导致储蓄率水平的趋势性下降和消费率水平的趋势性上升，见图 10.2。

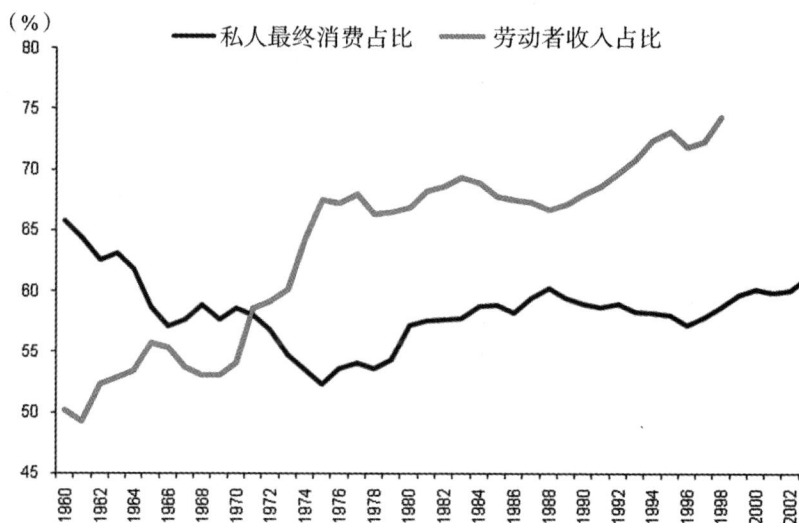

资料来源：作者梳理

图 10.1　劳动者收入上升激发私人消费兴起

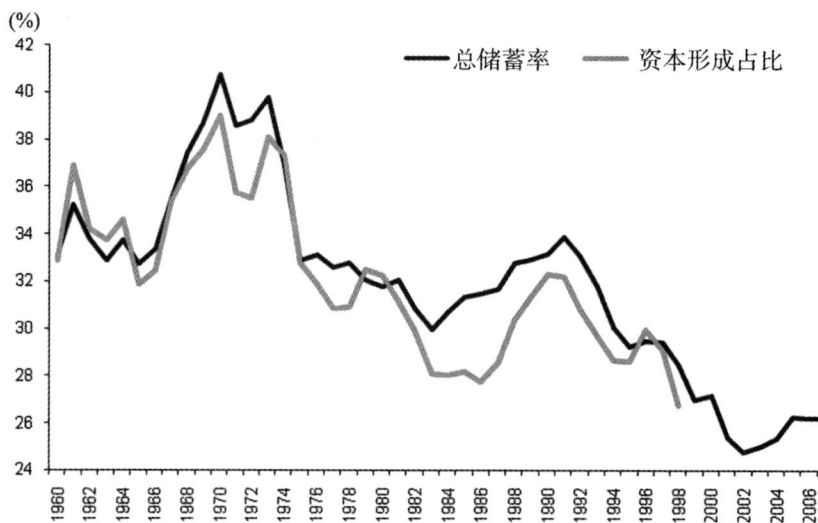

资料来源：日本统计局，UN，作者梳理

图 10.2　人口红利拐点后日本总储蓄率和资本形成占比下降

　　反观中国的情况，在中国城镇化水平快速提升的时期，也伴随着消费率的持续下降，见图 10.3。按照刘易斯拐点、人口红利拐点的基本逻辑，这种下降包含了一定的正常因素。那么，现在的问题是：这种正常因素会趋弱甚至会消失吗？普遍的研究认为中国已于 2004 年前后走过了"刘易斯拐点"，这一方面体现在流动劳动力增速的下降，另一方面也体现在劳动者工资收入的上升。同时，也有研究指出，中国将于 2015 年关闭"人口红利窗口"，届时，中国劳动人口增速将持续下降，劳动人口存量在 2015 年前后达到高点，随后便出现下降，因此劳动力的供给将开始下降。另外，从人口结构来看，少儿占比将持续下降，老年占比将持续上升，并且老年人口增长速度将超过少儿人口的增长速度，总人口抚养率将持续上升，见图 10.4 和表 10.1。这些因素的叠加都将有助于消费率的提升。

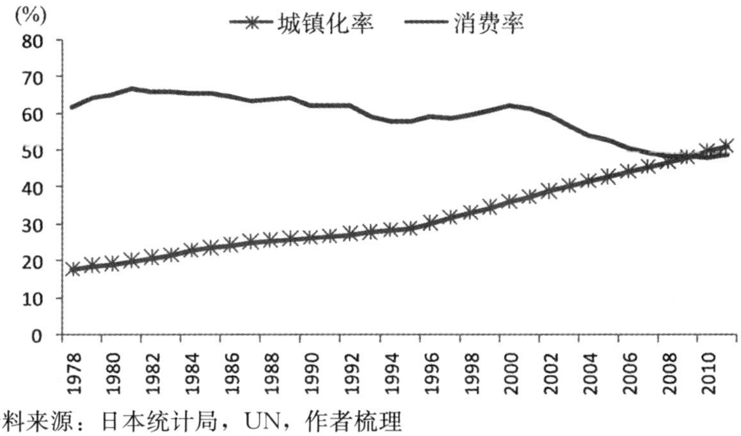

资料来源：日本统计局，UN，作者梳理

图 10.3　中国城镇化率和消费率对比

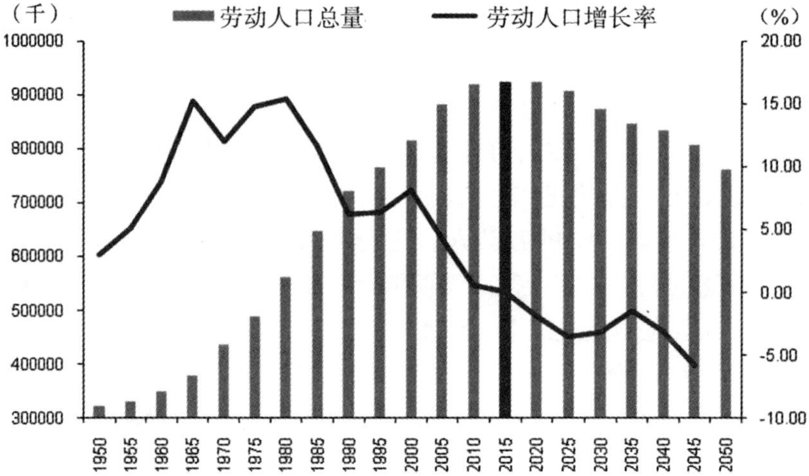

资料来源：作者梳理

图 10.4　中国劳动人口存量即将下降

表 10.1　中国内地比其他新兴市场国家和地区更早更快地迎来了"人口红利拐点"

时间窗口	总和生育率 低于 2.1	65⁺人口占比 大于 14%	劳动人口 开始下降	总人口 开始下降
1975—1980	新加坡			
1981—1985	中国香港			
1986—1990	韩国			
1991—1995	中国内地	日本		
1996—2000	泰国			
2001—2005			日本	
2006—2010	越南			日本
2011—2015		中国香港、中国内地	中国内地	
2016—2020	印尼	韩国、新加坡	中国香港	韩国
2021—2025	马来西亚		韩国、新加坡	中国内地
2026—2030		泰国		
2031—2035	印度			
2036—2040	菲律宾	越南	泰国、越南	新加坡

资料来源：UN，中国国家统计局，作者梳理

非正常因素：户籍制度

如果说正常因素能够解释中国消费率下降的合理部分，那么难以解释的问题是：为什么中国的消费率如此之低？如果从城镇化的角度回答这个问题，我们认为主要因素可能是在于户籍制度。

从数据上来看，自 1978 年改革开放以来，以城镇常住人口占全部人口比重核算的城镇化率平均每年上升 1 个百分点，截至 2011 年已经达到51.3%，在全球主要经济体中，属于最快的城镇化速度。但考虑到中国的特殊国情，如果以城镇非农户籍人口占全部人口的比重来核算城镇化水平，同期这个比重仅仅为 34.7%。这两个指标之间相差 16.6 个百分点，具体表现为 1.59 亿外出农民工进入城市却没有获得市民身份，也无法享受与市民等同的城市公共服务。

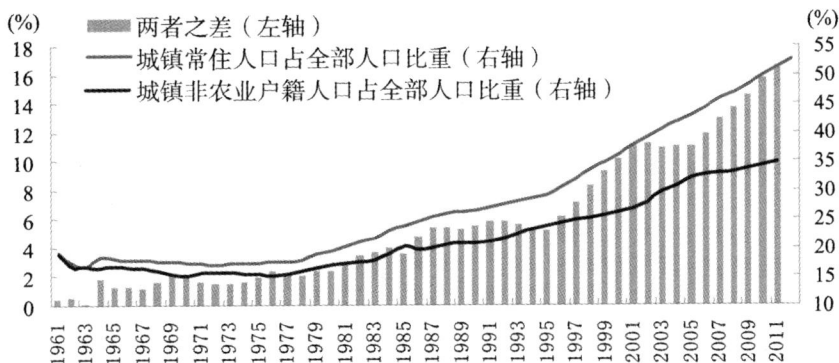

资料来源：作者梳理

图 10.5 中国常住人口城镇化与户籍人口城镇化对比

在理论研究层面，外来流动人口无法享受与户籍挂钩的城市基本公共服务是居民储蓄率上升的一个主要原因。大致估算，城镇平均储蓄率比农村地区高出 10 个百分点。国际投行高盛的研究报告通过对中国各省市面板数据的实证分析确立了居民储蓄率上升与农民工缺乏足够公共服务之间的联系。简单的统计模拟分析显示，如果没有任何改变，储蓄率可能会随着更多外来人员进城而走高。例如，如果每年 1 400 万农民工进城（即约2% 的总就业人口从农村进入城市工作），平均储蓄率可能每年上升 0.1 个百分点。进一步的研究表明，消除与户籍相关的社保福利差异在未来十年中将使居民消费占 GDP 的比例最多提高 6 个百分点。[①]

在现实层面，中国目前的情况下，由于没有城市户口，流动人口在基本社会保险制度、最低生活保障及其他社会救助项目、子女义务教育、保障性住房等基本公共服务上的覆盖率，大大低于城镇居民和城镇户籍就业人员，其中许多项目甚至在制度上就把农民工排除在外了。例如，按照相关法律规定，五类基本社会保险项目应该以就业身份而不是以户籍身份予以全覆盖，但是，户籍制度仍然发挥着阻碍农民工获得充分覆盖的功能。2011 年，在这些基本社会保险项目中，农民工覆盖率相当于城镇户籍就业人员覆盖率的比率分别如下：社会养老保险为 23.2%，工伤保险为 47.9%，基本医疗保险为 31.6%，失业保险为 20.1%，生育保险为 14.5%。这就意味着流动人口需要被动储蓄一部分收入作为个人保障手段来弥补基本城市公共服务上的不足。

投资效率趋于恶化吗

中国的城镇化伴随中国的高投资率是一个事实，这一点不存在分歧。真正的分歧在于中国的投资效率是否已经恶化。

衡量投资效率的指标之一是资本产出比，它是资本存量与 GDP 之间的比率。一条通常的经验规律是：发展中国家产业结构从第一产业向第二产业过渡的阶段，投资于制造业、城市基础设施、公共服务等硬件设施的比重上升；发达国家的产业结构从第二产业向第三产业转变的过程中，投资于制造业、基础设施的比重下降，但投资于健康、教育和其他服务业的比重上升。在多数情况下服务业的资本密度小于制造业，因此服务业的发展通常意味着资本密度的下降和资本产出比的下降。从数据上似乎也可以看到日本、德国和韩国的资本产出比在 2.5~3.5 倍之间，而美国和英国作为产业结构服务化最显著的国家，资本产出比一直保持在 2.2 倍左右。从中国的情况看，随着产业结构由第一产业向第二产业的转变，资本产出比也在逐步上升，由 20 世纪 60 年代的 1 倍上升到 80 年代的 1.5 倍左右，

---

① 高盛全球经济研究 No. 218：《集约型城镇化是中国未来高效增长的关键》，2013 年 5 月。

2000—2008 年这一指标稳定在 2.5 倍左右。2009 年之后中国的资本产出比在过去的 3 年中迅速上升，从 2.5 倍跃升至 4.5 倍，见图 10.6。

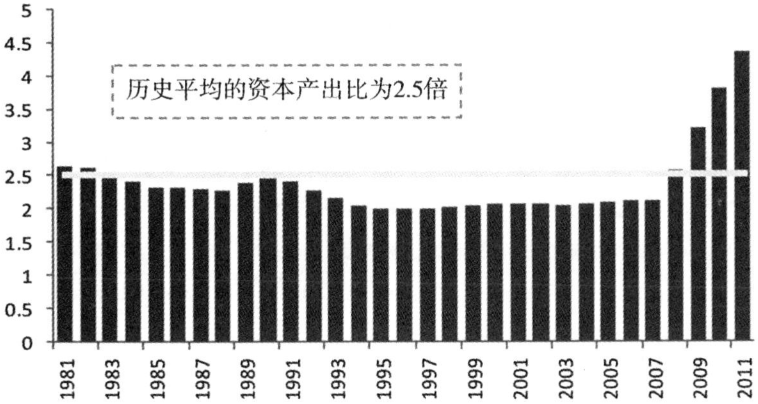

资料来源：WIND

图 10.6　中国的资本产出比在 2009 年之后存在显著的跳升

增量资本产出比率（ICOR）也是一个重要指标。它是一个经济体单位 GDP 所需要的新增投资倍数，通常，该指标越高，表明投资效率越低。从 1980 年到 2008 年，即便是在投资和经济增长最快的一段时间，中国的增量资本产出比率也一直稳定在 4 倍左右，这一水平并不显著高于亚洲新兴市场投资和增长高峰期的均值，见图 10.7。不过，正如日本在 20 世纪 90 年代城镇化接近尾声和房地产泡沫破灭之后，政府不断推出的投资刺激计划使得 1990—2008 年该指标的均值上升至 11 倍左右，中国也曾在 90 年代初期的固定资产投资过热和 2009 年大规模投资浪潮期间将它拉升至 6 倍以上。因此，ICOR 在大危机之后的迅速上升在很大程度上是周期性政策应对的结果，但也被看作是投资效率降低的有力证据。

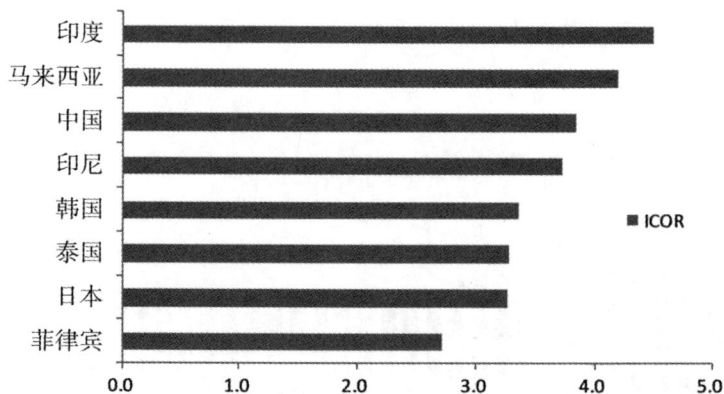

资料来源：WIND，作者梳理

图 10.7　中国经济增速最高时期的 ICOR 平均在 4 倍左右

全要素生产率（TFP）指标能够更好地衡量一个经济体城镇化进程中对资源配置的效率水平，它度量的是总产出与全部要素投入的比值。通常，在一个国家处于人口大量从农村流向城市的阶段时，由于生产和就业结构的转变，全要素生产率会明显提升；反之，当城镇化进程基本结束时，这种人口流动带来的全要素生产率改进会弱化。根据 OECD 研究提供的 TFP 数据，1990—2008 年间，已经完成城镇化进程的美国、日本、德国、英国和法国的平均 TFP 增速十分接近，大致维持在每年 1% 左右，中国的全要素生产率取得了迄今为止最快的年均增长速度，将近 4%。历史对比来看，不仅发达国家，即使是印度和其他一些新兴发展中经济体也从未取得如此之快的 TFP 增长速度，见图 10.8。直到 2009—2010 年大规模投资刺激计划推出之前，中国的 TFP 基本处于上升态势。2009 年以来，中国的 TFP 增速已经出现明显的下滑迹象，见图 10.9。

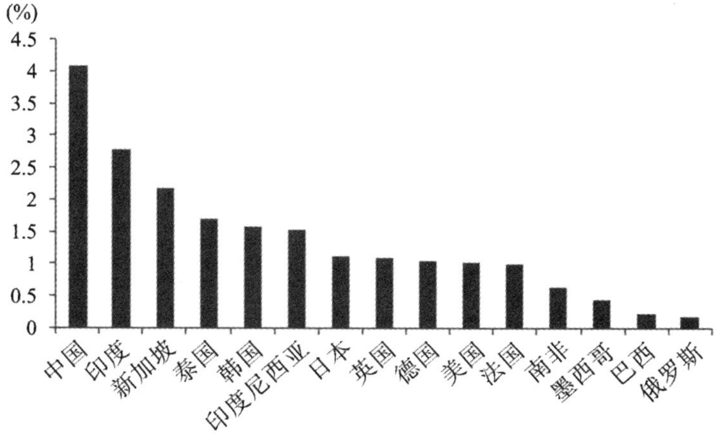

资料来源：OECD，作者梳理

图 10.8 1990—2008 年不同国家 TFP 平均增速

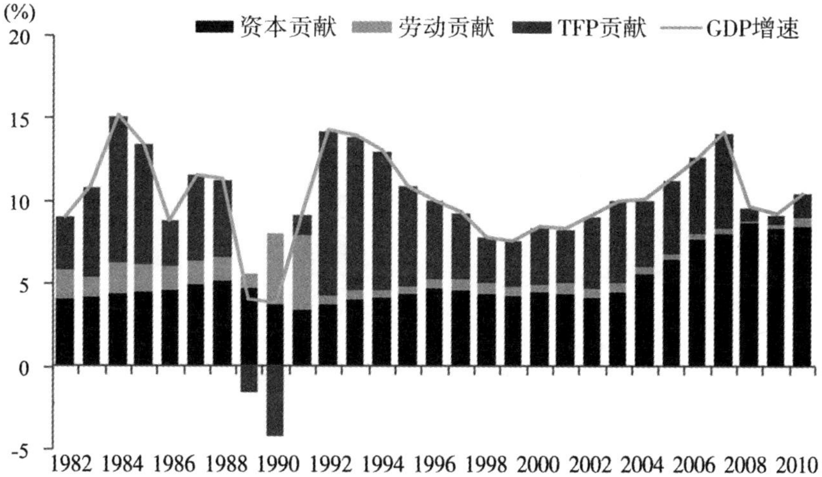

资料来源：OECD，作者梳理

图 10.9 2009—2010 年中国的 TFP 存在显著下降

土地城镇化的问题何在

我国土地城镇化速度快于人口城镇化速度是共识。总体上看，根据对不同地区不同时期的数据测算，城市用地规模增长弹性系数（城市用地增长率/人口增长率）为 1.36～2.30，大大高于世界公认的合理限度 1.12。然而，一个更为显著的事实是相比于东部，中部和西部的这一现象更为突出。从数据上看，过去近 20 年，东部城市土地扩张和人口扩张速度比较接近，中部和西部城市土地扩张速度分别是人口扩张速度的 3 倍和 5 倍，见图 10.10。

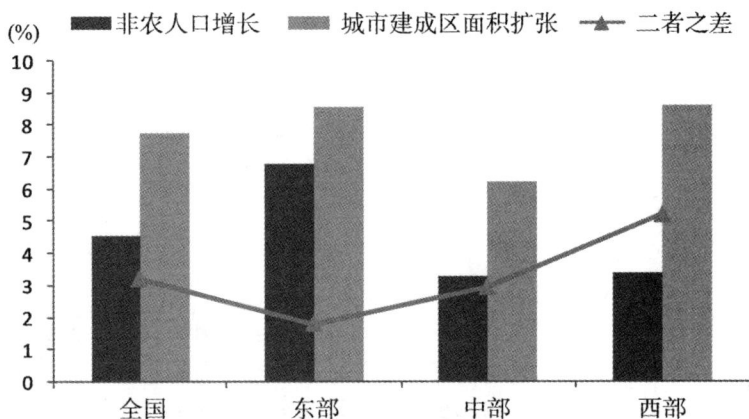

资料来源：作者梳理

图 10.10　中国不同地区城市土地扩张和人口扩张

与此同时，另一个尚未被充分认识和讨论的事实是土地使用结构的扭曲。中国的投资导向型经济使得中国的土地使用过度地投向工业，地方政府竞相招商引资，以极为低廉的价格出让工业用地，土地快速的扩张并没有带来人们居住方式的转变，住宅和商业用地、公共用地比例在整个土地使用中所占比例过低，见图 10.11。由此带来资源配置的不合理和公共福利水平的低下。

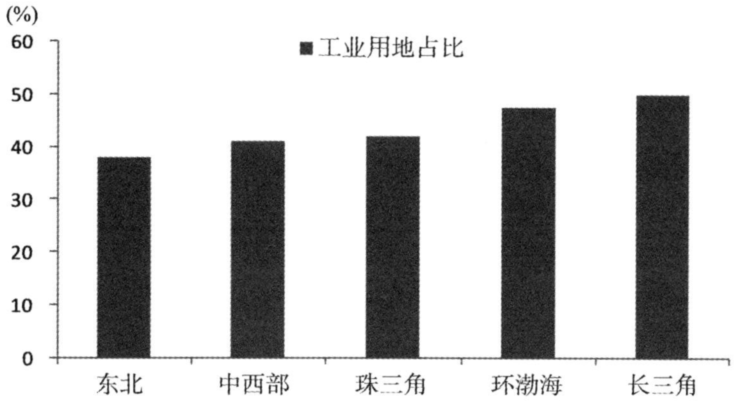

资料来源：华创证券梳理

图 10.11 不同区域工业用地占比概况

作为一个结果，可以发现在工业用地过快扩张的条件下，居住用地扩张和生活设施用地扩张速度远为滞后。可以说，中国的土地城镇化也是一种过度偏向生产型，而相对忽略消费型的模式。与国际大都市相比，中国城市的居住、交通、绿地占比过低。而国际上的大都市所承载的主要是居住功能，工业用地在城市中的比例一般较低，从东京都的用地结构来看，东京都 58.2% 的土地为居住用地，工业用地仅占到 10% 左右。

土地高速扩张所带来的是土地的低效利用，中国过去经济发展中的低效率和高耗能很大程度上来自土地这一重要资源价格扭曲所带来的低效利用。从国际比较来看，即便是北京、上海这些中国最发达的城市，其土地利用效率与发达国家的城市相比，仍有较大差距。

资源是个严重的问题

从目前的情况看，中国城市的资源消费是非常缺乏效率的。以上海为例，作为中国发达城市的资源消耗与发达国家的差距非常大。上海每万元GDP 的一次能源消耗是美国的 3 倍，日本的 8 倍，德国的 6 倍；每万元GDP 的水耗是美国的 5 倍，日本的 15 倍，德国的 7 倍；每万元 GDP 的电消耗量是美国的 3 倍，日本的 6 倍，德国的 5 倍；每万元 GDP 的二氧化碳排放量是美国的 2 倍，日本的 3 倍，德国的 2 倍。不合理之处主要反映在两个方面：其一是产业结构不合理，其二是资源使用上的低效率。[①]

此外，城市在资源消耗方面远远高于农村。据统计，城市和农村在钢铁、铝材、铜材、水泥、能源方面消耗占比分别为：86％比14％、88％比12％、92％比8％、75％比25％、80％比20％。二氧化碳的排放量，城镇更是农村的8倍以上。

规模效应和分工效率不足

从国际经验观察，在城镇化的不同阶段，生产率提升的来源并不完全相同。通常在城市的初始阶段，劳动力从农业向制造业的转移是实现生产率提升的主导途径，这是一种结构性的提升。然而，随着劳动力转移速度的放缓，城市规模效应、制造业内部的不同部门之间劳动力的重新配置，以及制造业在不同城市之间的重新分工往往成为生产率提升最主要的途径，这是一种规模和分工所带来的提升，也是一种更为持久的提升。一方面，在人口集中度高的城市，知识和技术的溢出效应使得创新的可能性增大，新技术更容易被投入到生产性领域，从而使得劳动生产率普遍提高。另一方面，城市的专业化分工和规模效应也将有助于一国产业结构的优化配置。国际经验表明，发达国家的大城市如东京、纽约和伦敦往往是全国性的金融和商业中心，而中小城市则成为一般的制造业中心。

从中国的历史经验来看，过去几十年的城镇化使得结构效率得到明显的发挥，然而，规模效应和分工效率却相当不足。具体而言：

第一，中国的城镇化在很大程度上表现为城市数量的增加，而非人口密度的上升，这抑制了城镇化的创新与规模经济效应。从城市数量规模来看，在过去20多年里，中国的城镇化速度有惊人表现。目前，中国已有超过660个城市，包括近300个地级以上城市，辖区平均人口125万人，另外还有几百个县级市，辖区平均人口为15万人。其中120个较大城市所创造的GDP总和占全国GDP总量的75％。按照联合国统计署的数据，中国已有8个人口超过500万的大城市，其中北京和上海人口超过1 000

---

① 埃森哲卓越绩效研究院报告：《和谐城镇化——未来中国经济的新动力和持续发展的途径》，2010年第3期。

万，并有 88 个人口介于 100 万和 500 万之间的城市。在当今全球人口最多的 30 多个城市中，中国有 4 个城市名列其中，分别是上海、北京、广州和深圳。然而，伴随着城市数量的快速增加，中国城市的人口集中度或人口密度的增长速度相对比较滞后。数据上看，中国城市的人口集中度一直远远滞后于土地的集中度，表现为人口密度的低增长。换言之，中国的城镇化很大程度上是通过新城市的建立，而不是通过人口密度的增加来实现的，因此，如果人口密度没有明显增加，那么城镇化就很难产生创新和规模经济效应。例如，虽然上海的创新能力在 1997 年到 2006 年间增长了 36％，但是就绝对数量而言，2006 年上海仅注册了 167 项专利，与硅谷的 15 880 项不可同日而语。

第二，中国城市的规模较小，而且相对分散，这在一定程度上限制了专业化的分工。首先，相对于发达国家，中国 100 万人口以上的城市占比为 54％，低于日本和韩国 72％和 63％的水平，而且人口超过 1 000 万的城市占比仅为 9％，远远低于其他国家。同时，从单个城市来看，2010 年世界上最大的 30 个城市中，中国虽然有 5 个城市上榜，但重庆、广州和深圳的排名几乎在最后面。其次，由于城市的规模较小，并且比较分散，中国的城镇化未能有效促进专业化的分工。在现代经济中，创意产业、软件开发和商业服务，例如银行、咨询和法律服务等高端服务业是专业化程度较高，相对具有开拓力的行业。然而，在中国城市中，此类行业并未充分成长。在上海，金融、商业服务和房地产业提供了全市 11％的就业机会，这一比例在新加坡和伦敦分别为 17％和 34％；在纽约，创意产业提供了 9％的就业机会，而上海仅为 3％。

总体上，中国的城市数量过多、人口集中度较低，这在一定程度上限制了城镇化的规模效应和专业化，对创新、全要素生产率和潜在经济增长的拉动作用受到相应的限制。

第四篇:中国新常态

以城镇化看待转型

历史的成功不会自然导致未来的成功。未来十年，决策者试图将城镇化作为中国推动经济增长、实现经济转型的一个主线索。在我们看来，关键不仅仅在于政府如何规划、如何推动，而更在于市场力量如何进一步发挥作用。

——作者

第11章 站在新的起点上

　　中国的城镇化正在从一个新的起点走向未来。未来与过去并不完全相同，中国下一阶段推进城镇化的起点或约束和重要任务已经发生明显的变化。人口的流动能力发生某种程度的逆转、土地扩张速度有所下滑、资金的相对稀缺程度发生变化，所有这些新变化必然意味着中国未来的城镇化将可能走出一条区别于过去的道路。

初始条件的转变

　　人口流动、土地用途的转换、资源和资金成本是城镇化的起点，它们之间的相对稀缺程度或相对价格也决定了一个国家启动和推进城镇化所面临的初始约束条件。通常，当一个国家处于城镇化的起步阶段，人口从农村大量转向城市，劳动力市场供给十分充裕，因此，劳动力工资上涨的速度往往远远低于劳动生产率提升的速度，从而使得劳动者收入份额占比处于下降趋势，资本报酬占比处于上升趋势，这种反差同时也为进一步的城市产业投资、资本积累提供了可能，从而创造更多的就业机会、吸引更多的人口流入，直到跨越"刘易斯拐点"，这个期间将一直处于低成本、快速扩张的城镇化阶段。然而，这个美丽的故事不会一直延续，一旦趋势逆转，就会变成一个新的故事。对于中国而言，似乎也难以避免，我们所面临的约束条件也正在变化。

第一个转变是人口条件。
　　人口条件的转变包含三层含义：其一是劳动力成本的变化，其二是人口流动方向的转变，其三是人口集聚的成本开始出现并日益上升。

首先是流动人口的工资成本上升将成为一种趋势性变化。从人口结构的视角看，中国早在 2004 年前后已跨越"刘易斯拐点"，将于 2015 年前后跨越"人口红利拐点"，最迟也将于 2020 年前后人口总量开始下降。这意味着中国廉价人工的终结是必然趋势，人工成本的上涨是永久性而非周期性的，作为一个结果，劳动相对于资本的溢价效应会自然持久地发生，劳动者报酬的份额会上升，资本报酬的份额会下降，这将重塑城市的产业结构。

无论是理论还是实证研究，关于中国劳动力成本、"刘易斯拐点"、"人口红利拐点"的研究成果不胜枚举，这里我们引用一个新的例证来说明这个问题。

美国普林斯顿大学经济学家阿申费尔特推出的"巨无霸汉堡指数"为对比不同国家的人工成本提供了一种极为方便的方法。他的设想是：世界上约 120 个国家的麦当劳连锁店的员工都做着同样的工作，生产同样的产品即巨无霸汉堡，因此，通过计算麦当劳员工工作多少小时才能买到一个巨无霸，就可以对比不同国家员工的实际工资水平。

从阿申费尔特提供的数据观察，2000—2007 年是中国经济高速增长的一个时间段，伴随着经济增长，中国麦当劳工人名义工资涨幅为 92％，平均每年涨幅为 13％；实际工资涨幅为 60％，平均每年涨幅接近 9％，略低于 GDP 增长速度，见图 11.1。2008—2011 年是处于全球性金融危机中的四年，中国的名义工资累计涨幅为 100％，平均每年涨幅超过 30％，超出之前任何一个时间段；实际工资累计涨幅为 24％，平均每年涨幅为 8％，见图 11.2。

从这些对比可以看出中国面临的真正问题是：（1）中国工人的名义工资涨幅开始显著超出名义和实际 GDP 增速，这也与中国跨过"刘易斯拐点"的时间窗口相契合；（2）更为严重的问题并非是工资上涨，而是工资的上涨速度超出劳动生产率的上涨速度。按照阿申费尔特的研究，2008—2011 年间中国的劳动生产率较之以前下滑了约 1 个百分点，然而工资涨幅却大大超出以往。这种鲜明的反差意味着一个新的、趋势性的转变可能已经开始。

■ 汉堡价格发展速度

俄罗斯　　　　　　　　　　　　1.84
加拿大　　　　　　　　　　　1.66
美国　　　　　　　1.21
中国　　　　　　　1.2
印度　　　　　1.03
日本　　　　0.94

0　　　0.5　　　1　　　1.5　　　2

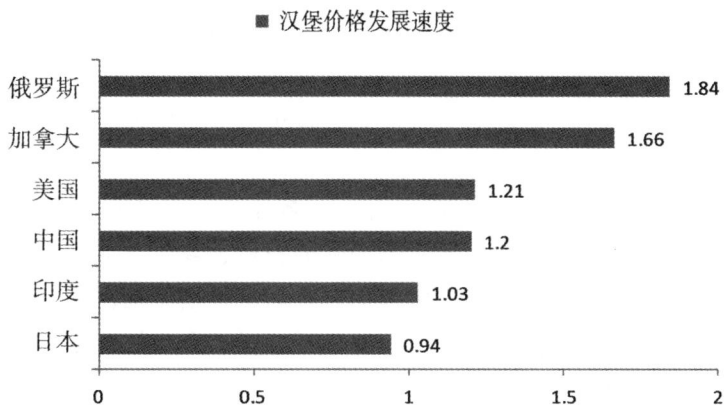

资料来源：Orley C. Ashenfelter，2011.

图 11.1　2000—2007 年不同国家汉堡价格发展速度

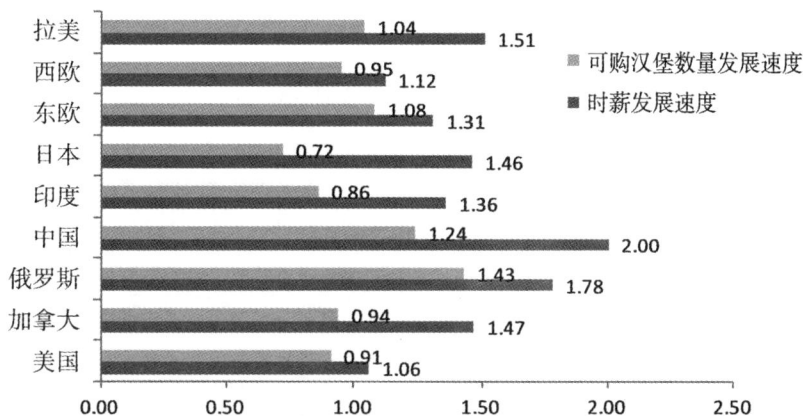

拉美　　1.04　　　1.51
西欧　　0.95　1.12
东欧　　1.08　1.31
日本　0.72　　1.46
印度　0.86　1.36
中国　　1.24　　　2.00
俄罗斯　　1.43　1.78
加拿大　0.94　1.47
美国　0.91 1.06

■ 可购汉堡数量发展速度
■ 时薪发展速度

0.00　　0.50　　1.00　　1.50　　2.00　　2.50

资料来源：Orley C. Ashenfelter，2011.

图 11.2　2008—2011 年不同国家和地区麦当劳员工名义和实际工资发展速度

其次是人口问题从一元走向多元，人口流动从单向走向多向。

一方面，中国未来城镇化所需要解决的人口问题更加复杂。过去 20 多年城镇化的重点事实上在于人口由农村向城市的流动，这种流动是受城市和城市工业"拉力"所驱动。因此，过去中国城镇化的问题相对集中，就是将农民"拉"进城市即"一元约束"，现在问题则变成三个：（1）农村增量剩余劳动力需要继续向城市转移；（2）城市存量的部分年轻流动人口可能会出现有生产、无消费，有工作、无住房，他们"回不去农村，也离不开城市";（3）年老的回流劳动力，他们"已经变老"，开始考虑返省、返市或返乡进行"二次择业"。在全球城镇化和人口迁移史上，同时面临这种"三元约束"的国家应不多见，在中国却是一种需要正视的现实考验。

另一方面，人口流动的方向开始更加多元化。以 2008 年为临界点，在此之前，中国人口流动的轨迹是由内陆的农村、乡镇、县城、地级市流向沿海发达城市，这是一种单向的流动。目前这种趋势正在转变，人口流动开始由单向转为多向：（1）伴随产业内迁和增长重心的转移，来自农村和乡镇的转移人口不再单一流向沿海大城市，内陆县城、地级市和中心城市开始成为流动人口的选择。（2）伴随人口老龄化趋势的来临，沿海大城市的流动人口开始出现"回流"。目前中国 40 岁以上的流动人口占比已经超过 40％，这部分人将成为"回流"的主力军，见图 11.3。

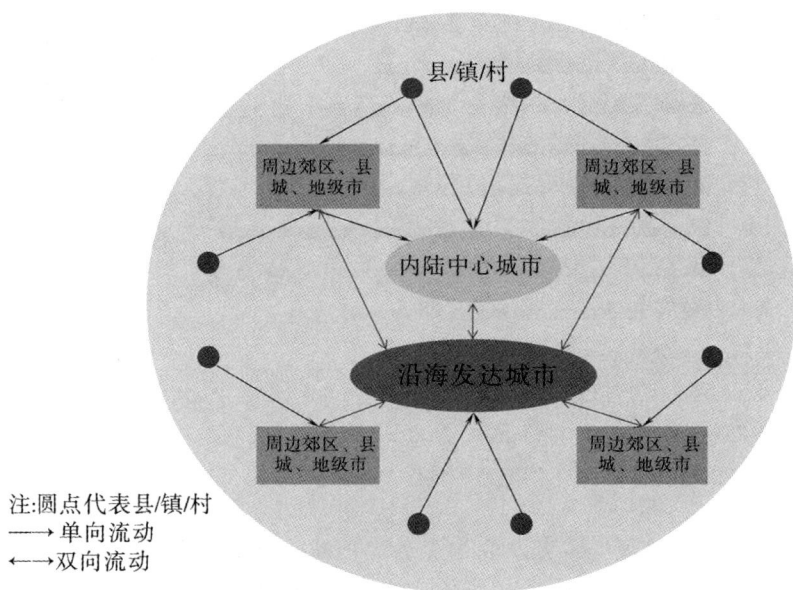

注:圆点代表县/镇/村
——→ 单向流动
←——→ 双向流动

资料来源：作者梳理

图 11.3　人口流动的轨迹开始发生转变

从当前的情况观察，重庆、武汉、郑州、沈阳、西安、成都成为当前流动人口回迁的方向。在重庆，2011 年在所有外出务工的人数当中，在重庆市区域内的务工人数比例首次超过了去省外的比例，早在几年前，有

70%的外出者都是去省外务工。流动人口大省——河南，2008年在全部的2 000万外出务工者当中，有58%是去省外务工，但是在2011年已经下降到了52%。

再次是人口向个别大城市集中所产生的"拥挤效应"开始凸显。我们已经强调，在一个城市的范围内，人口规模存在临界点，在这个临界点之前，人口集中所产生的正面效应大于负面效应，反之亦然。对于中国而言，北京、上海、深圳这三个发达的城市可能已逐步靠近这个临界点。这是因为：（1）在一个城市，人口的扩张和集中不仅意味着规模效应，也意味着拥挤的交通、嘈杂的环境、居高不下的房价和生活成本，这种收益与成本之间的权衡会使有的人留下、有的人离开，最终使人口规模停留在一个合适的水平上。（2）在人口增长趋缓、人口老龄化加速、流动人口回流三股力量的共同驱动下，中国的城镇化进程逐步变成一个不同城市之间激烈争夺人口的竞争过程，有的城市人口会增长，有的城市人口则不可避免地下降。（3）从数据上看，北京、上海、深圳这三个城市已经逐步接近人口规模的临界点。2011年这三个城市的外来流动人口增长率分别为4%、3%、−1%，外来流动人口占常住人口比重分别为37%、40%、74%，图11.4和图11.5。（4）若以房价与人均收入作为对比指标，并以长沙为例，"北上深"平均人均收入是长沙的1.2倍，房价却是长沙的3.5倍，内陆城市的吸引力会逐步上升，沿海发达城市则相反。2011年长沙市常

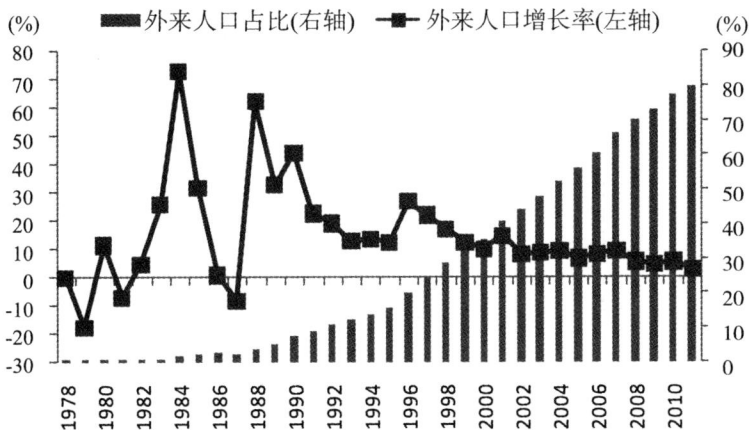

资料来源：作者梳理

图11.4　上海市外来流动人口占比及增长率变化

133

住人口 704 万人，户籍人口 650 万人，是内陆省会城市中为数不多的人口净流入的城市之一，见图 11.6。

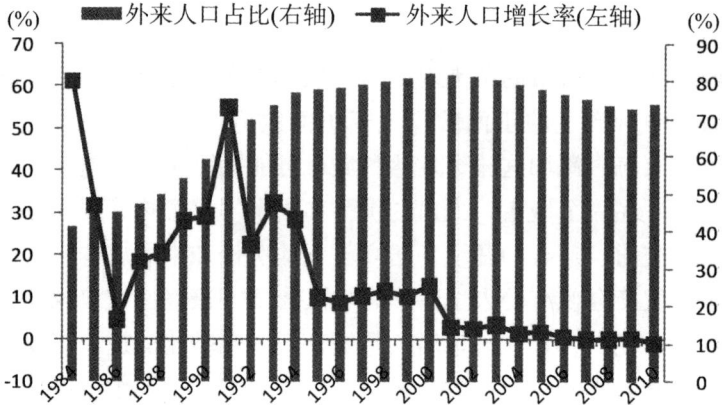

资料来源：作者梳理

图 11.5　深圳市外来流动人口占比及增长率变化

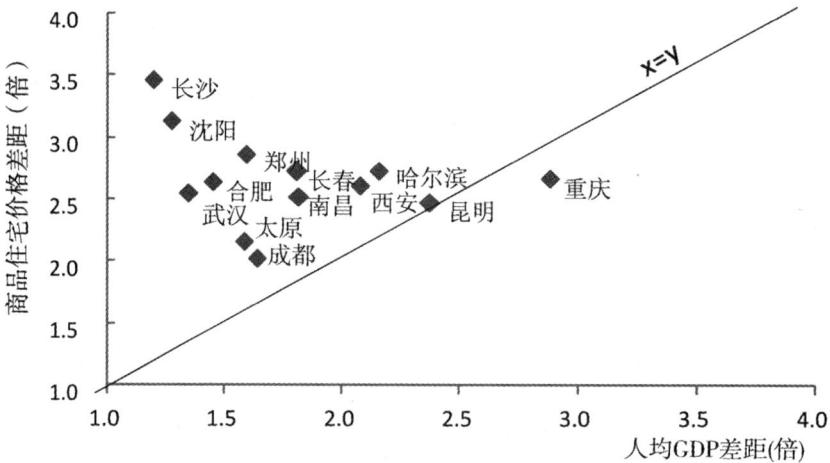

资料来源：作者梳理

图 11.6　内陆省会城市与"北上深"人均 GDP、住宅价格差异

第二个转变是土地条件。

　　土地是最原始的生产要素。一定程度上，工业化和城镇化的过程本身就是农业用地向城市工商业建设用地的转换过程。因此，农业用地向城市用地转换的数量、速度和成本便决定了工业化和城镇化的推进速度。从数据上看，中国城市建成区22％的土地为工业用地，30％的土地为住宅用地，48％的土地为城市仓储、公共设施用地。在过去10年，城镇化和工业化的快速发展促使农业用地以极快的速度转换为城市用地，为制造业、房地产和城市基础设施的发展奠定了基础。然而，展望未来，土地条件的变化将成为城镇化和工业化转型的驱动因素之一。

这个转变就是廉价工业用地的终结，这决定了中国未来城镇化的变动方向是集约化地利用土地，提高单位建设用地的二、三产业增加值。过去几十年，为吸引制造业投资，地方政府一方面事先进行"三通一平"、"七通一平"等配套基础设施投资，另一方面制定各种税收和优惠政策来招商引资，各地制定的招商引资政策中几乎毫无例外地设置了用地优惠政策，包括以低价协议出让工业用地，按投资额度返还部分出让金等。

以珠江三角洲这个中国最为活跃的制造业中心为例，90年代末期和21世纪初，很多市、县、镇级地方政府提出"零地价"来争取制造业发展。长江三角洲的情况也不例外，即使在土地资源最为紧缺的浙江省，征地和基础设施配套成本高达10万元/亩的工业用地，平均出让价格也只有8.6万元/亩，大约有1/4的开发区出让价不到成本价的一半。2002年后的一段时间，很多市县工业用地的价格都在下降，降幅达到每平方米40～50元。

然而，近年来随着沿海发达地区建设用地指标的日益紧张以及土地开发成本的上涨，廉价的工业用地正在走向终结。这是因为：（1）2011年，随着过去10年迅速的城镇化进程的推进，耕地面积已经逼近18亿亩红线，东部发达省市面临的耕地保护压力更大，这必然导致东部制造业依赖廉价工业用地的竞争力优势有所弱化；（2）随着农产品价格的上涨、新拆迁条例的实施、土地开发成本的加大，工业用地价格只能越来越高，这导致不少地方已经开始转变原有的供地策略，将有限的工业用地供给新兴产业，同时国土资源部的最新文件也规定，新兴产业的工业用地价格最低可以60％的折扣出让。

随着廉价工业用地的趋于终结，中国未来的城镇化更需要集约化地利用土地，提高单位建设用地的二、三产业增加值。从中国当前的情况来看，全国平均水平为100元/m²，即每平方米土地产生100元的增加值，上海市最高，接近600元/m²，但即使是上海市的这一水平也仍然与国际大都市存在较大的差距。

更为重要的是，土地条件的转变，会迫使地方政府改变之前的供地策略，从而朝着一个新的方向迈进，这一点对于北京、上海和深圳等发达城市的影响可能更为显著。在此之前，这些城市的供地策略是通过吸引工业企业，由此吸引廉价劳动力的流入以提升周边土地价值，进而发展房地产业。在此之后，这些城市的供地策略可能会转向吸引更具持续性的服务业，为此需要扩大商业和住宅用地供给，从而抑制房价的过快上涨，以留住发展服务业所需要的相关人才。

那么，最终，我们将会发现在一个相对的层面上，政府将逐步由"高住宅地价、低工业地价"的供地策略组合过渡到"高商业地价、低住宅地价、高工业地价"组合，见图11.7。这不是说住宅地价会绝对地下降，而是说上涨的幅度将低于商业地价，而且在土地制度没有重大变化时，城市管理者作为唯一的供地方，以高房价对冲低的工业地价吸引中低端制造业的必要性降低，以相对可支付的房价吸引、留住人才，发展服务业的必要性加大。换言之，在城镇化的不同阶段，政府的供地策略存在显著的差异，供地目标不会永远是住宅地价越高越好，而是根据不同的发展目标在工业、住宅和商业用途之间进行土地的用途配置和价格安排，实现组合收入最大化。

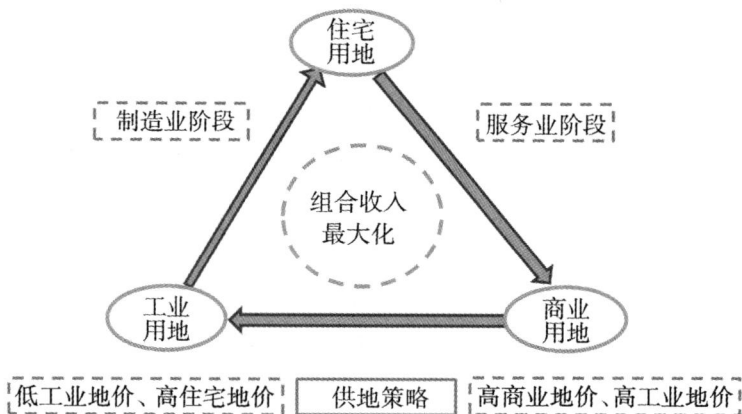

资料来源：作者梳理

图11.7 供地策略的转变

第三个转变是资源条件。

这个条件是廉价大宗商品价格的终结和价格波动性的加强。这决定了中国未来城镇化变动方向是集约化地利用原材料、降低能耗、降低单位产出的能源密度。IMF、世界银行、国际能源署等国际性机构的研究成果均表明，原油、金属、农产品等资源价格的上涨是未来全球尤其是中国、印度等新兴市场国家的工业生产和制造所面临的核心约束之一。在这些研究看来，未来廉价资源的终结基本是一种必然趋势。他们的依据是：在过去10年中，以中国为代表的新兴市场经济增速明显超过成熟国家，人均GDP也随之快速上升，收入驱动消费逐渐进入升级阶段。从2001年至2010年，新兴国家人均GDP年复合增长率为7.2%，亚洲新兴国家达到9.7%，显著高于成熟国家3.2%的增速。消费需求的快速扩张，以及人口的不断增长，促使新兴国家对资源类商品的消耗需求不断膨胀。

从大类资源看，新兴国家对农产品、能源及工业金属的需求均处于高速增长阶段。而由于中国、印度等一些主要新兴国家资源缺口日益加大，这增加了全球商品市场的供需压力。从总量来看，从2001年至2010年，全球商品进口量年复合增长率为4.7%，成熟国家为3.3%，新兴国家为8.4%，以中国为代表的亚洲新兴国家达到10.5%。2006—2008年，正是因为中国等新兴市场对大宗商品需求的快速扩张和无弹性的供给，造就了全球大宗商品价格上涨。

更为重要，但常被忽略的一个事实是：对于中国乃至全球制造业而言，比资源价格高涨冲击更为负面的是资源价格的高波动，且不同品种之间的波动关联度越来越大，见图11.8。2008年金融危机以来，这种高波动对制造业的冲击越发显著，它打乱了企业家生产和制造的预期，使得原材料库存对企业利润的影响越来越大。

对于中国而言，由于资源对外依存度越来越高且能源消耗密度大，廉价资源的终结和资源价格的高波动意味着中国未来城镇化战略的调整方向只能是集约化地使用资源，降低单位能耗，走资源节约型的产业转型道路。

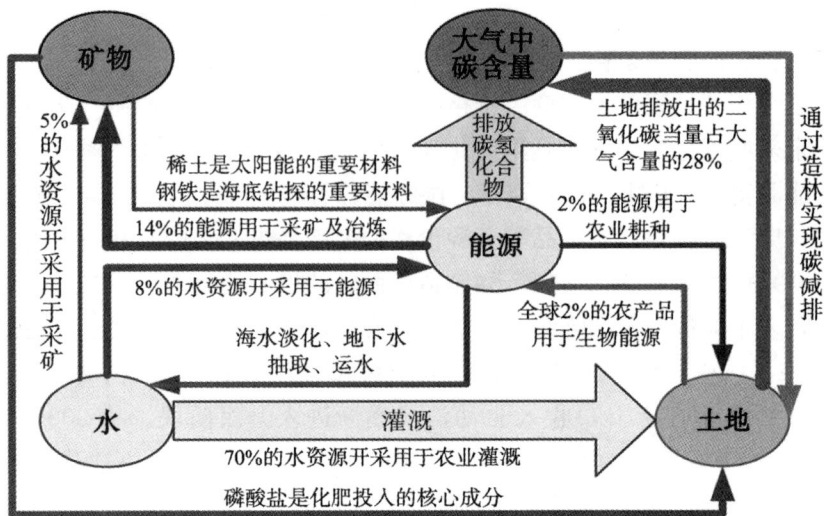

资料来源：作者梳理

图 11.8 不同资源之间的关联度提高

动力条件的转变

按照我们的逻辑归纳中国城镇化的原动力，它主要来自三个层面：其一是结构效率的提升，是由人口向第二、三产业的转移所驱动，这是供给端的动力；其二是开放条件下中国出口市场的繁荣，这是需求端的动力，它吸收了中国国内无法完全消化的生产能力；其三是中国基础设施条件的大幅改善，这是城镇化的硬件动力。如果从这三个层面对中国未来城镇化的动力结构进行展望的话，我们同样也会发现，潜在的变化已经开始出现。

第一个转变是结构效率的自然减速。

通常，伴随城镇化和工业化，劳动力在不同生产效率的产业部门之间发生趋势性的转移，由此导致全社会生产效率增速发生趋势性的变化。这种变化可分为两个阶段：（1）自然加速阶段。它产生于农业经济向工业经济的转换时期，这段时间内，劳动力资源被配置到劳动生产率更高的工业部门，并促进全社会生产率增速的提高。（2）自然减速阶段。它的产生是因为随着工业化走向成熟，劳动力再次被重新分配，从生产率增速较高的工业部门向生产率增速相对较低的服务业部门转移，导致全社会生产率增速回落。

从自然加速到自然减速的转换是一个正常现象，几乎每一个处于城镇化和工业化的国家都会经历，对于发达国家和后发新兴国家均是如此。

从发达国家的历史经验来看：（1）20世纪20—60年代，工业化使传统工业化国家的生产率呈现自然加速趋势。20世纪20—60年代，在两次工业革命之后，传统工业国经济发展重心由农业经济向工业经济快速转移，经济结构发生了由二元向一元工业化的演进，在这个过程中，劳动力资源不断被重新配置到劳动生产率更高的工业部门，从而促进社会整体生产率的提高。（2）20世纪70年代之后，产业服务化带来传统工业国生产率的自然减速。随着这些工业国城镇化的不断深入，第三产业体量占总体经济比重的快速扩张，在工业化国家产业结构服务化演进的过程中，劳动力再次被重新分配，由生产率增长速度较高的工业部门向增长速度相对较低的服务业部门转移，这拉低了全社会劳动生产率的增速，导致经济增长率出现趋势性减速。从数据观察，在各个历史时期中，传统工业国第二产业劳动生产率增速平均值要高出第三产业1.3～2.3个百分点，见表11.1。这种生产率的反差使得传统工业国在20世纪70年代逐步转向服务业之后，劳动生产率增长速度出现普遍下降，并持续至今，这与人均GDP增长减速的时期基本一致，见表11.2。

表11.1　主要工业国第二、三产业劳动生产率年增速均值

年　　代	第二产业年增速（%）	第三产业年增速（%）	不同阶段二、三产业劳动生产率年增速差
20世纪50年代	3.5	2.2	1.3
20世纪60年代	4.5	2.2	2.3
20世纪70年代	2.9	1.6	1.3
20世纪80年代	2.9	1.4	1.5
20世纪90年代	3.1	1.3	1.8

注：（1）国家选取：美国、日本、德国、英国、法国、意大利、韩国

　　（2）劳动生产率算法：产业年度实际GDP/该产业就业人数

　　（3）第二产业包括：采矿业、制造业、水电能源供应；第三产业包括：批发零售、交运仓储、金融地产、社区社会及个人服务、政府部门

资料来源：Groningen Growth and Development Centre 10-sector database，作者计算

表 11.2　老牌工业国年均劳动生产率增速

单位:%

年　　代	美国	日本	德国	英国	法国	意大利	算数平均
19 世纪 90 年代	1.56	——	1.01	0.67	2.06	4.24	1.91
20 世纪 10 年代	6.22	4.23	−0.25	0.94	−1.34	−0.59	1.54
20 世纪 20 年代	0.66	1.53	0.52	0.25	0.21	3.15	1.05
20 世纪 30 年代	2.03	6.31	8.17	−1.30	1.40	——	3.32
20 世纪 40 年代	0.20	−3.16	−1.66	1.12	——	1.61	−0.38
20 世纪 50 年代	1.43	9.00	8.10	4.10	5.99	8.22	6.14
20 世纪 60 年代	0.31	12.50	4.97	2.29	5.27	6.26	5.27
20 世纪 70 年代	1.74	4.39	4.03	2.90	4.14	4.22	3.57
20 世纪 80 年代	1.27	3.70	2.03	2.02	2.78	1.86	2.28
20 世纪 90 年代	1.68	2.40	2.22	2.42	1.80	1.31	1.97
21 世纪初	2.07	1.66	1.24	1.38	1.20	0.21	1.29

资料来源：Mitchell and Maddision. *International Historical Statistics* 1750—2005，Palgrave Macmillan，2007，作者计算

从亚洲新兴工业化经济体的历史经验来看：（1）20 世纪 40—70 年代，在全球产业转移的推动下，"亚洲四小龙"（韩国、中国台湾、新加坡、中国香港）的就业结构发生了由二元向一元工业化的快速演进，劳动力资源不断快速从农业部门向工业部门重新配置，使其在二战后迅速实现工业化，并最终在 20 世纪 80 年代，成功实现了经济腾飞。具体而言，二战以后，为了有效利用全球资源，降低制造业成本，跨国公司约每隔 20 年就展开一次全球制造业布局的调整，重新在全球各个地方布局其生产、销售、服务和研发的各个环节。第一轮产业转移发生在 20 世纪 50 年代，是欧美作为生产制造业中心向日本实施产业转移。随着日本的经济发展水平不断提高，产业结构由劳动密集型向资本密集型转化，一部分劳动密集型产业开始转向其他国家和地区。在这一阶段，由于"亚洲四小龙"的劳动力成本低、技术水平又处于所有欠发达国家和地区的前列，因此成为了此次劳动密集型制造业转移的目的地，并由此掀起了工业化和城镇化的浪潮。（2）20 世纪 80 年代中期之后，同欧美 20 世纪 70 年代相仿，"亚洲四小龙"经济日趋成熟，产业结构进入服务化的快速演进过程中，制造业就业比例触顶回落，服务业比例则持续上升，劳动生产率进入自然减速阶段。

在此之后，20 世纪全球第三次产业转移发生，劳动密集型产业再次从"亚洲四小龙"转向周边国家和地区，包括中国沿海、泰国、印尼和菲律宾等。其中，中国由于政策稳定、劳动力素质较好、成本较低，在吸引劳动密集型产业方面具有较强的优势，东南沿海地区利用加工贸易方式，承接了国际制造业的转移，成为世界制造中心。其间，本次产业转移为中国人口红利的释放提供了机会，中国农村劳动力开始参与国际分工，向现代工业部门转移，对促进全社会劳动生产率的提高作用巨大，劳动生产率维持了近 30 年的自然加速。

然而，站在当前时点观察中国大陆的情况，从当前三次产业的就业结构来看，大约相当于 20 世纪 10 年代的美国、20 世纪 50 年代末期的日本、20 世纪 80 年代初期的韩国和 20 世纪 70 年代初期的中国台湾，并存在大量农业劳动力未向现代部门转移的空间，见表 11.3。理论上应该还均处于劳动生产率自然加速的周期中。但是，从三次产业增加值份额来看，中国第三产业发展明显滞缓，同时第二产业增加值占比已经远超历史上发达国家第二产业增加值占比的峰值。考虑到这种情况，在下一阶段，劳动力从传统农业部门向现代部门的再配置可能更倾向于第三产业，而非第二产业。事实上，从 2008 年开始，中国第三产业就业占比增加值已经开始高于第二产业，而前几年显著低于第二产业。因此，一旦中国产业和就业结构进入迅速服务化阶段，也就意味着劳动生产率周期可能会迈入自然减速时期。

表 11.3　中国当前产业结构与相似发展时期国家或地区的对比

单位:%

	就业份额			GDP 份额		
	第一产业	第二产业	第三产业	第一产业	第二产业	第三产业
中国（2011 年）	34	30	36	10	47	43
美国（20 世纪 10 年代）	31	33	36	11	26	63
日本（1958 年）	36	29	35	18	26	56
韩国（1980 年）	34	29	37	14	38	48
中国台湾（1971 年）	35	30	35	13	35	52

资料来源：Groningen Growth and Development Centre 10-sector database，《剑桥美国经济史（第三卷）》，CEIC，作者计算

不过，一个相对乐观的现象是，中国区域广阔，不同城市之间的城镇化和工业化进程存在显著差异。中西部省市在未来一段时间内仍处于快速的城镇化和工业化阶段，劳动生产率仍将处于自然加速周期，而东部沿海省市则相反。从实证关系考察，从自然加速到自然减速转换的第一产业产值占比为 10% 左右，这是一个临界值。中国中西部省市第一产业产值占比大于 10%、人口占比 51%、GDP 占比 30%、国土面积占比 70%，虽然该区域城镇化的推进将使生产率加速提高，但总体上由于其经济体量较小，可能无法完全对冲沿海区域减速的程度，从而使劳动生产率，进而使人均 GDP 增速处于自然减速通道，见图 11.9。

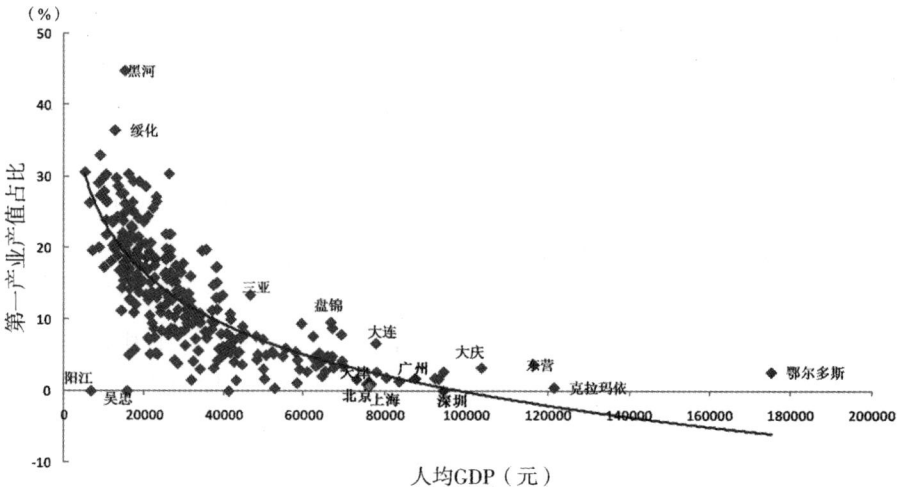

资料来源：作者梳理

图 11.9　随着第一产业产值占比下降，人均 GDP 先加速上升，后减速上升

第二个转变是出口份额的自然下降。

在城镇化的初期和中期阶段，由于劳动生产率提升的速度远远快于劳动者收入提升的速度，消费扩张远远跟不上国内生产扩张的步伐，由此导致的需求缺口必须通过出口来解决，这就是对于一个处于城镇化快速推进阶段的国家而言出口如此重要的原因。但是这种趋势并非可以永远维持，从某种程度上，一个国家在全球市场中的出口份额总会面临下降的临界点。此后，如果出口下滑的速度无法被国内消费提升的速度弥补，该国的生产能力过剩便成为一个问题，这反过来逼迫生产收缩，也就是所谓的去产能化。

过去 10 年，全球化成为推动中国出口快速增长的重要力量，但是 2008 年的金融危机作为一个时间点，触发了全球出口的下滑，表现为出口/全球 GDP 比重的下滑，而这种下滑趋势如若形成，往往难以自我恢复，周期性下滑将演变成趋势性下滑。从 1960 年以来的数据看，1973—1978 年第一次出现出口占比不再提升的现象，第二次为 1980—1984 年，1984—1986 年出现显著下滑，2000—2003 年是第四次出现，第五次出现出口占比下滑的现象是在 2007 年。从可得的 215 个经济体表现看，有 112 个国家或地区出现过出口占比持续下降的情形。

基于这种历史规律，出口占比下降几乎是新兴经济体必然将面临的考验。由于多数新兴经济体或者后发型经济体在经济起步阶段对出口依赖较大，随着经济规模的扩张以及自身条件限制的加强，多数新兴经济体需要面对出口无法再次提升时出现的困境。从产生这种结果的催化剂看，此种情形的出现或者是因为系统性的全球经济滑坡，或者是因为竞争所致，或者是因为居民消费储蓄偏好转变。由于新兴市场初期对出口较大的依赖性，这种转变往往成为一些国家在很长一段时期面临的最大困境。

从中国的情况观察，2007 年中国出口占 GDP 的比重已经出现趋势性下降，已从 40% 的历史高位下滑至 30% 左右；2007 年中国出口占全球出口份额的权重也已从 15% 的历史高位开始回落，诸多迹象显示中国的出口市场继续扩大的空间已经不大，在这种结构性转变的压力之下，中国需求端动力结构的转变将不得不由以出口为导向的生产系统转向以内需为导向的生产系统。

第三个转变是基础设施布局的区域调整。

原则上，基础设施对于一国城镇化至关重要，因为它能影响市场主体的交易费用和投资边际回报。而且对于单一个体而言，绝大多数硬件和软件基础设施都是外生供给的，通常由政府提供。因此，政府提供基础设施的能力和成本也是影响城镇化的一个重要因素，这表现在以下两个方面：（1）基础设施的发达程度对于交易费用的大小具有重要影响，资源得不到最优化配置的一个潜在原因即基础设施的滞后。（2）随着产业结构的拾级而上，不同产业和企业的规模、市场范围和风险特征都将发生相应的变化，这也要求基础设施作相应的调整。

对于中国而言，经过 1997 年前后、2002 年前后、2009 年前后三轮大规模的基础设施建设浪潮，中国城乡之间、城市之间的交通条件显著改善，使得商品和服务流动的时间显著减少，交易成本显著降低。从数据上看（见表 11.4），过去 10 年，中国铁路营业里程增长约 30％、公路里程增长约 280％、高速公路由无到有增长 10 倍以上，民航航线里程增长约 80％。这也是中国过去几十年城镇化迅速推进的一个重要动力。

表 11.4　交通运输基础设施发展情况

单位：万公里

	2010	2005	2002	2000	1991
铁路营业里程	9.12	7.54	7.19	6.87	5.34
公路里程	400.82	334.52	176.51	140.27	104.11
高速公路	7.14	4.1	2.51	0.63	0
内河里程	12.42	12.33	12.16	11.93	10.97
民航里程	276.51	199.85	163.77	150.29	55.91
管道输油（气）里程	7.85	4.4	2.98	2.47	1.62

资料来源：国家统计局，作者梳理

特别是 2009 年之后，全国整体而言基础设施投资已经上了一个新的台阶，尤其是中西部投资增速更快，基础设施投资向内陆倾斜的趋势十分明显。从数据上来看，内陆基础设施投资占比已在持续上升，平均增速也高于东部，2010 年内陆交通设施建设已接近东部水平，见表 11.5 和表 11.6。基础设施布局的区域结构变化将在很大程度上使得未来中西部城市发展工业化、承接东部沿海区域的产业转移的成本有所降低。

表 11.5　2010 年交通运输基础设施发展情况——分区域（里程数）

单位：公里

	铁路营业里程	内河航道里程	公路里程	其中：高速
全国	91 178.5	124 242	4 008 229	74 113
环渤海	14 979.30	1 651.00	521 694.00	13 533.00
东北老工业基地	9 809.40	6 554.00	242 382.00	3 207.00
长三角	4 118.20	36 157.00	272 458.00	8 217.00
中部六省	20 774.20	32 723.00	1 100 921.00	20 055.00
珠三角	5 532.00	15 432.00	302 395.00	7 850.00
西三角	9 024.40	16 117.00	530 492.00	7 946.00
西部资源带	26 940.80	15 607.00	1 037 886.00	13 306.00

资料来源：国家统计局，作者梳理

表 11.6　2010 年交通运输基础设施发展情况——分区域（比例）

单位：%

	铁路营业里程	内河航道里程	公路里程	其中：高速
环渤海	16.43	1.33	13.02	18.26
东北老工业基地	10.76	5.28	6.05	4.33
长三角	4.52	29.10	6.80	11.09
中部六省	22.78	26.34	27.47	27.06
珠三角	6.07	12.42	7.54	10.59
西三角	9.90	12.97	13.24	10.72
西部资源带	29.55	12.56	25.89	17.95

资料来源：国家统计局，作者梳理

第 12 章 城市的分化与转型

历史的成功不会自然导致未来的成功。未来十年，决策者试图将城镇化作为中国推动经济增长、实现经济转型的一个主线索。按照我们的理解框架，中国未来的城镇化要想复制历史的成功，使城镇化与经济增长和繁荣之间持续保持正相关关系，关键不仅仅在于政府如何规划、如何推动，而更在于如何在新的初始条件和动力结构之下，使市场力量进一步发挥作用。

在新的条件下，基于已经变化的人口、土地和资金条件以及已经调整的动力结构，下一阶段中国的城镇化路径将呈现分化格局：（1）农村和中小城镇，立足于回流人口和农业，以县域为基础发展农业、农产品加工、中低端劳动密集型产业，形成中小城镇。（2）内陆中心城市和沿海二、三线城市，立足于回流人口和城市产业分工，以三纵两横交通网络为依托发展中高端制造业和中低端服务业，形成城市圈。（3）沿海发达城市立足于人才和进一步开放，以沿海经济中心为依托发展高端制造业和中高端生产性服务业，实现城市由工业向服务业的彻底转型。

农村和中小城镇未来城镇化的关键仍然是人口从农村向城市的流动、土地由农地向工商业用途的转换，从而释放结构效率。这些地区的城镇化率仍将处于加速提升阶段。内陆中心城市和沿海二、三线城市未来城镇化的关键是城市存量人口在不同产业、大中小城市的再配置。城市分工和城市职能的重要性远大于城市规模，在这个阶段，城市完全有可能在城镇化率提升速度减缓的情况下实现持续的增长与繁荣。沿海城市未来发展的关键是进一步扩大开放，对外开放和对内开放并重，变成"无界之城"，城市繁荣的动力在于能够在多大程度上借助国际市场、国际资本、国际交通通信网络，甚至国外的劳动力和土地。中国香港和新加坡等作为城市型经济体的典型，城镇化率已接近 100％，其实现繁荣的关键之一就是开放。另外，沿海城市的转型能否成功在很大程度上也在于能否吸引更多的人才流入。举个简单的例子，两个城镇化率相同的城市，一个由 1 000 万个蓝领组成，一个由 1 000 万个高科技人才组成，哪个城市可以发展服务业似乎不言而喻。

农村和中小城镇的城镇化

农村和中小城镇未来城镇化的核心含义是人口由农村向城市的转移、劳动力由农业向非农产业的转移，从而实现人口规模和人口密度的提升，进而变成真正意义上的城市。具体而言，这里的城镇化将呈现几个显著特征。

第一个特征：处于城镇化进程的"加速区"。

从城镇化指标看，50％是一个标志性的转折点，即在 30％～50％区间是加速时期，50％～70％是减速时期，见图 12.1。2011 年中国的城镇化率已突破 50％，这意味着以城镇化率作为衡量标准，中国总体上已进入城镇化进程的"减速区"。未来中国城镇化率平均每年提高幅度预计将保持在 0.8～1 个百分点，每年新增城市人口预计将保持在 1 500 万左右。然而，从结构上看，全国仍有多个省份城镇化率处于 30％～50％之间，这些区域未来即处于城镇化进程的"加速区"，见表 12.1。

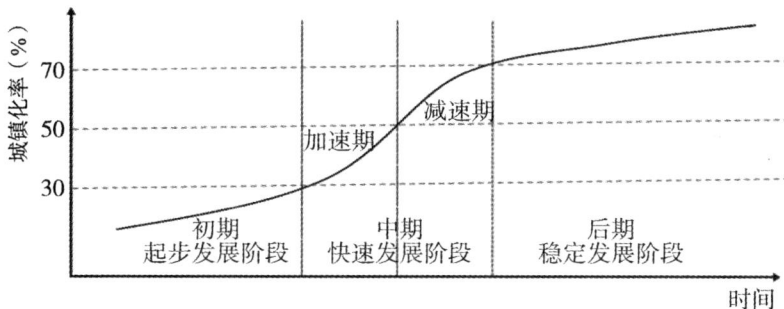

资料来源：作者梳理

图 12.1　城镇化率的演进路径

表 12.1　不同阶段城镇化的基本特征（仅以城镇化率为标准划分的结果）

所处阶段	城镇化率	省份（含市、自治区，不含港澳台）	人口占比	GDP占比	国土面积占比
初期和中期	30%～50%	贵州、甘肃、云南、河南、四川、广西、新疆、河北、江西、湖南、陕西、山西、宁夏、青海、安徽	0.51	0.29	0.686
中后期	50%～70%	福建、广东、湖北、重庆、内蒙古、吉林、黑龙江、辽宁、浙江、海南、山东	0.45	0.61	0.31
后期	>70%	北京、上海、天津	0.04	0.1	0.004

数据来源：作者梳理

具体而言，这里：（1）城镇化率在 30%～50% 之间，处于城镇化进程的"加速区"，平均每年城镇化率将提高 1 个百分点以上；（2）大部分省份（含市、自治区）的农业耕地面积占比处于 30%～50% 区间，第一产业产值和第一产业就业比重在全国平均水平之上；（3）城乡收入比一般大于 3；（4）城市层级结构复杂，区域中心城市、地区中心城市、中小城市、小城镇、农村社区并存，显示城镇化人口密度提升空间巨大；（5）按照城镇化率的参考标准，中国目前仍有很多地方处于城镇化初期和中期，总计人口占比为 51%，GDP 占比仅为 29%，国土面积占比高达 69%。这些区域如果能够在未来几年快速通过人口转移和密度提升实现城镇化，那么它们将成为生产率提高最快、GDP 增长最快的区域。

第二个特征：这里是流动人口的"回流区"。

原则上讲，城镇化的核心是劳动力、资金的流动。最容易流动的是资金，其次是机器设备和劳动力。同时在不同发展阶段和生产要素禀赋结构发生变化的情况下，这些要素的流动性也会发生动态的变迁。之前在劳动力充裕、资本稀缺的情况下，人追随资本从内陆向沿海流动，未来在资本相对充裕、劳动力相对稀缺的情况下，可能会发生资本追随人从沿海返回内陆，甚至返回农村的情况。

过去20多年在中国城镇化快速推进的过程中，这里基本上属于农村劳动力的净流出区。以河南为例，2010年全省农村劳动力转移就业总量2 363万人，其中省内转移1 148万人，省外输出1 215万人（占河南省富余劳动力的51.42%）。目前，中国已经到来的老龄化和特有的乡土情结将在一定程度上使农民工回流至流出地。从宏观和微观数据反映出来的信息可以看出这一趋势：（1）以2008年为转折点，之后跨省就业的劳动力占比下降，乡外县内和县外省内的就业比重增加，见图12.2；（2）微观调研数据也显示，随着中国逐步步入人口老龄化进程，71.4%的30岁以上农民工在未来3~5年会选择回到自己的老家或老家附近打工，[①] 相反，81.4%的20岁以下农民工会选择大城市，见图12.3；（3）对于第二次择业的农民来说，超过五成的农民工会选择在县外省内务工，同时有35%的农民工会选择在乡外县内务工，在省外的务工比例远远低于第一次外出务工。

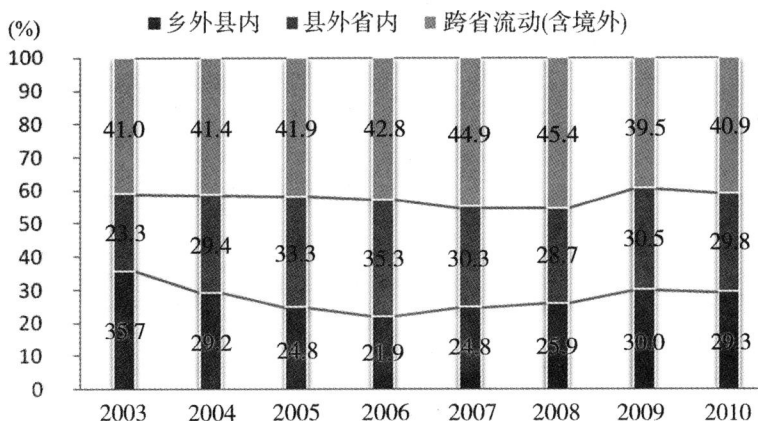

图12.2 外出劳动力就业区域变迁

资料来源：作者梳理

---

① 在回乡务工的缘由中，有40%的考虑因素是城市的生活成本较高、25%认为老家随着经济的发展也有很多机会，也有部分人考虑到在城市没有归宿感以及孩子的落户、教育等因素。

■回家务农 ■回家自己干，创业 ■回老家附近打工 ■去大城市

资料来源：作者梳理（柱状图中数字表示人数）

图12.3　农民工未来3～5年计划

　　人口流动能力的动态变迁将从几个方面影响这里的城镇化进程：（1）安徽、河南、四川、湖南、湖北、重庆等人口净流出省市未来将面临最大规模计5 000万～6 000万的人口回流，见图12.4，这些回流人口将集中在县外省内和乡外县内就业，从而改变现有大中小城市的人口密度。（2）流动人口老龄化趋势日益明显，40岁以上农民工所占比重逐年上升，由2008年的30.0％上升到2011年的38.3％，见图12.5。2008—2011年农民工平均年龄也由34岁上升到36岁，这一部分规模计3 000万～4 000万中西部外出农民工将有最大的可能返回至本省，特别是当地重新就业。

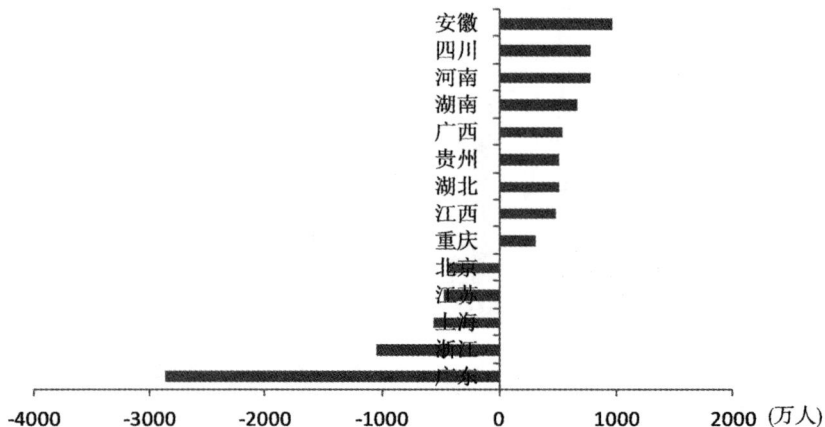

资料来源：作者梳理

图12.4　流动人口：净流出与净流入省（市、自治区）对比

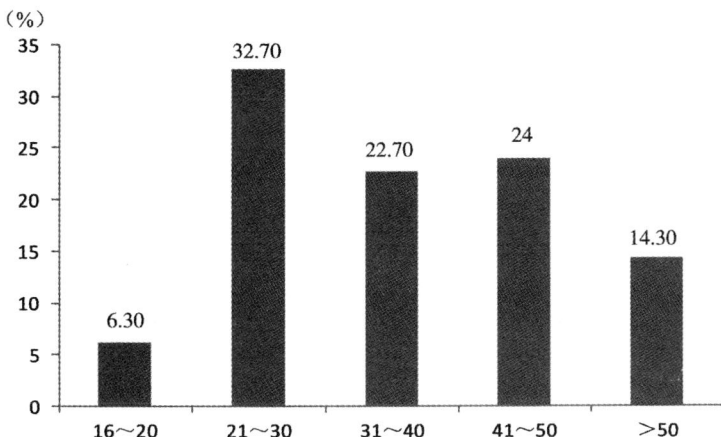

图 12.5　2011 年我国农民工年龄结构

第三个特征：这里是农业现代化的"重镇区"。

表面上看这里城镇化率低、农业产值和农业就业比重高，但背后的核心却是现代农业发展不足，工业化对农业的带动作用不够，劳动力吸纳能力不强，城镇化率低是对这个问题的综合反映，它像是一个结果。因此，这里推动城镇化的关键政策含义在于一方面继续推进工业化，增加工业对农业劳动力的吸纳能力；另一方面发展现代农业，而非片面强调城市，合适的政策选项是用技术和金融改造传统农业并辅之以恰当的土地制度改革，最终实现规模收益、释放农民，从而使城镇化成为一个自然结果。具体而言：

第一，用现代技术和农村金融改造传统农业。这里的重点是：（1）协调推进工业化和农业现代化，工业化是指将工业产品、最新工业技术和先进工业生产组织方式推广到农村地区，农业现代化则通过对耕地的集中化和集约化利用，实现农业生产的规模效应和农业机械化，从而节约土地资源和劳动力，既可以为城镇化和工业化提供土地资源，同时也为非农产业释放更多劳动力。（2）发展农村金融，培养一批职业农民和农民企业家。20 世纪 80 年代是中国农村金融最为活跃的时代，也是乡镇企业蓬勃发展、涌现一批农民企业家的时代。然而，从目前的情况看，中国的大型金融机构，特别是大银行，基于收入—成本的权衡考虑，从农村和农业撤离，挤向城市和发达地区，造成农村金融资源的外流和农村金融服务的空白，这是典型意义上的"金融二元结构"。下一阶段，发展农村金融，包括村镇银行、小额信贷公司、商业银行全资持有的贷款子公司、农民资金互助社，或将成为支持农业发展的政策重点，见图12.6。

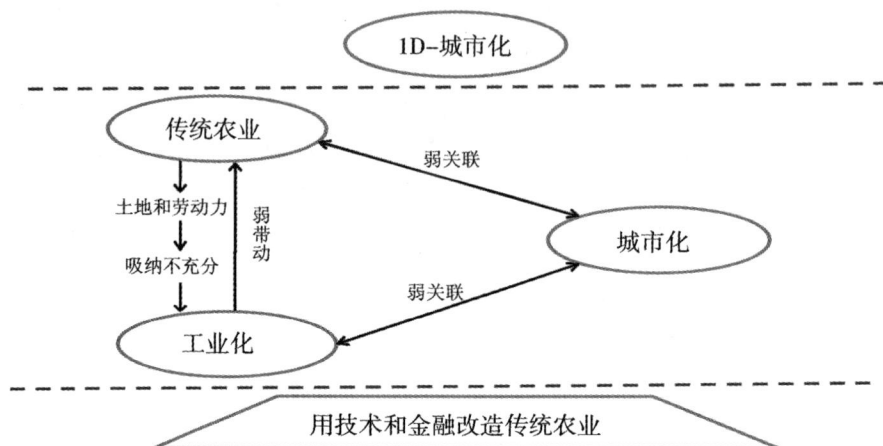

资料来源：作者梳理

图 12.6 改造传统农业

表 12.2 不同区域金融密度

地区	行政金融密度 （个/县）	地理金融密度 （个/百平方公里）	人口金融密度 （个/万人）
东部	63	4.76	1.23
中部	55	2.88	1.15
西部	29	1	1.25
全国	45	2.23	1.22

资料来源：中国农村金融服务报告，作者梳理

第二，土地改革实现农村集体建设用地和耕地流转。从经验来看，这里的重点是：（1）第一个政策底线是守住18亿亩耕地红线，存量耕地非农化使用只能在"占补平衡"框架下进行，耕地流转也不能改变用途（特别是在农业战略布局的"七区二十三带地区"）。从目前实施的情况看，截至2011年上半年，全国土地承包经营权流转总面积达2.07亿亩，占承包

耕地总面积的 16.2%，在沿海地区，浙江土地承包经营权流转达到 40% 左右，上海超过 60%，张家港、无锡等地比例则高达 80%。相对落后的地区也在快速推进这一过程，2011 年底，河南省农村土地流转面积1 982 万亩，已占家庭承包面积的 20.6%。（2）第二个政策底线是"增减挂钩"，将集体建设用地重新规划整理，一些复垦为耕地，另一些转作城市建设用地，在靠近城市、城镇和产业园区的范围内，发展农村社区，目前全国不少省市均有不同程度的试验。

表 12.3　2008 年部分省市土地流转情况

省市	土地流转规模（万亩）	土地流转比例
黑龙江省	2 808	0.188
广东省	524	0.187
天津市	74.65	0.155
浙江省	633.5	0.32
江苏省	1 024	0.205
四川省	827	0.153
安徽省	589.4	0.092
河南省	1 173	0.1204

资料来源：作者梳理

内陆中心城市和沿海二、三线城市

如果说农村和中小城镇的城镇化在于人口由农村向城市的转移、劳动力由农业向非农产业的转移，从而实现城市人口和经济密度的提升，那么内陆中心城市和沿海二、三线城市的核心则是城市存量劳动力在中心—外围之间、不同行业之间重新匹配，在进一步提升城市密度的同时，重点在于城市规模效率和分工效率的实现。这里人口密度已经较高或者变得更高，甚至开始出现"拥挤效应"，它处于以实现城市分工为主导的阶段，城市和郊区、中心城市和外围之间需要通过减少有形和无形的交易成本，实现人口、资源和不同产业的重新配置。这里的城镇化也有属于自己的鲜明特征。

第一个特征：交通网络的一体化。

这里下连外围郊区、中小城镇，上连已经成熟的沿海中心城市，为实现更好的城市功能和专业分工，这里需要通过交通网络的一体化以缩短三个层面的距离，形成上下互连的交通运输和通信网络。具体而言：（1）发展地上基础设施（城际公交、城际铁路、城际客运、支线机场）、通信网络、地下基础设施（轨道交通、石油燃气管道），将城市与郊区、中心与外围之间连成一体，降低生产和贸易成本；（2）发展高速铁路、高速公路，将内陆中心城市与沿海中心城市连成一体，承接产业转移，见图 12.7。

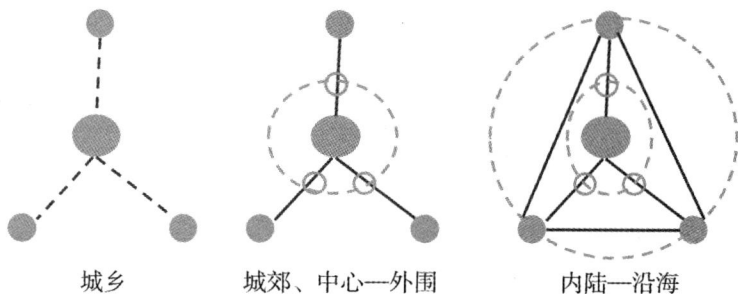

城乡　　　　城郊、中心——外围　　　　内陆——沿海

资料来源：作者梳理

图 12.7　实现交通网络的一体化

尽管交通网络的一体化对于城市分工十分重要，但并非问题的全部，其他因素也一同起着重要的作用，包括：（1）城市规模和人口密度。规模越大，人口越多，经济活动越密集，服务业的规模效应就越显著，对高科技人才和高新企业的吸引力就越大。从这个角度讲，内陆许多省会城市的规模和集中度已经具备被沿海辐射的首要条件。（2）地理位置。它一方面决定了一个城市同国内贸易走廊和经济中心的距离，越近越容易进行贸易和市场互动；另一方面决定了基础设施在多大程度上可以缩短距离，以及基础设施的成本。西藏许多城市的地理位置和条件决定了那里的基础设施建设成本极高，很有可能被隔离在城市繁荣的大门之外。（3）土地在工商业用途之间转换的灵活度。城市功能分散化和专业分工，意味着中心和外围城市需要承担不同的功能，因此，土地用途需要顺利转换，中心城市需

要更多的商业用地，而郊区和外围城市则需要更多的工业用地。

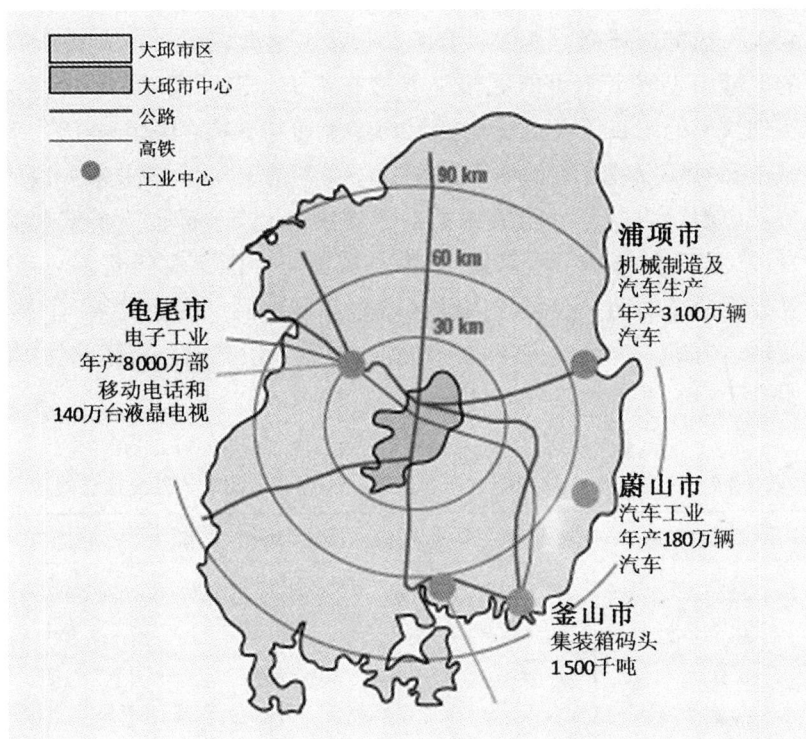

资料来源：作者梳理

图 12.8　韩国大邱地区的分工与协作①

第二个特征：内陆中心城市的崛起。

综合交通、人口规模、地理位置等因素，未来最具潜力的城市是由市场力量综合打造的，而非由政府打造的。具体而言：（1）尽管目前不少省（市、自治区）提出雄心勃勃的"城市圈"发展规划，但最终谁能够胜出，取决于市场的力量。（2）目前来看，规划中的"城市圈"有 16 个，多处在"三纵两横"城市带，包括长三角、珠三角、京津冀、山东半岛、辽中

---

①　以韩国大邱市为例，发达的公路和高铁网络将它与周边的浦项市、龟尾市、蔚山市、釜山市连接起来，从而使不同城市在汽车制造、电子制造等形成了比较合理的产业分工与协作体系。

南、海峡西岸、中原、关中、成渝、哈长、太原、武汉、长株潭、南昌、合肥、兰州，但是这些"城市圈"未必都能获得同样的发展机会。（3）重庆、武汉、成都、郑州、西安、合肥、长沙、南昌、太原、济南等城市规划中的区域中心城市不可能同步享受来自沿海增长中心的"辐射效应"，同步实现快速的增长。在这场内陆城市的竞争中，有的城市会优先发展，有的城市会靠后发展，有的城市甚至会停滞不前。（4）在未来一段时间，内陆"城市圈"的概念可能更像是一个"中心点"，而非一个繁荣共享、同步发展、分工协作的"经济圈"，中心城市与外围距离的缩短和基础设施的互连互通在初期只会强化内陆区域中心城市的"中心位置"，在中心城市规模、房价、地价、科技水平达到一定临界值之前，郊区和外围城市仍将服务于中心城市的发展，见表 12.4 和表 12.5。

表 12.4　过去 5 年内陆中心城市和长珠渤圈内城市的年均就业增长速度

内陆中心城市	增速（%）	长珠渤圈内城市	增速（%）
合肥	14	杭州	20
长沙	11	绍兴	17
济南	7	台州	16
成都	6	舟山	15
武汉	4	宁波	12
郑州	3	无锡	10
西安	3	南京	8
沈阳	3	天津	7
太原	2	苏州	4
重庆	1	温州	3

资料来源：作者梳理

表 12.5　内陆中心城市人均 GDP 与"北上深"人均 GDP 的比值及收敛速度

单位：%

	2010	2005	2001	2005—2010 年收敛速度
长沙	83	47	41	36
合肥	69	38	27	31
沈阳	78	56	53	22
武汉	74	52	58	22
成都	61	39	48	22
西安	48	32	35	16
郑州	63	50	43	13
南昌	55	44	36	11
太原	63	52	40	11
南宁	32	22	36	10
重庆	35	25	23	10
济南	73	63	62	10
长春	55	46	47	9
哈尔滨	46	37	39	9
昆明	42	35	45	7
石家庄	43	37	40	6
贵阳	20	30	30	—10

资料来源：作者梳理

"无界之城"

如果说对于农村和中小城镇，未来的关键在于人口密度的提升和农业工业化，内陆中心城市的未来关键在于交通网络一体化和城市分工，那么，对于沿海城市和边疆城市而言，未来的关键则在于打破分割，实现更大程度的开放，以期在更大的地理空间上获取发展的机会。具体而言，这些城市的关键特征是：

第一个特征：关键在于开放，变成"无界之城"。

开放是指打破分割，这里的分割不仅仅是指城市之间的行政边界或者国家之间的地理国界，它主要是指对商品、服务、资本和知识跨城、跨国流通的限制性因素。如果不存在人为和自然的限制，我们就会面对一个理想状态下的"无界之城"、"无界之国"。

开放可以使城市参与国际分工，获取更大的增长机会。在现代经济中，全球化和远程信息通信技术带来了全球范围内不同城市的能力分化和专业分工。在这种全球化趋势的冲击之下，曾经一度辉煌的全球传统的工业中心出现明显的衰退，相反，新兴市场国家的城市则借助这种机会，获得新的成长。

开放的"世界之城"往往是现代服务业的中心城市。首先，全球经济最主要的变化是所有产业对服务业的需求都在日益增长；其次，服务业特别是现代可贸易的生产性服务业具有生产集中的客观要求；再次，服务业终端产品的运输成本极低，甚至可以忽略，这使得服务业中心城市可以在更为广阔的地理空间上完成配送。这使得全球性的中心城市所构成的服务网络可以跨越东西南北，成为全球的服务业中心。

总体上，在开放和全球化浪潮之下，许多发展中国家的城市因为开放度的提升而获得了新兴的成长机会，这种机会就是全球城市体系框架之下不同城市的工业和服务业分工及其在地理空间上的重新构架。

第二个特征：关键在于转型，变成"服务业之城"。

北京、上海和深圳作为中国农村向城市转变、农业向工业转变过程中三个最受益的城市，目前正在面临转型的挑战，未来的城镇化对于它们而言，关键的含义可能不在于如何增长，而在于如何转型。原因是：（1）发达城市的人口密度相对较高，很可能已经由"密度优势"进入"密度负担"阶段。以北京为例，首都功能核心区人口密度分别是功能拓展区、城市发展新区的 3 倍、22 倍。考虑到人口回流和人口分散化的加速趋势，北京、上海和深圳的常住人口增速，特别是中心城区的人口增速事实上已处于显著的下降阶段，正在经历国际大都市已经走过的"去工业化"、"人口缩减"和"人口郊区化"阶段。（2）若以成本和收益的角度衡量，以房价与人均收入作为对比指标，这三个发达城市与内陆城市之间的"城市人口争夺"或已展开。以长沙为例，"北上深"平均人均收入是长沙的 1.2 倍，房价却是长沙的 3.5 倍，2011 年长沙市常住人口 704 万人，户籍人口 650 万人，是内陆省会城市中为数不多的人口净流入的城市之一。（3）

发达城市目前正处于城市增长动力的转型期，原有以制造业为主导的优势正在面临国内内陆城市和国外工业化城市的激烈竞争，新兴的以现代服务业为主导的优势尚未形成，且面临来自国际大城市，特别是周边大城市如香港、东京、新加坡等的竞争。考虑到服务业运输成本较低且服务覆盖范围广阔这一基本特征，中国沿海一线城市的未来并非总是乐观，反而一线城市郊区的发展更为确定。

　　从这个角度看，北京、上海和深圳分别作为京津冀、长三角和珠三角的经济中心城市，尽管进一步提升人口密度、建设基础设施仍有必要，但是从我们的分析框架考察，未来的重点则应当是减少分割，扩大开放：（1）依托沿海经济带，顺应全球经济重心东移、区域一体化、新兴市场国家城镇化浪潮方兴未艾的三大趋势，扩大对外开放，通过减少资本流动的市场分割，实现对外投资和贸易的便利化；（2）依托国内日益完善的、互连互通的基础设施网络，顺应产业转移、内需扩张两大趋势，扩大对内开放，这里的关键在于形成一个有效的供应链和交通网，将生产中心与消费中心对接起来，如图 12.9 所示。

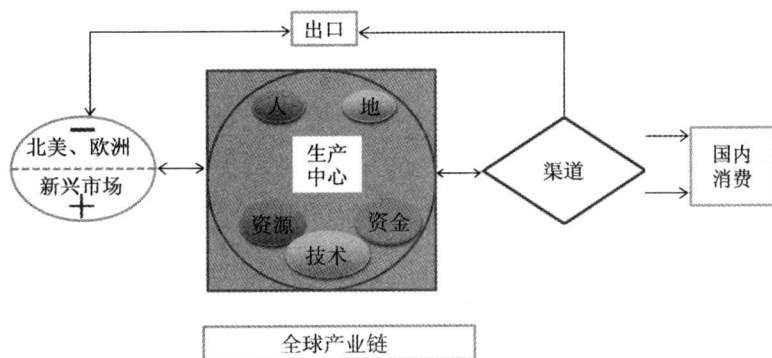

资料来源：作者梳理

图 12.9　建设高效的供应链和交通网，实现沿海向内陆的开放

第三个特征：边疆城市，向新兴市场开放。

　　我们举两个典型的例子来说明这一问题。

　　第一，新疆向西开放具有新空间。我们之所以认为新疆未来城镇化的关键在于开放，显然不是因为新疆的城市人口密度已足够高，或者交通网络已足够发达，距离已足够短，恰恰相反，这里：（1）地处中国的西北边陲，地理上与中国腹地、经济发达的东部地区距离较远，是典型的"外围地区"；（2）民族众多、习俗各异，人口高度集中的可能性较小；（3）地广人稀，面积166万平方公里，占全国国土总面积的1/6，占全国GDP的比例却可以忽略不计，因此，大规模建设基础设施从而缩短距离的成本较高。

在人口密度难以提高、距离难以缩短的情况下，减少分割，向西开放，将会是一个十分有利的选择。新疆是中国的边陲，却是亚洲的中心，周边与8个国家接壤，边境线长达5 600多公里，是中国边境线最长、与邻国交界最多的省区之一。从这个角度看，新疆与如此众多的国家内陆交通相通，口岸相连，是新亚欧大陆桥的必经之地，地理位置决定了新疆城镇化的一个现实路径便是促进贸易的发展，依托新疆辐射中亚的优势，发展与中亚的对外贸易。

第二，广西向南开放。广西的情况与新疆类似：（1）地处中国的南疆，东面毗邻珠三角这一区域增长中心，背靠大西南，南临北部湾，与越南水陆相连，处于中国—东盟自由贸易区的中心位置，是连接中国与东盟的重要纽带；（2）由于气候条件和生活习惯相似，广西与东南亚各国的贸易分割更容易减少；（3）广西的海岸线长约1 595公里，占我国大陆海岸线的1/11左右，北部湾海域面积12.9万平方公里，是渤海海域面积的1.67倍，可建200个万吨级以上的深水泊位码头；（4）多数东盟国家的城镇化率低于50％（见图12.10），未来城镇化的潜力巨大，广西完全有

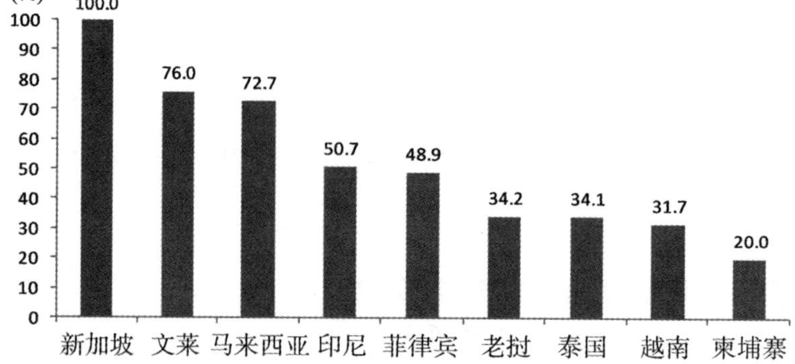

资料来源：作者梳理

图12.10　2011年东盟国家城镇化率

条件从东盟经济的快速发展过程中受益。贸易分割的破除，区域一体化进程的推进，对于广西城镇化的发展来说是一个巨大的机遇。

从数据上看，东盟国家近 10 年来，GDP 增速年均增长 5％以上。以与广西接壤的越南为例，越南近 10 年的 GDP 保持了高速的增长，年均增长 7％以上。东盟国家有近 5 亿人口，大多数国家政局稳定，经济增长前景看好，对外分割的破除将使广西打开这一巨大的生产和消费市场，分享东盟经济高速发展的"大蛋糕"。

第13章 城市发展的再平衡

基于约束条件的变化和城市的分化，中国未来城镇化与经济增长之间的关联机制将会发生系统性转变。这将会表现在以下几个层面：其一，随着人口由农村向城市转移的速度趋缓，结构效率的提升进入自然减速阶段，中国经济将从过去的高速增长切换至中速增长，能否完成这个转换对于中国能否跨越中等收入陷阱至关重要。其二，基于已经变化的劳动力成本、土地成本和资源约束，中国不同区域之间的城市分工和产业布局将出现显著变化，从而塑造新的增长潜力。其三，基于同样的原因，中国投资和消费之间的结构将会出现新的平衡。

增长从高速转向中速

这是一种正常现象，几乎没有一个国家可以避免。

IMF、世界银行及海外投行等国际研究和金融机构也倾向于认为目前中国经济正在经历一种趋势性的减速现象，而且这种减速是任何一个后发追赶型经济体都无法回避的自然减速。通过仔细的跨国比较及分析，我们可以得出的大致结论是：（1）作为一个整体，随着结构效率的提升速度趋缓，中国距离这个自然减速区间可能越来越近，2010—2015年可能正是这种减速的窗口期；（2）考虑到中国广泛的区域差异和产业光谱，东南沿海作为中国率先并成功实现追赶的"特色经济区"或已在2007年前后进入这个减速区间，中西部则相反，应该还处于加速区间。支持这个判断的依据依次是：

第一，一国进入自然减速区间的核心驱动力是全要素生产率（TFP）

的大幅度下滑，而中国的 TFP 仍然存在较大的追赶和提升空间。来自
NBER 的研究成果显示，全球有近 30 个国家在人均 GDP 达到16 740美元
时（以 2005 年不变国际价格计算），高增长时代趋于终结，这近 30 个国
家的平均 GDP 增长率由高增长时期的 5.6％下降到 2.1％。[①] 然而，针对
经济减速原因的核算分析却显示：在资本存量、劳动力增长、人力资本和
TFP 四个因素中，TFP 对 GDP 增长率放缓的直接贡献度为 85％，换言
之，经济减速本质上是全要素生产率的全面放缓。以日本为例，日本曾在
20 世纪 70 年代前后经历第一次显著的经济减速，减速前后的 GDP 增速
落差超过 6 个百分点，其中 5.4 个百分点的下滑来自 TFP 的减速。

对于中国这样的后发追赶型经济体而言，TFP 的追赶空间来自三个
层次：其一是全球技术前沿的提升和中国的追赶。目前全球技术前沿仍以
每年 1％左右的速度在改进。如果把美国当成全球技术的前沿国家，并将
美国的 TFP 视为 100，那么中国只是这个技术前沿的 15％～20％，存在
持续追赶的空间，但越是靠近这个水平，追赶的速度将会越慢。其二是结
构效率。其三是规模效率和分工效率。

过去 30 多年，中国处于追赶的初级阶段，处于从低收入水平到中等
收入水平的转换，这个时期 TFP 提升的关键是将劳动力从低生产率的农
业转移到更高生产率的制造业。结果，中国在这一阶段的追赶是十分成功
的，1998—2008 年 TFP 平均每年提升了 4％，为新兴市场国家之首，同
时，至少到目前为止，中国东部的沿海省市已经进入从中等收入到高收入
的转换阶段，这个阶段 TFP 提升的关键是将现有制造业的生产要素需求
转移到更高附加值的经济活动中，实现劳动力和资本在城市内部的再分
配，以及资源向新产品和新工艺的流动，从而实现生产要素的优化配置，
促成规模效率和分工效率的发挥。然而，从结构效率到规模效率和分工效
率的实现并非是必然的，它仍然需要必要的政策转变或结构性改革。

第二，分区域来看，作为中国发达地区的东部沿海省市或已提前进入
自然减速区。研究表明，快速增长的经济体开始进入自然减速区间的判断
指标是人均 GDP 达到15 000美元左右，人均收入达到美国人均收入的
60％左右，制造业就业比例达到 25％左右。按照这三个标准衡量，将中

---

① Barry Eichengreen，Donghyun Park，Kwanho Shin. When fast growing economies slow down：International evidence and implications for China，NBER，Working Paper 16919.

国经济分拆来看，长三角人均 GDP 是全国平均水平的 2 倍，早已在 2007 年就超过15 000美元，见图 13.1，而且制造业就业比例和人均收入也处于全国最高水平，因此，从这些指标衡量，中国的长三角经济区可能已经进入自然减速阶段。进一步观察也可以发现，2007 年之前的 5 年，长三角 GDP 平均增速高达 14%，但是 2007 年之后的 4 年平均增速仅为 11% 左右，平均回落幅度达 3 个百分点。按照国际标准，这样的回落幅度基本上意味着长三角已结束经济发展的早期追赶阶段，进入经济自然减速区，未来的经济增长将更多地依赖制造业内部的升级、服务业的扩张及 TFP 的进一步提升。

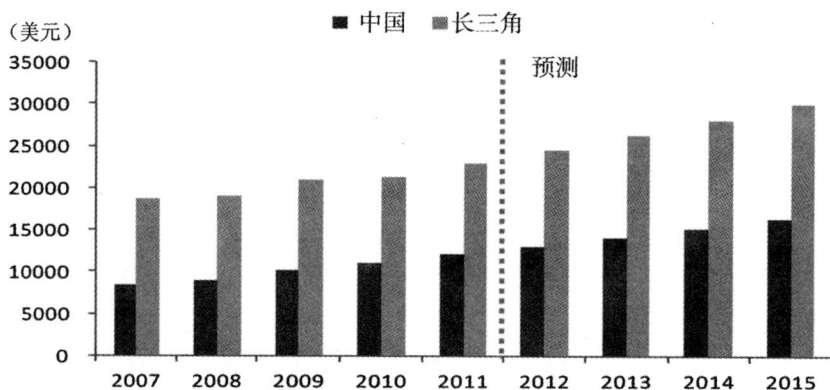

资料来源：世界银行，作者梳理

图 13.1　人均 GDP（以 2005 年不变国际价格计算）

产业由东向西重构

尽管我们可以大致推断出中国经济增长进入自然减速区间，但中国地理上的"梯度纵深"和"雁阵发展模式"或将使得中国经济从高速增长到中速增长的转换过程显得相对比较平缓，从而呈现一种"缓坡式"而非"断崖式"的转换，并在最终结果上表现为区域间的增速分化和重构。

第一，中部六省及西三角：制造业内迁加速工业化进程。

我们已经提及制造业内迁有两个核心的驱动力：其一是包括交通在内

的基础设施投资向中西部倾斜，改善了西部基础设施条件，降低了企业的外部成本，促进了沿海地区产业向内陆转移。其二是中部省会城市工资水平向东部收敛，决定了产业转移的主导方向。

从东南沿海产业向内陆迁移的倾向来看：（1）如温州打火机、上海张江的生物医药等"高本地关联、高外向度"产业的迁移概率较小，要想生存势必升级。（2）如电子类加工贸易等"低本地关联、高外向度"产业的外迁概率很大，引导内迁需要产业集群的配套建设（如重庆引资笔记本产业落户）。（3）纺织服装、鞋类、玩具、食品、电气机械、五金制品等"低本地关联、低外向度"产业的内迁概率较大，由此带动中西部地区的就业，提高需求和消费能力，从而形成发展的自我良性循环，见表13.1。

表 13.1　基于本地关联和外向度的产业集群分类

	第一类产业	第二类产业	第三类产业
	高关联—高外向度集群	低关联—高外向度集群	低关联—低外向度集群
本地关联性	较高：依赖当地产业集群带来的成本优势	较低：主要从国际市场购入中间投入品	较低：中间投入品有较大的可替代性
外销比例	高	高	相对较低，以内需驱动为主
劳动力成本敏感性	相对不敏感	很敏感	很敏感
贸易成本重要性排序	汇率、出口退税、出口运费	出口运费、汇率、出口退税	国内运费、出口运费、汇率
举例	温州打火机产业集群；高科技产业，如上海张江生物医药产业集群	深圳、东莞和江苏的电子类加工贸易产业集群	遍布珠三角和长三角的多数传统产业集群，如纺织服装、玩具、食品、电气机械、五金制品等
迁移倾向	概率较小，要生存势必升级	外迁概率较大，引导内迁需要产业集群的配套建设	内迁概率较大

资料来源：作者梳理

从数据上验证，这种转移已经发生，且非常明显地体现在对外贸易方面。过去中国出口增长主要就是依靠江苏、广东、浙江、上海等东部地区，这些出口大省（市）的增速普遍高于全国平均水平，但是2011年以来，东部省市的出口增速开始低于全国平均水平。

至于未来的产业转移趋势，原则上不同类型的产业集群，迁移的倾向和方向是不同的，这主要取决于两大因素：其一，集群中企业的本地关联性。集群中企业的数量多，集群的产业链条长，前向后向联系紧密，在集群中获得的成本优势明显，企业迁移的可能性就小。其二，对国际贸易的依赖程度。如果对国际市场的依赖性强，产品大量进出口，则企业对运费等贸易成本很敏感，更容易集中在沿海地区，很难向内陆迁移。如果我们根据本地关联性和外贸依存度两个标准的不同组合，将沿海地区的产业集群划分为三种类型："高关联、高外向度"集群，"低关联、高外向度"集群和"低关联、低外向度"集群，那么可以分别对三类集群的特征、迁移性和迁移方向进行分析。

首先，"高关联、高外向度"产业：迁移概率较小，要生存势必升级。此类产业集群的特点是专业特色明显，在世界市场上占据高市场份额，企业间的分工高度细化，每个企业只从事很小一部分增值工序的生产，这些中间投入品不能直接向市场销售，但在集群内形成了完整的产业链条。由于这种专业化的分工，在集群内的企业与在集群外的企业相比有很大的成本优势。

典型的例子是浙江温州的打火机产业集群，其打火机产量占世界总产量的70%。在温州，打火机生产分工细密，有着为数众多的造型设计、模具制作、外壳铸造以及零部件配套队伍，形成了专业化分工基础上的完整的产业价值链。

此外，一些高科技产业，如上海张江的生物医药产业集群等，由于专业检测、实验设备的复杂性和共享性，一旦在某个区位形成产业集群，其他区位难以复制这种高投入、高技术的专用设备体系，因此本地关联性也非常强。

这类具有"高关联、高外向度"特征的产业集群，主要是由本地创业者自发形成的，有的还和本地的历史传统有关，技术具有本地化的特征，其他区域很难模仿。这些产业集群在短期内迁移的可能性较小。但随着贸易成本增加，国际技术壁垒和贸易摩擦加剧，以及劳动工资伴随经济发展而上涨，如果不能及时推动产业升级，这些集群将面临更大的竞争压力。

其次，"低关联、高外向度"产业：外迁概率很大。引导内迁需要产业集群的配套建设。

这类加工贸易产业集群主要由外商投资企业和港台企业引领，龙头企业的投资带动了其合作伙伴的跟随投资，所从事的主要是高新技术产业链上的低附加值环节，属于成本敏感性产业。由于人力资本质量同质化和技术创新储备不足，跨国公司加工贸易在我国所得的利益很容易在第三方或第三国找到替代。而从海上运输的角度看，东南亚和南亚国家，同中国的长三角、珠三角距离世界主要市场（美国、欧洲、日本）的距离相当，这就使得印度和东南亚国家成为中国这些电子类加工贸易集群转移的一个可能选择。

典型代表为广东深圳、东莞，江苏昆山等电子类加工贸易产业集群。这类集群主要由跨国公司主导，并通过依托 OEM 方式所建立的大规模生产体系和生产基地的海外迁移等方式来降低生产成本。

引导该类产业内迁主要需要产业集群的配套建设。重庆市政府引导继惠、宏碁、华硕等笔记本生产商落户就是一个成功的例子。截至 2011 年末，已经有 350 余家笔记本配套零部件生产企业落户重庆，实现了 80%的零部件在重庆本地生产配套。

再次，"低关联、低外向度"产业：内迁概率较大，基础设施逐渐完善和东、中、西部收入差距收敛是产业转移的基础。典型代表是遍布珠三角、长三角等地的大多数传统产业集群，如纺织服装、鞋类、玩具、食品、电气机械、五金制品等。这类集群是目前国内分布最广、数量最多的产业集群，其资本来源多元化，既有港澳台以及外商的投资，如东莞鞋业集群，也有本地民间资本，如绍兴纺织业集群。集群内企业有一定的分工，但本地关联度和第一类相比并不高；在技术方面基本上是标准化的技术，对配套厂商的技术要求也不像第一、二类产业集群那么严格，企业主要在产品品种、规格、花样上形成分工。

这类集群中的很多产品在国际市场上同样占据重要位置，主要以低成本获得竞争优势，但销售收入中有相当大比例是在本地市场上实现的，因而，对海洋运输成本和汇率的变化不如前两类敏感，如果迁移到内陆，产品主要转向内陆市场，在外需疲弱的背景下，内销利润率很可能会有明显上升。此外，由于产品本身属于劳动密集型产品，创造的附加值不高，对劳动力成本的上升较敏感。

从未来的发展看，扩大内需和消费升级是中国经济增长的重要驱动力。随着工业化和城镇化进程加快，居民生活水平提高，社会购买力增强，巨大的国内市场将为这种传统制造业集群带来广阔的发展前景。这类产业集群必然会向那些提供了良好基础设施和制度环境的中西部地区转移，并由此带动中西部地区的就业，提高需求和消费能力，从而形成发展的自我良性循环。

第二，东南沿海：经济转型在"质"不在"量"。

长三角、珠三角和环渤海等东部沿海城市逐渐聚集形成超级城市群，换来城镇化和工业化的更高阶段，在此过程中消费逐渐取代投资成为经济核心驱动力，现代服务业和高端制造业逐渐取代加工制造业成为产业核心支柱，但这却意味着经济增速难以维持以前的高水平，增速中枢势必回落。

以上海为例，上海的高增长时代或已成为历史，决策层已经认识到应该逐渐淡化 GDP 指标的考核作用。在 1992 年至 2007 年间，上海经济连续保持了 16 年的两位数增长，经济总量、产业能级、城市发展水平、人民生活水平大幅提升。但是，在高速发展背景下，瓶颈隐现，巨大的能源消耗、越来越沉重的环境压力、日益高涨的土地成本，预示着上海原有的经济发展方式已经走到了一个关键节点。2008 年，上海 GDP 增长率为 9.7%，17 年来首次进入个位数增长。2009 年 GDP 增幅为 8.2%，低于全国平均水平，并为 1992 年以来的历史最低，2010 年 GDP 增长率回升至 20.1%，而 2011 年再次下跌至 8.2%，与北京的 GDP 增速共同位居全国倒数。在此背景下，我们近阶段对上海市发改委和市政府的调研显示，决策层不应再片面追求 GDP，而应逐渐淡化 GDP 指标的考核作用，更强调经济发展的结构、质量和效益。

现代及传统服务业在上海快速发展，其对劳动力稳定的吸收能力弱化了制造业及投资对就业市场的周期性冲击。从"十五"时期到"十一五"时期，上海市 GDP 年均增长率从 11.9% 回落至 11.2%；工业产值增速从 19.2% 回落至 13.0%；投资增速从 11.9% 回落至 10.0%；出口增速从 29.0% 回落至 17.2%。然而，在此阶段，上海城镇失业率却始终维持在 3.5%~4.5% 的平稳水平，即便在 2008—2009 年国际金融危机最为恶劣的阶段也未曾出现过大规模城镇劳动力失业的情况。这种现象的根源在于，上海这座城市的结构和功能已经发生了变化，从传统的"加工制造业工厂"向现代服务业迅速发展。同时期第三产业年均增速从"十五"时期的11.2％上升至"十一五"时期的12.3％，零售总额增速从9.8％攀升至15.3％。第三产业在上海市生产总值构成中的占比也大幅攀升，其中的金融业和批发零售业尤为显著。服务业对劳动力稳定的吸收能力对冲了制造业和投资对就业市场的周期性冲击。

从上海市"十二五"规划中对构建服务经济时代的产业体系计划来看，重点发展的服务业行业涉及金融、航运物流、现代商贸、信息服务、文化创意、旅游会展等重点服务业。具体发展目标如下：

金融：金融业增加值占全市生产总值的比重达到15％，主要金融市场规模保持或进入世界同类市场的前列。

航运物流：集装箱吞吐量继续保持世界前列，航空旅客进出港数量达1亿人次，航空货邮吞吐量达到550万吨。物流业增加值占全市生产总值的比重达到13％左右。

现代商贸：服务贸易进出口总额比2010年翻一番，电子商务交易额大幅增长，实现社会消费品零售总额1万亿元。

信息服务：信息服务业经营收入达到6 000亿元，成为全国信息服务高地。

文化创意：文化创意产业增加值占全市生产总值的比重达到12％左右，成为国际创意城市网络的重要节点。

旅游会展：国内游客人数达到2.4亿人次，入境游客人数超过1 000万人次；展会总面积达到1 500万平方米，到2015年基本建成国际会展中心城市。

在形成以服务业为主的产业结构的同时，上海制造业也在向高端发展。2010年，上海以全国0.1％的土地创造了全国4.3％的生产总值，完成了全国1.9％的社会固定资产投资，吸收了全国10.5％的外商投资，支出了全国6.9％的研究与实验发展经费。凭借其密集的生产力布局，较高的人力资源素质和科技创新能力，上海在形成以服务经济为主的产业结构的同时，制造业也在向高端发展，包括发展那些体现国家战略、参与国际竞争的高端制造业。与此同时，一般制造业正逐步转移出去。传统的依靠高能耗实现高产出的制造业增长方式正在被逐渐摒弃，降低生产的能源消耗、提高能源的使用效率成为上海制造业的发展方向。

投资的再平衡

普遍的看法认为中国过去的城镇化在很大程度上是由投资驱动的，我们的分析已经基本表明，投资驱动城镇化很可能是一个结果，是一系列因素所导致的一个结果：（1）最为基本的因素是在"刘易斯拐点"和"人口红利拐点"到来之前，中国劳动生产率提升速度超过工资提升速度，二者的差额多数形成企业利润和储蓄，这是投资或资本形成的资金来源；（2）中国特殊的土地财政作为一个负债机制在很大程度上降低了政府投资的成本，扩大了政府投资的能力。目前来看，这些基本的条件可能正在改变，这也将在未来的城镇化过程中影响企业和政府的投资能力，从而引发投资总量和投资结构的再平衡。

第一，投资率的下降是自然趋势。

原因依次是：

首先，劳动与资本之间关系的逆转将影响储蓄率和投资率，这是一个基本的制约因素，也是一个长期趋势性的影响因素。

过去几年，劳动力成本以两位数增速上涨这个事实本身即意味着劳动对资本的溢价已经开始，考虑到中国 2005 年已经迈过了"刘易斯拐点"、2015 年即将迈过"人口红利拐点"，这意味着中国廉价人工的终结是必然趋势，人工成本的上涨是永久性而非周期性的。作为一个结果，劳动报酬份额会上升，资本报酬份额会下降，从而对高利润、高储蓄和高投资形成基本制约，见图 13.2。

其次，从企业的角度来看，高速增长向中速增长的转换可能意味着资本回报率的降低，而高储蓄率的趋于结束则意味着资金成本的提升，两者之间的差距将逐步收窄，这将影响企业的投资激励。

过去 20 多年，在中国快速城镇化的历史上，中国的资本回报率与银行贷款利率之间的差额基本保持在 5～15 个百分点之间，见图 13.3，较大的差额意味着低利率是促成中国投资浪潮的关键原因。考虑到房地产、国有企业、地方政府是中国贷款需求最为强烈的三个部门，较低的资金成本在一定程度上成为中国房地产投资、国有企业部门的制造业投资和地方政府基础设施投资的关键助推因素。

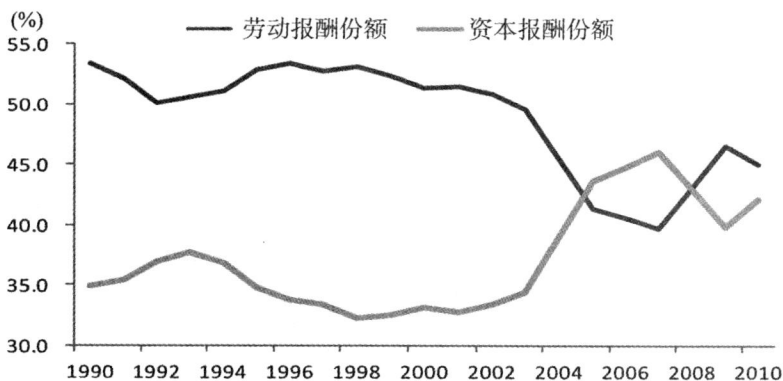

资料来源：WIND

图 13.2　劳动报酬份额将逐步上升

资料来源：作者梳理

图 13.3　资本回报率与银行贷款利率之间的差额将逐步收窄

　　然而，这种状态正在改变。进一步考虑到未来中国的利率市场化正迈出实质性步伐，这很可能意味着将加剧贷款利率中枢的抬升，加之资本回报率的潜在下滑趋势，这些因素的叠加将导致中国的资本回报率与资金成本之间的差额趋于逐步收窄，这种调整将从根本上制约中国的投资率继续冲高。

　　再次，周期性的信贷和融资约束。中国并非第一次遇到这个问题，1998—2003 年间为了应对东亚金融危机的冲击，中国也曾推出过基础设施投资的刺激计划，以社会融资总量/GDP 指标衡量，融资规模也曾出现显著的上涨。有所不同的是，为了应对 2008 年的全球性金融危机，2008—2010 年该指标上升的幅度更大，而且上一次的上涨是在五年内缓慢完成的，这一次却是在两年内完成的。更为重要的是，这次社会融资规模大幅度攀升之后所需要的消化时间将更长，这是因为：从资金配置效率即单位资金增量所产出的 GDP 衡量，2003—2008 年社会融资总量/GDP 的平均上涨速度为 27%，同期名义 GDP 增速为 17.4%；相比而言，2009—2011 年该指标的平均上涨速度为 32%，同期名义 GDP 增速仅为 14%。因此，较之以往，由于出口这个增长引擎正逐步变弱，信贷消化的时间跨度将会更长。

从历史经验看，像中国这样的新兴市场如果要想以相对较快且没有阵痛的方式平息信贷泡沫，只有两种办法：第一，在信贷扩张期间所投入的基础设施项目尽管短期内产生效益损失，但中期之内必须能够不断地产生长远的经济效益和溢出效应，提高全社会的资源配置效率；第二，在每一轮信贷扩张之后必须相应推进结构性的改革措施，以开启 TFP 的增长。

显然，1998—2003 年信贷扩张期间，这两个条件都得到了充分的满足：信贷资金进入高速公路、电信网络和港口设施等基础设施领域，在随后的经济高速增长期间发挥了巨大的效用；力度显著的结构性改革改进了国有企业的效率；更为重要的是开启了房地产市场的改革，启动了住宅市场的 10 年繁荣"主升浪"。所有这些条件是后来信贷约束在时间长河中得以良性消化的必要条件。

然而，在这一轮信贷浪潮期间，这些条件要么是不具备，要么是已经显著弱化，因此，未来一段时间，试图通过时间和增长来消化信贷的方式趋于困难，不得不以一种略为痛苦的去杠杆的方式来推进，这意味着信贷增速的下降和投资率的下降。

第二，投资率将下降到什么水平？

至于中国的投资率将会回落到何种程度，这里可以从几个视角进行测算：第一个方法是按照增长与投资之间的关联系数即"2.5 倍法则"进行匡算；第二个方法是按照国际经验，通过对比同类经济体经历城镇化和投资率峰值之后的回落节奏进行测算。

首先，以"2.5 倍法则"测算中国常态的投资率水平。从跨国经验看，一国投资率与该国 GDP 增长率在实证上存在稳定的相关关系，即所谓的"2.5倍法则",具体表现在：（1）对于多数国家，资本存量与GDP的比率即"资本产出比"指标稳定在2~3倍之间，均值为2.5倍。（2）对于多数国家而言，"资本产出比"十分稳定，即使该国由穷变富，该比率依然稳定。（3）不同国家"资本产出比"之所以存在一定差异，主要反映的是投资效率和产业结构的差异，例如德国、中国和韩国等制造业占据较高比重的经济体，资本产出比通常稳定在2.5~3.5倍；美国和英国等服务业占据较高比重的经济体，资本产出比则稳定在2.2倍左右，见图13.4。

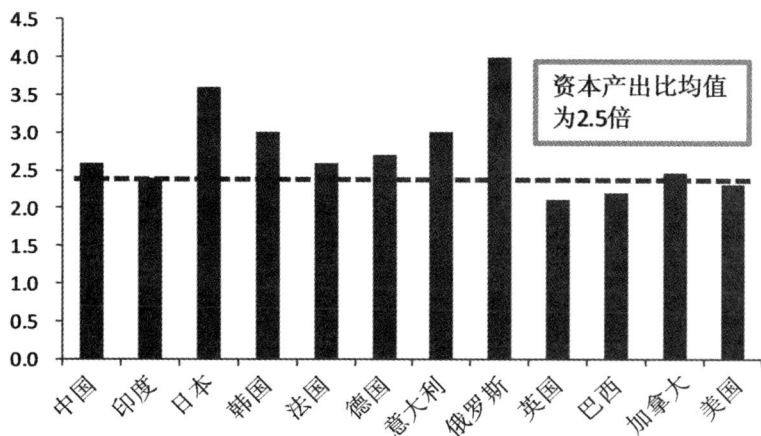

资料来源：作者梳理

图13.4 从跨国经验看，2.5倍的资本产出比为常态水平

基于这种稳定的"2.5倍法则"，以及中国过去30年的历史平均"资本产出比"亦为2.5倍这一事实，可以大致测算中国的常态投资率水平。具体的测算公式是：［K（1－折旧率）＋I］/GDP＝2.5，参考国内外学术界的研究结果，中国资本存量的折旧率为5%~6%，这里以中值5.5%作为测算依据。具体的测算步骤如下：

第一步，测算维持现有资本存量和生产能力的最低投资率水平。考虑到5.5%的资本折旧率，为了维持现有生产能力即GDP增速为0，仅仅考察更新现有资本存量所需要的最低投资率为2.5×5.5%≈14%。

第二步，测算为了支撑一定GDP增速所需的总体投资率水平。例如，2002—2011年中国GDP平均增速为10%，那么为了支撑这样的增速所要求的总体投资率为10%×2.5＋14%＝39%，而2002—2011年中国的实际平均投资率为 40.6％，说明总体上存在一定程度的过度投资和无效投资。

使用这个方法测算 1995—2011 年间的投资率，并将其与实际投资率对比后发现：1998—2004 年两者高度吻合，显示中国的投资率处于常态和适宜水平，这一阶段的平均投资率为 36％；2005—2007 年中国实际投资率远低于测算水平，显示这一时期中国的投资效率相对较高，即相对较低的投资率水平支撑了相对较高的 GDP 增速；2008—2011 年中国实际投资率远远高于测算水平，显示这一时期中国的投资效率有所恶化，即相对更高的投资率水平支撑的是相对更低的 GDP 增速。如图 13.5 所示。

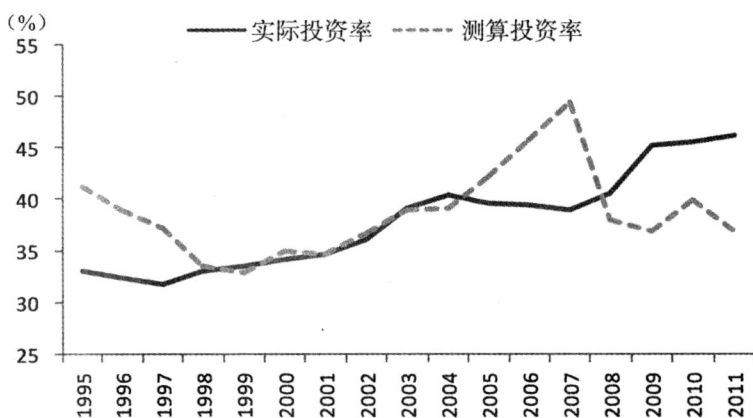

资料来源：作者梳理

图 13.5 根据"2.5 倍法则"测算的中国历史投资率

第三步，测算未来 20 年为了实现潜在 GDP 增长率所要求的投资率水平。综合世行、IMF 及国内研究机构的成果，2011—2015 年、2016—2020 年、2021—2025 年、2026—2030 年中国的潜在增长率分别为 8.6％、7％、5.9％、5％，据此按照"2.5 倍法则"测算出中国未来四个五年间的平均投资率分别为 35.5％、31.5％、28.8％、26.5％，见图 13.6。

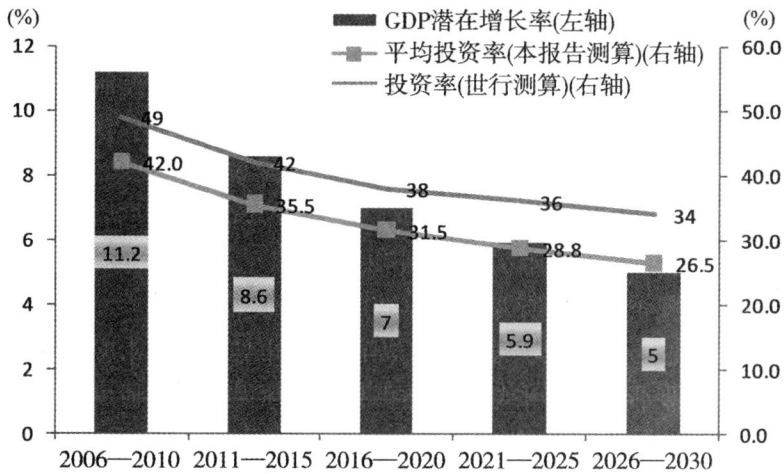

资料来源：作者梳理

图 13.6 根据"2.5 倍法则"测算的中国未来 20 年投资率

其次，以日韩经验测算中国常态的投资率水平。20 世纪八九十年代，日本和韩国在经历了快速的城镇化、投资和经济增长之后，也曾陷入投资结构性减速的阶段，唯一不同的是日本从投资和增长结构性加速到结构性减速的转换属于断崖式下跌，投资率从 1990 年 32％的峰值持续回落到当前的 20％；相反，虽然韩国完成这一转换过程的初期也经历了快速的投资率下滑，但之后的回落节奏要更为温和，属于缓慢式下跌，过去 15 年韩国的投资率一直稳定在 30％左右的中性水平，见图 13.7。

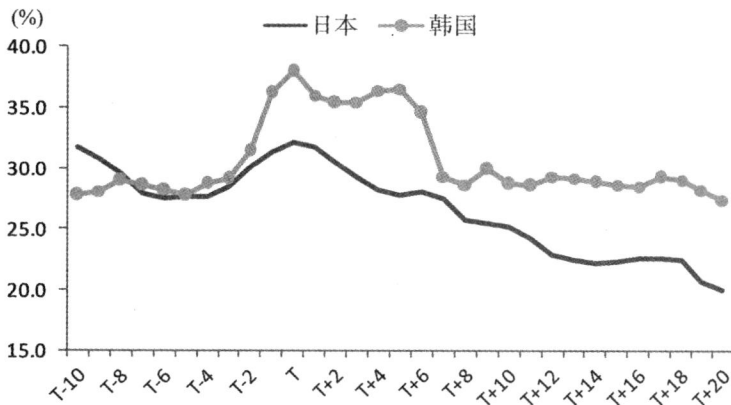

资料来源：作者梳理（T＝1990 年）

图 13.7 日本和韩国投资率达到峰值之后的回落节奏

175

当前中国所处的阶段与日韩类似，无论是城镇化、投资率还是 GDP 增长率都处于一个从结构性加速向结构性减速的切换阶段，如果减速过程是缓慢、可控的，那么参考韩国当年的经验，中国在下一个 10 年仍有可能保持 35%～45% 的投资率；相反，如果中国经历类似于日本那种失控式的投资和增长回落过程，那么在下一个 10 年中国的投资率极有可能以较快的速度下滑至 30%～40% 的区间，见图 13.8。

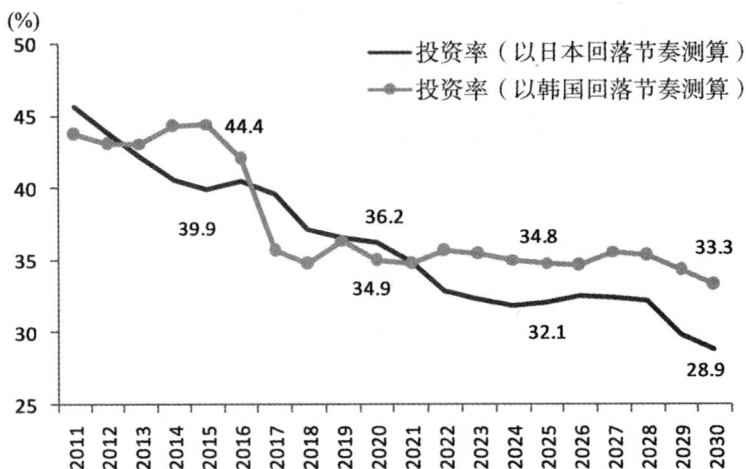

资料来源：作者梳理

图 13.8 以日韩投资率回落节奏测算中国投资率的回落幅度

通过对比这两种不同的测算结果，可以发现：（1）以"2.5 倍法则"测算的中国投资率在某种程度上代表了支撑一定 GDP 增速所要求的理想状态下的"最优投资率"，因此，这种方法所测定的投资率也是最低的，它是在投资效率即资源和资金配置结构达到最优状态时的水平。按照这种方法，中国 2011—2015 年为了实现 8% 左右的 GDP 增速所需的投资率仅为 35% 左右。（2）参考日本和韩国投资率回落节奏测算的结果分别代表着中国未来投资率可能呈现的快速下滑或者稳步下滑的情景，如果一系列结构性改革得以推进，那么中国仍有希望经历类似于韩国式的稳步下滑。

第五篇：金融含义

为城镇化的转型而融资

城市存在一个难以避免的生命周期，它类似于一个生命体，有出生期、成长期、成熟期，也自然会有萎缩期。

因为有周期，所以有转型。城市的周期性收缩也可能成为新的潜力，从而产生危机到革新的转变。

在这样一个城市转型的过程当中，金融系统的角色转换也同样重要，换言之，一个有效的金融系统不仅应该为"城市的增长而融资"，也应该为"城市的转型而融资"。

——作者

第14章 我们需要什么样的基础设施

2003 年以来，中国固定资产投资处于快速增长的通道，"投资过度"的话题也随之为学者与市场所热议。在 2008 年中国政府为了应对金融危机推出"4 万亿"刺激内需计划之后，这种质疑达到一个新的顶峰。2012 年 IMF 发表的一篇工作论文[①]认为，中国固定资产投资在过去 10 年日渐积累，相对正常水平的偏离已经超过了亚洲金融危机之前部分亚洲新兴经济体，中国宏观经济的过度投资达到了 GDP 的 10%。

对于投资的质疑，很多集中在基础设施领域。不少人认为中国的基础设施已经过剩或者"过分超前"，表现在：（1）高速公路，2011 年底我国的高速公路达到 8.5 万公里，超越美国，成为全球第一；（2）高铁，截至 2012 年底，全国共投入运营 9 356 公里的高速铁路，占全部营运铁路里程的 9.5%，而 2009 年高铁仅有 6 552 公里，占全部的 7%，且有报道显示高铁亏损对铁道部的亏损贡献最大。

在中国新一届政府提出新型城镇化战略之后，关于新一轮大投资、"造城运动"的提法不绝于耳。

在这些探讨中，我们往往发现一些问题似是而非，那么中国的基础设施资本存量是多少？如何评价基础设施是否过剩？未来中国基础设施投资的空间在哪里？

---

① Lee ll Houng, et al. "Is China over-investing and does it matter?" IMF, Working Paper，2012.11.27

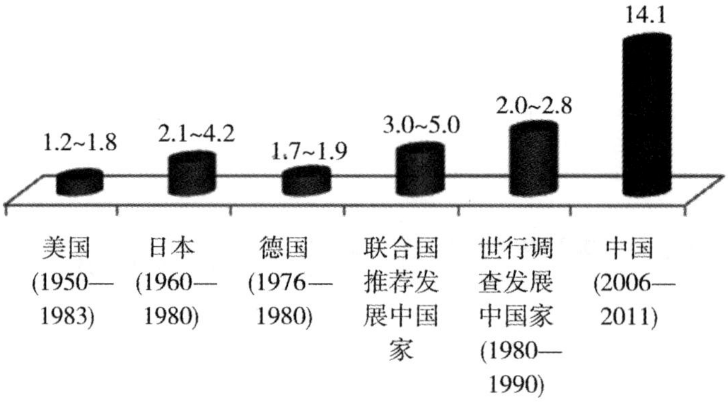

资料来源：World Bank，国家统计局，作者梳理

图 14.1　中国的基础设施投资占 GDP 的比重（％）

基础设施资本存量：一个估算与比较

　　1994 年世界银行发展报告《为发展提供基础设施》给出了基础设施的权威定义。基础设施一般可分为经济基础设施和社会基础设施。经济基础设施是指长期使用的工程构筑、设备、设施及其为经济生产和家庭所提供的服务，具体包括公共设施（如电力、通信、管道煤气、自来水、排污、固体垃圾收集及处理）、公共工程（如大坝、水利工程、道路）和其他交通部门（如铁路、城市交通、港口、河道和机场）。社会基础设施主要包括教育和卫生保健。我们这里仅对经济基础设施资本存量进行估算，所提及的基础设施一律指经济基础设施。

　　我国现有基础设施资本存量达到 25 万亿元（以 2005 年不变价计算）。中国较大规模的投资起步较晚，大规模的投资始于上世纪 90 年代。按照 2005 年的不变价计算，1989 年我国的基础设施存量仅 9 603 亿元，1990 年时突破万亿，达到 1.04 万亿元，之后至今一直保持两位数的增速，2010 年基础设施资本存量突破 25 万亿元大关，达到 25.1 万亿元，2000—2010 年间的平均增速为 18.2%，金融危机以后的几年存量增速均在 20% 以上。

　　中国基础设施资本存量已经上升为全球第三。将中国与 22 个 OECD

（经济合作与发展组织）国家放在一起比较，我们看到，1980年，中国的基础设施资本存量在23个国家中排第15位，低于瑞典、比利时、奥地利等国。1990年上升为第7位，2010年则上升为仅次于美国和日本的第3位，见图14.2。

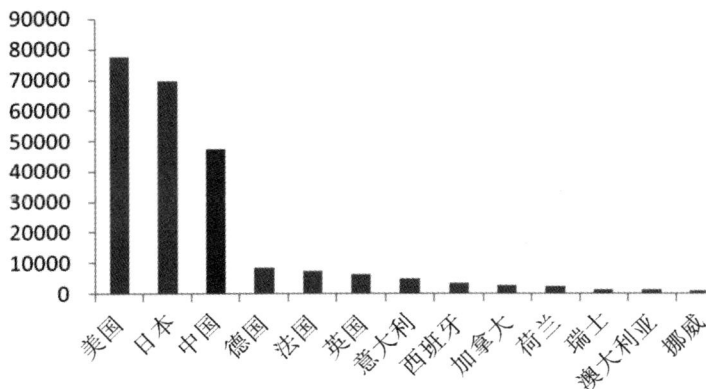

资料来源：IMF，作者梳理

图14.2　2010年主要国家基础设施资本存量（亿美元）

上述比较基于当年的美元实际值，同时出于稳健性考虑，我们还以2005年的购买力平价计算了中国与主要OECD国家的资本存量比较，结果得到了类似的结论。事实上以购买力平价计算得到的中国的资本存量总量排名已经在首位（主要是包含了汇率的原因）。

中国的基础设施的增长与其他国家的历程存在完全不同的轨迹。从OECD主要国家来看，高速增长期都维持了较长时间，基础设施的投资体现了与经济增长的相互适应性，大体都经历了三个阶段：60年代的加速期，随后是70年代的减速期，经过周期的调整以后，八九十年代至今主要发达经济体的基建投资存量增速基本处于趋缓的稳定期。如图14.3所示，除日本外的其他OECD国家在1961—1970年基础设施存量增长率维持在4%左右，1971—1989年基本维持在1%～3%之间，进入90年代以后基本维持在4%以下。日本从1961年的4%一直上升至1972年的11%，然后一路降至1985年的2.9%，后来一直维持在4%左右的水平。

中国基建投资存量增速体现出截然不同的"中国特色"，我国的增速在1992年之后就一直维持在10%以上的高速增长期，至今还处于两位数的高位，2009 年是增速高峰，为 23.8％，见图 14.4。

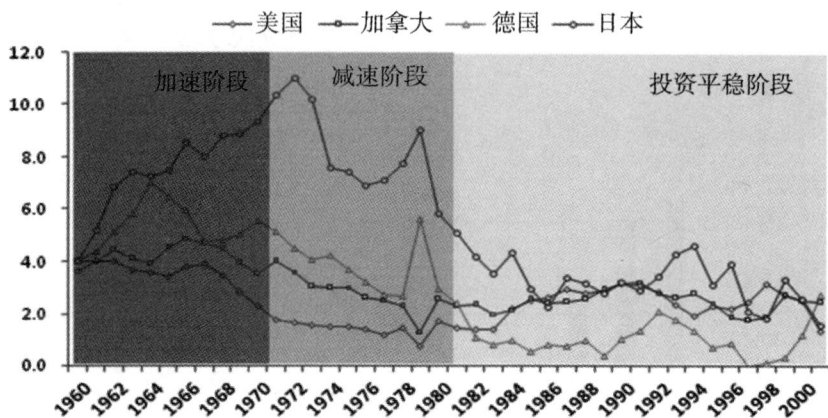

资料来源：IMF，作者梳理

图 14.3　主要 OECD 国家的基础设施存量增长率（％）

资料来源：《中国固定资产投资统计年鉴》（2012），作者梳理

图 14.4　我国基础设施资本存量及增长率（以 2005 年不变价计算）

国际经验在我国不太适应的原因一方面是经济发展阶段和发展特征不一样，另一方面更重要的是政治环境的"中国特色"（政府和政策因素）。

基础设施是否过剩

数据呈现给我们的事实是我国现有的基础设施资本存量已经超过 25 万亿元，位列世界前三，那么中国的基础设施投资是否已经过度，判断标准是什么？

人均资本存量是其中一个重要的衡量指标。基础设施的建设最终是为了社会的经济文化发展，改善居民的生活，那么考虑人口的情况，人均拥有量就是一个很好的指标。我们看到，虽然我国的存量总额处于较高水平，但是高总量背后却隐藏着极低的人均存量，远远低于所有 OECD 国家。同样的比较口径，不论是在中国总体基础设施资本存量排名第 15 位的 1980 年，还是在总量排名第 3 位的 2010 年，我国的人均资本存量都低于所有 OECD 国家，人均资本存量未曾因为总量的增加而明显改善。

人均资本存量区域差异显著。长珠三角人均存量最高，中部地区远远落后，但即便是长珠三角地区也尚不及 OECD 国家 1990 年的水平。各个区域政策的主导与人口的变迁叠加，形成了当前资本存量的区域不平衡特征。总的来看，长珠三角地区人均存量最高，最低的是中部六省，而环渤海和西部资源带地区的人均存量相当，见图 14.5。比较来看，即便是长珠三角地区，当前的人均存量也仅仅和美国 1972 年、加拿大 1979 年以及日本 1976 年的水平相当，落后了 40 年；而西部、环渤海以及中原地区更是远远落后于以上 OECD 国家。

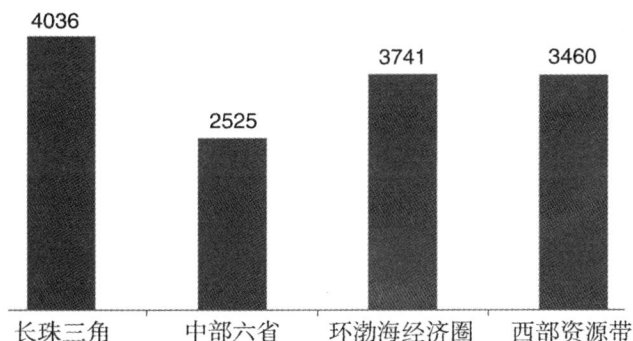

资料来源：作者梳理

图 14.5　2010 年各区域人均资本存量（美元）

另外一个衡量投资是否合理的重要指标是资本产出比。发达经济体的资本产出比大致经历了上升、平缓下降至稳定的历程。基础设施产出比，即基础设施资本存量/GDP 的比值，反映了一个地区基础设施建设与经济发展的关系。

这一比值在长期是稳定的。卡尔多（1958）就提出经济发展的程式化事实：在长期，资本产出比是稳定的。这一理论后来成为经济增长的理论基础和其功效的检验标准。事实上，Kehoe（2005）的研究发现，这一经济核算上的事实到今天依然成立。Kamps（2006）测算了 22 个 OECD 国家 41 年资本存量与 GDP 比值的均值，为 3.09，基础设施资本存量与 GDP 的比值均值为 0.55。

发达经济体都经历过资本产出比高速增长的阶段，但最后趋于稳定。不同的国家国情不同，经济发展模式不同，投资节奏不同，呈现出各个国家大相径庭的资本产出比的路径。但是整体上来看，各个国家在经济的快速增长期都伴随着资本产出比的提高，随后随着基础设施的不断完善以及经济基数的不断增加，该比值出现下降、趋缓直至基本稳定。

中国整体资本产出比仍然处于上升期。总体来看，全国的资本产出比处于上升周期，现已将近 0.8，这里有两种可能：第一种是基础设施建设已经远远过度，导致分子太大；第二种情况是中国有特殊的国情，导致其离峰值尚有一段上升期。我们认为第二种情形的可能性较大，原因在于我国的资本产出比至今一直处于上升期，并未出现其他国家所谓的拐点情形。中国的资本产出比的均衡值可能高于一般国家的均衡值，当然，即便是超过 1 的资本产出比的出现也并非历史个案，日本在上世纪 80 年代就经历过大于 1 的资本产出比的阶段，新西兰在 1978—1983 年间也有类似的历程。

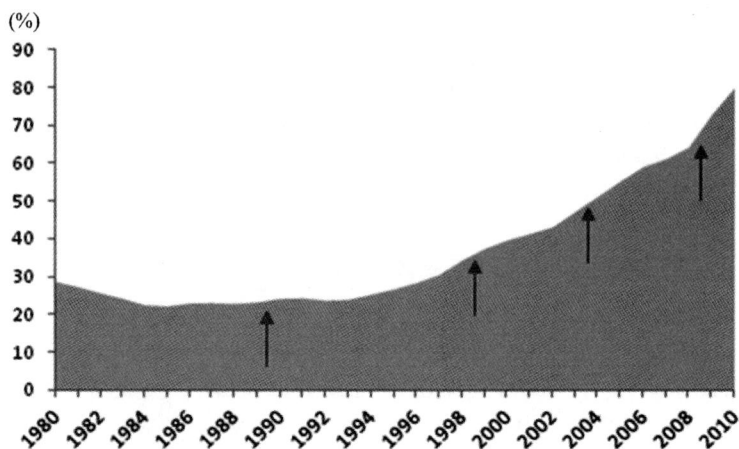

资料来源：作者梳理

图 14.6　中国的资本产出比

从图 14.7 和图 14.8 可看出，西部存在一定程度的基建投资超前现象。截至 2010 年，资本产出比的区域差异显著，其中西部地区已经超过 1，达到 1.09，高于全国 0.2 个百分点。对比而言：（1）长珠三角地区似乎已经出现拐点，达到一个稳定的增长期，高峰在 2009 年，之后出现略微的下降，至 2010 年长珠三角地区的资本产出比为 0.55，是学术上公认的长期均衡比例。（2）假使未来该区域延续趋缓趋稳的资本产出比，基本维持在 0.5 的水平，那么可以确定的是，西部地区的基础设施建设当前确实存在某种程度的"超前"，或者说是由于国家政策上的战略性超前，未来一段时间，需要更大的经济发展"蛋糕"来支撑现有的基础设施建设，换句话说，现有的存量设施将会给未来西部经济发展带来更加积极的作用。西部地区现有的人均资本存量已经达到长珠三角地区的 85%，但是资本产出比是长珠三角的 2 倍，显然西部的经济尚不能支撑如此高的比例。（3）中部地区还需要较大的基础设施投资以带动经济的发展，中部六省地区的资本产出比还处于周期性的上升期，同时地区的人均资本存量也非常低，仅为长珠三角地区的 60%。

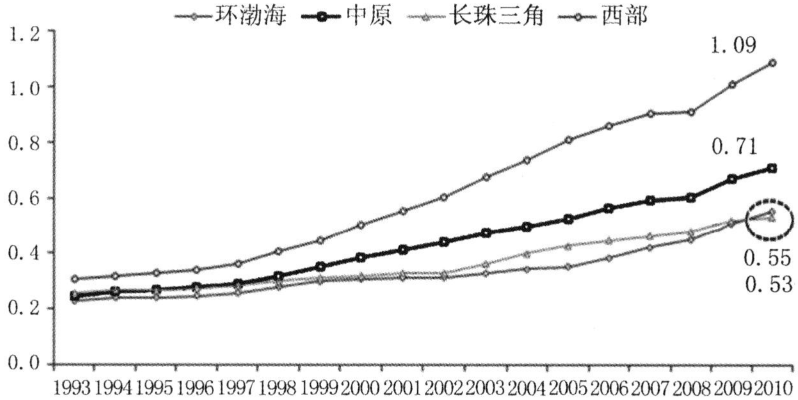

资料来源：作者梳理

图 14.7 各区域资本产出比

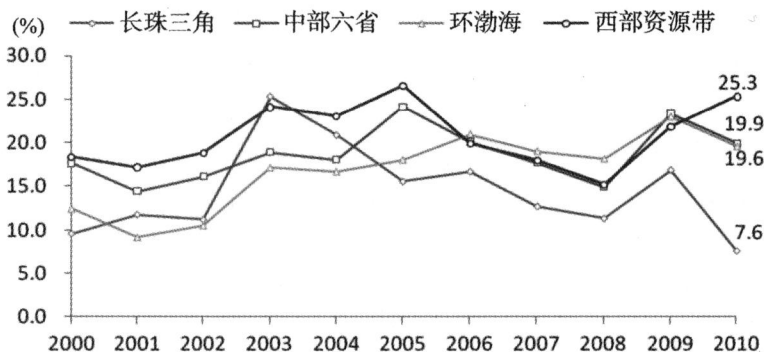

资料来源：作者梳理

图 14.8　各地区实际人均基础设施存量增速

据此可以初步推断：中部六省、环渤海以及东部、西部的现有资本存量存在较大差异，从合理性的角度推断，西部以及东部的投资增长率将会维持在一个较低水平，而中部六省将会保持较高的增长率。虽然诸如西部大开发等战略可以缩小地区间基础设施的建设差异，但是大规模的政策干预未必能缩小经济发展的区域性差异。也就是说，仅仅靠基础设施投资来推动经济增长是不够的，而且过快的基础设施增长很可能会导致生产率的低下。

未来基础设施投资的空间在哪里

基于我们的逻辑，我国的基础设施建设不论是从人均资本存量的角度还是从资本产出比的角度来看，都仍存在一定的投资空间，那么接下来的问题是：什么行业、领域、方向的投资会带来实际有效需求？未来会产生正收益，并有助于增长动力的转型吗？

需要强调的是，虽然基础设施建设投资的空间依然存在，但下一阶段的投资如果由政府主导，可能会加大无效投资和错误投资的概率。下一阶段，不会有 80 年代的大量历史欠债，道路、电力、通信、港口处处短缺；也不会有 90 年代末以后的一轮"投资拉动内需"，随后赶上加入 WTO、外需急剧爆发的状况。如果为了拉动经济而盲目、过度投资却没有更大的实际需求来消化，则势必会增加投资无效的可能性。

国际比较来看，中国的公路建设很可能已经过剩

从每千米道路上行驶的车辆数来看，我国为 16 辆/千米，远远低于德国的 72 辆/千米和日本的的 63 辆/千米，甚至低于一般的中等收入国家，这里有可能是分子小或分母大的原因，但是结合各个国家的汽车保有量来看（见图 14.9），我国的汽车保有量还是远高于德国、法国等国家，处于较高水平，这就间接说明我国的道路建设是过剩的。从国内的数据看，我国的高速公路截至 2011 年底已有 8.5 万公里，占全部公路里程的 2.1%，而这一比例在 1990 年仅为 0.05%，且每年仍有 5 000～10 000 千米的新增产能释放；但与此同时，需求似乎出现过剩，要干高速公路的日均车流量已经趋于稳定，甚至开始下降。以四川省第一条高速公路、连接四川与重庆的交通大动脉成渝高速为例，高峰期在 2008 年 7 月—2010 年 7 月，现通行费收入已经开始下降。港口建设也趋于饱和，加入 WTO 以后，加工制造业高速增长，2002—2005 年外贸进出口总值平均增速为 28%，国内主要集装箱港口供不应求，自 2006 年开始，经过连续五年的大规模建设，集装箱港口设计吞吐量大幅提高。但是 2009 年的金融危机是中国外贸出口的分水岭，整体经济出口转内需，自 2010 年初开始，全国主要港口集装箱吞吐量增速已经开始趋缓甚至下滑，每年 3 亿～4 亿吨的新增产能可能得不到有效的需求支撑。

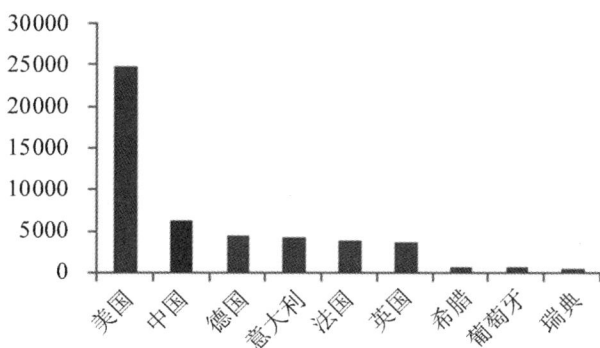

资料来源：作者梳理

图 14.9　汽车保有量（万辆）——国际比较

与此同时，从路网密度来看，我国铁路建设相对滞后。2011年中国铁路营运里程达到9.3万公里，比上年增加2 071.1公里，增幅为2.3％，里程长度居世界第二位。从中国近年GDP的增长来看，铁路营运里程的增速明显落后于GDP的增速，从1978年到2010年间的铁路营运里程年均增长率仅为1.8％；从路网密度的国际视野来看（见图14.10），不论是基于国土面积还是基于国家总人口，我国都处于较低水平，每万平方公里上的铁路里程在2010年为69公里，为英国的1/20、印度的1/7，每万人拥有的铁路里程更是不到0.5公里，处于较低水平，体现出我国铁路建设的滞后。

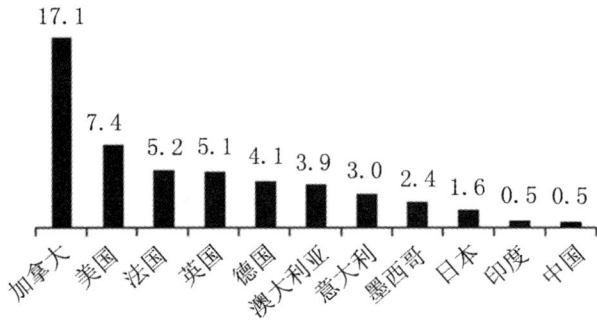

资料来源：作者梳理

图14.10 路网密度（公里/万人）——国际比较

可以初步判断，未来中国的基础设施建设投资需要作一些切实转变：

第一，投融资主体的转变。在需要作仔细甄别的前提之下，市场机制往往比政府来得聪明。不应再一味地以政府为主导，而是需要更多地引入市场力量以便在项目成立时更多考虑建成效益。

第二，融资来源的转变。应建立多元化的资金来源渠道，使社会各类资金都能分享基建带来的收益，同时也能使得项目建设接受市场的监督。

第三，项目选择的转变。需要更多地考虑未来城镇化进程中的产业转移和人口流动等因素，战略性的超前投资是可以的，但是未来必须要有更大的需求来满足，否则投资错误的可能性较大。所以，投资的区域、领域、行业都将会因各地不同的现有建设以及未来的要素变化而出现差异化。

鉴于以上分析，我们可以从以下四个维度来观察中国未来城镇化过程中的基建投资空间：

第一，围绕城市群建设的投资。网络化的城市群发展模式是未来城镇化发展的主要模式。

第二，城镇化推进过程中的公共设施建设投资需求。城镇化的不断发展必然需要相匹配的基建投资，而一直以来我国在公共服务等领域的建设起步较晚。

第三，农民工市民化带来的教育、医疗等公共服务均等化产生的投资需求。对于占全世界1/3的流动人口的国家来说，2.6亿的农民工，特别是1.6亿外出务工的农民工，随着户籍制度的不断完善，他们会在城市安家落户，这部分流动人群存量将在教育、医疗等方面产生巨大的需求。

第四，资源与人口之间的纽带投资，特别是为了缓解资源与人口分布的不平衡带来的能源建设投资。

围绕城市群建设带来的"连接性"基础设施投资需求

在经过多年的大城市与中小城市发展的争论之后，中国已经基本确定了以城市群、网络化城市（city networking）为未来城镇化进一步推进的主体形态，即通过现代化的交通、通信体系，把一个区域内特大城市和中小城镇整合起来，形成城市网络，通过城市间的基础设施一体化实现大中小城市的"同城化"。

网络化城市群的发展模式，既能够实现大城市的规模效益，又可以避免单个城市盲目扩张带来的"大城市病"；既可以降低大城市生活成本，又可以避免小城镇缺乏就业机会的现象。在这一模式下，大城市尤其是特大城市能够提供更多的市场和就业机会，而中小城镇则侧重为转移人口提供住房和教育、医疗等公共产品，这样的模式安排使市场行为主体、地方政府和中央政府都可以实现预期目标：个人收入增加、公共服务职能优化和国家发展战略顺利实施。

目前在中国珠三角、长三角和京津唐地区，已经出现了这样良好的发展趋势，在欧洲、日本则早有先例，这可能是国家需要的，也是农村转移人口可以接受的城镇化发展模式，需要政府积极加以引导。

第一，国家重点开发区域可能是基础设施的投资重点。

国务院在2010年底颁布了《全国主体功能区规划》（见图14.11），推进形成主体功能区，根据不同区域的资源环境承载能力、现有开发强度和发展潜力，统筹谋划人口分布、经济布局、国土利用和城镇化格局，确定不同区域的主体功能。按开发方式，将国土空间分为优化开发区域、重点开发区域、限制开发区域和禁止开发区域；按开发内容，分为城镇化地区、农产品主产区和重点生态功能区。

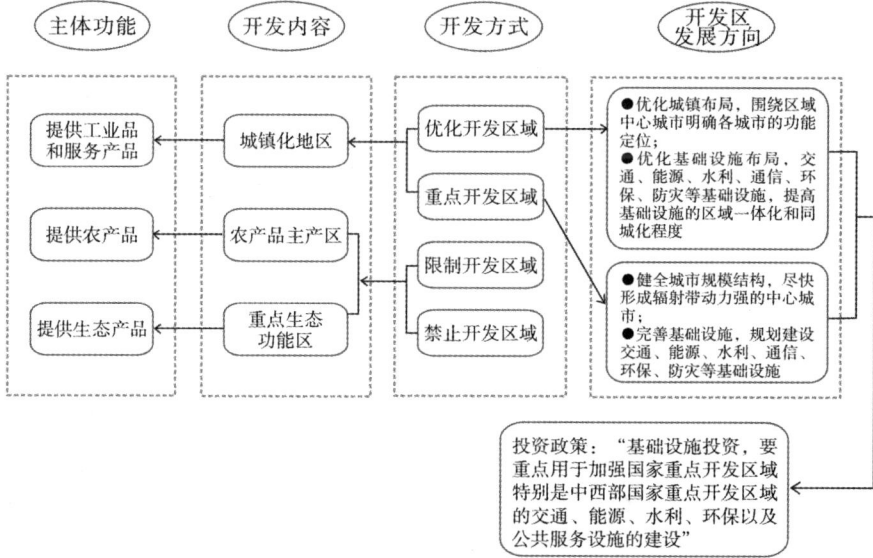

资料来源：《全国主体功能区规划》，华创证券

图 14.11　主体功能区规划战略方向

其中，优化开发区域是经济比较发达、人口比较密集、开发强度较高、资源环境问题更加突出，从而应该优化的城镇化地区；重点开发区域是有一定经济基础、资源环境承载能力较强、发展潜力较大、集聚人口较多和经济条件较好，从而应该重点进行工业化城镇化开发的城镇化地区。优化开发区域和重点开发区域都属于城镇化地区，开发内容总体上相同，但开发强度和开发方式不同。《全国主体功能区规划》明确提出到2020年基本形成主体功能区布局的总体要求，以"两横三纵"为主体的城镇化战略格局基本形成，全国主要城镇化地区集中全国大部分人口和经济总量。以"两横三纵"为主体的城镇化战略格局的主要内容为："构建以陆桥通道、沿长江通道为两条横轴，以沿海、京哈京广、包昆通道为三条纵轴，以国家优化开发和重点开发的城镇化地区为主要支撑，以轴线上其他城镇

化地区为重要组成部分的城镇化战略格局。推进环渤海、长江三角洲、珠江三角洲地区的优化开发，形成三个特大城市群；推进哈长、江淮、海峡西岸、中原、长江中游、北部湾、成渝、关中—天水等地区的重点开发，形成若干新的大城市群和区域性的城市群。"针对不同的开发方式形成的主体功能区，在实施的过程中国家给予的财政、投资政策是有侧重的，尤其在基础设施的投资上，规定投资要重点用于加强国家重点开发区域特别是中西部国家重点开发区域的交通、能源、水利、环保以及公共服务设施的建设。

第二，城市群网络建设需求。

城市群之所以为"群"，是因为有相似的经济与产业结构，那么交通就是连接的纽带，交通运输，尤其是城际的快速网络的建立是城市群经济和产业发展的重要基础。为此，国家出台的《"十二五"综合交通运输体系规划》就明确提出了建设城际快速网络的要求："以轨道交通和高速公路为骨干，以国省干线公路、通勤航空为补充，加快推进城市群（圈、带）多层次城际快速交通网络建设，适应城市群发展需要。"

这里最重要的城市群网络基础设施是城际交通，而城际交通的建设也需要因地而异。目前规划并不是全国一盘棋，而是有所优先，有所侧重，从国家的角度讲，我们将其归纳为四类：（1）优化完善型：这一部分城市群的建设主要是为了提高轨道交通区域一体化和同城化程度，以优化布局和建设，因此规划采取的建设路径为"逐步推进部分路网加密线、外围延长线以及内部联络线"，从而产生的资金需求也较小。主要包括的区域有：环渤海、长江三角洲、珠江三角洲。（2）骨干线路型：这些城市群的城际快轨的建设主要是为了拓展发展空间，提高产业和人口承载能力，因此规划建设的主要路径为"规划建设以中心城市为依托、周边中小城市为重点、有效发挥辐射作用的骨干线路"，这一部分会产生较大的投资需求。主要包括的区域有：山东半岛地区、江淮地区、中原城市群、武汉城市圈、长株潭城市群、关中—天水地区、辽中南地区、成渝地区。（3）新旧衔接型：为了强化此类城市群的城市间的经济联动和功能分工，规划采取的建设路径是"利用既有铁路资源与建设新线相结合，实现城际轨道交通快速服务"。我们认为此类城市群的建设投资更少，主要包括哈大齐工业走廊和牡绥地区、长吉图经济区、海峡西岸经济区、北部湾地区。（4）自主、适时型：针对冀中南地区、太原城市群、鄱阳湖生态经济区、呼包鄂榆地区、兰州—西宁地区、宁夏沿黄经济区、黔中地区、滇中地区、藏中南地区和天山北坡地区，则提出根据地区的城镇化发展趋势和要求，适时规划建设城际轨道交通。我们认为这一部分的投资肯定是存在的，但是在时间的优先级上却不是最高的。

第三，城市群之间、城市群内部的交通网络的布局因城市群区域的发展程度而异。

第一层次是城市群与城市群之间的城际干线的建设，规划的重点建设在于国家的重点开发区，通过城际干线的建设，构建都市交通圈。第二层次是城市群内部的城市点的连接，其中，由中心城市到区域主要城市的城际快速通道的建设依城市群区域的发展程度而异，对于发展较快的城市群区域，以轨道交通和高速公路为主；而对于尚处形成初期的城市群区域，以高等级公路为主。另外，对于城市群内部的中小城市和城镇之间的连接，主要以公路网络为主，见图 14.12。

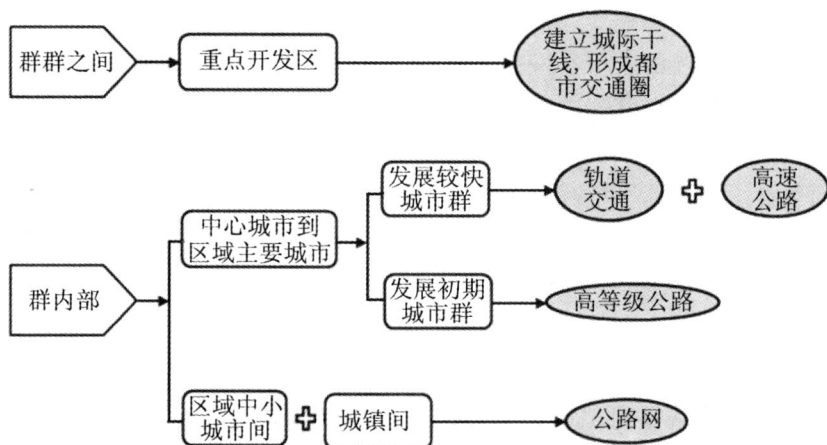

资料来源：《全国主体功能区规划》，华创证券

图 14.12　城市群网络建设

第四，城市群内部不同城市节点之间的连接性交通设施。

规划中城市群内部的中心城市到区域内主要城市的交通网络依据城镇化发展阶段而异，为此我们将国家重点规划区的城市群发展程度作一个简单的测算：一个城市群的整体发展程度是该地区的人均 GDP 排序与人口密度排序的平均，而该城市群的人均 GDP 为其包含的中心城市与规划内其他城市的人均GDP的均值（人口密度类似）。为此我们筛选出排序最靠后的六个城市群作为发展处于初期的区域，则其中心城市到区域内其他城市以高等级公路为主，那么该区域的城城间公路还存在较大的投资机会。而我们筛选出的发展较快城市群则主要存在城市群内部的轻轨和高速公路的投资机会。

一个城际快轨例子：中原经济区的城际轨道交通建设

中原经济区位于全国"两横三纵"城镇化战略格局中陆桥通道横轴和京哈京广通道纵轴的交汇处，包括河南省以郑州为中心的中原城市群部分地区。该区域的功能定位是：全国重要的高新技术产业、先进制造业和现代服务业基地，能源原材料基地，综合交通枢纽和物流中心，区域性的科技创新中心，中部地区人口和经济密集区。

该城市群的人口密度较高，仅次于冀中南地区，每平方公里拥有3 140人，而经济发展程度相对较低，在全部重点规划区城市群中排名第13位，人均GDP为37 154元，第二产业占GDP的比重为55%。据以上分析，该城市群内部的中心城市到其他城市的交通主要依赖轨道交通和高速公路，而事实上，河南省的中原城市群轨道交通规划早在2009年底就获得了发改委的批准。

郑州和洛阳分别发挥中心和副中心作用，覆盖9个河南省辖市。《中原城市群城市轨道交通线网规划》涵盖范围包括郑州、开封、洛阳、新乡、焦作、许昌、平顶山、漯河、济源9个市及其所辖县市的全部行政区域。具体而言：（1）"十"字形加半环形的交通网结构，先主线后环线的设计规划如下：以洛阳—郑州—开封、新乡—郑州—漯河为主轴，以新乡—焦作—济源—洛阳、洛阳—平顶山—漯河为发展轴，以郑州—焦作、平顶山—许昌为连接线。（2）在2009—2015年间，重点建成356公里。重点项目建设以郑州为中心，完成郑州—焦作、郑州—开封、郑州—新郑机场—许昌、郑州—洛阳等线路，覆盖郑州与临近城市交通通道上的主要城镇。其中，郑州—开封线全长约50公里，郑州—焦作线全长约71公里，郑州—新郑机场线全长约29公里，郑州—洛阳线全长约145公里，新郑机场—许昌线全长约61公里。（3）2015—2020年间，计划建成140公里。这五年城际网络建设进度有所放缓，主要完成许昌—平顶山和郑州—新乡线，合计约140公里。在整个2010—2020年间，合计完成约496公里里程。（4）2021—2030年的远景规划完成554公里。这10年间，主要完成环线的网络构架，全部的里程数和之前 10 年相近。

最终，2020 年前形成以郑州为中心的 1 小时城际轨道网。首批通过的 7 条线路将于 2020 年前全部完成，公开资料显示，总投资将达到 600 亿元，届时将形成以郑州为中心的交通基本结构，郑州至圈内其他 8 个城市的轨道交通时间均在 1 小时以内，郑州至开封仅需 21 分钟，时间最长的郑州至平顶山，也只需 60 分钟。至 2030 年大外环建成以后，洛阳至新乡仅需 51 分钟，洛阳至平顶山只需 70 分钟。九大城市之间交通更加便捷，对城市圈内的经济整体发展以及同城化程度的加深有重要的战略作用，同时也给基建投资带来了机会，见图 14.13。

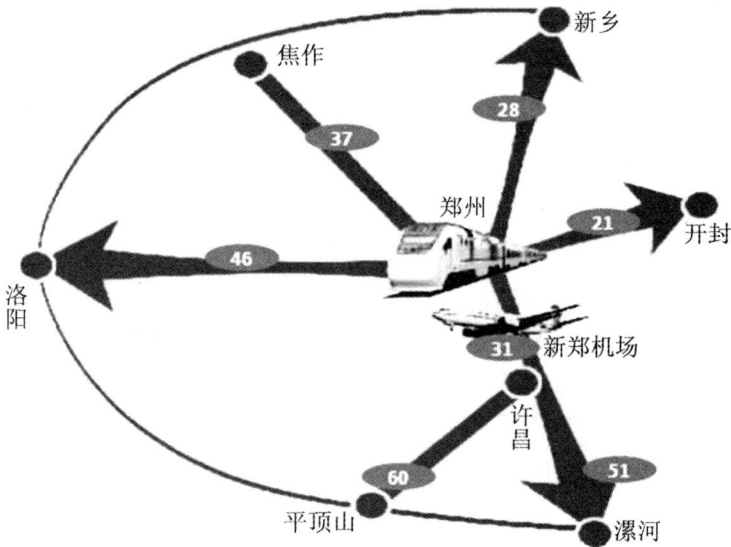

资料来源：华创证券

图 14.13 郑州至群内其他城市所花时间（分钟）

一个高速公路例子：北部湾经济区

北部湾经济区位于全国"两横三纵"城镇化战略格局中沿海通道纵轴的南端，包括广西壮族自治区北部湾经济区以及广东省西南部和海南省西北部等环北部湾的部分地区。该区域的功能定位是：我国面向东盟国家对外开放的重要门户，中国—东盟自由贸易区的前沿地带和"桥头堡"，区域性的物流基地、商贸基地、加工制造基地和信息交流中心。主要包括南宁、北海、钦州、防城港等所辖行政区。

综合该地区的人口密度和经济发展程度来看，北部湾地区尚处在城镇化发展的初期阶段，人均 GDP 尚不及 40 000 元，人口密度不及 1 000 人/平方公里，第二产业占 GDP 的比重仅 41%，为重点规划区二产比最低的两个区域之一（二产比最低为黔中地区，仅 37.8%）。

"十二五"期间，北部湾坚持交通优先发展战略，重视对高速公路的建设。《广西北部湾经济区"十二五"时期国民经济和社会发展规划》指出，"十二五"期间，"坚持交通优先发展战略，完善连接北部湾经济区内外的综合交通信息网络主骨架，构建通往周边省市和东盟国家的快速运输通道，形成便捷、通畅、高效、安全的一体化交通通信运输体系"：（1）建设 1 436 公里高速公路。这五年建设高等级公路 1 556 公里，其中高速公路 1 436 公里，实现经济区内相邻一、二级城镇"一小时经济圈"，三、四级城镇到相邻二级城镇"半小时经济圈"。续建完成六景—钦州港、钦州—崇左、玉林—铁山港（含松旺—铁山港东岸支线）、防城—东兴等高速公路。扩建南宁经钦州至防城港、至北海高速公路。建设茅尾海龙门跨海大桥，建成滨海公路。建设中越北仑河二桥。提高东兴至凭祥沿边公路等级。完善通往云贵、珠三角、湖南、越南方向的高等级公路网络。（2）建设 2 679 公里铁路，打造"123 城市经济圈"。这 5 年，建设南宁—广州、云桂、柳州—南宁城际、河池—南宁、合浦—湛江、玉林—铁山港、防城港—东兴铁路，电气化改造黎塘—湛江铁路，增建南昆铁路南百段二线，扩能改造南宁—凭祥、沿海铁路（南宁—钦州、钦州—防城港、钦州—北海），规划建设钦州—崇左铁路，优化完善经济区铁路网络，打造以南宁为中心的"123 城市经济圈"（南宁到北部湾经济区沿海城市 1 小时以内、到其他主要中心城市 2 小时左右、到周边省会城市 3 小时左右），形成连接周边省市和东盟国家的高标准、大能力的出海出边国际铁路大通道。

城镇化进程中的公共设施建设

随着基本道路、桥梁等设施的完善，政府的社会公共职能就愈显重要，城市污水的处理、燃气管道的铺设、城市绿化、垃圾处理、公园的建设等公共设施的投资续期加大，如图 14.14 所示。

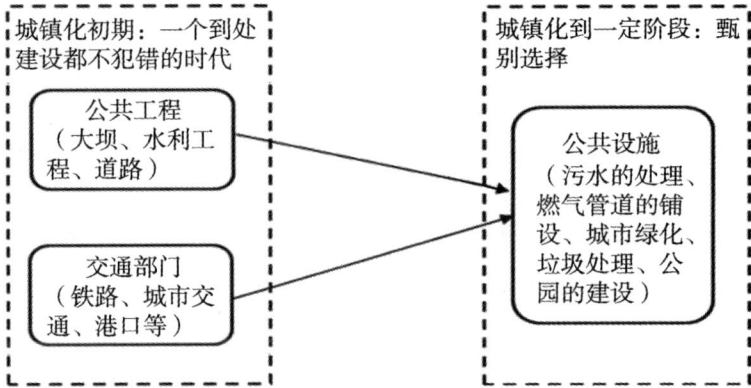

资料来源：华创证券

图 14.14　基建投资方向的转变

以城市改善的卫生设施为例（获得经改善卫生设施是指具有最基本的处理排泄物设施的人口所占的比例），中国仅达到74％，不及中等收入国家的平均水平，远不及高收入国家，见图14.15；城市最基本的燃气普及率尚有4个省未达80％。时任国务院副总理李克强曾在2012年10月《行政管理体革》中撰文指出，"新建的农村社区有没有上下水？这是目前农村和城市一个很大的区别"，"后来有的经济学家就拿抽水马桶来衡量一个家庭是不是中等收入家庭。这可能不完全准确，但也是一个有效的衡量标准"。

资料来源：世界银行，华创证券

图 14.15　城市改善的卫生设施（％）

第一，以地铁和快速公交为代表的城市交通体系建设。花费最长的平均上班时间正是"以人为本"的城镇化建设滞后的表现。2010年英国的一家咨询公司就对全球主要国家的工作人员上班时间做了一个调查，其中中国以42分钟居首位，高于主要的发达经济体，也高于印度。就各个省市而言，北京以人均52分钟位列全国首位，广州、上海、深圳的人均上班时间也都超过45分钟，50个主要城市有1/4上班时间超过30分钟，见图14.16。有研究表明，城市的拥堵正是城市的基础设施未跟上人的发展步伐所致。以北京为例，一个人口超过2 000万（2 018.6万）的都市，运营的地铁总长度仅为372公里，人均长度不到2厘米，天津、重庆更是缺乏，这些城市离发达国家大都市尚有较大差距，纽约市公共交通占总交通量的53%，市区铁路共27条，长443公里，所有车站通宵服务。

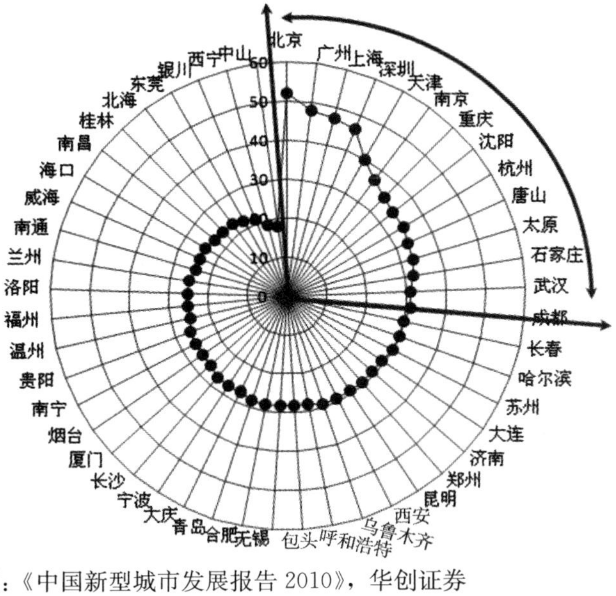

资料来源：《中国新型城市发展报告2010》，华创证券

图14.16　50个主要城市的平均上班时间（分钟）

简单测算，至2020年，城市内部的轨道交通至少有3万亿的投资需求。以上每一项与城市居民息息相关的建设随着后期城镇化水平的不断提高，将带来增量投资需求以及存量的维护支出。在此，我们仅以供燃气以及轨道交通建设为例，测算出具体的资金需求空间。北京地铁1号线是中国第一条开工建设的地铁，至2011年底，已有10多个城市建成城市轨道

交通，全部长度达到1 700公里，但是中国地铁的建设依旧非常滞后于城市的现代化发展，导致城市出行的不便。截至目前，已有30多个城市的轨道交通项目通过了发改委的审批，东北地区的沈阳、长春和哈尔滨开始走上建设地铁的道路。根据各地公开资料统计，33个城市合计在"十二五"期间将新增轨道交通里程2 467公里，2016—2020年间新增5 538公里，如果以每公里5.5亿元的平均建设资本计算，那么到2020年将会有3万亿的资金投入。

从各个城市的具体规划来看（见图14.17），还是存在一些差异的，其中规划建成里程最长的不是北、上、广、深等一线城市，而是后起的南京，而中西部的重点城市，如重庆、武汉、合肥，因其自身基础设施的不断完善以及经济的发展，成为新一波吸引农民工以及大学生就业的城市，与此同时，随之而来的城市公共交通的建设就显得尤为突出，而城市规划显然也充分考虑到了人口的压力。

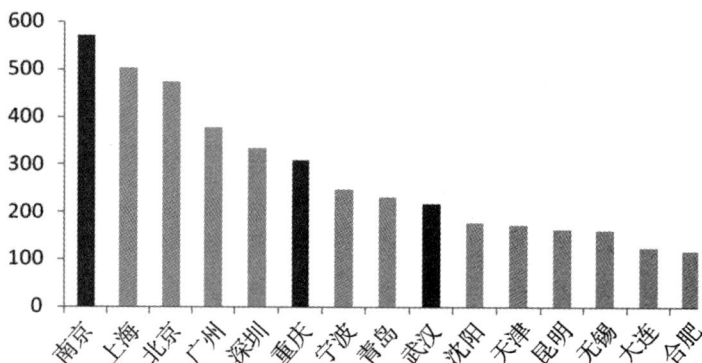

资料来源：公开资料，华创证券测算

图14.17　2011—2020年各个城市轨道交通规划里程（公里）

第二，城市供水供气、垃圾处理等生活服务体系的投资需求。黑龙江、内蒙古最基本的用水普及率有待提高；河南、甘肃、云南、贵州需要优先解决城市的供气体系；全国的生活垃圾无害化处理率都有待提高，特别是甘肃、黑龙江和吉林等省。（1）我国当前的城市居民的用水普及率已达到97％，其中北京、天津、河北以及上海已经达到了100％，但是黑龙江、内蒙古、贵州、四川以及西藏等地的用水普及率仍较低，尚不到92％。（2）全国城市的用气普及率为92.4％，其中北京、天津达到了

100％，但是贵州、云南、甘肃等地的用气普及率尚不足 75％。（3）对于生活垃圾的无害化处理，全国尚处在较低水平，普及率仅为 79％，只有天津达到了 100％的生活垃圾无害化处理，甘肃、黑龙江、吉林三省的无害化处理率皆未达到 50％，宁夏、上海、湖北的无害化处理率在 70％以下。事实上，与城市居民的生活息息相关的投资是城市发展最基本的标杆。

这些年全国整体的公共服务领域有了较快的发展，特别是 2007 年以后，城镇公共绿地的建设以及公共汽车的人均公用水平均出现了大幅上升，我们预期这一趋势将会延续，见图 14.18。

第三，寻找最需投资的城市。城市的基础设施是城市发展的物质基础，是城市现代化建设的重要内容。在这里，我们通过建立一个城市的综合评价体系来观察交通设施、环境设施、能源供应等方面最需要投资的城市或区域。

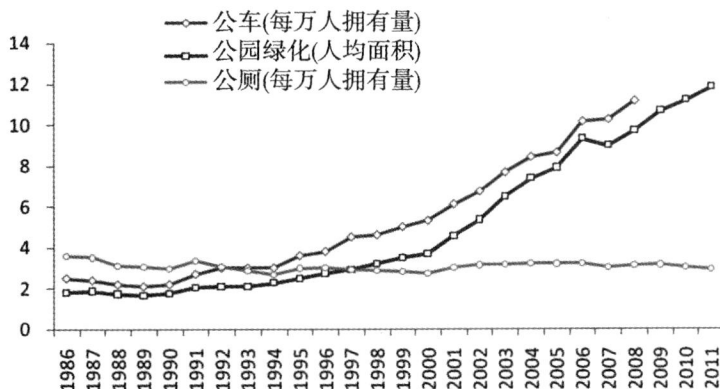

资料来源：《中国城市建设统计年鉴 2011》，华创证券

图 14.18　"三公"建设情况

我们对 286 个地级以上城市（不含拉萨市）的基础设施建设水平进行综合评价。基于城市经济学的理论以及现有的城市建设数据，建立环境设施、交通设施、邮电设施和能源设施四个方面的指标综合评价体系[①]，每

---

① 每个指标的权重参考《中国地级以上城市基础设施评价研究》中相关均方差决策模型的方法计算。

个一层指标下设立了相关的二层指标以确切反映每个一层指标，具体见表 14.1。

表 14.1　城市基础设施综合评价指标体系

一层指标	二层指标	权重 1	权重 2	综合权重	计算公式
环境设施	绿化覆盖率	0.32	0.25	0.080	市辖区绿化覆盖面积/市辖区面积
	人均公共绿地		0.31	0.100	建成区公共绿地面积/城区人口
	生活垃圾处理率		0.19	0.060	生活垃圾处理量/生活垃圾清运量
	污水集中处理率		0.25	0.080	污水集中处理量/污水排放量
交通设施	人均道路面积	0.29	0.50	0.147	城市道路面积/城市总人口
	每万人拥有公交车辆		0.50	0.147	城市公交车辆标台数/城区人口
邮电设施	国际互联网普及率	0.23	0.43	0.099	国际互联网用户/城区人口
	每百人固定电话数		0.36	0.082	城区固定电话数/城区人口
	每百人移动电话数		0.21	0.049	城区移动电话数/城区人口
能源设施	管道燃气普及率	0.15	1.00	0.154	(人工煤气＋液化石油气＋天然气)/市辖区人口

资料来源：《中国地级以上城市基础设施评价研究》，华创证券

　　从不同城市的层面看，城市基础设施综合建设最完善的城市为鄂尔多斯、东莞、河源、广州、十堰和潮州市，中西部城市较为欠缺，相对欠缺的城市多数在甘肃、广西和四川等。[①] 按照如上指标体系，我们分别筛选出 20 个综合基础设施最完善的城市和 20 个最需要加强的城市（见表 14.2），其中综合基础设施最完善的前 20 个城市中广东省占了 5 个。对于每一个二层指标的情况城市差异较大，环境设施最完善的十大城市是河源市、东莞市、深圳市、鄂尔多斯市、黄山市、十堰市、随州市、广州市、石嘴山市和大庆市；交通设施相对成熟的十大城市是深圳市、鄂尔多斯

---

　　① 由于篇幅有限，仅列出综合排序。

市、邢台市、珠海市、威海市、大庆市、沧州市、邯郸市、青岛市和苏州市；而用气率最高的城市为深圳市、潮州市、鄂尔多斯市、泰州市、广州市、上海市、遵义市、厦门市、十堰市和辽源市。

表 14.2 城市基础设施综合评价

排序	最佳 20 市		最需建设 20 市	
	城市	隶属省份（自治区）	城市	隶属省份（自治区）
1	鄂尔多斯市	内蒙古	定西市	甘肃
2	东莞市	广东	来宾市	广西
3	河源市	广东	保山市	云南
4	广州市	广东	昭通市	云南
5	十堰市	湖北	钦州市	广西
6	潮州市	广东	巴中市	四川
7	厦门市	福建	贵港市	广西
8	珠海市	广东	安康市	陕西
9	无锡市	江苏	防城港市	广西
10	黄山市	安徽	内江市	四川
11	南京市	江苏	贺州市	广西
12	绍兴市	浙江	亳州市	安徽
13	大庆市	黑龙江	宿州市	安徽
14	威海市	山东	孝感市	湖北
15	青岛市	山东	阜阳市	安徽
16	晋城市	山西	永州市	湖南
17	苏州市	江苏	平凉市	甘肃
18	长沙市	湖南	广安市	四川
19	福州市	福建	中卫市	宁夏
20	昆明市	云南	陇南市	甘肃

资料来源：华创证券

从省（市）的口径看，最需综合建设的省（市）是重庆市、天津市、青海省、海南省和贵州省。环境设施最需改善的省（市、自治区）为青海省、天津市、重庆市、海南省和新疆维吾尔自治区，也即这些省（市、自治区）需要在污水的集中处理、生活垃圾的处理、城市公共绿地的建设方面投入更多的资金。交通设施方面最大的投资机会来自四川省、广西壮族自治区、甘肃省、贵州省和河南省，也即在可预测的未来，城市道路的建设以及城市公共交通设备尚存缺口。

然而,最需要投资的地方未必是未来投资最多的地方。在中国,一个基本的现实是政府的规划,特别是国家层面的规划,往往成为投资的催化剂。理论上我们通过指标体系筛选出的最需要基建投资的城市,并不一定在现实中就会有实际的真金白银投入,国家规划之外的区域,可能会得到相对较少的政策支持。

我们将国家规划的重点城市群内部包含的地级市作一个梳理,然后将这些地级市的各项指标的均值作为这一城市群的综合指标值,如,哈长地区的生活垃圾无害化处理率就是哈长地区包含的哈尔滨市、大庆市、齐齐哈尔市、牡丹江市、长春市、吉林市和松原市的生活垃圾无害化处理率的均值,从而得出各个城市群的各项指标,以此观察未来投资相对可能较多的城市圈。由此得到的基本结论是:

(1) 兰州—西宁、哈长地区、北部湾、太原城市群以及成渝地区是最需投资生活垃圾无害化处理的 5 个区域。国家重点规划区的生活垃圾无害化处理率的均值为 86%,但是方差较大,冀中南地区达到了 100%,东陇海地区达到了 99.7%,但是仍有 5 个城市群低于 80%。生活垃圾的无害化处理和生活污水的处理是城市和乡村的根本区别之一,这个道理与"马桶理论"可谓是异曲同工。

(2) 北部湾、兰州—西宁、黔中、海峡西岸、成渝地区和太原城市群的生活污水处理最需投资;关中—天水、北部湾、成渝和宁夏沿黄区域的用气普及率最低。城镇生活污水处理率的整体水平为 76%,仅中原城市群和冀中南城市群达到 90% 以上,大部分地区尚处于 70%～90% 之间,特别是北部湾、兰州—西宁地区。用气(天然气＋液化气)普及率(用气人口/总人口)是各个城市群之间差异最大的公共服务建设,其中冀中南、呼包鄂榆、天山北坡地区的用气普及率达到 100%,而普及率最低的关中—天水仅 50%,北部湾地区仅 55%。

(3) 东陇海、北部湾、太原城市群、关中—天水是城市公共交通的重要投资区域。居民的出行便捷是城市文明的另一个重要方面,同时也是城市吸引外来人口的重要动力所在,以城市人均拥有的公共汽车为评价标准,建设相对完善的是冀中南和海峡西岸地区,而上述提及的城市群则较为匮乏,特别是东陇海、北部湾区域,每万人拥有的公共汽车不及 5 辆,不及冀中南地区的 1/3。

（4）冀中南地区是当前建设最完善的城市群，关中—天水、太原城市群、北部湾地区建设相对落后。不论是最基本的城市公共汽车还是生活方面的生活垃圾无害化处理、城镇生活污水处理、用气普及率，城镇化后期的绿化建设（以建成区绿化覆盖率衡量），冀中南地区各项指标都居17个国家重点规划区首位，而太原城市群、北部湾地区以及关中—天水和成渝地区的建设则相对匮乏，当然，差距也孕育着机会。

农民工市民化引致的公共服务均等化需求

存量农民工的市民化带来教育、医疗以及文化等领域的均等化需求。城镇化带来的基建投资需求与存量流动人口的市民化以及新增农村居民向城市居民的转移带来的各方面诉求存在较大的差异，见图14.19。广义口径的城镇化率的提高带动的是最基本的城市生活设施的建立，如供水、供气以及相关的交通、生活垃圾的处理等等。而随着户籍制度改革的推进，现居城市的无户籍各行业从业者将主要带来城市教育、医疗、文化等方面的均等化需求。

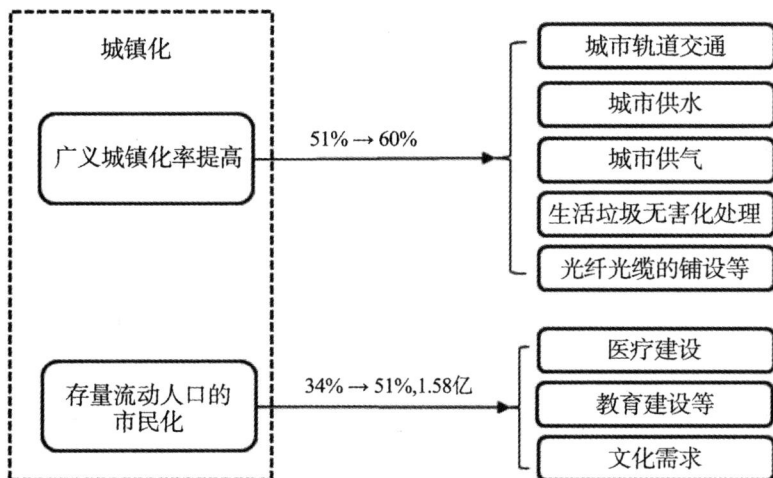

资料来源：华创证券

图 14.19　城镇化从两个维度产生城市建设需求

对于现有流动人口，至少1万所小学、400个剧场和50万张医院床位需要投资建设。户籍制度放开以后，现居城市的从业者的后顾之忧减少，成为真正的"城里人"，其子女可以接受城市里的教育，也可以享受城市的医疗卫生服务，特别是对于受过高等教育的从业者，其文化服务需求更强。在此本书对以下指标做了基本的测算：（1）基于现有城市市辖区人口的人均拥有小学数、人均拥有剧场数以及人均医院床位数水平；（2）假使各个省（市、自治区）的人口"十二五"规划计划吸纳落户的农民工数目（每年1 837万人）全部达到现有的水平一共需要的投资；（3）假使全部的存量流动人口市民化之后带来的投资需求。以医院床位为例，现全部城市市辖区拥有2 281千张医院床位，每万人拥有59张，假使全部现有流动人口都在城里就医，那么就还需要927千张新床位，见图14.20。

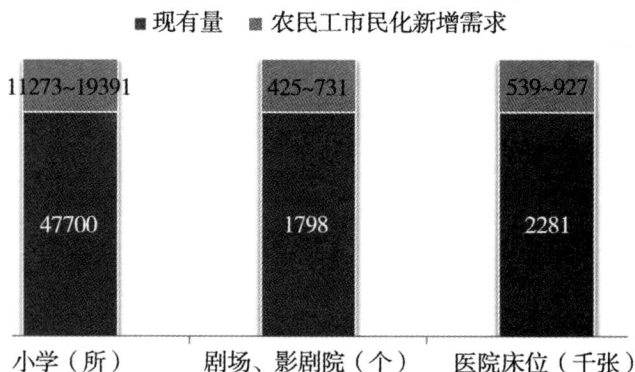

图例：■ 现有量　■ 农民工市民化新增需求

	小学（所）	剧场、影剧院（个）	医院床位（千张）
新增需求	11273~19391	425~731	539~927
现有量	47700	1798	2281

资料来源：《中国城市年鉴2011》，华创证券测算

图14.20　存量流动人口市民化带来的需求

以郑州市为例，医疗的平等化带来的医院建设正在如火如荼地进行。华创宏观2013年3月初在河南的草根调研显示，2013年郑州市的大型项目储备几乎没有，而由于新农合覆盖面的不断加大以及报销比例的提高，越来越多的农村居民去城市就医，随着郑州市城镇化率的不断提升，对医院的建设需求也不断增加。数据显示，2011年郑州市人口已达886万人，但是卫生机构的床位数仅为52 754张，平均每万人不及60张，人均占有量相比深圳、上海、广州、苏州水平较低，当然，在全国的200多个地级市中，郑州的人均床位占有量排名尚处于前60名，可见在整个城镇化进程中医疗保障建设市场空间广大。

人口进一步集聚引致的能源、资源、供应链配置与建设需求

我国幅员辽阔，人口和资源分布很不平衡，在人口进一步集聚的趋势下，解决资源与人口不匹配的空间调度的支出就显得尤为重要。这里以天然气和特高压为例，阐述其中的投资空间。

第一，天然气相关基础设施的投资需求。我国四大产区的天然气产量占全国天然气总量的73％，分布十分不均衡。鄂尔多斯盆地、四川盆地、塔里木盆地和南海海域是我国四大天然气产区，合计探明剩余技术可采储量和产量分别约占全国的78％和73％，是今后增储上产的重要地区。

针对以上天然气的自然禀赋与需求之间的空间分布不均衡的问题，国家出台了天然气的"十二五"规划，计划在"十二五"期间，建设主干网。规划指出，"十二五"期间，新建天然气管道（含支线）4.4万公里，新增干线管输能力约1 500亿立方米/年。建设主干管网。进一步完善西北通道。重点建设西气东输二线东段、中亚天然气管道C线、西气东输三线和中卫—贵阳天然气管道，将进口中亚天然气和塔里木、青海、新疆等气区增产天然气输送到西南、长三角和东南沿海地区；建设鄂尔多斯—安平管道，增强鄂尔多斯气区外输能力；建设新疆煤制气外输管道。优化和完善海上通道。加快沿海天然气管道及其配套管网、跨省联络线建设，逐步形成沿海主干管道。完善区域管网。进一步完善长三角、环渤海、川渝地区管网，基本建成东北、珠三角、中南地区等区域管网。加快联络线、支线及地下储气库配套管道建设。建设陕京四线，连接长庆储气库群和北京，满足环渤海地区调峰应急需要。积极实施西气东输、川气东送，榆济线、兰银线、冀宁线等已建管道增输和新建支线工程。适时建设冀宁复线、宁鲁管道等联络线。建设东北管网和南疆气化管道，改造西南管网。积极推进省内管网互连互通。规划同时指出，加快煤层气管道建设，统筹建设以区域性中压管道为主体的煤层气输送管网，在沁水盆地、鄂尔多斯盆地东缘及豫北地区建设输气管道；完善页岩气输送基础设施。

简单测算，在"十二五"期间，主要规划建成主干管网，在下一个五年，将逐步完善支线的建设，所以假设"十三五"期间依旧保持建成4.4

万公里的规模，同时以5 000万元/公里^①的成本计算，那么到2020 年，将会有 4.4 万亿元的资金投入。

第二，特高压相关投资。根据我国目前的电压等级划分，在交流输电电压等级中，110 kV 属于高压，220～750 kV 属于超高压，线路额定电压大于等于1 000 kV 的称为特高压。较其他输电设备而言，特高压具备点对点、超远距离、大容量送电能力，主要定位于超远距离、超大容量。

特高压的规划令人激动。国家电网的工作规划指出，自 2013 年至 2020 年的 8 年间，将投资 1.2 万亿元，投产特高压线路 9.4 万公里，到 2015 年、2017 年和 2020 年，分别建成"三纵两横"、"三纵三横"和"五纵五横"特高压"三华"同步电网，同时到 2020 年建成 27 回特高压直流工程。从国家电网和南方电网的具体规划可以看出，截至 2020 年将会有 17 条特高压直流线路建成投运，其中计划在 2015 年投入运营的有 1.9 万公里，计划总投资达到 2 137 亿元，2016—2020 年竣工投运特高压直流线路达 1.2 万公里，投资 1 352 亿元。

---

① 这里燃气投入的单位成本为华创宏观组江西某天然气公司草根调研所得。

第 15 章　寻找可持续的融资方式

下一阶段中国城镇化发展过程中依然存在基础设施投资需求，然而，在当前融资和财税体制下，城市基础设施融资还存在诸多问题，突出表现为：地方政府缺少支柱税种和主体税源、公共服务责任和财力不匹配、地方债务负担沉重、城市基础设施建设过度依赖土地出让收入等。为解决这些突出矛盾，顺利推进新型城镇化，就需要城市基础设施进行必要的城市融资工具创新、财税体制改革，以及土地财政创新，从而打造可持续的城市融资方式。

历史回顾：基础设施融资之道

地方政府融资模式的演变

地方政府融资涉及财政、金融、投资等多个领域，多方面因素相互交织，共同影响着地方政府融资的发展。地方政府为了筹措建设资金，大体通过如图 15.1 所示的四大融资渠道。

财政专项手段是传统的融资方式。1986—2009 年间，地方政府财政专项资金渠道占城市维护建设资金总额的比重为 30% 左右。"土地财政"被称为第二财政的融资方式。"政府不花一分钱，万丈高楼平地起"，曾经为不少城市领导津津乐道。同样在 1986—2009 年间，地方政府土地财政收入占城市维护建设支出的比重为 30%。

我国地方政府融资模式经历了"财政投入为主、银行信贷为辅"→"土地财政为主，财政投入、银行信贷为辅"→"打包信贷为主导的多元化融资"的路径。由于不同阶段的历史背景、不同的城镇化发展需求、不同的财政税收制度以及差异化的土地政策，催生了地方政府在不同阶段特有的融资方式，见图 15.2。

资料来源：华创证券

图 15.1　我国地方政府基本融资方式

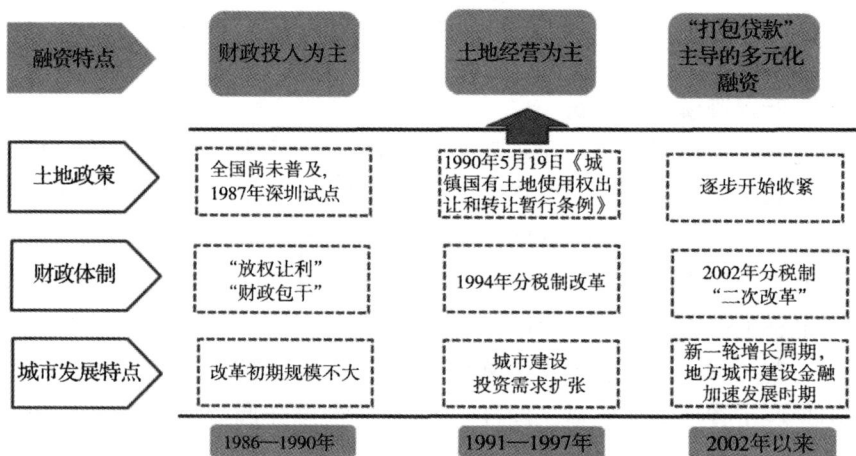

资料来源：华创证券

图 15.2　我国地方政府融资模式发展历程

1986—1990 年：财政资金几乎包揽所有城市建设支出。由于在这一时期实施的是"放权让利"、"财政包干"、开征城建维护税等一系列改革，因此地方政府的财政税收较为宽裕。同时，当时的国有土地制度尚未在全国范围内推行，仅于 1987 年在深圳地区率先开展有偿使用土地试点，加上改革初期的城市规模不大，所以财政资金几乎包揽所有城市建设支出，也基本满足城市的发展建设需要。如图 15.3，我们看到，94％以上的城市建设所需资金都来自财政专项收入，这包括中央拨款、地方拨款和税费等。

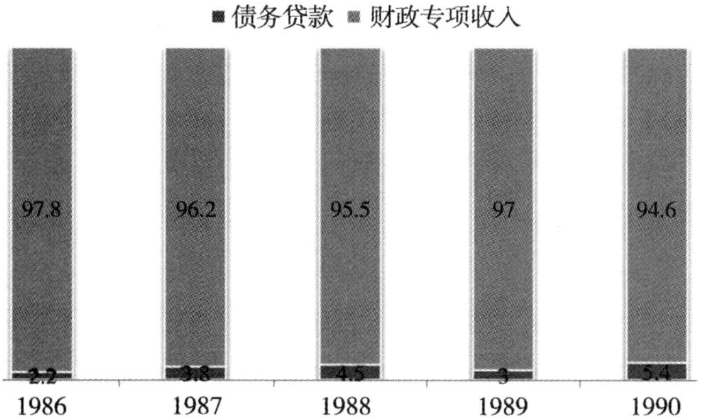

■ 债务贷款 ■ 财政专项收入

	97.8	96.2	95.5	97	94.6
	2.2	3.8	4.5	3	5.4
	1986	1987	1988	1989	1990

资料来源：《中国城市建设统计年鉴 2007》，华创证券

图 15.3　1986—1990 年城市建设基本融资方式

1991—1997 年：以土地经营为主导阶段。1992 年邓小平"南方谈话"极大地调动了地方政府的投资热情，城市建设的投资需求也迅速扩张。但与此同时，国家在 1994 年实施了分税制改革，此项改革大幅度提高了中央政府的财政收入占全国财政收入的比重，而"事权"的重心则慢慢开始下沉，于是地方政府的城市建设就出现了资金缺口。为满足城市建设的需要，地方政府在 1991 年国有土地改革之后就开始追寻市场化的融资方式（1990 年 5 月 19 日，国务院颁发了《城镇国有土地使用权出让和转让暂行条例》），如此一来，土地经营收益逐步成为地方政府的主要财源。1992年开始，各地又陆续成立了不少政府性的城市投资公司作为地方政府的融资平台，依托平台，银行贷款成为地方城市建设重要的融资来源。由图15.4 可以看到，1991—1997 年间，以土地为主的资源收益比重达到了 42.6％。

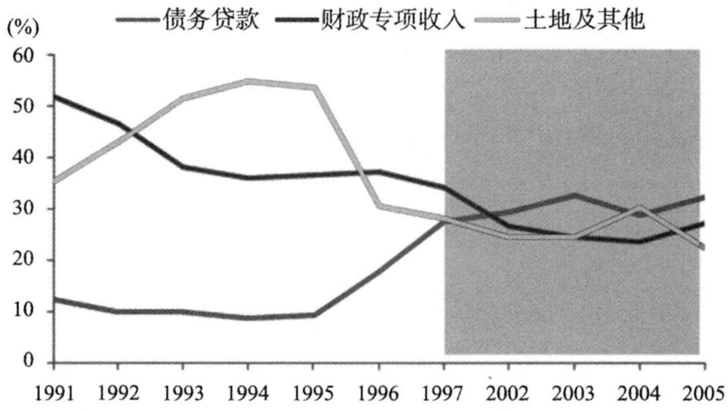

资料来源：《中国城市建设统计年鉴2007》，华创证券

图 15.4　1991—2005 年城市建设基本融资方式

注：① 土地及其他，主要包括市政公用设施配套费、市政公用设施有偿使用费、土地出让金、资产置换收入及其他财政性资金。1990 年以前土地收入比重较小，1991年国有土地出让制度改革后，该项主要为土地出让收入。② 自 2006 年起，地方政府城建资金只包括财政性资金，不含贷款，故截至 2005 年。③ 同时剔除了亚洲金融危机特殊时期段。

2002 年以来：以"打包贷款"为主导的融资阶段。伴随着亚洲金融危机的结束，新一轮城镇化投资浪潮来临，地方城市建设进入加速发展时期。这里有两大背景：（1）2002 年实行第二次分税制改革。这一新的所得税分享制度致使地方政府由原有的分享 50％下降到 40％。（2）2003年，出于维护国家粮食安全等战略，我国政府出台了包括限制土地"农转非"政策、从严审批建设用地等一系列严厉的调控政策。在这样的背景下，"打包贷款"逐渐开始兴起，依托政府设立的融资平台，以政府信用作为抵押，地方政府开始大举向国家开发银行等政策性银行申请期限长、额度大、可以充当资本金使用的"软贷款"，从而缓解了地方城市建设资金不足的问题。2002—2005 年间，各种债务贷款在城市建设中所占比重均超过 30％，同时多元化的融资路径开始涌现。

近年来新型融资方式的涌现

2009—2010 年融资平台快速扩张，成为最有效的地方政府融资的途径之一，37％的平台债投向市政建设。2008 年下半年以来，受次贷危机的影响，中央出台了 4 万亿的投资刺激计划，这 4 万亿除了中央 1.18 万亿由中央预算安排以外，其余的 2.82 万亿都需地方政府配套资金。为了化解地方政府配套资金不足的问题，人民银行和银监会联合发布了《关于进一步加强信贷结构调整促进国民经济平稳较快发展的指导意见》，自此地方政府融资平台开始爆发式的增长。审计署 2011 年 6 月公布的6 576个融资平台的审计报告指出，10.7 万亿的平台中已支出的债务中有 37％左右用于市政建设，25％左右用于交通运输建设，其他的农田水利等基础设施建设也占支出的较大部分，见图 15.5。

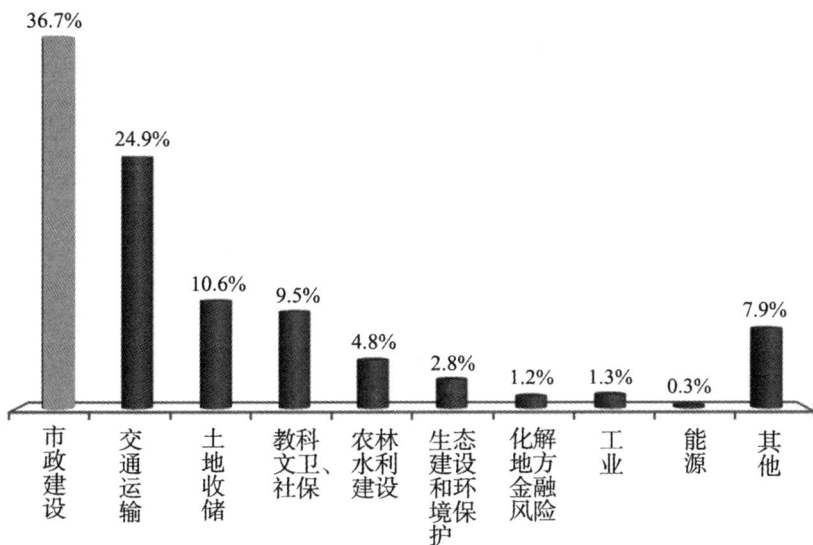

资料来源：审计署，华创证券

图 15.5 平台债支出投向

融资平台由预算法间接催生，如今已成为较为成熟的融资载体。任何投融资都需依赖一定的载体，但是由于我国预算法明确规定地方政府不允许赤字和自主发债，因此地方政府就独辟蹊径，绕开现行体制与政策的障碍，成立了集融资、建设、经营和债务偿还于一体的城市建设投资公司。

某种程度上，地方政府融资平台是地方政府的创造，是市场化融资"正门"不开情况下创造出的一条路，相当于地方政府把一个小窗户变成一扇门。

近30%的信托资金投向基础产业。如图15.6，2008年第四季度开始，国家的4万亿经济刺激计划出台后，银行开始大规模信贷投放，但是自2009年第四季度以来，国家开始逐步控制信贷规模增长。偏紧的信贷融资环境，结合信托资金的使用灵活，使得信托业的规模空前高涨，但是我们看到，信托资金的投向还是青睐基础产业的，2010年投向基础产业6 122亿元，占全部新增信托资金的29%左右，2012年上半年，占比达到了25.3%，见图15.7。

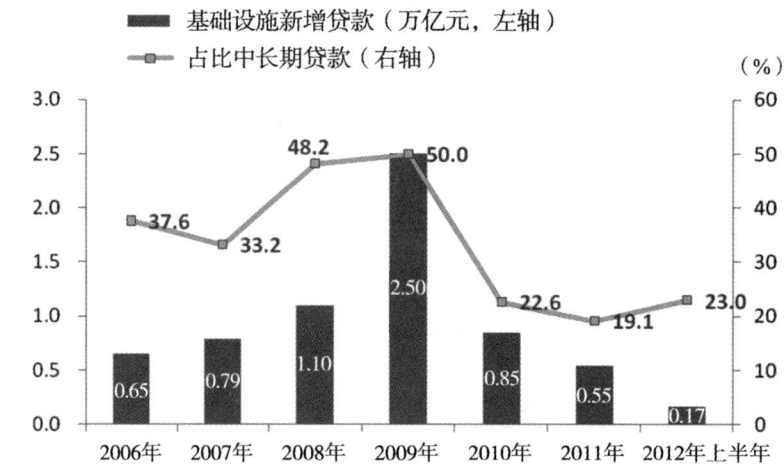

图例：
- ■ 基础设施新增贷款（万亿元，左轴）
- ■ 占比中长期贷款（右轴）

年份	基础设施新增贷款（万亿元）	占比中长期贷款（%）
2006年	0.65	37.6
2007年	0.79	33.2
2008年	1.10	48.2
2009年	2.50	50.0
2010年	0.85	22.6
2011年	0.55	19.1
2012年上半年	0.17	23.0

资料来源：《货币政策执行报告》，历年，华创证券

图15.6 投向政府背景的基础设施领域贷款

注：此为主要金融机构（政策性银行和商业银行）的贷款。基础设施领域包括：交通运输、仓储和邮政业，电力、燃气及水的生产和供应业，水利、环境和公共设施管理业。

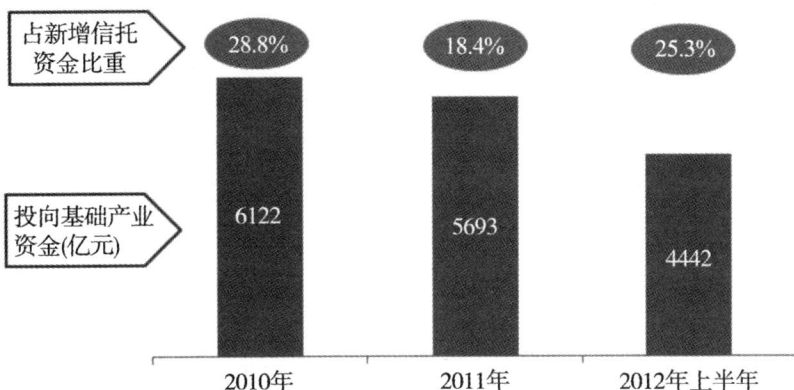

资料来源：中国信托业协会，华创证券

图 15.7　新增信托资金投向

注：以上为新增集合资金信托和单一资金信托加总中投向基础产业的部分。

当前融资模式的突出问题

尽管下一阶段中国城镇化进程中基础设施建设的融资需求总量依然较大，但是现阶段的融资和财税体制却存在诸多矛盾之处，这些矛盾突出表现在以下几个方面：

第一，中国的行政和财税管理机制存在"财权向上集中、事权向下下沉"的不平衡问题。这表现在：（1）省、市两级作为高等级地方政府，财力雄厚；而县和乡镇两级作为低等级地方政府，财政紧张则成为常态，收入严重依赖预算外收入、制度外收入和债务融资。具体来看，2010 年，中国县及县级城市以下行政区域领土面积占比为 93%，人口总数占比为72%，在地方财政一般预算收入中占比仅为 33%，支出占比却达到 48%。（2）土地作为地方融资的载体之一，在部分中西部省份的分配中，其指标的分配却存在严重向诸如副省级等大型城市偏斜的情况。例如，贵阳市、武汉市、大连市和沈阳市的市辖区人口占其全省人口的比重分别是12.4%、17.5%、18.7%和 17.4%，但其新增建设用地指标占全省的比重却依次达到 35%、29.5%、24.5%和 21.2%。（3）公共资源的扭曲配置。具体来看，城市的行政等级越高，所能集中的公共资源就越充裕，公共服务水平也越高，同时基本生产和生活的要素价格越低。

第二，在经济增长中枢可能下移的情况下，未来税收增速将下降，且目前地方政府的财政风险已经较大，债务偿债率也已较高。基于审计署公布的平台债存量数据测算，并假设：（1）债务增长率为 13.5%。这里依据的是美联储对于美国政府债务增长率不能超过 GDP 增长率的上限，加上考虑到中国地方政府城镇化进程需要的额外 5 个百分点的需求。（2）债务期限为 4 年。审计署公布债务的久期为 4.5 年，加上 2011 年地方政府新增债务仅 3 亿元，未来几年债务结构将会保持稳定的状态。（3）财政收入按照年均 12% 的增长率来计算。其原因在于，随着经济增长中枢下移以及结构性减税的影响，未来税收 20% 的增速将成为历史。测算结果表明，即便如此收敛的地方债务增速也有如此高的财政风险，债务偿债率将逐步高于 10% 的国际警戒线。

第三，融资平台作为一种金融创新，在严格的监管约束下，将逐步受限。自 2011 年审计署公布对地方政府融资平台的债务审计报告以来，面对可能的地方政府的财政风险，监管部门及时对平台债实施从严政策，2011 年明确强调"禁止展期和借新换旧"；2012 年年初银监会公布《银监会关于加强 2012 年地方政府融资平台风险监管的指导意见》，明确以缓释风险为目标，以降旧控新为重点。

未来靠什么融资

在现实约束之下，下一阶段，为满足城市基础设施的融资需求，借鉴国际经验，一个合适的融资政策应该寻求在融资工具创新和投融资体制改革方面作出必要的突破。

市政债

市政债是美国地方政府最重要的融资模式。美国是最早发行地方政府债券的国家，也是当前世界上地方政府债券发行规模最大的国家。美国的市政债是以政府信用作为担保，由州、城市（镇）、县级其他的授权代理机构发行的债券。市政债在美国始于 19 世纪初，当时的城镇化率是 8% 左右。由于城市的大规模建设需要大量的资金，且美国是预算独立的分权制国家，纽约市创新性地发行了美国历史上第一支地方政府债券。第一个工程债券的发行使得伊利运河仅用 5 年的时间就修建完成，从此原本西部物品运到东部速度过慢的状况彻底转变，运河将五大湖串联起来，促成了纽约及沿河城市的繁荣。之后各地方政府都效仿纽约州的做法，从此市政债成为城市基础设施建设的融资模式，各州市政债总额急剧上升，到 1841 年时，各州市政债总额达到了 1.93 亿美元，这是美国历史上第一次市政债高峰。之后的南北战争时期，北方联邦主要依靠的也是市政债。到目前为止，美国几乎是使用市政债最为成熟的国家，每年市政债的规模都稳定在 GDP 的 15%～20% 之间。在相当长的时间里，州与地方政府长期债券大多数都是一般责任债券，直到 20 世纪 50 年代以后，收益债券开始大量出现，债务余额不断提高，1980 年时首次超过一般责任债券，近年来，收益债券债务占市政债券的比例都维持在 60% 左右，见图 15.8。

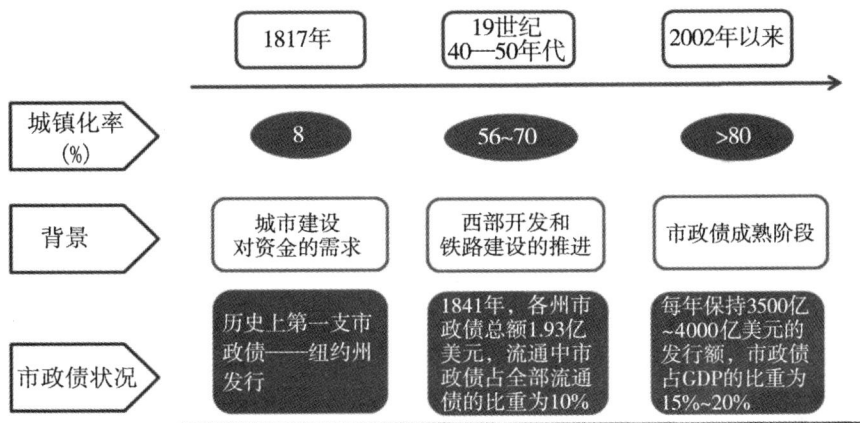

资料来源：公开资料，华创证券

图 15.8　美国市政债发展历程

采用"使用者付费"方式的收益债是市政建设融资的主要渠道。在美国，市政债主要分为两类：一般责任债券（general obligation bond）和收益债券（revenue bond）。一般责任债券不与特定的项目联系，其还本付息是以政府的信誉和税收作为担保的；收益债券则会与特定项目相联系，其还本付息来自投资项目自身的收益，实行的是"使用者付费"的形式，比如自来水、城际铁路和机场的收费等，见图 15.9。

从发达国家的债券发展历程来看，市政债是成熟且有效的地方政府融资手段。让政府的投融资活动接受市场的检验，让市场来定价，也有利于

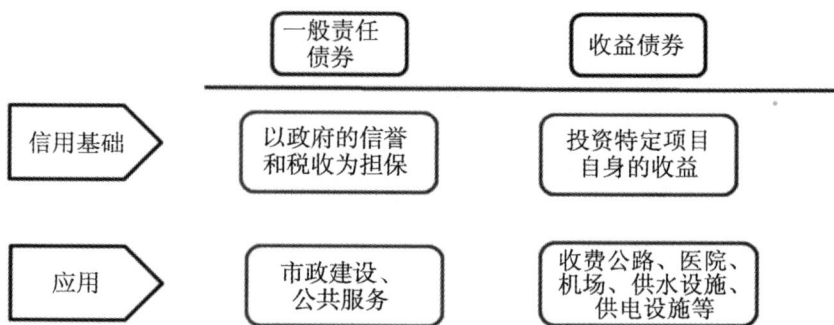

资料来源：公开资料，华创证券

图 15.9 美国市政债分类

提升市政建设本身效率。可以说，从"城投债"到"市政债"是债券发展的必由之路。中国的金融系统的决策者曾在多个公开场合谈到市政债的问题，"市政债和财产税的搭配组合，有助于解决我国城镇化发展的融资问题"，并表示有关部门正积极研究市政债券推出。但是我们看到，至少在即将推出的新预算法里，从法律层面改变地方政府发债的可能性依然不大，原因在于：（1）1994 年《预算法》就明文规定地方政府除法律和国务院另有规定外，不得发行地方政府债券；（2）2009 年，随着金融危机的深化，政府开始在实践中尝试发行债券，作为宏观经济刺激政策的重要内容，地方政府投资迫切需要给予一定的资金支持。为此，2009 年中央政府从政府国债规模中拿出 2 000 亿元代地方政府发行债券，[①] 地方政府既可直接使用，也可用于融资平台的资本金。之后每年都会有 2 000 亿～2 500 亿元的地方政府债券，但是这样的规模与 10 万亿的财政收入难以匹配。（3）2011 年地方政府债券试点办法的出台似乎发出一个政策方面的积极信号，但是紧接着在 2012 年 8 月公布的《预算法修正草案》中又将市政债扼杀在摇篮里。草案对地方政府自主发债并没有丝毫的放松，提法和 18 年前一致——"除法律和国务院另有规定外，地方政府不得发行地方政府债券"。

---

① 1998—2004 年间，在国家实施积极财政政策时，中央政府代地方政府举债并转贷地方用于国家确定项目的建设。2009 年之后采取代发的形式，不再继续采用国债转贷地方的方式。代理与转贷的主要区别在于：转贷资金既不在中央预算中反映，也不在地方预算中反映，只在往来科目中列示；代发的债券直接纳入地方政府本级预算管理。

市政债在中国难以推行的原因还在于财税制度——地方预算的不独立。这里的根本原因在于我国实行分权制的财税体系。美国的市政债之所以能够运行得如火如荼，最根本的前提是联邦预算和地方预算是相互独立的，美国的财政体系分为联邦、州和地方三级，三级政府间实行彻底的分级预算体系，各级财政具有相对独立的自主权，各级政府只编制本级独立的预算，全国没有统一、汇总的国际收支预算。但是在我国不一样，分税制也是"适度分税"，多级政府间的行政隶属关系，以及一套所谓的垂直管理机构体系，使得中央对地方有绝对的控制权。从财政预算收入的角度，算上中央对地方的税收返还和转移支付，自2002年所得税改革以来，一直都是中央占比高于地方，基本维持在55∶45，如果按税收返还之前算，那么中央的比例更高，在7∶3左右。在这种情况下，假使我国地方政府可以自由发债，潜在的结果可能会造成地方债务的膨胀，并会对金融系统形成一定的冲击。所以，在基本的财税体系没有改变的情况下，市政债的推出存在很大障碍。

"土地财政"创新：案例

天津华明镇：农村建设用地间接流转，"以地生财"

地方政府在耕地硬约束的背景下，成功探索了新型土地财政模式，它使得地方政府做到了"资金"与"土地"的双平衡，在整个过程当中，政府没有或者很少投资资金，却实现了城镇化的发展，且各项设施都配套完善。具体的操作模式包括以下几个重要环节：

第一，"宅基地换房"前后对照。在试点之前，华明镇原先的村庄非常零散，有范庄村、李明庄、朱庄子、赵庄子、于明庄、南垎、北垎、赤土寸等12个村庄参与了宅基地换房计划。让该12村的农民住进的小城镇——华明镇位于东丽区中北部，距离市中心区13公里，南靠津汉公路、空港物流加工区，北靠北环铁路，东临"华明新家园"和"东丽湖旅游度假区"，具有优越的地理位置。

第二，核心操作模式（见表15.1）。在整个操作模式的设计中，在政策的先行框架内，承包责任制不变，在可耕种土地不变的前提下，项目自2002年进行了房屋和人员的身份认定，在2005年开始规划，2006年4月开工建设，2007年启动村民的搬迁，目前已有超过4万人入住华明镇。

表 15.1　天津宅基地换房核心设计

主体	事　项
农民	迁移：偏僻的农村→人口集聚的小城镇； 换房：以宅基地换取小城镇住宅。标准：村民的主房 $1m^2$ 换 $1m^2$，附房 $2m^2$ 换 $1m^2$，人均不到 $30m^2$ 为其补齐，补差价 $1\,000元/m^2$； 后期：就业、培训以及社会保障上的安排。
投融资建设公司（天津缤丽公司）与政府	公司负责申请项目立项； 区政府将项目建设用地作价作为项目资本金给公司，满足银行贷款要求； 公司以土地出让收益权作为抵押，向银行贷款，获取资金； 公司按照规划完成各项建设，以"招拍挂"出让经营用地，按期偿还借款。

资料来源：华创证券

　　第三，宅基地间接流转。最开始国土资源部预拨了 6 402 亩的周转用地，华明镇建设用地规划中用于村民还迁的土地为 3 476 亩，划拨用于平衡建设资金的土地为 4 951 亩。原有的 12 个村庄有宅基地 1 200 多亩，在复垦之后，一部分用于归还预拨周转用地，一部分用于农业生产，整体上实现了耕地不减、建设用地不增的效果。这期间示范镇所需建设资金全部都来源于划拨出的商业、工业用地的土地"招拍挂"的出让金收入。最终的结果是实现了三大转变：之前零散的村庄变成了小城镇；原农民的小产权房变成了可以买卖的商品房；农民变成了社区居民，见图 15.10。可以说，政府用一种新型的土地模式，在不注入资本金的前提下却实现了城镇化。

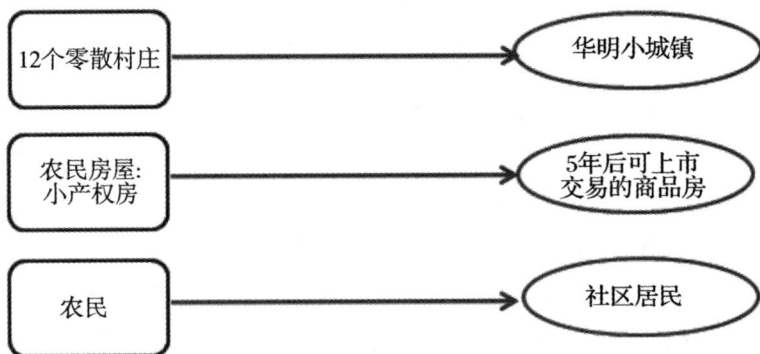

资料来源：华创证券

图 15.10　宅基地换房后期效果

成都市：农民建设用地直接上市流转

流程见图 15.11。首先，给农民确权颁证。成都市在 2007 年 6 月被国家批准为全国统筹城乡综合配套改革实验区，2008 年 1 月启动以确权颁证为起点、以"还权赋能"为核心的农村土地产权制度改革，整个土改模式的基础都是确权，即对农村集体土地所有权、房屋所有权、集体建设用地使用权、农村土地承包经营权进行确权、登记和颁证。耕保基金是为解除土地流转的后顾之忧而建立的农村社保体系，基金专项用于实际承担耕地保护以后农户的养老，所需资金主要来源于土地综合整治中的新增建设用地使用费和耕地占用税，缺口由市县两级财政补足。经确权后的农村产权合约在公开的"农交所"上市交易。成都在 2008 年 10 月成立了第一家农村产权综合性交易服务平台——成都农村产权交易所。担保公司在这里的作用是降低产权交易的信用风险。

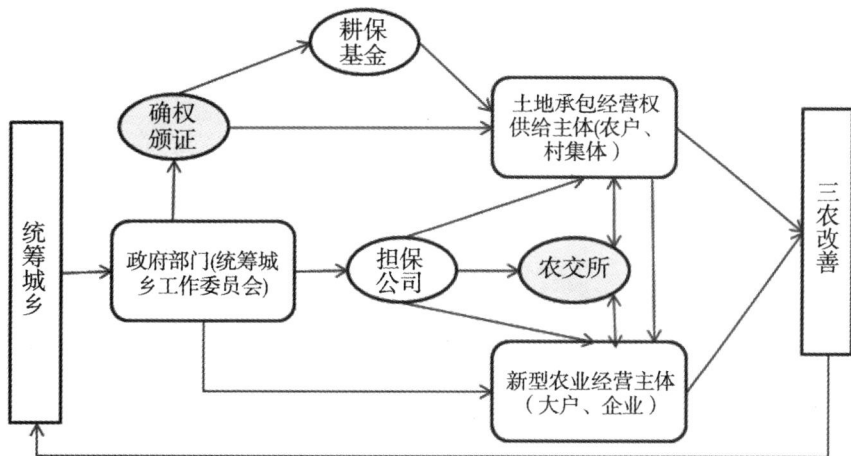

资料来源：华创证券

图 15.11　成都土改模式流程

其次，农村建设用地集体入市流转，提升农村土地的经济价值。成都土改在确权的基础之上，在靠近城市、城镇或者村中心重建农宅和村庄，新址中结余部分建设用地；随后完成原有村庄土地的复垦、新增农用地；最后将新址中结余出来的建设用地发展工商服务业。这样的模式能够实现的最重要条件是村庄和新址之间的建设用地的地价差，将农村可用于搞建设的"权"直接转移到新城镇用，原有的"农权"直接上市交易，见

图 15.12。

天津模式和成都模式都实现了农村建设用地的流转。比较以上两种方式，我们看到二者都实现了耕地的保护以及农村建设用地的最终流转，但是存在以下三方面的差异：

土地制度：成都是直接的农村建设用地入市流转，实现"同地同权"，直接提升农村土地的经济价值；天津则为间接流转，土地制度没有改变；

所有权：成都农民是原有土地的"所有者"，"有证可查"，即使成立新公司运营，也是股东；天津农民则主动性较差；

政府：在政府都不出资本金的前提下，地方政府也许能从天津项目上获取收益。

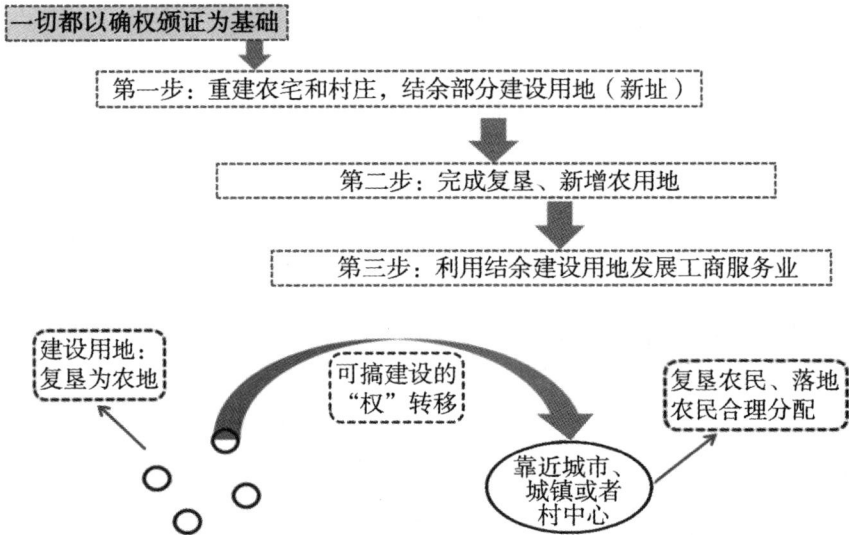

图 15.12 成都土改效果

房产税

财产税或称房产税可以在未来产生比较稳定的、可测算的收入流，可以支持当前的城镇化建设。房产税是以房屋为征税对象，以房屋的计税余值或者租金收入为计税依据，向产权所有人征收的一种财产税。

如图 15.13，在成熟的房产税国家，该税种是地方政府最重要的税收来源，在很多国家房产税是地方政府的主体税种，同时，我们也应看到差异性，房产税占地方税收的比重在发达国家较高，在发展中国家和转型国家较低。通过计算 22 个国家的房产税占地方政府财政收入比重与人均 GDP 两个指标的相关性，发现相关系数达到 0.7，也即伴随着一个国家的经济水平的不断提高，房产税作为地方政府的税收收入愈来愈重要。

房产税可以改变土地收入的时间流，是改变中国目前"土地财政"、提供城镇化建设融资的治本之道，但是依旧路途漫漫。现有的土地出让方式其实是将土地以及土地可能带来的收益一次性全部获得，是一种短期的行为，而房产税则是在房产建成以后无限期获得收入流，如果将房产税收入用于城镇化建设，那么就匹配了两者的资金与收益的期限问题。其实城市未来财产税收入的多少与城镇化建设水平相关联：城镇化投入加大，市政建设水平提高，未来城市的土地和房屋价值将不断提升，与之相关的财产税就提高，城市建设未来的偿还能力也会不断增强。从各成熟市场的发展规律来看，房产税征收是我国未来城市化建设的必由之路，只不过从目前的进程来看，可能走的路途会比较漫长。

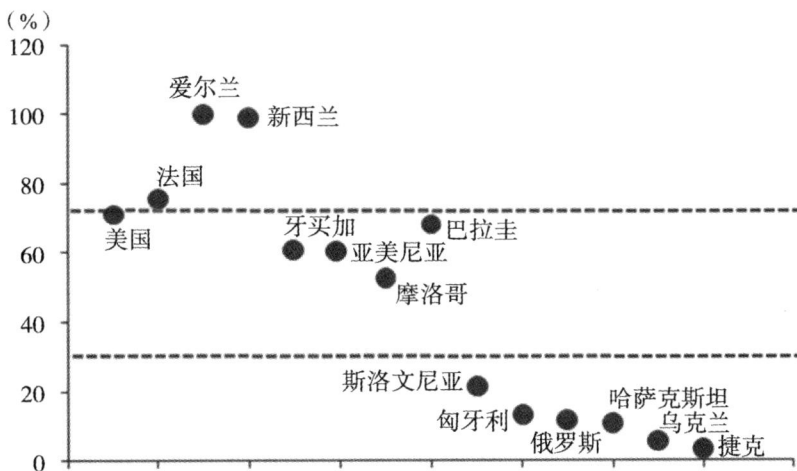

资料来源：郭文华：《国外不动产税收制度研究》，中国大地出版社，2005；华创证券

图 15.13 部分国家房产税占地方税收比重（2006 年）

房产税征收工作在中国正缓慢推进，并有可能会在 2013 年扩大进一步试点范围。在吸取国际经验以及结合我国特殊的楼市情况之后，2011

年1月，上海、重庆出台了房产税试点方案（《上海市开展对部分个人住房征收房产税试点的暂行办法》和《重庆发布房产税改革试点暂行办法及实施细则》）。我们看到，两处的试点主要是为了打压房价、调控楼市，上海细则主要针对多套住房和外地人购房实施，重庆细则主要针对高档住房和投机性房屋实施，两城市的房产税所得都将用于保障性住房的建设。这相当于政府实施财富转移以实现部分居民的住房保障。

随着试点工作的不断成熟以及房产税实施的不断完善，我国的房产税政策也会慢慢走上西方发达国家的道路，实现城市基础设施建设资金与收入流在期限上的匹配。政府部门已对重庆、上海两地试点情况进行总结，不久的将来会出台下一步扩大试点的方案。

项目融资：案例

项目融资是指以项目的资产、预期收益或权益做抵押取得的一种无追索权或有限追索权的融资活动。近几年，项目融资的迅速发展大大缓解了地方政府的资金压力。例如，2009年，广东、东北和海南等地普遍采用BOT和TOT模式建设污水处理厂。我国地方政府项目融资主要有PPP、BOT以及ABS等方式，其中PPP模式内涵较为广泛，见表15.2。

下面我们主要分析各个轨道交通的融资方式，了解城市轨道交通的融资变迁，以便为其他相关的基础设施提供参考。

轨道交通具有社会福利性和可经营性的双重属性。首先从城市轨道交通的经济特性出发，其具有公共物品的属性，包含了非竞争性、外部效应等特点。城市轨道交通项目的建成，受益的是城市居民，而政府是城市居民利益的代表，所以在项目的投融资过程中政府投入相应的资金是必不可少的。其次，轨道交通项目投资规模巨大，回收期长，一般的社会投资者承受能力有限，如果政府没有投入，那么项目对私有资本的吸引力就比较小。政府不以获得利润为目的，只求给市民带来方便，保证良好的交通状况，促进城市经济的持续发展。但城市轨道交通也具有私人物品的属性，具有一定的排他性、经营性和收益性，在整个城市的轨道交通形成规模、项目运营成熟之后，可获得的现金流是十分可观的。一般来说，公共物品由政府提供，私人物品由市场提供。由于城市轨道交通具有双重属性，因此，其既具有很强的社会福利性，又具有可经营性。

表 15. 2　主要项目融资方式

类别	全　　称	特　　点	适　　用
BOT	建设—经营—移交模式 (Build-Operate-Transfer)	特许协议约束，政府参与定价和担保，企业经营，到期移交	经营性基础设施
PPP	公共部门与私人企业合作 (Public-Private-Partnership)	私人企业与政府部门合作	几乎所有的基础设施建设
PFI	私人主动融资模式 (Private-Finance-Initiative)	起源于英国的新型模式，资产最后处置取决于合同约定	非经营性公共服务领域
ABS	资产证券化 (Asset-Backed-Securitization)	以项目资产所能带来的预期收益为保证，通过在资本市场发行证券来募集资金	未来或目前有稳定收益的项目

资料来源：华创证券

北京地铁

北京城市轨道交通的建设可谓是一波三折，2003 年之前，城市建设资金短缺，多条线路经过很长时间才得以修建成功。以地铁 1 号线为例，复兴门到八王坟线路（"复八线"），由于项目资金短缺，从 1989 年至 1999 年耗时 11 年才完成。2003 年之后，北京市改组成立了北京市基础设施投资有限公司，专门负责地铁建设的投融资工作，从此开启了多样化融资之路，吸引社会资金参与地铁项目的建设，在一定程度上缓解了政府的资金压力。9 号线采用的是 DBFO（设计—建设—融资—运营）模式，整个工程划分为 A、B 两部分。A 部分资金由政府成立的投资公司进行筹措，B 部分资金由社会资本承担，比例为 7∶3。北京地铁 9 号线建设过程中重点考虑了沿线土地的开发利用，将土地增值收益作为政府对线路的部分投资资金。5 号线和 10 号线工程的前期投资全部由政府方承担，在线路的运营阶段引入部分社会资本，分别采取特许经营和资产租赁的方式进行招商。

地铁 4 号线——中国轨道交通 PPP 第一例（见图 15.14）。采用"公共民营合作制"，公开招商，引入"香港地铁—首创集团"联合投资成立特许公司，负责 4 号线约 46 亿元的投资建设和 30 年特许经营期内的运营管理。4 号线 PPP 项目是我国城市轨道交通行业第一个正式批复实施的特许经营项目，是内地第一个利用外资、引入私营部门运作的地铁项目，也是内地公用事业改革的一个重要创新。我们看到，北京市政府方大约投入了 70％的资金，负责包含洞体、车站等土建工程（A 部分）的投资建设；而车辆、信号等设备资产（B 部分）的投资、运营和维护主要由社会投资组建的 PPP 项目公司，即北京京港地铁有限公司[①]来完成。根据"特许经营协议"，建成后项目公司负责 30 年特许经营期内地铁 4 号线 B 部分的运营和维护，并通过票价收入及广告、零售、通信、地产等收入，回收投资成本和赚取利润；A 部分项目设施则通过"资产租赁协议"从项目公司获得使用权。

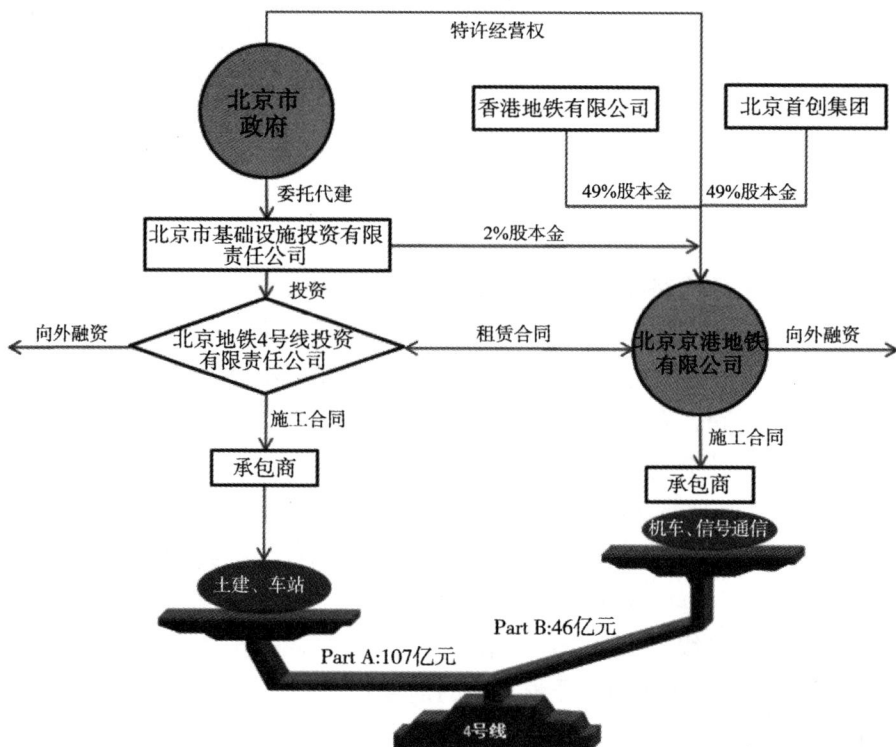

资料来源：华创证券

图 15.14　北京地铁 4 号线 PPP 融资模式

---

　①　香港地铁有限公司（MTR Corporation Ltd.）、北京市基础设施投资有限公司（BIIC）、北京首都创业集团有限公司（BCG）三家公司合资成立北京京港地铁有限公司，注册资本 15 亿元，其中香港地铁有限公司和北京首创集团各占 49％的股本金。

北京地铁 4 号线自 2009 年 9 月 28 日正式投入运营以来，从效果上来看，达到了预期的目标。多元化投资建设的 4 号线是首个北京地铁中站内、隧道区间内都会有连续稳定的手机信号，并全线覆盖 3G 网络的线路。从 2010 年的行业数据上来看，北京地铁 4 号线的客运强度以及无故障列车的周转率表现均优于平均水平，运营服务达到了预期的标准。

香港地铁："轨道＋物业"

香港地铁有限公司是世界主要城市地铁运营公司中为数不多的能够持续保持盈利的公司之一。其精髓的模式在于"轨道＋物业"（如图 15.15），地铁公司和政府达成协议，支付土地价格给政府以获得车站和车辆段上盖及周边的物业开发权。港铁利用其专业项目管理体制以监督地铁建设工程及物业联动开发。此模式一方面利用地铁的便利使周边土地升值，利用物业开发回收增值，以补贴地铁建设成本，令项目获得合理回报；另一方面上盖物业同步发展，为地铁提供充足客源，增加运营收入。以 2007 年为例，该年香港总人口共计 690 万人，其中就约有 280 万人居住在地铁沿线 500 米的范围内，港铁为香港大约 40％的人口提供了快捷便利的交通选择。

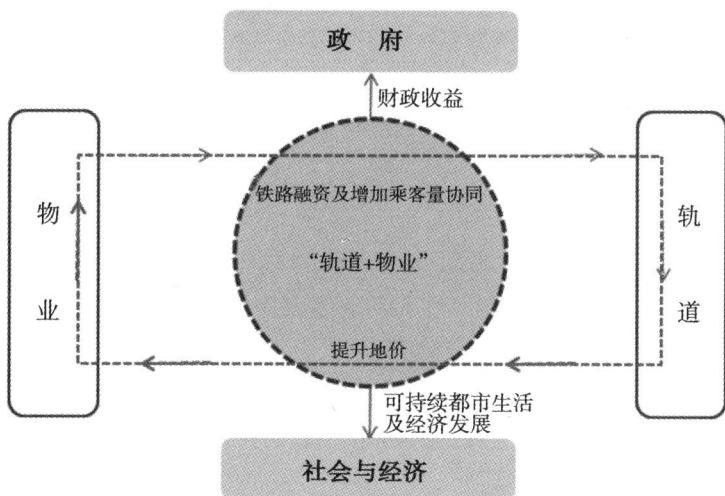

资料来源：华创证券

图 15.15　香港地铁——"轨道＋物业"

值得内地借鉴的在于土地出让模式和定价模式。

首先是地价。沿线土地按未开发价格划归地铁公司。香港政府规定每条地铁在建设前沿线未开发的土地，按照当时的地价划归地铁公司所有，地铁公司负责向政府偿还地价款。地铁建成后，土地升值的全部收入归地铁公司所有。

其次，地铁资源项目收入归属地铁公司。地铁公司利用地铁资源开发的项目，如广告、商铺、电信服务以及地下空间等收入，全部归地铁公司所有。物业方面，港铁公司为获取商业利润、提高地铁客运量，在地铁车站上方和临近的地区开发房地产项目，形成以地铁车站为中心、沿地铁线开发的新社区。港铁公司利用地铁车站上方空间建设商业广场，形成商业中心，既方便市民购物，又能使原有物业增值。

再次，自主定价。由于在地铁的筹备、建造过程中的全部支出都由港铁公司负担，香港政府赋予港铁公司按照全部成本（建设投资、固定资产折旧、运营成本、应有的利润）自行确定地铁票价的权利，因而香港地铁的票价是远远高于北京地区的（HKD 20 VS RMB 2）。同时，地铁公司按照城市交通繁忙的需要确定新线路建设，以达到回收投资的目的，如果政府确定的建设线路不能达到回收的要求，所带来的损失由政府承担。

深圳地铁 4 号线二期工程：对香港模式的沿袭（BDOT）

深圳地铁的融资模式从地铁 4 号线二期开始慢慢创新（见图 15.16）。深圳地铁 1、2、3 号线的建设资金基本上都来自政府的筹措，4 号线一期工程由政府投资完成，但二期工程却是通过招标的方式确定由香港地铁公司建设完成的，具体做法是：成立香港地铁深圳分公司，以"地铁＋沿线物业"模式综合开发经营。在二期工程建成以后，深圳市政府再将一期工程象征性地租赁给香港地铁深圳分公司，由香港地铁深圳分公司进行特许经营，特许经营期限为 30 年。在特许经营期内，香港地铁深圳分公司对整个地铁 4 号线绝对控股，自主经营，自负盈亏，特许经营期结束后，可以采取续约的方式继续进行特许经营，或者无偿地将整个线路移交给深圳市政府。在这种新型的 BDOT（建设—开发—运营—移交）的方式中，整个项目将以资本金投入、银行贷款、轨道交通运营收入及沿线站点部分土地开发的增值收益作为主要现金流来源，港铁负责建设、开发、运营 4 号线的前 30 年，见图 15.17。

不论是香港地铁的"轨道＋物业"模式，还是沿袭香港模式的深圳地铁 4 号线二期的 BDOT 模式，都很好地做到了将轨道交通的投资建设与沿线土地的升值相结合。这种模式不仅解决了城市的基础设施的建设需求，还有效地缓解了地方政府的资金压力，同时也使投资者获得了一定的商业回报，在方便居民生活的同时推进了城镇化建设。所以说，轨道交通建设运营权和沿线土地开发权捆绑建设将会是下一个城市基础设施建设的投融资方式。

■政府出资 ■银行借贷 ■港铁公司

资料来源：公开资料，华创证券

图 15.16　深圳地铁融资模式演变

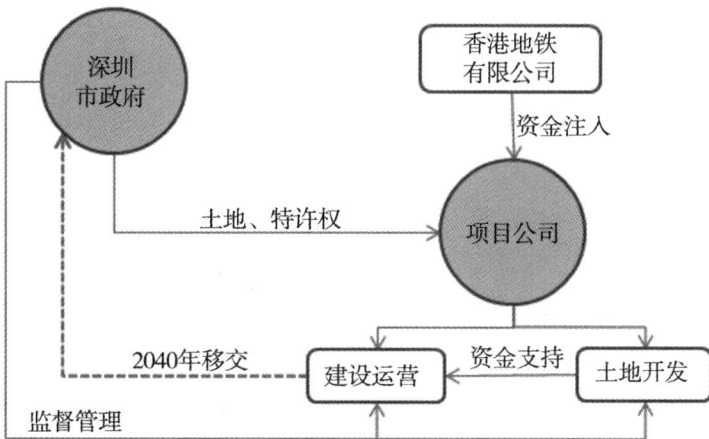

资料来源：华创证券

图 15.17　深圳地铁 4 号线二期融资模式

其他可能的衍生融资模式

资产证券化（ABS）：ABS 对于巨额投资建设的基础设施来说是合适的方式。收费高速公路、污水处理厂等建设都需要大量的资金，建成以后将会形成大量流动性极差的存量资产，但是这类资产有稳定的现金收入流。对于此类资产，可通过基础设施资产证券化（ABS）的方式，将流动性较差的基础设施存量资产变现、盘活。ABS 融资方式是上世纪 70 年代国际资本市场最重要的融资创新方式。

信托投向对社会资金的引导：信托投资公司作为投融资的媒介，既可以对基础设施项目提供股权或债权的融资支持，也可以以基础设施项目的经营类资产发行受益权信托，改善流动性。信托公司根据项目目的设计出信托产品，引导社会资金以贷款、投资、出租等方式管理资产，同时也为地方基础设施建设提供了资金。

资产支持票据（ABN）：资产支持票据，是指非金融企业在银行间债券市场发行的、由基础资产所产生的现金流作为还款支持的、约定在一定期限内还本付息的债务融资工具。短期来看，ABN 主要用于基建领域的建设。自 2012 年 8 月初中国银行间交易商协会发布《银行间债券市场非金融企业资产支持票据指引》以来，南京城建、天房信、宁波城建、浦东路桥和南京公用控股共 5 家公司发行了总计 55 亿元的企业资产支持票据。多数资产支持票据的期限为 1～2 年，发行利率区间为 5.3%～5.5%。ABN 可谓是新形势下为基础设施建设输血的新方式。

第16章 为产业的转型而融资

我们对不同城市的产业分化、城市之间的产业分工以及产业转型的考察业已表明，中国未来城镇化所面临的产业条件已经发生了深刻的变化：（1）全球出口市场的结构性转变，沿海城市以出口为导向的产业结构需转向以内需为导向的产业结构。（2）廉价人工的终结意味着中国城镇化的产业转型方向将由数量推动转向质量推动，实现有质量的城镇化。（3）充足而廉价的土地供应的终结意味着未来中国城镇化的方向是集约利用土地资源，使土地与产业更好地协同融合。（4）技术前沿和技术追赶空间的变化意味着中国产业转型的方向是发达省市走向产业升级，中西部欠发达省市则走向产业转移。

理论上，金融服务内生性由产业结构决定，不同的产业结构产生不同的金融服务。因而，未来产业结构的变动方向也决定了金融需求的变动方向，或者说，金融系统所提供的资金供给和金融服务必须满足、适应和促进产业结构的变动方向，才能实现金融服务于实体经济，也才能实现实体经济的发展和稳定。

产融结构：历史回顾

从历史角度来看，中国金融结构的动态演进在一定程度上与产业结构的动态演进保持了较好的协调性，这表现在以下几个方面：

第一，中国的金融系统相对有效地促进了产业结构的逐步升级，并使中国经济取得了连续的、良好的增长纪录。从总量上看，2003—2012年中国银行业资产总规模从30多万亿扩张到120多万亿，增长3倍多，尤其是股份制商业银行取得了长足的发展，资产规模增长了 4.6 倍。总体上看，中国银行业的规模扩张和健康发展也有效地促进了中国工业体系的逐步完善，并实现了快速的经济增长，在此期间，中国年工业增加值从 2003 年的 5.5 万亿扩大至 2012 年的 20 万亿左右，GDP 平均增速也高达 10%。

从结构上看，中国银行业对产业结构的有序升级也产生了显著的正面作用。过去几十年，中国第二、三产业占比稳定上升，第一产业占比缓慢下降，尽管第三产业占比仍不合理，第二产业占比相对过高，但总体上中国的产业结构是趋于合理化的。

第二，中国金融系统多元化趋势十分明显，扩大了金融的广度，增加了弹性，满足多元融资、应对风险的能力有所增强。从余额看，尽管以银行信贷为代表的间接融资依然占据主导地位，但直接融资的比重表现出逐步上升的趋势。2003—2010 年的 8 年间，中国证券市场发展迅速，规模不断扩大。2010 年直接融资总额为 300 095 亿元，与 1990 年相比增长了约 1 245.2 倍。1990—2007 年、2008—2010 年，直接融资余额均连续上升，虽然 2008 年直接融资余额比上一年下跌近 60%，然而总体上看，中国直接融资余额依然保持上升态势。进一步观察，中国的直接融资余额占总余额的比例由 1990 年的 1.3% 上升到 2010 年的 38.5%，20 多年来上涨了近 30 倍。1990 年起直接融资占比总体呈现上升态势，2007 年达到最高值 56.1%，2008 年直接融资余额下降，2009—2010 年，虽然直接融资总额有所提升，但由于 2009 年信贷增长更为迅猛，致使 2010 年的直接融资占比较上年有所下降。

第三，必要的金融改革一直稳步推进，金融机构的市场化改革有显著的进展，金融市场的弹性程度有所提升，利率和汇率方面的控制程度逐步减小，从而既增强了金融支持实体的能力，也让这种金融支持更为市场化和透明化。具体而言，首先，大型国有金融机构改革以股改上市为契机，治理结构不断完善。2004 年 1 月 6 日，国务院宣布中国银行和中国建设银行实施股份制改造，自此拉开大型国有金融机构股改大幕。至 2010 年 7 月，四大国有银行先后完成股份制改造并上市。通过改革，金融机构资产质量大幅提高，盈利能力和风险控制能力显著增强，对实体经济的支持能力显著改善。2002 年底，四大国有独资银行不良贷款率高达 25%，平均资本充足率仅为 4.25%。而到 2011 年末，大型商业银行的不良贷款率仅为 1.1%，工、农、中、建资本充足率分别达到 13.17%、11.94%、12.97%、13.68%。从被西方称为"已经技术性破产"到如今跻身全球银行排位前列，股改成效不仅表现为财务数据的改善，还表现为公司治理架构和市场约束机制等的明显改善。以股改为契机，四大银行建立了相对规范的公司治理架构和市场化的资本金补充机制，资本市场对现代金融企业制度的促进和监督作用得以发挥，从而使银行业的市场化和商业化运作迈上了新台阶。其次，金融机构和金融市场对外开放稳步推进。加入 WTO 以来，中国不断深化金融业对外开放，金融市场国际化水平显著提高。银行业方面，自 2006 年中国开始对外资银行实施法人导向的开放和管理以来，外资银行在华业务范围不断扩大。2006 年 12 月 11 日，人民币业务对外资银行全面开放。外资银行在华业务取得显著增长。2001—2011 年，外资法人银行总行机构增加 21 家，分行类机构增加 183 家，支行类机构增加 389 家；设立城市从 20 个拓展到 50 个。与此同时，大量外资金融机构入股中资银行。2011 年底，中外资银行监管标准实现了统一。保险业方面，自 2003 年底开始，外国非寿险公司在华设立公司、地域和业务等限制相继取消，率先实现对外资机构的全面开放。截至 2011 年 11 月末，共有 16 个国家和地区的保险公司在中国设立了 54 家外资保险公司，设立各级分支机构近 300 家。证券业务方面，2002 年 11 月和 2007 年 6 月，QFII 业务和 QDII 业务分别开闸。2007 年底，中国证监会修订规则进一步放宽参股证券公司的境外股东条件，外资参股证券公司的境外股东从原来的限于证券经营机构，放宽到金融机构和一般机构投资者，并将境外股东的持续经营年限从原来的 10 年以上降低为 5 年以上。再次，中国人民银行于 2005 年 7 月 21 日启动人民币汇率体制改革，开始实行以市场供求为基础、参考一篮子货币进行调节、有管理的浮动汇率制度。2013 年 7 月，中央银行宣布全面放开金融机构贷款利率管制，从此利率市场化进入新阶段。

产融不协调的表现

尽管过去几十年，中国的金融系统在广度和深度方面已取得明显的进步，但从产融协调发展的角度评估，产业转型与金融发展过程之间不协调的问题依然存在，而且这些问题基本上反映了中国的金融系统在"匹配性、适度性、创新性、弹性"这四个组合上不够统一，表现在以下几个方面：

第一，以银行为主的融资系统对重资产的工业支持过度，而对轻资产的服务业支持不足，这就使产业结构的变动和生产系统的延伸过多地集中在偏离消费领域的资本品上，从而导致产业转型的方向偏离资源禀赋所决定的方向。从资源禀赋的相对优势来看，下一阶段中国产业转型的总体方向就是从依赖资源粗放投入的传统制造产业转向集约发展的第一、二、三产业协调均衡的产业结构，这种转型方向所暗含的一个普遍特征是从重资产转向轻重资产并存，从有形资产转向无形资产和有形资产并存。产业和经济领域的这些新动向理应产生多样化的融资需求，即需要多元化的融资供给方式与之相匹配。但是现实中，中国当前银行融资主导的体系习惯于支持资本密集、重资产的工业企业，企业往往需要拥有足够的固定资产进行抵押，而且要有充足的现金流以确保还本付息，才能从银行获得贷款。相对而言，银行对服务业的支持不足。类似的产融不协调的问题不仅延缓了中国产业转型的自然步伐，也使得个别重资产领域产生了大量的"过剩产能"，导致资源配置效率低下。从数据上来看，早在 2009 年，24 个工业行业中，就有 21 个已经产能过剩。凡属技术成熟的制造业，几乎找不出一个产能不足的行业。"十二五"期间淘汰落后产能的任务有增无减，近年来大规模投资的所谓高新技术产业，例如光伏、多晶硅、太阳能电池、风电设备和电动汽车正在面临或即将面临大面积亏损。

第二，金融定价机制的紊乱导致银行对劳动生产率较低的国有企业金融支持较多，对创新能力强、劳动生产率较高的中小企业金融支持不足，产业空心化倾向加剧。2011 年以来，以数量调控工具为主的、稳中偏紧的货币环境有利于大企业发挥信贷条件优势。由于货币政策回归正常化，资金格局总体稳中偏紧，但这种货币环境反而更有利于大企业获取信贷资源。一方面，控制信贷总量，以及经济转型中增长模式的不确定性，信贷配给向经营风险相对较小、谈判能力更强的企业倾斜，使得银行贷款更偏好大型国有企业，大企业获得信贷支持的优势更加明显。另一方面，由于利率水平整体较低，无法反映实际的资金成本，使得大小企业在资金使用效率上的差异无法得到体现。如果基准利率提高，则能够使得对资金成本上升更为敏感的企业减少贷款，而利润率较高的企业在可以承受的资金成本范围内将获得更多的信贷支持。根据中华全国工商联统计数据，规模以下企业中，有90％未和银行发生过任何借贷关系，而在微小企业中，有95％未和银行发生过任何借贷关系。

更重要的是，未来中国产业转型的重要课题即是按照资源禀赋所决定的比较优势来提高资源的配置效率，中小企业作为创新的主体在这个过程中发挥着重要的作用，而现实的情况却是金融系统对创新能力相对较弱的国有企业支持力度明显更大。如果把中国工业行业按照利润率和全要素生产率（TFP）分类，则低TFP的国有垄断行业分别是石油和天然气开采业，电力、热力的生产和供应业，石油加工、炼焦及核燃料加工业，黑色金属冶炼及压延加工业，有色金属矿采选业。而民营企业集中度最高的行业如木材加工及木、竹、藤、棕、草制品业，纺织业，文教体育用品制造业，皮革、毛皮、羽毛及制品业，虽然TFP较高，但由于激烈的市场竞争，所以其利润率处于较低水平。然而，尽管国有企业全要素生产率较低，但由于其重资产特征，所以其仍然是银行主要支持的对象，中小民营企业则恰恰相反，尽管全要素生产率较高，却往往难以获得银行的资金支持。

第三，银行对生产领域的金融支持相对较多，而对消费领域的金融支持相对较少，导致生产与消费之间的偏离。理论上，消费取决于财富总量，而非当期收入。国民收入扣除消费的部分连续地累积起来就是财富的增加，增加的财富需要一个稳定的"池子"才能实现保值增值。原则上，古玩字画、房地产、理财产品、银行存款、金融衍生品、股票和债券都可以是财富累积的去处，从这个角度看，金融服务的一大功能即在于为居民的财富配置提供可靠的、稳而不破的"池子"。据统计，中国居民财富总值从2000年的4.7万亿美元增加到目前的约16.5万亿美元，仅次于美国（54.6万亿美元）和日本（21.0万亿美元），成为全球第三大财富来源经济体。随着人口结构的变迁，劳动力成本上升也意味着居民收入在GDP增长中占比的提升，这为居民财富未来持续增长提供了新的驱动力。中国正逐步进入老龄化社会，管理好存量财富的重要性逐步超过积累新的财富，同时稳定的财富累积也是消费提升的根本驱动力。然而，从当前的情况看，银行金融资产的配置结构过多地倾向于生产领域，金融服务于实体经济，实质上强调更多的是金融为实体经济融资。银行贷款，生产型企业发行债券和股票都是从融资的角度对实体经济的支持。相反，关注于居民资产配置需要的金融产品则基本处于初步发展阶段，以消费为导向的金融支持显著小于以投资为导向的金融支持。尽管现有的资产管理行业已经呈现爆发性增长，理财产品规模从 2006 年的 3.3 万亿元大幅提升至 2010 年的 13.3 万亿元，但是与当前居民不断增长的资产配置需求相比，还是显得单薄和单一。事实上，近年来一些另类产品逐步成为居民财富配置的对象，甚至覆盖到中药材、翡翠、白酒、普洱茶、艺术品等，这些另类理财品种的兴起，从侧面反映出金融产品的增长空间极大。

第四，金融与实体在回报率和期限结构方面存在的错配，也是导致产融失调的关键原因。这表现在：首先，产业转型本身即隐含着当前产业结构的竞争优势已经弱化，资本回报率低下，而转向未来有竞争力、资本回报率有提升空间的其他产业则意味着当下即需要投入大量资金，因此，投资回报与资金投入之间存在显著的时间期限错配问题。为解决这个问题，实际操作中，企业家往往通过"短贷长借"、"联保互保"等方式将短期资金用于长期投资，一旦出现信贷资金收紧，往往会引发流动性风险，并最终演变为信用风险，则投资回报无法收回，银行不良贷款率也会显著上升。其次，即使资金需求和资金供给在时间期限上一致，也有可能因为资本回报率和资金成本之间的错配而导致产融失调。这是因为企业的投资行为往往是基于预期，根本的困难是无法事先计算出产品的社会需求情况，因此，事前的评估和事后的结果存在差距，投资失败是再正常不过的事情，投资成功的概率远小于失败的概率，如若发生无效投资，则投资成本无法收回，资金成本却照付不误。基于这种现实情况，如果没有一套完善的风险分担机制，或者银行不对投资项目进行有效的风险评估，产融失调的可能性就会相应加大。

第五，金融政策往往呈现日益短期化的倾向，且注重使用总量而非价格型工具，导致金融对产业的支持出现旱涝不均和结构失衡。例如，4 万亿刺激政策期间，异常宽松的货币环境、更为灵活的信贷审核标准导致宽松信贷条件之下企业大幅举债投资，而 2011 年以来的信贷迅速收缩、房地产资产抵押品价格下降、融资链条收缩乃至个别环节的断裂使得正常的投融资活动难以持久化，在这种情况下，企业家的选择往往是进入赚钱最快的房地产部门，而非实业部门。

此外，金融政策通常只强调总量调节，例如从总量上考察金融调控的效率，无非就是偏紧、中性和宽松三种状态，但是在实体经济内部，不同行业、企业之间的差异化明显，仅依赖总量工具很难进行有效调节。从 2011 年的情况来看，信贷投放规模 7.5 万亿元，虽然单季度的信贷投放占 GDP 的比值从 2009 年峰值的 65％下降到 23.4％，但这一水平与 2002 年以来剔除 2009 年特殊时间外的平均水平相当，信贷投放的总量规模并不紧。从社会融资总量的角度看，2009 年和 2010 年的社会融资总额均在 14 万亿元左右，分别占这两年 GDP 总量的 40％和 37％，2011 年甚至还略有增长，仍然维持近三年来的平均水平，并未超出经济增长的承受范围，特别是反映企业资金供求的社会融资总量仍呈稳步增长态势。尽管总量没有显著的变化，甚至中小企业的贷款增速较之以往还有明显的加快，但是中小企业的融资困境在 2011 年却表现得尤为明显，这显示出总量控制工具的不足，这就需要以利率价格工具来引导资金的配置方向。例如，尽管从整体看中小企业的融资压力较大，承受的资金成本显著上升，但中小企业之间由于盈利能力差别较大，那些符合转型方向、成本控制较好、盈利能力较强的企业，还是能够获得信贷支持，而利润率低、仍属传统制造领域的中小企业，本身不符合经济转型的方向，获得融资的难度相应也较大。这种中小企业融资难在其内部也有明显的分化，其背后原因是企业盈利水平的差异导致资金投向选择的差异较大。

寻求适合的金融结构

为增强产业转型与金融发展之间的协调性，更好地实现金融服务于实体，我们认为，金融结构的转变需要把握实体经济资金需求方面的几个关键性转变：第一，金融部门从主要服务于制造业转向农业、制造业和服务业并重，着力于强化对农业和服务业的支持，促进第一、二、三产业的均衡发展。第二，金融部门从主要服务于大企业转向大企业和小企业并重，着力于加强对中小企业的金融支持，减轻大企业对中小企业的金融挤出，以充分发挥中小企业在产业创新中的功能。第三，金融部门从主要满足生产性领域的投资需求转向投资和消费需求并重，着力于拓展居民消费的多元化渠道，顺利消除生产与消费之间的失衡。第四，金融调控手段从主要依赖总量工具转向总量工具、增量调节和定价机制并重，在总量平稳的条件下，着力于通过增量调节和定价机制实现金融资源的优化配置。

产业发展相适应的"匹配性"

为克服以国有银行为主导的金融结构在推进产业转型过程中的局限性（对重资产行业支持过度、对轻资产行业支持不足；对大型国有企业支持过度、对中小民营企业支持不足），实现不同层次的金融结构与不同层次的产业结构较好的匹配，我们认为最为重要的政策架构之一应当是逐步建立多层次、多元化的金融体系。

首先，产业转型本身即对应着要素禀赋结构的提升和资本积累率的提高，从而使生产系统更为复杂，主导性产业和技术越发倾向于资本和知识密集型，也越发接近世界产业和技术的前沿水平。这种转变的一个自然结果就是某个行业和企业的资金需求规模会越来越大、技术和产品创新的风险也会越来越大。因此，在这个变化过程中，资本市场（股票市场和公司债券市场）能够最有效地分散和对冲风险，并为大型企业提供融资。

其次，产业转型的另一个结果是形成一个多元化的生产系统，即劳动密集型产业、资本密集型产业并存，大中小型企业并存，国有企业和民营企业并存，而不同资源禀赋类型、不同规模和不同性质的企业之间转型升级的路径存在显著的差异，因此，为满足这种差异化需求，多元化的金融体系是必然要求。例如，小微型企业的融资渠道多是基于熟人社会的民间融资，它的收益和风险控制是基于血缘、地缘和人缘的，在正规金融体系不发达的地区和农村，这种非正规民间金融仍然具有存在的合理性，因此，对于此类融资关系，合适的政策框架应当是容忍和规范化，引导它们最终走上市场化和制度化的发展路径。又如，在对战略性新兴产业的识别、孕育和推动发展过程中，资本市场的功能显著优于银行，这是因为真正具有潜在竞争力的新兴产业往往存在于起点较低的中小企业，具有风险大、轻资产的特点，巨大的不确定性和缺少资产抵押这一特点决定了它们在事前无法得到商业银行的资金支持。相反，资本市场，包括股票、债券、风险投资和私募股权基金等往往可以为之提供一种融资、风险和利益共同分担的机制。

再次，经过几十年的经济发展和资产积累，居民的财富配置需求随之上升，这从根本上要求股票市场、保险市场和债券市场应充分发展，从而为居民的财富配置提供"池子"。特别是考虑到当前的情况，中国正快速进入老龄化社会，预计到 2020 年 65 岁以上老年人口占比将超过 10%，而中国的社会保障和养老体系建设却严重滞后，社保资金和养老资金面临投资渠道较少和投资体制落后等问题，增值和保值压力巨大，只有通过专业的理财机构，科学合理地参与资本市场才能从根本上解决这一问题。此外，从生产与消费相互匹配的角度看，也只有通过资本市场的正常发展，为居民提供资产保值增值的渠道，才能为居民消费的跨期选择提供可能，从而保证生产与消费在时间轴上的匹配与协调。但是现在的问题很明显，中国资本市场在很大程度上仍然是融资场所，而不是资产配置的场所。2008 年以来，伴随金融危机的外部冲击和国内宏观经济的大幅波动，中国 A 股的估值水平已经呈现趋势性下移态势，参与资本市场反而会遭遇显著的财富缩水。因此，从中长期来看，为了实现资本市场的资产配置功能，我们需要在发行机制等方面进行广泛的结构性改革。

同时，我们已指出，基于中国广泛的产业光谱和显著的区域差异，中国未来产业转型会形成"一个国家、三个特色产业区域"的分化格局，东部地区将以资本和知识密集型产业为主导，中部六省和西三角将以劳动密集型产业为主导，承接东部地区的产业转型，而欠发达的西部省（市、自治区）则有可能成为中国的特色资源带。这种区域分化格局意味着中国的金融需求在区域之间存在着显著的差异，东部省市需要加快企业的上市，形成以资本市场和大银行为主导的金融体系，中部省市可能在很大程度上需要发展具有区域性特征的金融机构，形成以区域性商业银行和小微金融为主体的金融体系。

另外，加快规范和发展针对中小企业尤其是个体私营企业的金融服务，对于产业转型同样有着十分重要的意义。这意味着，我们不但需要通过发展区域性金融机构和中小型金融机构大力支持符合国家产业政策、有市场、有技术、有发展前景的中小企业的融资需求，重点培育科技含量高、经济效益好、创新能力强、自主效益好的优质中小企业，建立一套适合其发展的信贷管理体制，同时还要引导金融机构提供量身定制的金融服务，推动小微企业做大做强。此外，金融部门应以"扩面"为核心，推动中小企业金融服务向县域推进、向基层推进、向小微企业倾斜，从追求融资数额增长转向推动受惠户数的增加。

最后，相对于银行业，债券市场发展深度仍有很大提升空间。中国银行业特别是国有商业银行在金融体系中占绝对优势。截至 2011 年底，中国银行业金融机构资产总额为 113.3 万亿元，证券公司总资产为 1.57 万亿元，保险行业资产总额达到 6.01 万亿元。证券、保险等市场规模较小。以保险公司为例，中国的保险公司保费收入从 2006 年的 707.37 亿美元增加到 2010 年的 2 146.26 亿美元，增加了 2 倍多，同比 2002 年增长接近 4.8 倍，但是由于中国人口众多，因此保险密度只有 158.4 美元，居世界第 61 位；保险深度仅 3.8%，居世界第 39 位。此外，债券规模也相对较小。首先，虽然从总体上看企业债券发展很快，但是规模仍然很小。1991 年中国的企业债券是 331.1 亿元，到 2010 年已经增加至 34 671.75 亿元，但仅占当年国民总收入的 8%。其次，相对于股票，中国各类债券规模都偏小。2010 年底，中国股票与国民总收入的比率为 65.8%，占国内金融资产的比率为 16.3%；而政府债券、金融债券和企业债券三者之和与国民总收入的比率为 38.4%，占国内金融资产的比率为 9.5%。

控制系统自我膨胀的"适度性"

这里的关键是把握金融系统对实体经济支持的"度"和"范围"。

所谓"度"，是指金融支持的程度在理论上应该存在一个"临界点"。在这个临界点之前，金融系统可以有效地促进产业转型，为实体经济发展，特别是新兴产业发展，提供必要的、适度的金融支持，从而使金融支持和产业转型保持正向关联；在这个临界点之后，金融系统往往会对一些行业提供过度的金融支持，甚至会引发金融泡沫和经济泡沫，特别是当金融创新工具所支持的产业并非实体经济所需，或者不符合产业转型的方向时，这种创新过度引起的金融和经济风险会更大。

所谓"范围"，是指金融支持特别是金融创新的领域应围绕"为实体经济而服务"，并应最大限度地避免"为交易而交易的创新"，以及"为风险扩散或延展的创新"。美国的次贷危机即是一个典型的案例，金融机构将金融资产打包成一系列金融衍生品，在交易的环节上不断创新和设置工具，导致风险无法考量，最终引发系统性风险。中国当前也出现了一系列以影子银行金融创新为主体的融资支持工具，银行理财、信托产品也在一定程度上成为了"融资型产品"，尽管存在一定的风险，但总体的方向仍然是为地方政府项目、房地产项目和企业固定资产投资提供金融支持，并非偏离"为实体服务"的方向，但是一些银行等金融机构将债务打包成金融工具出售给投资者、延展产品链条、加大风险识别难度，这类金融工具则应努力限制，否则会滋生出潜在的金融风险。

因此，在推进金融发展和产业转型的过程之中，把握金融支持的"度"和"范围"十分重要，一旦超过临界点，金融系统非但不能促进产业转型，反而会成为其障碍。尽管如此，如我们之前所强调，对于中国这样的发展中国家，不同产业所需要匹配的金融支持程度不同，有的产业或部门就需要略为超前或者力度较大的金融支持，这集中体现在三个方面：其一是基础设施融资。下一阶段中国需要在城际铁路、轨道交通、支线机场等加大投资力度，实现城郊之间、城市之间交通网络的互连互通，以配合城镇化和产业转型战略的实施，对于这样的基础设施，非常有必要通过金融创新提供充分的融资支持。其二是新兴产业的融资。新兴产业特别是科技前沿的产业，创新成功的概率较小，因此，银行提供信贷支持的意愿较弱，这一类产业需要风险投资或者金融创新工具提供支撑。其三是现代农业的融资。中国的农业现代化进程之所以滞后于工业化和城镇化，一个显著的矛盾就在于农业部门内部的自我积累不足以支持农村的发展和农业工业化，下一阶段的重点应是将农业金融带进农业和农村，这就需要商业银行在农村扩大网点，或成立子公司，同时，小额贷款公司、村镇银行也可以最大限度地发挥对农村的支持作用。

引领产业发展的"创新性"

这里的本质要求在于，产业结构的变迁会形成不同层次和深度的金融需求，无论是商业银行，还是资本市场的金融供给，都需要跟上需求的变化，实现动态的"适度"支持，从而使金融系统可能着眼于未来支持实体经济和产业转型。具体而言有以下几个方面：

首先，商业银行作为中国金融体系最为重要的一部分，将在中国产业转型的过程中长期发挥作用。为了更好地适应产业升级和调整的现实需求，商业银行自身需要进行一系列的改革。这表现在：（1）商业银行需要进一步建立真正意义上的现代金融企业制度，以盈利、安全和风险为核心原则，以市场化为导向，选择支持具有比较优势的产业项目，通过选择具有潜在竞争潜力的行业和产业来实现审慎放贷，以此来带动产业升级。（2）商业银行应充分研究不同行业的市场供给与需求状况、发展前景、投资收益率与资金成本之间的关系，从而逐步降低资产抵押物在放贷中的作用，这样也可以避免资产价格的周期波动对银行资产质量的影响。（3）从商业银行内部的层次结构上来说，应充分发展股份制商业银行和中小银行来支持中小企业的创新活动。在当前以大型商业银行为主导的金融体系中，大企业和国有企业占有金融资源的优势更为明显，中小微企业和创新企业获得的金融服务则非常有限。据统计，2011 年，中国有超过 1 000 万户中小企业，它们创造了 GDP 的 60%，完成了创新成果的 70%，占全国企业总数的 90% 以上。因此，产业转型的一个重要课题即是要满足这些创新型企业的融资需求。

其次，资本市场对产业转型的驱动作用主要体现在以下几个方面：其一是拓展直接融资渠道，将社会储蓄直接转化为企业的生产性投资，改善企业的股权和债权融资结构；其二是提高资源配置的效率，将社会资金引导至高效率、符合比较优势的产业和企业；其三是通过上市、增发、退市等一系列市场机制的安排，促进产业结构的数量和质量调整，增强产业结构的自我纠错能力。然而，就中国当前的资本市场而言，融资功能被过分夸大和强调，而相应的产业和企业识别、监控和风险披露功能未得到充分重视和发展。因此，我们的实证分析也已说明，中国的资本市场对产业转型的促进作用并不十分显著，为了改变这一现实，我们认为当前资本市场最为重要的一项深化环节应该是建立起一套严格的上市标准和退市制度，从而有效地建立资金的弱性流动机制，强化股权重组，使资金从传统衰落的、没有竞争力的产业和企业退出，转而进入新兴的产业和有竞争潜力的企业，最终实现资金的有效配置，优化产业结构。例如，二战后，日本利用资本市场，通过兼并、重组、参股和控股等形式重点强化对钢铁、汽车、造船、家电等产业的支持，以较快的速度使这些产业成长壮大为支柱性产业，也使得东京股市成为全球重要的资本市场之一。又如，20 世纪 80 年代以来，美国的资本市场培育出了如英特尔、微软、思科、雅虎、谷歌、苹果等一大批优质创新性企业，推动了美国的产业结构从传统制造业为主导向高新技术产业为主导的根本性转变，因此，资本市场与高科技产业发展的紧密结合使美国在具有战略意义的高科技领域始终保持着领先地位。

再次，资本市场内部结构仍然存在提升空间。这表现在以下几个方面：其一是大力发展主板市场，继续推进中小企业板建设，加快推动创业板建设，促进高新科技中小企业成长壮大，构建统一监管下的全国性场外交易市场，形成交易所市场与场外交易市场有机联系、相互补充的市场体系。其二是加快债券市场的规范统一，尤其是公司债券市场的建设，形成股票融资与债券融资相协调的资本市场结构，推动金融市场产品创新。其三是完善现代融资租赁、直接引进外资、项目融资、商业票据、出口信贷等其他融资方式。建设多层次资本市场才能有效解决中小企业融资困境，推动经济转型。

最后，考虑到未来一段时间，中国城镇化是一条主线索，基础设施融资需求规模较大，对于这类建设和融资，由于它能在长期内提升中国的潜在生产率，因此，金融系统对于城镇化和基础设施的金融支持可以适度超前。未来一段时间，中国仍将继续处于城镇化快速发展阶段。2011 年，中国城镇人口占总人口的比重为 51.27%，首次超过农村人口。然而，这仅仅是中国城镇化进程加速的中期阶段。到本世纪中叶，中国城镇化率将达到 70% 以上，这意味着还将有数亿左右人口陆续离开繁衍生息的农村土地，走向城镇。城镇化的深入推进，一方面带动城镇基础设施建设加快发展和居民消费水平大幅提高，另一方面带来的是产业结构的变迁和小微企业、个体工商户数量的显著增加。这对金融体系的进一步丰富多元化提出了更高的要求：一是基于目前的金融结构和金融体制的约束，如何通过多样化的融资手段满足城镇基础设施建设的资金需求；二是过去重点围绕大机构、大城市的金融体系要更多向满足小城镇、小微金融发展的金融需求倾斜。

抵抗风险压力的"弹性"

从国际经验观察，金融定价机制的市场化、金融系统的开放性、货币的国际化程度都是提高金融弹性的重要手段。

第一，金融定价机制的市场化。根据我们的理论分析，随着产业结构链条的延伸和金融结构的复杂化，现代经济系统的核心特征是具备了三套价格体系：其一是基于要素稀缺程度的要素价格体系，其二是基于市场供求关系的商品价格体系，其三是基于资金供求关系的资金和资本定价体系。同时，我们也指出，无论是产业转型，还是金融发展，均需要以市场化的价格体系作为配置资源和资金的基础性手段。目前来看，中国的要素价格体系仍然存在进一步市场化的空间，部分商品如农产品价格尚未完全实现市场化，但最为重要的是利率市场化仍然需要进一步推进。

当贷款几乎是企业主要的资金来源时，企业不得不非理性地接受银行的超高利率贷款。此时，若贷款利率无上限，必然是银行获得超额收益。

当存款几乎是银行主要的资金来源时，银行就会不惜以非理性的高息来吸收存款。此时，若存款利率无上限，必然是储户获得超额收益。这和商业银行的定价能力高低无关，再高的定价能力都会让道于生存。其实，中国企业和商业银行的定价能力都不低。不论是国有企业，还是民营企业，都对银行的存贷款利率锱铢必较。央行放开外币存贷款利率管制后，外币存贷款利率并没有出现恶性竞争。同业协议存款利率自由，协议存款利率也没有出现银行间恶性竞争。今天，中国商业银行的财务管理能力已有一定提升，资本市场对净息差的关注也迫使银行必须密切关注资金来源成本与资金运用收益的平衡，利率进一步市场化的时间窗口可以开启。

2003年，中国人民银行确定了利率市场化"先外币、后本币，先贷款、后存款，存款先大额长期、后小额短期"的改革顺序。目前来看，还应加上"先直接融资、后间接融资"。这些年来央行事实上正是按照这个方向稳步实施改革的。当企业融资中实行市场化利率的债务工具融资占比达到30％甚至50％以上时，银行要想实行超高利率贷款就不容易了。当银行资金来源中非存款融资达到较高占比时，银行也就不易发动存款利率大战了。当存款人有较多的市场化利率投资工具可供选择时，银行想实行超低利率存款就会行不通。

总之，制约我国存贷款利率市场化进程的根本障碍是间接融资占据绝对主导地位。低利率是发展中国家更是中国的基本"金融国策"，借以实现用净储蓄的家庭部门来补贴净负债的企业和政府部门。假定利率市场化了，由市场资金供求来决定利率水平，政府再要刻意营造低利率环境就需要投入极大规模的资金来达到目标，而非今天的一纸通知就能达成。由此可见，伴随着利率市场化改革的推进，利率作为最核心的资金配置手段，不仅可以调节中国间接融资的比重，也将使资源配置与资金配置相互协调匹配。

第二，提高金融系统的开放性。这包括两个方面：（1）对外开放，建立新格局之下的市场化、适应开放大国经济的金融调控机制。未来十年，金融调控格局将面临一系列新的变化，金融调控机制必须作出相应变革。从目前的情况判断，中国基本上已经告别出口高速增长和资本单向流入阶段，未来出口在相对较低水平上的企稳以及资本双向流动将成为常态，这一状况的出现则意味着此前央行被动投放货币的状况已经出现了趋势上的扭转，货币政策也需要适应这一状况，从此前的被动应对回归到主动管理，与此同时，资本项目的开放和直接融资市场的发展都给金融调控机构带来了不同的冲击。中央银行如何主动引导市场预期、灵活运用政策工具保持内外平衡，做好与金融监管机构的协调，适应中国经济市场化、适应中国开放型大国经济的金融调控体系，将是未来中国金融领域的重要课题之一。(2) 对内开放，放松民间资本进入金融业的限制，小微金融、农村金融等多元金融形态将日益丰富。加快推进金融主体多元化建设，是支持经济转型过程中中小企业融资需求的主要路径之一。为优化农村金融市场，解决中小企业融资困境，中国先后进行了小额贷款公司和三类新型农村金融机构试点并推广，2011 年末中国已有 653 家村镇银行、10 家贷款公司、46 家农村资金互助社和 4 282 家小额贷款公司，累计贷款余额5 230.74亿元。目前，城商行、小额贷款公司、担保公司等服务于中小企业的金融机构的发展受制于民营资本准入的管制和审批。因此，要在当前已有小微金融机构的基础上进一步丰富金融生态，就要大力发展与中小企业金融需求相匹配的金融机构，在风险可控的前提下，进一步加大民间资本参与小微金融的服务力度。

第三，提高人民币的国际化程度。发展海外人民币离岸市场，促进人民币在跨境贸易投资中的便利使用，稳步推进人民币国际化。随着中国经济的发展，人民币国际化已经成为一个不可回避的问题，这就要求逐步实现人民币资本项目可兑换，扩大人民币跨境使用，完善以市场供求为基础、参考一篮子货币进行调节、有管理的浮动汇率制度，增强人民币汇率的双向浮动弹性。建立人民币对新兴市场货币的双边直接汇率形成机制，以及推动人民币对新兴市场经济体和周边国家货币汇率在银行间外汇市场挂牌。同时，人民币要想发展成为国际货币，应当具有广阔而多样的投资渠道，这在客观上对建立具有深度和广度的人民币资产市场提出了要求。

第六篇：政策含义

改革是最大的红利

人们共同努力所产生的力量是城市存在的主要理由。永远不要忘记，真正的城市是由居民而不是由混凝土组成的。城市的建设者必须仰望星空，但也必须脚踏实地。

——爱德华·格莱泽：《城市的胜利》

第17章　土地改革：关键切入点

某种程度上，土地改革将与决策者所主张的有效益的增长、有质量的城镇化联系在一起。大致理解，有质量的城镇化包括三方面的核心内容：其一是农业现代化，这意味着生产结构的进一步优化，它与耕地流转和规模经营密切相关；其二是土地城镇化的转型，核心是土地利用效率的提高，它与集体建设用地流转密切相关；其三是转移人口市民化，核心是农村转移人口消费和居住方式由农村向城市的收敛，它与土地增值收益分配密切相关。

历史回顾：土地改革是潜在的红利之源

回顾过去30多年中国经济改革的历史，土地改革贯穿"三个十年"始终，释放了较为显著的"制度红利"，成为中国经济持久增长和中国城镇化进程的重要基础。从这个角度看，土地改革是最大的改革之一，也是最大的红利来源之一，历史经验已经证明了这一点。

20世纪80年代：农村耕地承包制改革和城市国有土地使用权改革

20世纪80年代，围绕农村耕地的承包制改革和围绕城市国有土地使用权的改革是那个时代的两大标志性事件。这两个土地改革的核心要义和共同点均在于土地使用权的市场化，前者将农地使用权转让给农民，后者将城市国有土地使用权通过市场交易卖给外商，这两大制度性突破释放了土地作为生产要素和资产的产出功能，分别实现了土地与劳动力、土地与资金的市场化结合，为80年代农业的繁荣和90年代珠三角、长三角的制造业繁荣奠定了基础，见图 17.1 和图 17.2。深圳市和上海市作为启动国有土地使用权改革的先锋城市，最早和最大化地享受了这个改革的"红利效应"。

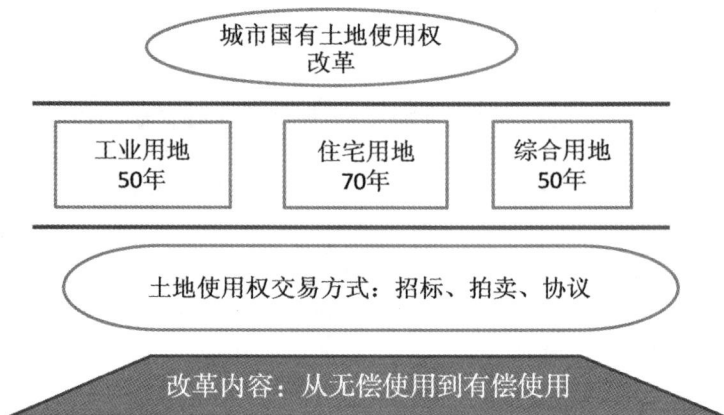

资料来源：作者梳理

图 17.1　城市国有土地使用权改革示意图

资料来源：作者梳理

图 17.2　20 世纪 80 年代初期的农业繁荣

20 世纪 90 年代：住宅用地市场化改革和土地出让收益分成率改革

20 世纪 90 年代的土地改革体现在三个层面：

第一是 1998 年城市存量住宅的私有化改革，表面上看是住宅改革，内在的实质是存量住宅用地的私有化改革(城市居民以买房的形式事实上获得了70年的土地使用权和财产权)。这次改革将数十年积累的城市住房和住宅用地以较低的价格卖给市民,使城市居民拥有能够升值、可以交易的"活资产",这是一次典型的存量资产私有化的过程。若以1998年的存量住宅面积和当时市价大致测算,这次改革所释放的资产规模高达11万亿元左右(当期),是当年GDP的1.3倍;若以2011年市场均价评估,该资产当前价值为75万亿元,溢价近6倍,见表17.1。

表17.1 中国存量住宅面积和市价测算

	1998 年	2011 年
存量住宅面积(亿平方米)	60	150
单位造价(元/平方米)	1 218	2 400
存量住宅总造价(亿元)	73 080	360 000
单位市场价(元/平方米)	1 850	5 000
存量住宅总市场价(亿元)	111 000	750 000
市场价值/GDP	1.32	1.60

资料来源:作者梳理

第二是1998年之后,城市增量住宅的供给开始更多地采用市场化的商品房模式,这相当于增量住宅用地的市场化改革。该模式使得居民家庭可以以市价购房(无论该房屋是用于居住还是资产配置),其背后的实质仍然是住宅用地使用权的市场化交易。

此次改革的效果有:(1)房地产开发住宅逐步成为城市住宅供给的主流渠道,2011年市场化的商品房提供了约73%的城市增量住宅;(2)城镇居民人均住宅建筑面积由1998年的18.7平方米提高至2011年的32平方米左右,住宅消费成为中国最大的消费;(3)房地产成为居民资产配置的主流渠道。

第三是中央和地方政府在土地出让收益分配中的分成率改革。从1989年到1998年的最初10年,国有土地出让收入的分成率一共调整了7次(见图17.3),持续时间最短的不到2个月,最长也不超过4年。作为一个中央与地方博弈的结果,分成率最终稳定在70%。中央政府管理土地出让收益的手段则主要是在分成率不变的情况下,规范土地出让金的收支。

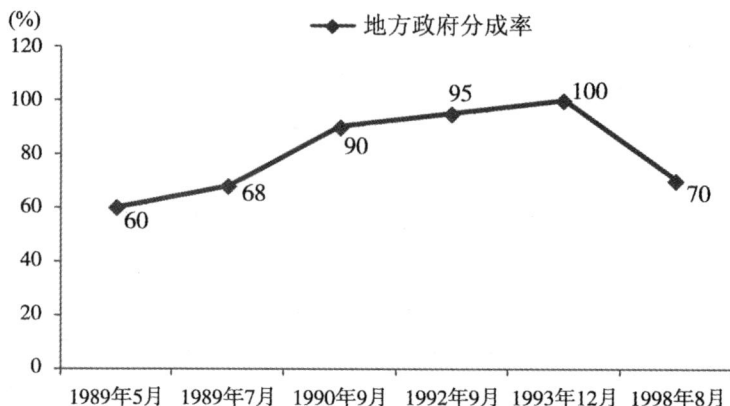

资料来源：作者梳理

图 17.3　土地出让收益的分成率改革

新世纪第一个十年：土地"招拍挂"交易机制改革

　　进入新世纪，最重要的土地改革是经营性用地的交易机制改革。2004年国土资源部出台的新规定要求，即所谓的"8·31大限"之后，不得再以历史遗留问题为由采用协议方式出让经营性土地使用权，所有经营性用地必须通过"招拍挂"方式出让（此后，工业用地不得协议出让）。2006年，为进一步加强工业用地的调控，国土资源部公布全国工业用地最低出让标准，出让底价和成交价格均不得低于所在地土地等别相对应的最低价标准。① 总体上，这种出让方式的变革标志着城市土地要素市场化改革的基本完成，使得土地价格灵敏地反映市场需求，也能促进土地资源配置效率的提高。

　　这次改革的影响有：（1）城市土地经营性用地市场化改革基本完成，使得土地价格（土地均价、土地溢价率）成为反映土地市场冷暖变化的关键指标之一；（2）土地周期与宏观周期的关联机制得以确立，使得土地供给、货币供给与 GDP 之间的联动性和可测性增强。

---

　　① 2009年5月4日，国土资源部对该标准进行适当调整，其中，优先发展产业且用地集约的工业项目，以及以农、林、牧、渔业产品初加工为主的工业项目，其土地出让底价可优惠30％。

通过对土地改革历史的回顾，可以发现，围绕土地的改革一直处于经济增长和经济结构的基础地位，改革所引发的土地条件转变起到了支撑经济高速增长和经济转型的作用。可以确定地说，有什么样的土地条件，就会有什么样的增长方式，相应也就有什么样的城镇化模式，见图 17.4。这个判断可以进一步细化为以下三点：

第一，土地由农业用途向工业用途、再向服务业用途转换的过程，本身就是从较低的农业生产率向更高的工业生产率转换的过程，相应也就是经济增长动力不断转换的过程。过去 30 多年的土地改革正是实现了这种土地用途的转变，才促成了中国经济的高速增长和快速转型。

第二，土地通常被看作是最安全的资产，可以作为银行融资的抵押品，从而使家庭储蓄通过金融机构向企业和政府部门转移的这种供给渠道得以形成，由于储蓄被用于企业设备投资和政府基础设施投资，而这种投资为产业结构的转变提供了可能，从而提高了产业的劳动生产率。

第三，土地用途的转换和储蓄—投资渠道的连接最终促进了生产和就业结构的转变，这种转变发生的地理空间往往会形成新兴城镇或者扩大现有城镇，城镇如若形成，则会带来消费方式和居住方式由农村向城镇的收敛。一般来看，这正是城镇化的一个自然过程。正是基于这种思路，可以认为，城镇化事实上正是土地用途转换、增长方式转变的结果，也是生产和就业结构转变的结果。

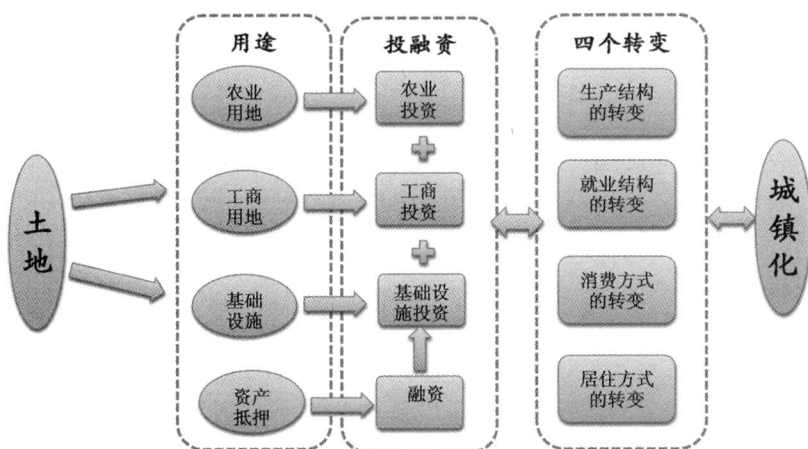

资料来源：作者梳理

图 17.4　土地改革、经济增长、城镇化是相互联系的整体

未来展望：土地改革的可能路径

回顾历史，过去 30 多年不同阶段的土地改革为土地用途的转换和投融资结构的转变提供了基础性条件，从而在不同阶段为中国经济创造了显著的"制度红利"；展望未来，如果能够在现有土地制度的基础上进一步启动新的土地改革，那么其也将继续成为下一阶段中国经济释放的新的改革红利。

按照下一阶段中国城镇化和经济结构转型的总体目标进行大致推演，考虑到改革的迫切性与难易程度，最有可能启动或加速推进的土地改革选项依次是：

耕地流转改革

耕地流转是实现农业现代化、以县域经济为基础发展中小城镇的前提，因此，耕地流转（见图 17.5）将最有可能成为下一阶段加速启动的改革选项之一。关于这一点，下一阶段的改革可能关注的核心问题是：

第一，耕地流转的土地产权是使用权，而非所有权；耕地流转不等于土地私有化。在未来很长的一段时间内，农村土地私有化改革的概率极低，不触及土地所有权变更应当是农村土地改革的政策底线，甚至任何带有土地私有化倾向的流转方式改变都可能难以获得决策者的认可。

第二，耕地流转的目标是变分散种植为规模种植，未来最有可能种田的人是种植大户、农民专业合作社、农业企业。虽然规模种植可以通过农业机械化提高种植效率、通过提高种植者在农资市场的定价权以降低农资成本，然而，无论由谁来种，均需解决三个问题：（1）农产品仓储和物流配送；（2）农田水利投资，大规模种植必须依赖统一排灌，需要每亩约计1 000 元的水利基础设施投入；（3）农业保险，现有农业保费标准和保险金额较低，只能补偿约计 30％的租金。破解这三个问题的出路除了农业补贴之外，最重要的是实现农地承包经营权的"资产质押"功能，发展农业金融，从而使耕地具有融资能力。

第三，耕地流转改革的最终效果在很大程度上将取决于农业工业化水平。如果实现耕地流转，后续的问题将会是如何解决被释放出来的农业劳动力就业问题,潜在的解决途径则是立足于农产品产业链深加工,实现农业工业化。

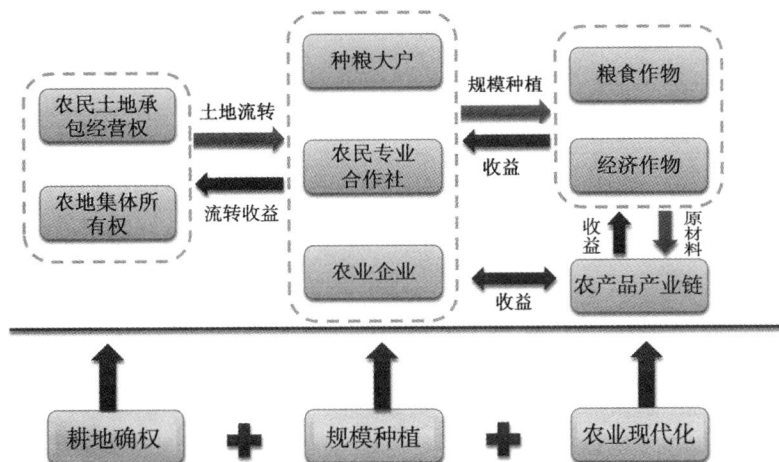

资料来源:作者梳理

图 17.5 耕地流转示意图

为解决这三个潜在问题,下一阶段关于耕地流转改革的潜在政策选项可能是耕地确权。只有在确权的前提之下,才能明确农民耕地承包经营权(使用权)和集体耕地所有权在流转收益中的分配比例;才能使集中之后的承包经营权有望成为一种明确的财产权利,从而作为质押品进行融资。

集体建设用地流转改革

集体建设用地流转改革的目标是克服城市建设用地指标约束。在现有政策框架下,地方政府的建设用地指标受制于三个调控机制,即土地利用总规划(规划期为 15 年)、城市总体规划(规划期为 10 年)、城市新增建设用地规划(规划期为 1 年),见图 17.6。

然而,有的城市土地扩张速度过快,往往会透支规划期内的用地指标额度,从而形成城市扩张的硬性约束。同时,由于不同城市的发展速度不同,用地指标的耗费速度也自然不同,一个明显的结果是发达城市的指标约束更为紧张,欠发达城市的指标约束则相对宽裕。因此,为了解决土地指标的总量不足和区域错配问题,目前不少地方正在试点的集体建设用地流转有望成为下一阶段土地制度改革的突破口之一,最有可能的两种流转

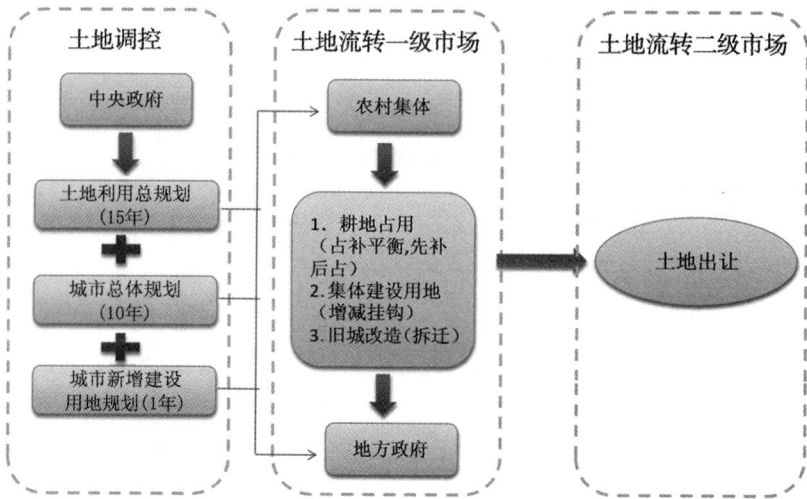

资料来源：作者梳理

图 17.6　土地指标的分配和使用

方式分别是增减挂钩和直接入市。

　　第一种方式是农村集体建设用地"增减挂钩"（见图 17.7），关键环节是土地指标的空间置换。通常的操作程序依次是：第一步是农村集体建设用地确权到组、到户；第二步是财政资金注入，在"先补后占"的政策约束下，完成远郊农村的"拆旧建新"，腾挪出用地指标；第三步是在近郊农村完成常规的征地拆迁，而征地拆迁的额度不能超出远郊农村腾挪出的土地数量，从而在不减少甚至增加耕地数量的条件下，增加城市建设用地；第四步是地方政府将新增建设用地指标在公开市场上"招拍挂"，完成土地出让。至此，远郊集体建设用地在地理空间上被转换到近郊，用于工业、住宅和商业开发。

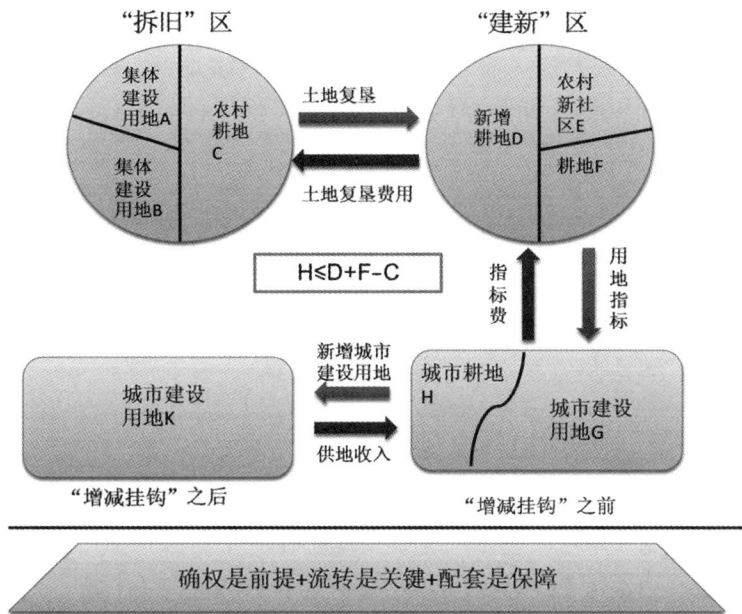

"拆旧"区
集体建设用地A
集体建设用地B
农村耕地C
土地复垦 →
← 土地复垦费用

"建新"区
新增耕地D
农村新社区E
耕地F

$$H \leq D+F-C$$

指标费
用地指标

城市建设用地K
← 新增城市建设用地
供地收入 →
城市耕地H
城市建设用地G

"增减挂钩"之后
"增减挂钩"之前

确权是前提+流转是关键+配套是保障

资料来源:作者梳理

图 17.7 农村集体建设用地"增减挂钩"示意图

第二种方式是农村集体建设用地"直接入市"(见图 17.8),核心是突破政府的垄断供地,实现土地供给市场的"双轨制"。与"增减挂钩"不同,集体建设用地"直接入市"改革有几个明显的特点:(1)在确权前提下,集体建设用地可以直接入市出让,绕开了政府征地环节。(2)在现有改革试点方案中,出让之后的集体建设用地可以用于工业、商业、旅游、服务业等经营性开发,但通常禁止进行商品房住宅开发,这是一个关键的不同。(3)集体建设用地流转方式可以是出让、出租、入股等,从而决定了土地增值收益的分享方式可以是出让金、租金、分红等,流转和收益方式更为多元化。(4)土地流转收益通常被要求用于农民社保、农村公开基础设施建设和现金分成几个方面。例如,广州市要求集体土地流转收益中,至少50%的部分应存入规定的银行专户,专项用于本集体成员的社会保障支出,不得挪用。(5)农村集体建设用地最终能够在多大程度上实现"直接入市",将主要取决于集体和地方政府在土地市场上的竞价能力。

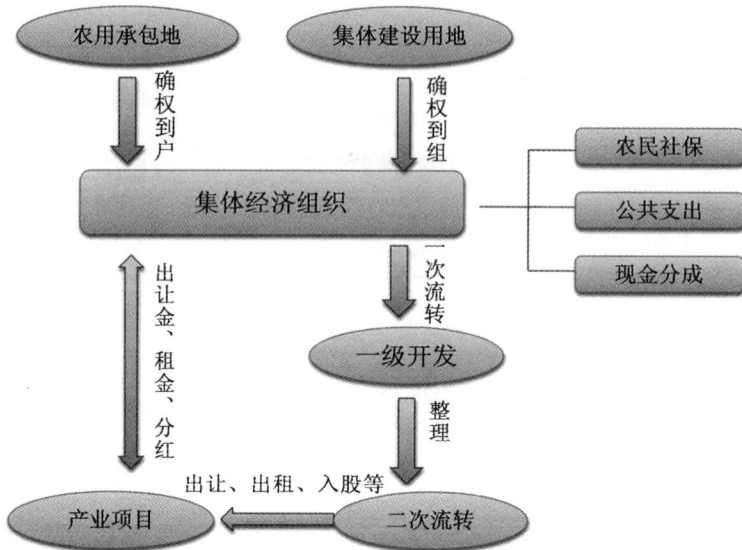

资料来源：作者梳理

图 17.8　农村集体建设用地"直接入市"的可能方式

土地增值收益的分配结构改革

土地增值收益改革是实现转移人口市民化的关键突破口，潜在的改革方向有两个，见图 17.9。

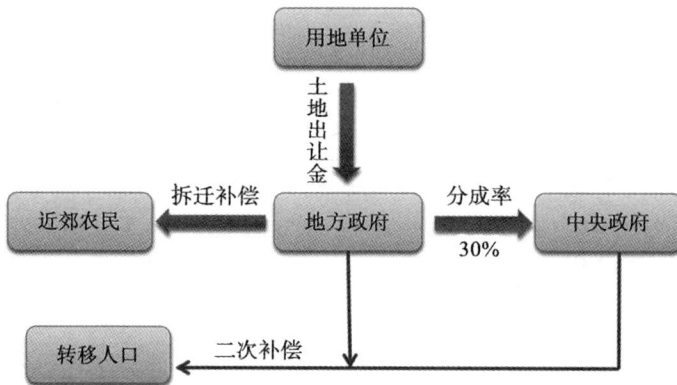

资料来源：作者梳理

图 17.9　土地增值收益分配的潜在改革方向

第一,一次收益环节,提高农民在土地增值收益中的占比。现行耕地补偿费用包括土地补偿费(以前三年平均年产值的6~10倍补偿)、安置补助费(每一个农业人口的安置补偿标准为前三年平均年产值的4~6倍,所有农业人口的补偿不得高于15倍)以及地上附着物和青苗的补偿费(省、自治区、直辖市自定),但是土地补偿费和安置补助费的总和不得超过土地被征收前三年平均年产值的30倍。以安徽省长丰县为例,每亩耕地前三年统一年产值为1 500元,按照现行标准,每亩耕地合计补偿3.1万元。然而,长丰县2011年土地出让的平均价为每亩133万元,耕地转换用途之后的增值幅度为42倍,见表17.2。

表 17.2　安徽省征地统一年产值及补偿标准

	统一年产值标准(元/亩)	农用地			建设用地和未利用地		
		土地补偿倍数	安置补助倍数	征地补偿标准(元/亩)	土地补偿倍数	安置补助倍数	征地补偿标准(元/亩)
长丰县	1 480	7	14	31 080	5	5.5	15 540
肥东县	1 500	8	15	34 500	5	6.5	17 250
肥西县	1 500	8	15	34 500	5	6.5	17 250
濉溪县	1 500	7	14	31 500	5	5.5	15 750

资料来源:作者梳理

为了使农民在更高程度上分享土地资产升值的收益,预计在一次分配环节,可能的改革方式或将是:(1)在不改变现有征地补偿政策框架的前提下,直接提高耕地补偿的标准倍数。若以2011年每亩耕地前三年统一年产值约计1 500元、全国土地平均出让价格每亩100万元计算,现行补偿标准整体提高5倍、10倍、15倍,那么农民在土地增值收益分配中的比例可达15%、30%、45%。(2)改变现有征地补偿的政策框架,补偿基础由历史产值转向市场价格,即直接参考耕地用途转换之后的市场价格进行补偿。以中国台湾的土地改革经验来看,耕地用途转换之后,按照不同的增值幅度,由政府和农民以不同的比例分成,如果增值100%,则40%归政府,60%归农民;如果增值200%,则50%归政府,50%归农民,以此类推。

综合来看,考虑到中国现有的征地补偿的政策框架和改革节奏,预计直接提高耕地补偿的标准倍数可能性更大。

第二，二次收益环节，改革土地出让金的用途，以更大的比例用于城市转移人口的公共支出。可能的改革方式有两种：（1）在不改变现有中央与地方土地出让金分成率的情况下，将一定比例的土地增值收益专项用于城市转移人口的保障性支出，例如教育、医疗、保障房建设等；（2）提高中央政府在土地出让金中的分成率，从而将更多的土地增值收益纳入中央统一预算，并专项用于解决转移人口市民化问题。

通过对潜在土地改革领域的展望，可以发现：土地改革与下一阶段决策者所强调的有质量的城镇化存在逻辑上的对应关系。某种程度上可以说，历史上的土地改革与历史上的增长方式、城镇化模式息息相关；未来的土地改革则将与决策者所主张的有效益的增长、有质量的城镇化联系在一起。（见图 17.10）

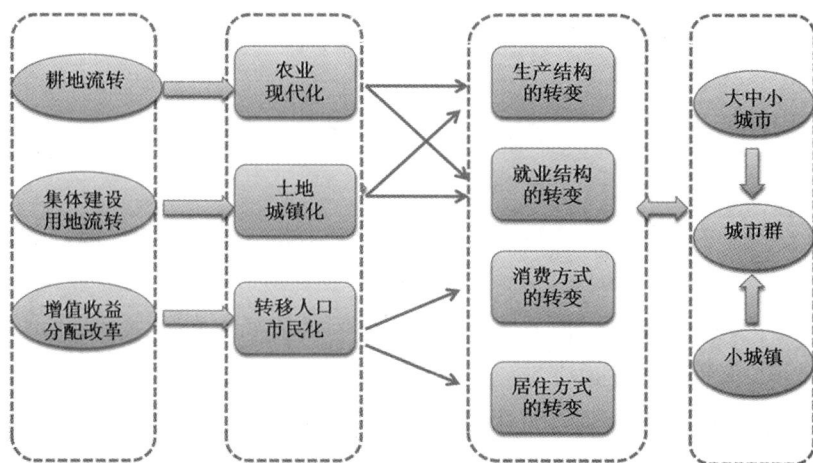

资料来源：作者梳理

图 17.10 土地改革与有效益的增长、有质量的城镇化联系在一起

土地改革的潜在红利效应：有质量的城镇化

展望下一阶段，如果新一轮土地改革在耕地流转、集体建设用地流转、土地增值收益分配环节有所进展，那么这将为下一阶段中国有质量的城镇化带来新的"改革红利"。

耕地流转的潜在影响：从规模经营到农业现代化

耕地流转是实现农业规模经营和农业现代化的前提条件。按照一般标准评估，目前中国的农业现代化尚处于较低水平，与英国、美国、日本、韩国、巴西的平均年差分别达 151 年、108 年、60 年、36 年、33 年，见表 17.3。下一阶段，随着耕地流转规模的扩大，中国农业现代化将加速推进。

表 17.3 农业现代化的差距：国别比较

国家	农业增加值比例			农业劳动力比例			农业劳动生产率			平均年差
	数值	年份	年差	数值	年份	年差	数值	年份	年差	
中国	11	2008		40	2008		504	2008		
英国	11	1880	128	22	1840	168	587	1850	158	151
美国	10	1920	88	38	1900	108	822	1870	138	108
德国	10	1950	58	37	1907	101	524	1910	98	86
法国	10	1955	53	36	1946	62	684	1930	78	64
日本	9	1965	43	33	1960	48	792	1920	88	60
韩国	11	1985	23	34	1980	28	718	1950	58	36
巴西	11	1980	28	29	1980	28	729	1965	43	33

资料来源：何传启：《中国现代化报告 2012——农业现代化研究》，北京大学出版社，2012；作者梳理

第一，预计到 2020 年，中国的家庭承包耕地将实现"全流转"。过去沿海发达省市耕地的流转规模较大、速度较快；未来中西部粮食大省的耕地流转将显著加速。具体而言：（1）截至 2011 年底，全国实行家庭承包经营的耕地面积为 12.77 亿亩，其中已经流转的总面积为 2.28 亿亩，流转面积同比增速达 22.1%；按照 2011 年的流转面积和流转增速简单匡算，中国将于 2020 年前实现耕地"全流转"，见图 17.11。（2）目前流转水平最高的地方集中在沿海发达省市，2011 年上海、北京、江苏、浙江的流转面积占比分别已达 58%、46%、41%、40%，见图 17.12。（3）从目前趋势看，下一阶段，中西部粮食大省推进耕地流转的速度将较快、潜力将更大。2011 年甘肃、河南、山西、河北的耕地流转面积增速分别高达 88%、51%、50%、46%，见图 17.13。

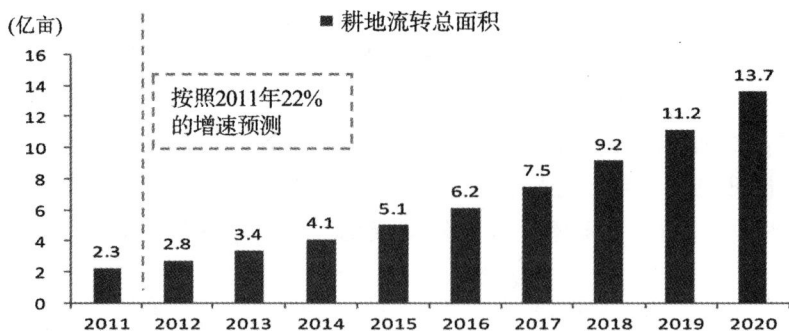

资料来源：作者梳理

图 17.11　耕地流转总面积预测

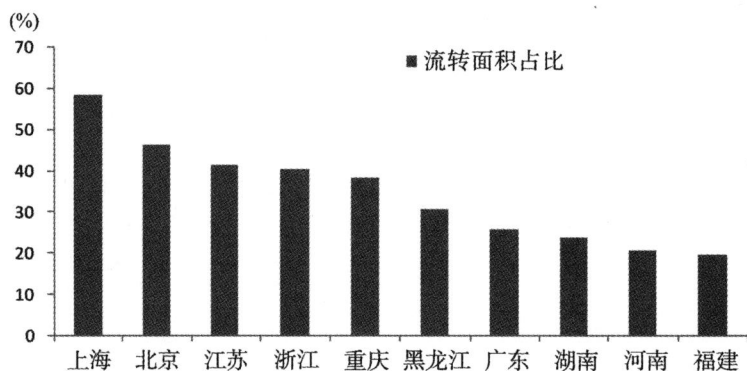

资料来源：作者梳理

图 17.12　耕地流转面积占比最高的省市

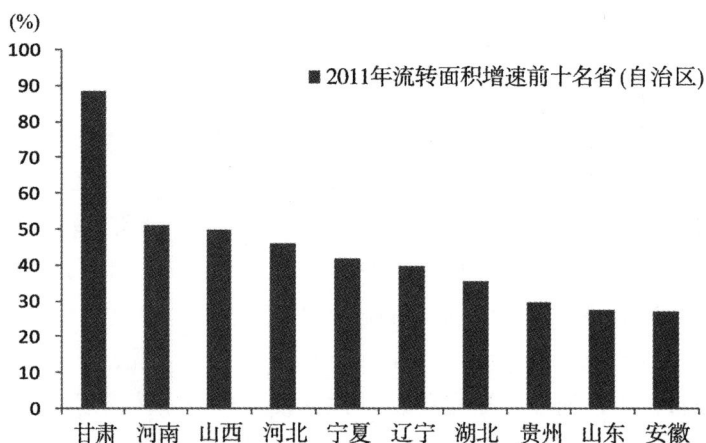

资料来源：作者梳理

图 17.13　2011 年不同省（自治区）流转面积增速对比

第二，耕地流转将加剧经济作物对粮食作物的替代，从而使粮食种植比例处于下降通道，直至粮价出现"倒逼性上涨"。从目前的情况来看：（1）由于粮食作物利润率偏低，越是发达省市，耕地流转之后，越是更多地用于种植经济作物，或者利用现代技术条件发展设施农业、有机农场、休闲农业。（2）尽管中西部省市耕地流转之后用于种粮的比重较高（平均在60％以上），但是在粮食作物与经济作物的投入产出比差距仍然较大的条件下，种植经济作物的每亩净利润以及净利润率都要高于粮食作物，因此，经济作物对粮食作物的替代规模日益扩大，换言之，种粮比重下降将是一种可以预见的趋势，见图17.14。（3）在这种趋势下，预计蔬菜、水果和棉花的种植面积将继续维持较大幅度的增长。（4）原则上，同一块土地不同用途之间的收益必然相等，如果市场信息充分，不存在价格干预，则价差必不能长久。因此，如果经济作物对粮食作物的替代规模逐步扩大，一个自然的结果可能是粮价的"倒逼性上涨"。

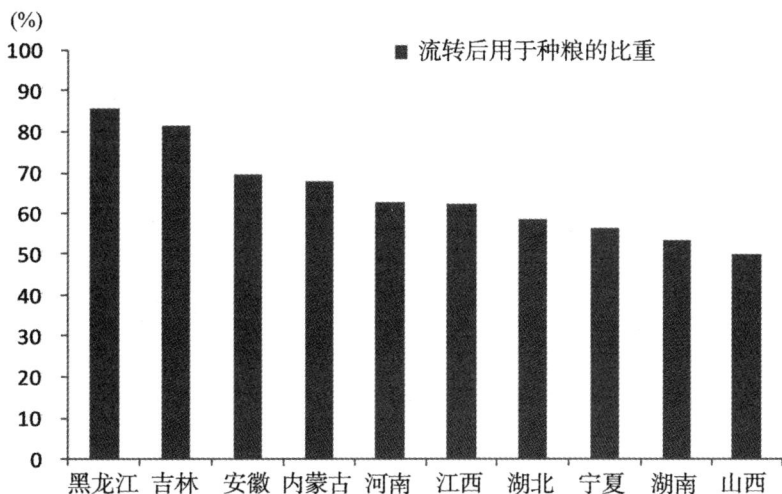

资料来源：作者梳理

图17.14 耕地流转之后用于种粮的比重

第三，规模经营的潜在结果可能不是农药化肥使用密度的增加，也不是单产的提高，而是农业劳动生产率的提高、成本的下降和质量的提升。从国际对比结果来看：（1）中国的农作物单产仅仅低于作为发达国家的美国、英国和日本，远远高于印度和巴西，是世界平均水平的1.6倍，见图17.15；规模种植本身不仅难以增加，甚至还有减少单产的可能。（2）中国的化肥使用密度是世界平均水平的 2.5 倍，远远高于美国和英国，规模经营并不会带来农资使用总量的增加，但是会带来使用结构的变化，如生物农药和有机肥料的需求量会结构性增加。（3）规模经营的关键是通过生产和管理方式的机械化来实现劳动生产率的提升，目前中国的农业劳动生产率是日本的 1%、美国的 20%、世界平均水平的 50%，提升空间较大，尤其是收割领域。

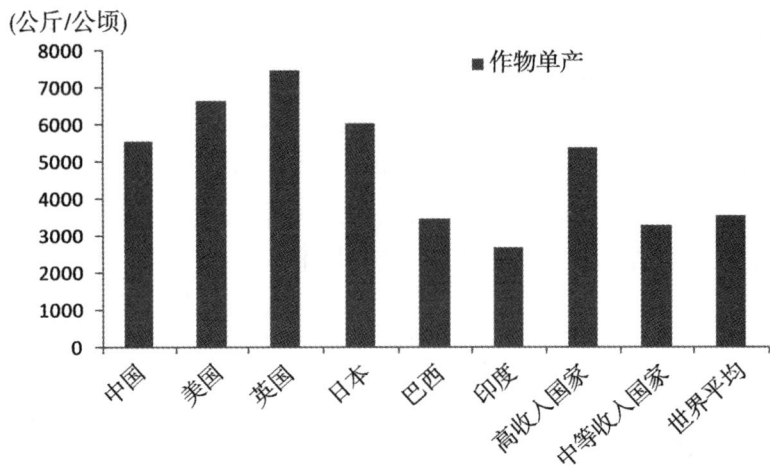

资料来源：作者梳理

图 17.15 中国的农作物单产是世界平均水平的 1.6 倍

第四，规模经营所释放的劳动力需要农业现代化所产生的"就业池"来吸收。某种程度上，农业现代化可区分为两个层次：其一是农业生产和管理方式的现代化，这里的关键是规模经营；其二是农业工业化，这里的关键是立足于农产品从事简单加工和深加工，提升产业链整合能力和延展产业链。将规模经营和农业工业化联结起来的内在机制是转移劳动力的就业渠道。规模经营意味着更多的农村劳动力被释放出来，而农业工业化则可以成为吸收农村劳动力的"就业池"。关于这一点，做一个简单的测算（见图 17.16）：（1）2011 年中国农业产值比重为 11%、就业比重为 35%，参考发达国家产值比重与就业比重约计 0.6 的"匹配度"，以及过去 10 年中国农业产值比重的下降速度，预计到 2020 年，中国的农业产值比重将下降到 8% 左右，如果届时农业规模经营使得农业就业比重达到 0.6 的匹配水平，则农业就业比重为 13%。（2）在目前中国的农业劳动力中，计有超过 30％ 的比重为 50 岁以上人口（即全国总就业人口的 10％ 左右）（见表 17.4），2020 年之前，这些人口将逐步退出"就业池"。（3）考虑到农业吸纳能力和"就业池"退出人口，规模经营释放的农村劳动力或潜在的就业缺口占总就业人数的比重为 12％。（4）原则上，这个就业缺口可以通过农业工业化部分解决，但是从中长期趋势来看，食品在消费支出中的占比呈下降态势，换言之，对于任何国家而言，农产品和以农产品为原材料的食品生产及其产值在 GDP 中的比例存在一个上限约束。尽管中国的农业工业化尚处于加速阶段，但未来终将会碰到这个上限。因此，仅仅通过农业工业化可能也无法完全弥补就业缺口。

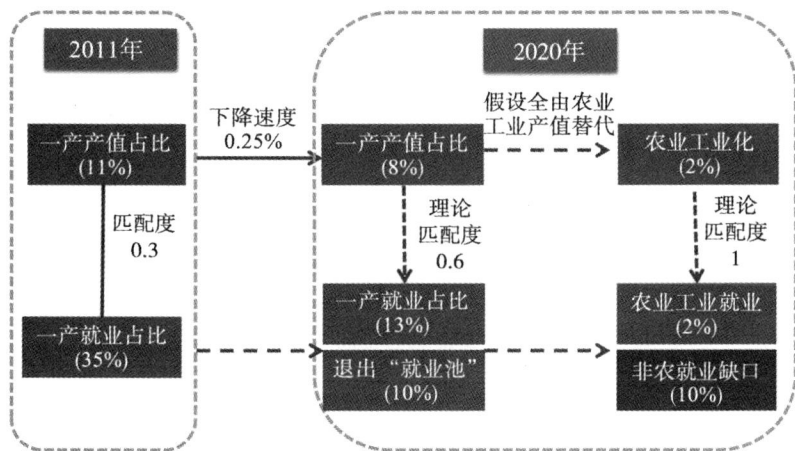

资料来源：作者梳理

图 17.16 规模经营所释放的劳动力与就业缺口测算

表 17.4 中国农业从业人员年龄分布

	全国	东部地区	中部地区	西部地区	东北地区
农业从业人员数量（万人）	34 874	9 522	10 206	12 355	2 791
农业从业人员年龄构成（％）					
20 岁以下	5.3	4.2	4.9	6.4	6.4
21～30 岁	14.9	13.5	13.8	16.5	17.2
31～40 岁	24.2	22	24.5	25.3	25.4
41～50 岁	23.1	25	23.5	20.6	25.3
51 岁以上	32.5	35.3	33.3	31.2	25.7

资料来源：作者梳理

第五，就业缺口的存在会使那些能发展劳动密集型制造业和中低端服务业的省市更快地推进农业规模经营。

集体建设用地流转的潜在影响：土地供给与使用结构的变化

集体建设用地流转将会改变城市的土地供给规模和土地使用结构，从而对下一阶段中国土地城镇化的速度和节奏产生影响。

第一，集体建设用地流转可以缓解发达城市的土地指标约束，但不会改变土地城镇化放缓的总体节奏。通常，在工业化和城镇化的不同阶段，城市建设用地总规模一般会经历"缓慢增长—加速增长—低速增长—基本稳定"的变化轨迹，见表 17.5。

表 17.5　不同发展阶段城市建设用地总规模的变化特征

发展阶段	基本特征	城市建设用地总规模变化
工业化和城镇化初期	小规模轻工业为主导，城镇化推进缓慢，建设用地需求增长缓慢	缓慢增长
工业化和城镇化中期	重工业加速扩张，城镇化快速推进，建设用地需求快速扩张	加速扩张
工业化和城镇化后期	服务经济占主导，工业用地萎缩，三产用地增加，地价高涨导致需求减少	低速增长
后工业化和信息化时期	存量建设用地的结构调整和优化，商务、休闲、公共设施用地增加	基本稳定

资料来源：作者梳理

从这个角度观察，总体上中国已逐步进入工业化和城镇化的中后期阶段，未来的建设用地规模将"低速增长"，而东部沿海发达城市则处于后工业化和信息化时期，未来的建设用地规模将"基本稳定"，增速将会更低。根据《全国土地利用总体规划纲要（2006—2020 年）》，2010—2020年间建设用地总规模的增长率仅为 20%，且沿海发达省市的增速相对更低。进一步来看，过去十几年，中西部省（市、自治区）在人口没有增长，甚至净流出的情况下，却实现了快速的土地扩张，在很大程度上透支了不少未来的土地指标，见图 17.17。因此，无论是从市场一般规律看，还是从政府土地调控规划看，中国下一阶段的土地总量的快速扩张已接近尾声。

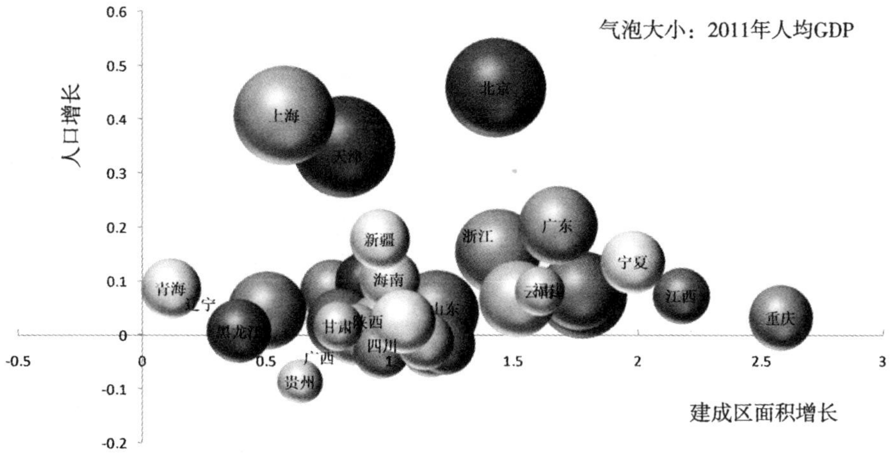

资料来源：作者梳理

图 17.17 中西部省（市、自治区）过快的土地扩张速度透支了未来的土地指标

第二，尽管集体建设用地流转的空间极大，但事实上流转规模和速度将取决于用地需求；预计大城市周边及郊区的流转速度相对会更快，但尚不至于对全国土地供应市场产生系统性影响。具体而言：（1）从现有土地利用结构看，城乡建设用地占全国土地总面积的 3.4％，其中 90％以上为农村建设用地，城市建设用地比重不到 10％，见图 17.18；原则上，将现有农村建设用地转化为城市建设用地的空间极大。（2）但是事实上的流转规模取决于不同城市工业化和城镇化产生的用地需求，2011 年度全国共安排各类新增建设用地计划指标 830 万亩，其中城乡建设用地"增减挂钩"试点指标为 90 万。（3）大城市周边或郊区的集体建设用地流转需求较大。从国际大都市的城市建设用地规模占都市区的比重来看，一般处于 20％～30％之间（如图 17.19），2011 年上海市这一比重已大于 40％，城市内部建设用地扩张已接近极限状态，而农村建设用地则提供了潜在的土地扩张空间。

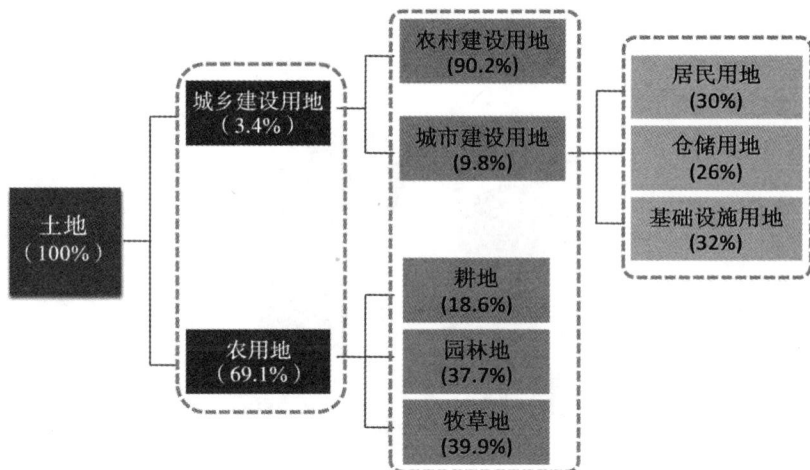

资料来源：作者梳理

图 17.18　中国土地利用结构图

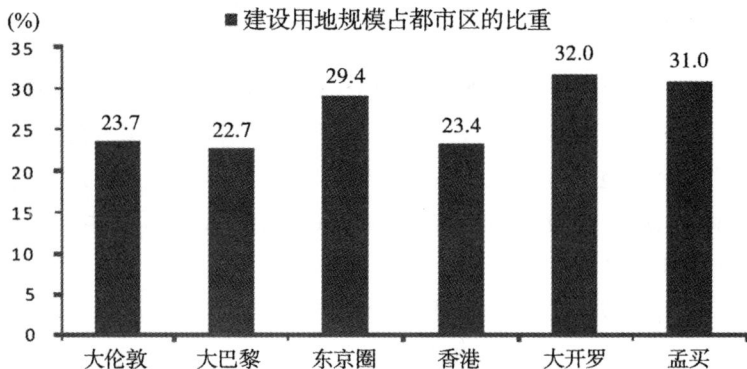

资料来源：作者梳理

图 17.19　国际大都市建设用地规模占都市区的比重

　　第三，集体建设用地流转将改变城市存量土地的使用结构，表现为工业用地占比的下降和商业用地占比的上升，这将会带来城市的转型甚至城镇化的转型。通常，不同发展阶段、不同的城市功能定位以及不同的城市发展规划都会导致城市建设用地的配置结构呈现规律性变化，即通常会从工业和住宅用地主导的阶段过渡到商业和基础设施主导的阶段。更为重要的是，城市建设用地结构的变化事实上反映的是城市的转型，在工业化和城镇化的中后期阶段，大城市或中心城市通常会成为工业的总部经济中心和生产性服务业中心,占地面积较大的工厂则逐步外迁,导致城市中心工业用地比重逐步下降。相反,随着大城市或中心城市成为金融、会计、咨询等现代生产性服务业中心,服务业就业人口逐步增加,进而带来住宅用地、商业用地以及教育文化、生活配置等基础设施用地的增加。作为一个结果,通常会看到:(1)工业用地占比将会下降,且占据最低的比例;基础设施和商业用地占比会上升,但住宅用地占比通常最高,如东京圈住宅用地占比就曾高达58.2%,见表17.6。(2)城市的增长动力会发生转换,单位建设用地的产出增加将主要来自服务业,而且单位商业用地产出通常会数倍于工业用地,如东京圈为5倍。

表 17.6 国际大都市不同类型用地占比

城市	居住用地占比（％）	绿地占比（％）	交通用地占比（％）	三者合计占比（％）	年份
大伦敦	32.56	38.23	14.12	84.9	2005
纽约市	42.15	25.37	18.08	85.6	2006
东京都区域	58.2	6.3	21.8	86.3	2006
大巴黎地区	30	12	27	69	1996
上海（现状）	20.5	6.7	18.6	45.8	2011
上海中心城区（规划）	35.6	17.2	18.3	71.1	2020

资料来源：作者梳理

具体到中国的情况,目前来看,北京、上海、深圳、天津等一线发达城市正逐步过渡到这个阶段,未来城市建设用地中工业用地的比例会日益减小,住宅、商业和基础设施的用地比例将会增加,而且在农村集体建设用地流转和工业外迁两个力量的叠加驱动下,新增的工业用地将主要集中在大城市周边或郊区集体建设用地上,见图17.20。

第四,尽管集体建设用地流转部分缓解了城市土地指标紧张的约束,但未来中国土地城镇化的总体趋势仍然是从数量扩张过渡到效率扩张。普遍的看法是中国的城镇化进程主要是土地面积的扩张,人口扩张速度相对较慢,但是这个看法只说明了一部分问题,事实上:(1)如果把全国城市分成东部、中部、西部三个不同样本,则东部城市土地扩张速度和人口扩张速度比较接近,中部和西部城市土地扩张速度分别是人口扩张速度的3

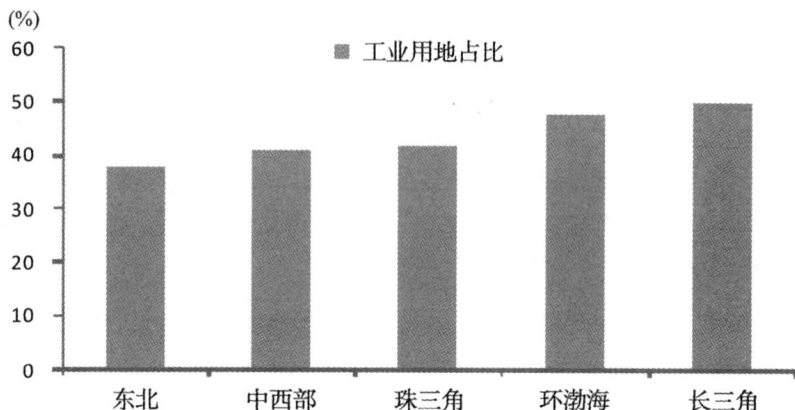

资料来源：作者梳理

图 17.20　2008—2011 年不同区域土地成交中的工业用地占比

倍和 5 倍，因此，下一阶段亟须集约利用土地的主要是中西部，特别是西部。（2）以单位建设用地第二、三产业增加值作为衡量土地使用效率的指标，北京、上海、深圳最高，其中上海是全国平均水平的 5 倍以上，但有22 个省（市、自治区）处于全国平均水平以下，只有山东、江苏、广东、天津、浙江、北京、上海等省市明显高于全国平均值，见图 17.21。（3）土地使用效率的差异不仅仅体现在不同省市之间，也体现在一个城市范围之内从中心向外围市区土地使用效率的依次递减。（4）即使是土地使用效率较高的上海市，在国际层面对比，也处于极低水平，2011 年上海市单位建设用地的产出效率约为伦敦和巴黎的 50%、纽约和香港的 7%、东京的 15%，见图 17.22。

　　因此，在这种情况下，在未来很长的一段时间内，中国土地城镇化的核心问题将从数量扩张过渡到效率扩张，即使集体建设用地流转为土地扩张提供了一定的空间，也无法改变这个总体趋势。

（万元/公顷）

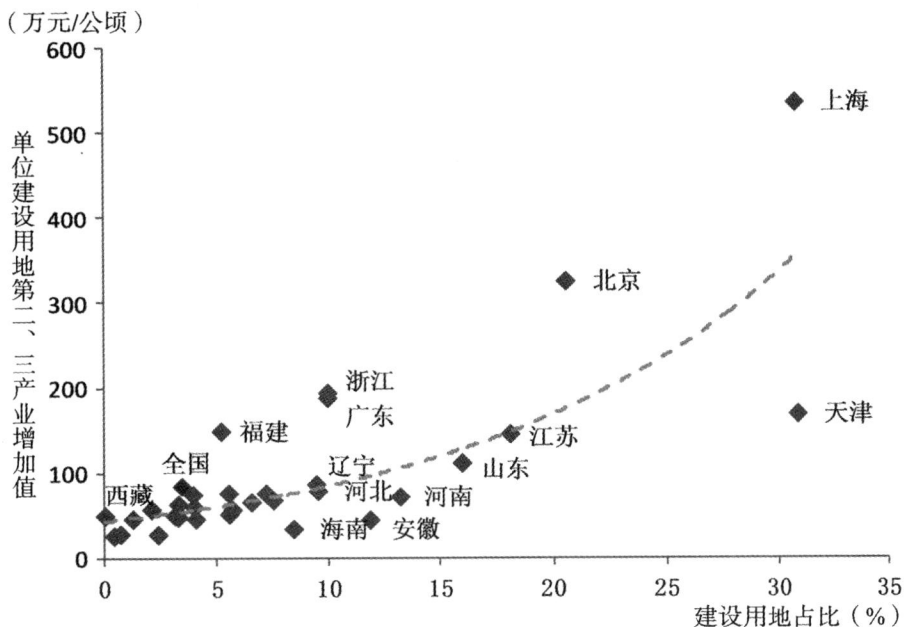

资料来源：作者梳理

图 17.21　不同省（市、自治区）单位建设用地的使用效率存在显著差异

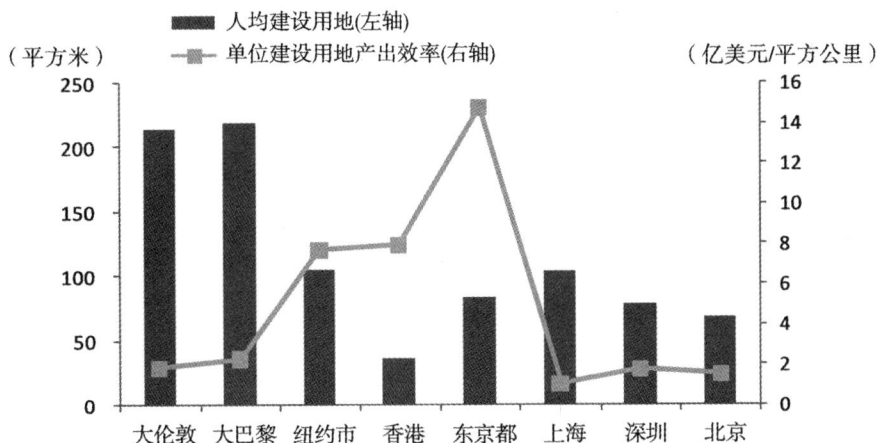

资料来源：作者梳理

图 17.22　单位建设用地的产出效率对比

土地增值收益分配改革的潜在影响：农村转移人口市民化

农村转移人口市民化是下一阶段中国城镇化的核心，农民工及其家属的市民化则有望成为重中之重，围绕土地增值收益分配的改革则可能为农民工带来一定程度的财产性收入，从而成为推动转移人口市民化的潜在突破口。

第一，预计到 2020 年，中国的人口城镇化率将达到 60%，转移人口市民化的潜在规模将超过 3 亿。初步匡算，2020 年之前潜在的转移人口市民化的规模和划分是：（1）在目前城市常住人口中，没有户籍的存量外来农民工及其家属（家属以少儿抚养比计算）为 1.9 亿、存量本地农民工及其家属 1.1 亿，两者合计 3 亿；（2）2012—2020 年预计新增的外来和本地农民工及其家属合计 4 000 万；（3）存量和增量合计 3.4 亿。

从政府规划的人口城镇化目标看，如果 2020 年达到 60%，则意味着：（1）目前 6.9 亿城镇常住人口，约计有 2.3 亿的非户籍人口需要成为真正的市民，这些人主要为农民工；（2）2012—2020 年预计城镇人口自然增长和吸纳农村人口共 1.5 亿；（3）存量转移人口市民化和新增市民合计 3.8 亿。（见图 17.23）

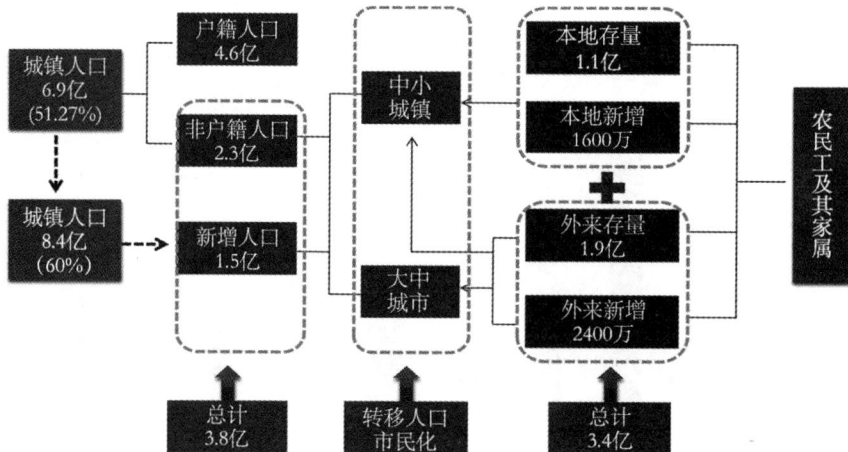

资料来源：作者梳理

图 17.23　2020 年农村转移人口的潜在规模测算

由此可见，从两个方向分别测算的转移人口市民化规模基本接近，预计 2012—2020 年潜在的农村转移人口规模将超过 3 亿,平均每年转移的最大潜在规模将超过 3 500 万。

第二,若能适度调整现有土地增值收益的分配结构,则农村转移人口市民化每年的人均成本缺口并不大,并非不可承受之重。一个普遍的看法认为,转移人口市民化的最大障碍在于成本无法负担,但事实并非总是如此:(1)转移人口与城市居民的最大差距并非流量的工资性收入,而是财产差距,财产差距难以缩小的关键原因并非农民没有财产,而是财产无法通过市场途径变现。(2)农民的财产分为三类,即耕地使用权、宅基地使用权和房屋所有权,分别按现金流和建筑原值测算,这三类财产若能通过市场化变现,则人均资产性收入合计将超过 10 万元,可在很大程度上覆盖转移成本。(3)转移成本由多方按多年分摊,并非由一方、一次性支出。大致分类是,转移成本中的养老、医疗、教育等保障性支出由企业、政府和个人分担;城市基础设施和公共服务等建设性支出由政府负担;一般生活支出由转移人口负担。更重要的是,潜在的成本支出并非一次性支付,而是在 10~20 年内分摊,例如养老保险缴纳期会在 15 年以上。(4)综合考虑这几个因素,并结合微观调查数据(见图 17.24)可简单推算,

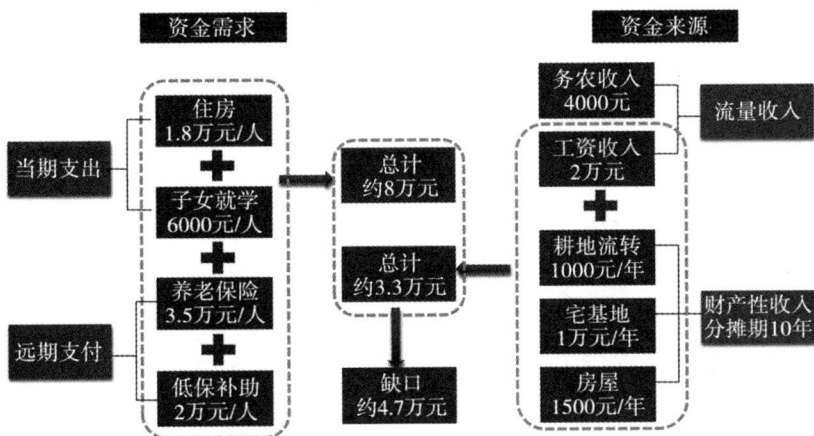

资料来源:作者梳理

图 17.24 农村转移人口市民化的人均成本缺口测算:一个简单的案例

注:资金需求数据来源为国务院发展研究中心相关课题组近期对重庆、武汉、郑州和嘉兴四个城市的农民工市民化成本进行的详细的调研和测算,资金来源数据来自全国农村固定观察点调查数据。

转移一个农村人口的平均成本缺口应当不足 5 万元，并非不可承受，也并非全由政府负担。（5）若能在土地增值收益的一次分配和二次分配环节适度提高耕地占用、宅基地流转的分配比例，将土地增值收益侧重于用来解决转移人口市民化问题，那么成本压力将会更小，见图 17.25。

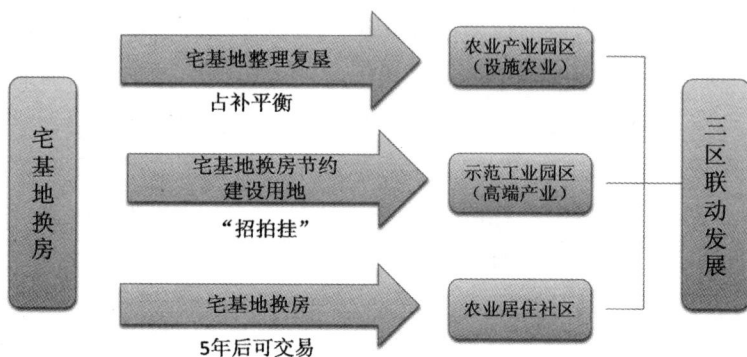

资料来源：作者梳理

图 17.25 天津市周边农村转移人口市民化的操作案例

第三，转移人口市民化的地理空间流向将以东部大城市周边和中西部区域的中小城镇为主，中小城镇的布局具有内在合理性。支撑这个判断的关键依据是：（1）总量超过 1 亿的本地农民工多在本乡镇内从事非农活动（包括本地非农务工和非农自营活动），且主要集中在东部沿海发达城市的周边城镇；（2）农民工老龄化倾向日益明显，30 岁以上的农民工比重为60％左右（见图 17.26），他们回流到本地城镇就业的概率较大，微观调研数据显示，他们之中约计 75％ "二次择业"时将回流到本地；（3）随着产业内迁，过去 10 多年来安徽、河南、河北、四川、湖南、湖北、重庆等人口净流出的省市，基于较快的经济和就业增长速度，预计将会在更大程度上吸引存量农民工回流和增量农民工流入，且流入方向将以县内中小城镇为主。

(%)

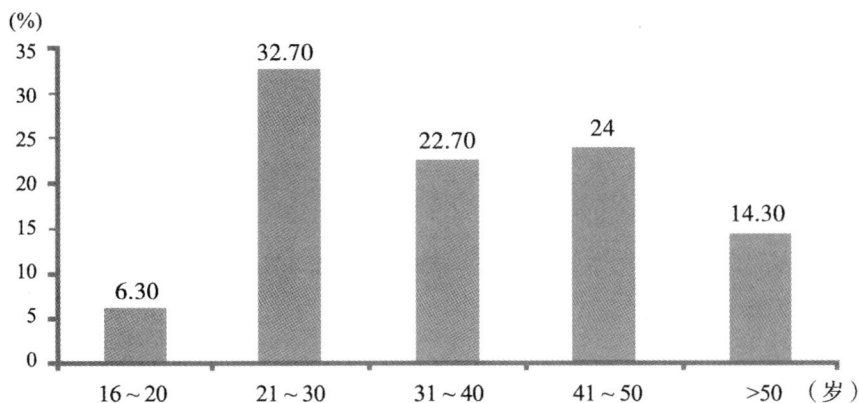

资料来源：作者梳理

图 17.26　农民工的年龄分布

　　如果下一阶段农村转移人口市民化能顺利推进，那么相对于生产与就业结构在地理空间上的转变速度，这些人消费和居住方式的转变速度将会更快。按照 2011 年的调查数据，目前农民工的居住方式以单位宿舍和工地工棚为主，未来若能通过保障房建设解决农民工的居住问题，那么居住对消费的带动作用将逐步显现。

第 18 章　营改增：牵引产业转型的步伐

　　营业税改增值税是中国产业发展的必然要求，也是工业城市向服务业城市转型过程的必然要求。自 2011 年"十二五"规划提出"十二五"期间税制改革的目标为"按照优化税制结构、公平税收负担、规范分配关系、完善税权配置的原则，健全税制体系，加强税收法制建设。扩大增值税征收范围，相应调减营业税等税收"以来，营改增的试点工作陆续展开。自 2012 年初上海的交通运输业和现代服务业实施营改增试点以来，目前已有 10 多个省市提出了试点申请，未来将继续扩大试点城市范围，预计全国将在"十二五"期间全面实施营业税改增值税。

　　营改增是中国一次重要的税制改革，在当前城市产业分工进一步细化，特别是生产性服务业即将蓬勃发展的背景之下，税制改革将进一步牵引中国产业转型的步伐。

现状评估：第三产业税负已经大幅高于第二产业

营业税 VS 增值税

　　增值税是对生产、销售商品或者提供劳务过程中实现的增值额征收的一个税种；营业税是以纳税人从事经营活动的营业额（销售额）为课税对象的一个税种。在我国，增值税的税基大体相当于工业增加值和商业增加值，而营业税的税基为规定的 9 个行业取得的营业收入。

　　增值税的征收对象又分为一般纳税人和小规模纳税人。以生产货物、提供应税劳务为主，并兼营货物批发、零售的纳税人，年应征收增值税销售额超过 50 万的;其他纳税人,年应税销售额超过 80 万的为一般纳税人。对于一般纳税人,在计算应纳增值税税额时,应当先分别计算其当期的销项税额和进项税额,然后以销项税额抵扣进项税额之后的余额作为实际应纳税额。而对于小规模纳税人,则按照简易方法计算应纳增值税额,类似于营业税,以销售货物和应税劳务取得的销售额为计税依据,按照 3％的税率征收,连同价款一并向买方收取。

缴纳营业税的行业大部分为第三产业。《中华人民共和国营业税暂行条例》中规定的 9 项营业税税目为:交通运输业、建筑业、金融保险业、邮电通信业、文化体育业、娱乐业、服务业、转让无形资产和销售不动产,其中大部分属于第三产业(商业除外,批发零售业缴纳增值税)。

增值税和营业税(见表 18.1)均为流转税,是我国税收的主体,占总税收的比重超过 40％。所谓流转税是以纳税人商品生产、流通环节的流转额或者数量以及非商品交易额为征税对象的一种税收,流转税是商品生产和交换的产物,在我国主要包括增值税、消费税、营业税和关税等。增值税和营业税分别为我国的第一、第三大税种,2011 年占比分别达到 27％和 15.2％。

表 18.1 增值税 VS 营业税

	增值税	营业税
征收对象	对在我国境内销售货物或者提供加工、修理修配劳务以及进口货物的单位和个人就其实现的增值额征收的一个税种	对在我国境内提供应税劳务、转让无形资产或者销售不动产的单位和个人,就其所取得的营业额征收的一个税种
税基	大体相当于工业增加值和商业增加值	交通运输业、建筑业、金融保险业、邮电通信业、文化体育业、娱乐业、服务业、转让无形资产和销售不动产等 9 个行业取得的营业收入
税率	13％和 17％,对小规模纳税人的征收办法类似于营业税(按 3％征收)	3％ 和 5％,娱乐业的税率为5％~20％
应纳税额	一般纳税人:当期销项税额－当期进项税额;小规模纳税人:应纳税额＝销售额 × 3％	应纳税额＝营业额×适用税率
征收机关	国税局,进口环节由海关征收	地税局

资料来源:财政部,作者梳理

营业税是地方性税种，增值税则为分享税（中央分享 75％）。1994 年实施分税制改革后中央与地方分税，其中增值税由于流动性较强，同时出于维护中央权威的考虑，将其 75％ 作为中央税收；而营业税由于税基稳定，地方政府具有信息优势，故将其作为地方税种。（见图 18.1）

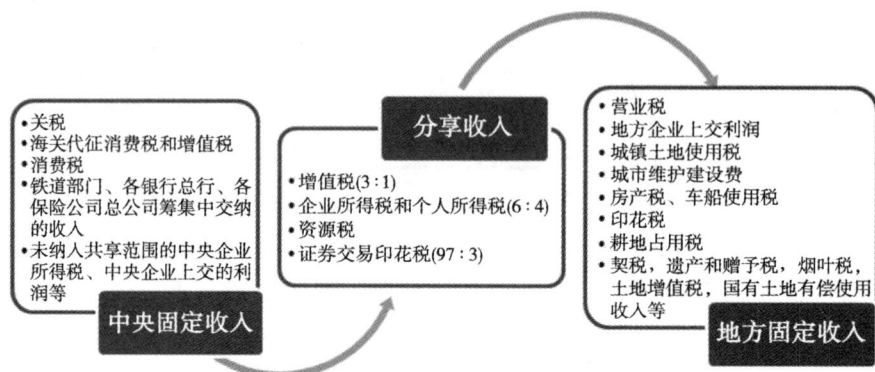

资料来源：作者梳理

图 18.1 中国税收分成机制

中国第三产业税负已经大幅高于第二产业

首先，营业税影响企业利润率。

增值税是流转税中唯一的价外税[①]，会计单独核算，只反映在资产负债表上，不直接影响企业利润，消费者是实际负税人。增值税实行价外核算，销项税额和依法可以抵扣的进项税额在企业的主营业务收入和成本费用之外的核算系统进行核算。增值税的税目为"应交税费——应交增值税项目"，该项目属于负债类，不属于损益类科目，不直接影响企业利润。如下面这个例子：某企业在购进应税货物 100 元时，缴纳的增值税计入"应交税费——应交增值税（进项税）"，同时将销售货物取得 34 元的增值税计入"应交增值税——应交增值税（销项税）"，月末将未交的增值税结转，见表 18.2。

[①] 价外税是由购买方承担税款，销售方获取的货款包括销售款和税款两部分；价外税指税金包含在商品价值或者价格之外的税。

表18.2 增值税价外核算

1. 购进货物
借：原材料   100

1. 购进货物	
借：原材料	100
应交税费——应交增值税（进项税）	17
贷：银行存款	117
2. 销售	
借：应收账款	234
贷：主营业务收入	200
应交税费——应交增值税（销项税）	34
3. 月末结转未交增值税	
借：应交税费——应交增值税（转出未交增值税）	17
贷：应交税费——未交增值税	17
4. 下月交上月增值税	
借：应交税费——未交增值税	17
贷：银行存款	17

资料来源：作者梳理

    营业税、增值税不改变净利润绝对值，但是营业税是价内税，同时反映在企业的资产负债表和利润表上，会降低微观企业的净利润率。从税收性质的角度来说，增值税和营业税都属于间接税，也就是说纳税人和负税人不一致，税收通过转嫁，消费者是最终的负税人。但是从会计核算的角度来说，计提营业税时，计入"营业税金及附加"，属于损益类科目，而增值税采用单独核算系统核算。从利润表中可以看出，"营业税金及附加"是"营业收入"的扣减项，尽管营业收入中包含可以转嫁的营业税，税收不会影响"营业利润"的绝对值，但却会影响企业的利润率，影响企业在资本市场上的定价。

    其次，营业税最大的缺陷在于重复征收，从而制约服务业的发展。

    在微观层面上，营业税会随着商品生产环节的增加而增加，最大的缺陷在于重复征收。以桌子生产商为例，假设在桌子的生产过程中一共会经过木材制造商、桌子制造商和桌子零售商三个环节的生产加工过程，每个环节分别增值20元，即木头的原始价格为40元，经过三个环节的加工升值，最后以100元的价格卖给消费者。我们假设在这些环节中的营业税率为5%，那么在每一个环节都会对全部销售额征收营业税，而增值税则是"环环抵扣"，仅对每个环节的增值部分征收增值税。以木材制造商将木材以 60 元的价格卖给桌子制造商为例，该环节木材制造商需缴纳的营业税为 3 元（销售额 60 元×营业税率 5%），而缴纳的增值税为 3.4 元（增值额 20 元×增值税率 17%）。经过所有的环节，对于一张桌子来说，实际缴纳的营业税为 14 元，多出增值税额 10.2 元。（见图 18.2）

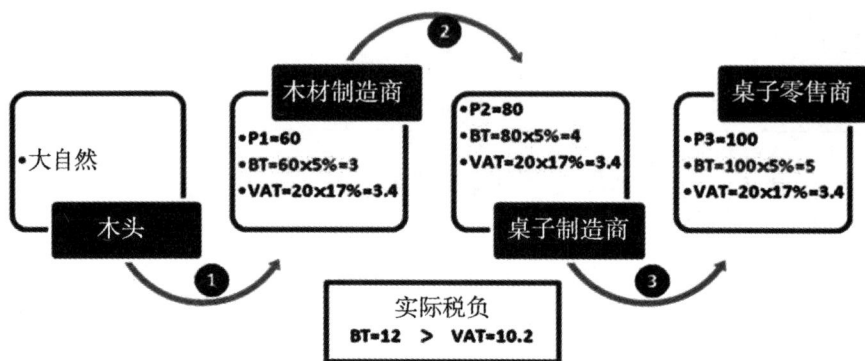

资料来源：作者梳理

说明：BT（Business Tax）为营业税，VAT（Value Added Tax）为增值税

图 18.2 增值税征收过程 VS 营业税征收过程

营业税对商品的税负会随着生产环节的增多而呈阶梯式增长。虽然我国营业税的名义税率（3%或者5%）小于增值税的税率，但是从以上例子可看出，随着生产环节的增多，营业税的实际税负是有可能高于增值税的实际税负的。

营业税重复征收阻碍了产业分工。现代社会分工复杂，专业化程度越来越高，商品的生产要经过很多环节，如果一件商品经过 10 个环节，那么它就会被重复征收 10 次。由此看来，营业税与现代社会专业化分工的要求格格不入。

在宏观层面上，营业税制约了第三产业的发展。表现为第三产业的税负高于第二产业，同时第三产业特别是现代服务业的营业税税负远高于增值税税负。

第三产业整体税负在不断上升，且已高于第二产业，见图 18.3。虽然中国一直强调要发展第三产业，但近年来第三产业税负总水平的上升已经是不争的事实。第二产业税负一直稳定在 20% 左右的水平，但是第三产业税负却逐年加重。从税负水平来看，虽然各个产业的税负整体上呈现上升的趋势，但上升幅度差异显著。第二产业的税负水平呈现缓慢上升趋势，自 2002 年 19％的税负水平上升至 2008 年的 22.3％；而与此同时，第三产业的税负却出现大幅上升，自 2003 年的 14.5％上升至 2008 年的 23.7％。2006 年之前向来是第二产业的税负水平较高，2006 年之后却发生了趋势性的逆转。

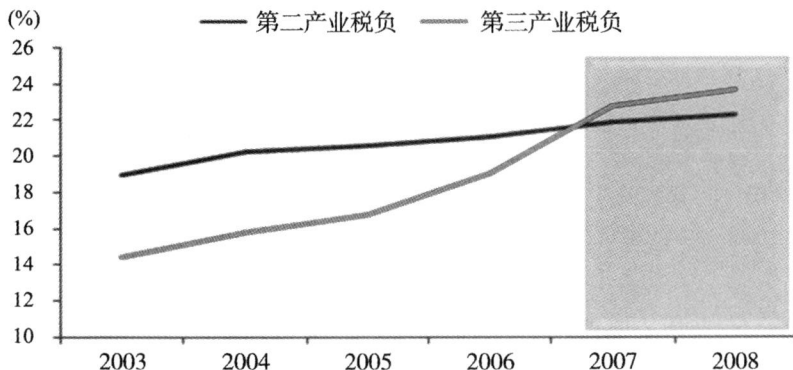

图 18.3 2003—2008 年第二、三产业税负水平

资料来源：《规模以上工业企业的行业税负研究》，华创证券

从具体行业看，现代服务业如租赁和商务服务业的税负远高于工业企业增加值税负，见图 18.4。从 2007 年各个行业的税负情况来看，规模以上的工业企业增值税税负为 11.7％，而在服务业领域中，租赁和商务服务业（26.5％）、批发零售业（14.9％）、房地产业（14.6％）和建筑业（14.2％）的营业税税负都是高于增值税税负的。这里的增值税税负是用"规模以上工业企业应缴纳增值税对这类企业的工业增加值的比率"来度量的。之所以用"规模以上"的工业企业，原因在于"小规模纳税人"的增值税计税方式实质上等同于营业税的计税方式，而"规模以上"工业企业是必定有权进行进项税抵扣的。营业税税负是用营业税额与营业税所对应部门［建筑业＋第三产业－商业（批发零售业）］的增加值之间的比率来度量的。而批发和零售虽然征收的是增值税，但是其税负依然是高于规模以上工业企业的增值税税负的，是发生在增值税范围内的对服务业的歧视。

从出口退税看，劳务出国在外服务可以免征营业税，而在国内服务要交营业税，这就削弱了我国外包服务业的竞争力。

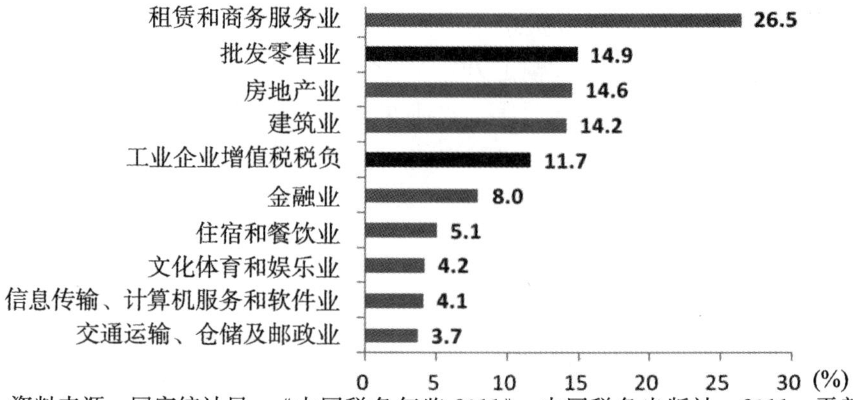

租赁和商务服务业 ████████████████ 26.5
批发零售业 █████████ 14.9
房地产业 █████████ 14.6
建筑业 ████████ 14.2
工业企业增值税税负 ███████ 11.7
金融业 █████ 8.0
住宿和餐饮业 ███ 5.1
文化体育和娱乐业 ██ 4.2
信息传输、计算机服务和软件业 ██ 4.1
交通运输、仓储及邮政业 ██ 3.7

0　5　10　15　20　25　30 (%)

资料来源：国家统计局；《中国税务年鉴2011》，中国税务出版社，2011；平新乔：《中国服务业的税负与营业税改革》，载《中国财政经济理论前沿（6）》，北京大学出版社，2011；作者梳理

图 18.4　2007 年分行业营业税税负和增值税税负比较

营改增更重要的意义在于将服务业纳入了增值税抵扣链条，刺激了上游企业的服务购买需求

营改增可以视为增值税改革的第二次浪潮。增值税是改进的营业税，自 1954 年法国首先实施增值税制度以来，目前已有 170 多个国家和地区实行了该项税种（主要工业国家中，除了美国）。

营业税转型会完善税制，较好地衔接税收链条。中国早在 1979 年就引入增值税，但是当时只在机器制造业与农具制造业这两个产业实施，所涉及的产品种类很少，主要是自行车、缝纫机和电扇。大规模的增值税改革始于 1994 年，那时增值税基本包含了第二产业（除建筑业外）与商业（含批发零售业）。但是 1994 年的改革在增值税范围内留下两大问题：一是固定资产项不可抵扣，二是为生产所购置的服务不可抵扣。于是就出现了营业税与增值税并存的现象，即增值税纳税人外购劳务所负担的营业税和营业税纳税人外购货物所负担的增值税，都是不能抵扣的。

为什么除了美国，仅中国存在营业税？这是因为中国的特殊国情。当时实行分税制一个很重要的目的是希望增加中央政府财政收入占全部财政收入的比重，计划第一年中央财政收入占比在 55% 左右，之后每年增加一个百分点，直至 5 年后达到 60%；营改增改革的阻力来自地方政府，因为营业税是地方税种，增值税是分享税，而且地方政府的分成仅 25%，倘若一下子全部改为增值税，那么地方政府的财政收入将会骤然减少，必然会引起社会的不稳定，所以为了平稳过渡，就出现了中国特有的增值税与营业税并存的奇观。

现在中国实施的是消费型增值税。对于分税制留下的第一大问题，国家正在逐步改革，现在固定资产项已经可以完全抵扣。早在2004年，国家在东北地区进行了由生产型增值税转消费型增值税的试点，随着试点工作的不断完善，试点效果显著，2009年消费型增值税在全国范围内推开。据统计，自2009年至2011年，增值税转型改革累计减少税收收入5 000多万元，明显减轻了企业税收负担，如图18.5。

		生产型	消费型	收入型
销售额		100	100	100
外购：货物	30	√	√	√
固定资产	20		√	
固定资产折旧	5			√
服务	20			
税基		70	50	65

资料来源：作者梳理

图18.5 我国目前实施消费型增值税

改革效果预估：释放服务业发展空间

营业税改增值税最大的意义不在于减税，而在于牵引了中国产业转型的步伐。

上海试点情况

上海试点行业为交通运输业和现代服务业等生产性服务业。在现行增值税17％和13％两档的税率基础上，新增了11％和6％两档增值税率。交通运输业实行11％的税率，研发和技术服务、文化创意、物流辅助和咨询等现代服务业适用6％的税率，见图18.6。

上海进行试点以来，带动了现代服务业的发展。自2012年1月1日在交通运输业以及部分现代服务业实施营业税改增值税以来，上海市服务业的发展空间得到了释放，以现代服务业中的研发与技术服务业为例，由于 2012 年外需，特别是欧洲经济动荡造成的出口大幅下滑，以及国内房地产调控导致的内部经济增速放缓，使得 2012 年的经济发展一季度同比下滑了 0.8 个百分点，上海全部的社会服务行业 2012 年一季度同比仅上升了 6.2 个百分点，比 2011 年同期下滑了 13.5 个百分点，但是现代服务业中的研发与技术服务业同比上升了 16.9%，在整个宏观经济发展滞缓的背景下，增速仅比 2011 年同期下滑了 2.4 个百分点，这与上海的整体经济结构调整有很大关系，当然也与 2012 年 1 月 1 日在该行业实施的营业税转增值税有密切的关系。

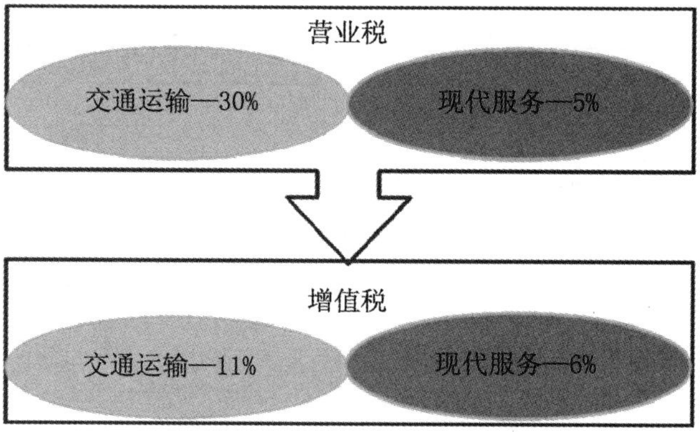

资料来源：财政部，华创证券

图 18.6　上海试点行业

微观层面，企业的税负增减情况

对于微观企业，此次营改增虽然整体要求是赋税有所降低，但是并不是每个企业都赋税下降，而是结构性的，是一个有增有减的税制变化。对于一个微观企业，需要综合考虑企业本身的特性，同时结合上下游产业的特征来判断最终税负的增减情况。

要考虑纳税人可抵扣进项税支出占所取得收入的比重，如果纳税人存在大量不可抵扣进项税的支出，则很有可能在改革之后出现税负增加的情况。具体而言，这取决于：

第一，企业实现增值额的大小。对于增值税来说，其税收额为增值额与相应的税率的乘积，那么显然作为税基的增值额较大，相应的纳税额就增加。这样一来，在全产业链条实行增值税以后，分工的细化是必然趋势。

第二，上游供应商的构成。在我国，即使是营业税改增值税以后，也还是有小规模纳税人的简易税收方式，如果上游供应商大部分为营业税纳税人或小规模纳税人，由于它们无法开具增值税专用发票，那么就会造成抵扣困难，从而使税负增加。

第三，下游客户的构成。同样，如果下游客户大部分为增值税纳税人，那么改革后对方购买的应税服务可以抵扣进项税额，在客户增值税降低的情况下，将可以扩大试点行业纳税人的经营空间，提高服务质量，反之，就会间接导致服务需求量的减少。

以上游企业单因素为例，普通的销售和生产型企业的税负将下降，反过来促使上游服务业的发展。对于普通的销售及生产型企业而言，它们本身就属于增值税链条体系，但由于交通运输业和部分现代服务业原属于营业税的纳税体系，不适用增值税抵扣计税方法，因此，之前无法从运输行业或现代服务业取得增值税专用发票（除运输专用发票外），也就不能抵扣增值税的销项税额，这就变相加大了企业的税负，形成了重复征税。改革后，如果企业取得的相关费用发票产生的进项增值税可以抵扣，就可以在很大程度上降低企业的税负水平。如：企业某产品采购成本为100元，发生服务费用50元，其他服务费用20元，销售价格为200元，通过表18.3计算对比后可以看出前后税负差异。作为服务行业的下游厂商的税负降低势必会带动上游服务业的发展。

表 18.3　营改增后普通销售和生产型企业税负水平

项目	改革前	改革后（按 6%）	改革后（按 11%）
进项税额	17	21.2	24.7
销项税额	34	34	34
应交税金	17	12.8	9.3
税负率	8.50%	6.40%	4.65%

注：①17＝采购成本100×增值税率17%

②21.2＝采购成本100×增值税率17%＋购入服务成本70×增值税率6%

③24.7＝采购成本100×增值税率17%＋购入服务成本70×增值税率11%

税负率＝应交税金÷销售收入200×100%

资料来源：作者梳理

中观层面，服务业发展空间的释放，分工细化

（1）行业的变迁。服务业发展空间的释放是服务业本身以及外部行业双向刺激的必然结果。一方面，国家设计税制改革的整体思路就是保证相关行业的税负不增加以及略有下降，那么即使是最短期的情形，也会导致服务业的整体税负下降。另一方面，其实从以上的例子我们就可以看到，对于原来就处于增值税链条体系中的企业，在原来购入的服务产品不可抵扣的情况下，很多企业会选择自己提供相关的服务，但是在营改增之后，购入的劳务等都属于增值税的链条，相关的费用可以抵扣，那么显然企业会选择将自己原先并不擅长的业务外包，以增加对上游服务业的需求，同时也使得整个产业链的分工精细化，见图18.7。

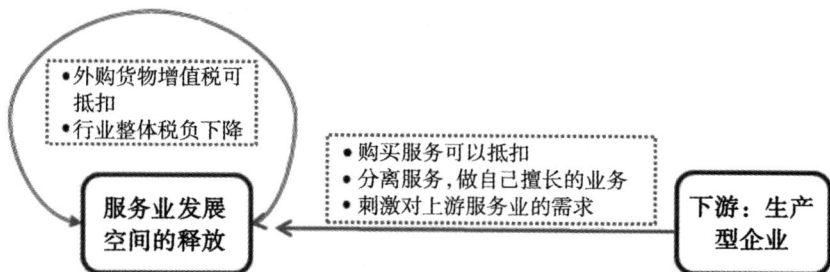

资料来源：作者梳理

图18.7　双向刺激服务业的发展空间

（2）产业分工的细化。企业只做自己的专长，缩短经营周期。从前面的分析可知，在实施增值税的体制下，税负水平与行业增加值成正比，在增值税率由政府给定的前提下，在市场选择的结果下，纳税人自然会保留利润最高的业务，将非专长的业务转移给更有资源、技术水平更高的企业。因而，对整个产业链条来说，在成本可控的前提下，合理化拉长产业链，高附加值行业将会逐渐减少。从财务的角度说，企业将非核心技术的业务外包，一来可以集中资源巩固与强化自己的进入壁垒，二来可以将企业自身的经营周转周期减到最短，在同样的时间内创造更多的利润。

假使增值税在全行业推开来，那么各个行业的受益情况大相径庭，行业整体的税负增减情况主要取决于该行业的增加值情况以及新规定的增值税率。

在同一增值税率下，从税收中受益最大的行业将会是房地产行业，其次是建筑业和金融行业。如果对基于 2010 年分行业增加值的税负变化情况进行测算，且假设在现行实施营业税的行业全部开始征收增值税，税率为 8%，那么和原来本行业缴纳的营业税相比，税负降幅最大的是房地产行业，降幅为 42.3%，其次是建筑业 13.8%，金融业 0.6%，但是对于交通运输、仓储及邮电通信业，以及住宿和餐饮业来说，税负却是上升的，见图 18.8。

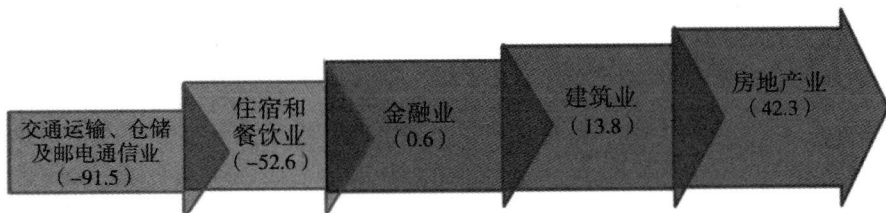

资料来源：国家统计局：《中国税务年鉴 2011》，中国税务出版社，2011；作者测算

图 18.8 营转增后 8%税率下行业税负降幅（%）

具体税率有待政策的出台，在维持税负不变的情况下，房地产行业可实施 14%的增值税率，而交通运输、仓储及邮电通信业若要保持税负大小不变，仅可实施 4.2%的增值税率。同样基于 2010 年的行业增加值测算，假使维持行业原征收的营业税不变，那么房地产行业可实施的增值税率最高，为 13.9%，其次是建筑业 9.3%、金融业 8.0%，住宿和餐饮业为 5.2%，见图 18.9。虽然建筑业的增加值是最大的，但是税制转变后，其可实施的增值税率并非是最高的，主要原因就在于行业原征收的营业税率的不一致性。世界各国的增值税率也因经济结构以及发展水平不同而千差万别，如日本仅征收 5%的增值税，而法国则征收 19.6%。

行业	行业增加值（万元）	营业税（万元）	现行营业税税率(%)	不变税负的增值税率(%)
房地产业	223155515	30939358	5	13.9
建筑业	266610000	24738938	3	9.3
金融业	209806334	16883295	5	8.0
住宿和餐饮业	80684709	4230375	5	5.2
交通运输、仓储及邮电通信业	191322000	7993235	3	4.2

资料来源：国家统计局：《中国税务年鉴 2011》，中国税务出版社，2011；作者测算

图 18.9 不变税负的增值税率

宏观层面，中央—地方分成率的变化影响地方政府行为

营业税是地方的第一大税种，增值税是中央的第一大税种。由于我国采取的是分税制，因此不同的税种在中央和地方之间有不同的分成率，造成了两级政府不同的税种结构，也使得地方政府倾向于发展有利于本地税收的企业。以 2010 年、2011 年的数据为例，在我国以流转税为主体税种的背景下，增值税是中央第一大税种，2011 年其占中央全部税收收入的 37.6%，而营业税则是地方第一大税种，2010 年，在全部的地方税收收入中，仅营业税就占到了 33.7%，而增值税仅分得四成中的一成，占地方全部税收收入的 15.9%，见图 18.10 和图 18.11。

增值税	37.6
	27.9
企业所得税	20.6
	14.3
个人所得税	7.5
	5.3
车辆购置税	4.2
	0.9
营业税	0.4

资料来源：CEIC，作者梳理

图 18.10　2011 年中央税收结构

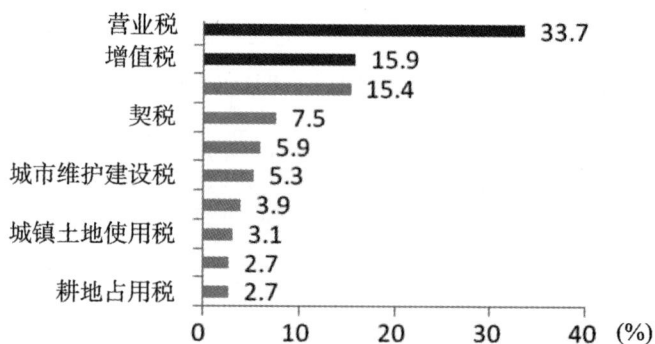

营业税	33.7
增值税	15.9
	15.4
契税	7.5
	5.9
城市维护建设税	5.3
	3.9
城镇土地使用税	3.1
	2.7
耕地占用税	2.7

资料来源：CEIC，作者梳理

图 18.11　2010 年地方税收结构

在增值税分成比例不变的前提下,从绝对量上看,此次营改增将大幅降低四川、江西、湖南、宁夏、吉林等省(自治区)的地方财政收入。从往年的数据看,由于我国存在巨大的区域性差异,这就使得各地区的产业结构不一样,各地对各税种的依赖程度也不一样。从绝对量上看,我国营业税收入排名前五位的省(自治区)分别为四川、江西、湖南、宁夏、吉林,同时这些省(自治区)中本级财政收入对营业税的依赖也一度超过了20%,尤其像宁夏、四川、西藏等省(自治区)对营业税的依赖(营业税/本级财政收入)均超过了30%,宁夏甚至达到了36.6%,见图18.12。

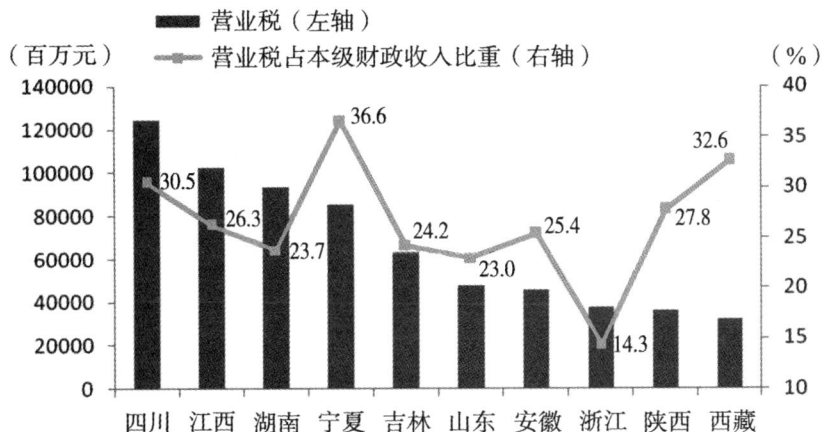

图 18.12 各省(自治区)营业税及占本级财政收入比重

资料来源:CEIC,作者梳理

在增值税分成比例不变的前提下,从相对量上看,全面营改增将降低地方增值税、营业税之和的51%,同时下降幅度大的大部分为财政贫困地区,只有分成比例调至5:5,才使得地方税收[①]基本不下降。我们做如下测算:

基本假设:(1)营改增在全行业实施;(2)改增值税后,地方对增值税的分成为25%不变,25%～65%为区间试算值;(3)这里采取将营业税平移至增值税的办法,尚未考虑由于营业税转增值税以后可能造成的税

---

① 为简单起见,我们假设各项税收都是独立不相关的,这样就避免了城市维护建设税等以纳税人实际缴纳的增值税、营业税为依据而缴纳的各税种之间的相关性。

收下降的情况，由于财政部明文规定税制改革的大方向是税收保持基本不变或者略有下降，所以我们暂不考虑也合理。

测算结果：在保持增值税中央—地方分成 3∶1 的前提下，（1）转制后税收平均下降幅度①超过了 51%。（2）降幅较大的省（市、自治区）为海南、北京、西藏、四川、重庆、宁夏、广西等，降幅均超过了 53%，见图 18.13。（3）在这些降幅较大的省（市、自治区）中，很大部分均为本身财政困难的省（自治区），这样假使分成率不变，就更加导致了相应地区的财政状况的恶化。在此，我们用各地区本级财政收入占该地区GDP 的比重来衡量该地区的财政能力，发现受影响最大的 10 个省（自治区）中，就有西藏、四川、宁夏、广西和江西的财政能力是低于全国14.9% 的平均水平的，见图 18.14。（4）就分成率来说，据测算，地方的增值税分成需达到 50%，才可使得全国地方本级收入的税收保持基本稳定，同时，即使在 5∶5 的分成率下，那些受影响较大的省（自治区）的税收降幅依旧超过 6%。

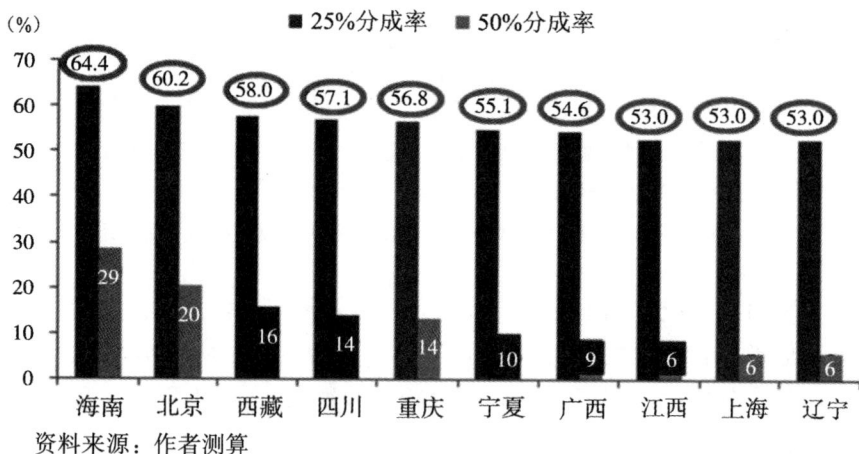

图 18.13　营转增后地方税收降幅

---

① 这里的降幅为：$\dfrac{\text{地方增值税}-\text{改革前归属地方增值税}-\text{改革前地方营业税}}{\text{改革前归属地方增值税}+\text{改革前地方营业税}} \times 100\%$

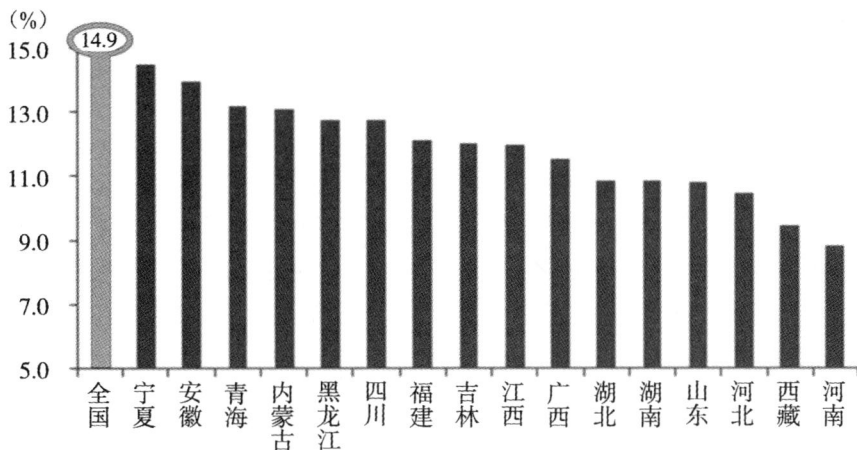

资料来源：国家统计局；《中国财政年鉴 2011》，中国税务出版社，2011；作者梳理

图18.14 财政能力低于全国均值的省（自治区）

综合以上分析，可以初步认为试点地区营业税作为地方性收入是一项过渡性的措施。随着"十二五"期间营改增的范围和区域不断扩大，以及试点工作的不断成熟，预期增值税的分成比例的调整是该项税改措施的必然产物。为了保持地方财政的稳定性，预计地方增值税在未来的分成中将至少占到50％的比重，但是时间窗口尚不确定。

同时，营改增也会改变地方政府的行为模式。政府作为市场主体的一部分，也有自己的行为目标，在我国分权制的背景下，地方政府为了使自己的收益最大化（表现为财政收入的最大化），往往与中央政府不断博弈。在营业税和增值税同时存在的背景下，由于地方政府仅获得增值税的"小头"，因此其显然没有多大动力去发展有利于增值额提高的行业与企业。在既定的税收分成比例下，地方政府的最优决策就是大力鼓励地方性企业增加营业收入，这就导致了地方政府不顾环境的污染、能耗的增加来发展可能的营业规模较大的企业，从而导致了产业结构单一、要素资源向单个行业或者个别企业集中的趋势，进而形成地方保护主义，不利于企业的良性竞争。相反，在全面实施增值税之后，营业税随之消失，地方政府的最优行为将发生改变，与中央政府的目标分歧减小。如此，地方政府没有动机将要素资源优先分配给特别的行业，这就形成了所有行业在"阳光下自由竞争"的格局。

一个探讨：服务业发展有很长的路要走

虽然我国第三产业占比由 1994 年的 33％增加至 2011 年的 43％，但是远不及发达国家，甚至不及日本 20 世纪 50 年代的水平，因此还有很长的路要走。近年来，随着我国产业结构的不断优化，第三产业在 GDP 中的比重不断提高，1990 年占比 31％，1994 年占比 33％，截至 2011 年，我国第三产业占比已经达到了 43％，18 年间提高了 10 个百分点。但是这样的结构还远未达到发达国家的水平，从国际比较来看，服务业或者"无烟工业"是衡量一个国家发展水平的重要标志，从美国、日本等发达国家的纵向比较来看，第三产业的发展往往伴随着国民经济的同步发展。目前我国第三产业占比尚低于美国 20 世纪 80 年代 30 个百分点，低于日本 20世纪 50 年代 13 个百分点，所以中国服务业的发展还有很长的路要走。当前服务业发展面临的障碍主要有以下几个方面。

首先，土地成本较高。服务业门类众多，行业千差万别，把服务业用地都归为商业用地，对部分服务业而言，有失公平。物流、研发等生产性服务业具有一定的公共平台性质，盈利水平较低。2009 年物流业平均利润率不超过 10％，仓储业为 3％～5％，运输业也仅为 3％。土地成本高昂的商业用地，许多企业都难以承受。

其次，融资较为困难。授信评估办法主要针对有形不动产，导致贷款难。现行的授信评估办法更加适用于工业企业，而无论是传统服务业企业还是现代服务业企业，其资产和核心竞争力往往是知识产权、品牌、人才等无形资产，能够用于抵押贷款的有形固定资产较少，因此较难符合银行授信条件。

最后，体制不完善。对于商贸等一般竞争性领域中普遍采取的连锁经营、特许经营等组织形式而言，我国目前还缺乏专门的行业性法律法规，因此只能适用或类推适用《商标法》、《合同法》和《专利法》等相关法律，这就不利于保护特许经营双方的合法权益，对服务业的良性扩张构成制约。

第七篇：行业含义

城市不等于建筑，城市等于人

从资本市场的角度展望，没有什么能比中国的城镇化更能触动投资者的神经，中国和全球资本市场已经习惯于把中国的城镇化与房子、汽车和家电消费联系在一起，也已习惯于把中国的城镇化与地方政府的基建投资浪潮画上等号，基于这种常识性判断，资本市场依然对未来十年的中国城镇化充满憧憬。然而，魔鬼可能藏于细节之中，我们需要客观评估中国城镇化的行业效应，审慎选择主题和方向。

——作者

第 19 章 房地产：走向 "百花齐放"

万科曾在其 2012 年年报中指出："对于似乎从未平静过的中国房地产行业而言，2012 年是一个相对平静的时段。这是暗流涌动之上的表面静寂，还是意味着一个平稳时代的真正开端？当时光凝固为历史之后，事实会给出最终的答案。而对于身处历史之中的我们来说，或许只有等待谜底的揭晓。"在我们看来，这个谜底也同样需要在中国未来城镇化的大故事中寻找线索。

逻辑线索

住宅作为一种兼具投资和消费属性的耐用品，它的价格并非取决于当期供求，而是取决于预期需求与潜在供给之间的边际缺口。无论是预期需求还是潜在供给，事实上都与城镇化这个大主题密不可分，这是理解房地产市场长期走势和周期波动的逻辑起点。

预期需求有三层含义：（1）它需要有效购买力的支撑。财富的增长决定购买力的总量变化，财富的分布决定购买力的结构差异，在一个财富快速增长，却又分布失衡的环境中，投资性需求占比倾向于更大，房价上涨的动力也更为强劲。（2）它是不稳定的。上行的通胀和宽松的货币都有可能放大预期，将未来的需求急剧地释放到当期，突然增加的需求和刚性滞后的供给叠加在一起，引发房价的突发上涨。（3）它可能永远无法变成现实。这种落差的广泛程度，决定了房地产调控的持久和严厉程度。

潜在供给也有三层含义：（1）它是一种滞后的供给。拿地—新开工—施工预售存在一个较长的时间差，这使得相对于需求变化，供给的调整更缺少弹性。(2) 它在很大程度上取决于土地供给弹性。中国的土地供给指标是刚性的,土地需求的上升无法通过供给的自动扩大来调节,地价上涨便成为几乎唯一的响应方式。(3) 它也取决于预售条件。在中国缺少房地产金融的背景下,预售本质上是一种变相的金融创新,它提高了房地产企业的资金周转速度和生产供给能力。如若收紧预售条件,则潜在供给能力下降,反之亦然。

这个简单的市场逻辑决定了:(1) 预期需求对收入增长、货币条件和调控政策的反应敏感度远远大于潜在供给的调整速度,从而使边际缺口常常存在,并极易在短期内突然放大。(2) 如果调控只是着力于当期供求调节,而不能有效控制需求预期或扩大潜在供给,那么调控的效果往往也十分有限,甚至会成为房价上行的推手,见图 19.1。

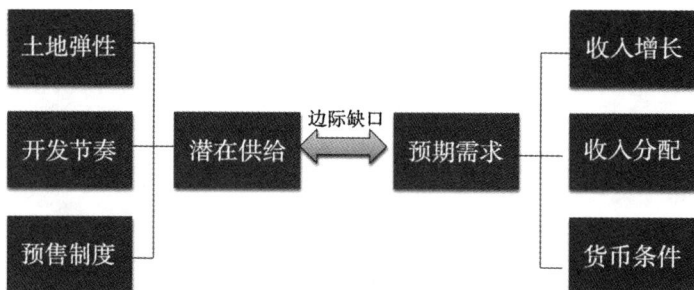

资料来源:作者梳理

图 19.1　城镇化与房地产之间的逻辑框架图

现在我们从城镇化的角度对这个简单的逻辑进行回顾和解释。

历史回顾

回顾历史,中国的房地产行业自 1998 年启动市场改革开始,便与中国的城镇化浪潮相伴而生,城镇化所驱动的财富快速增长成为房地产市场上行周期的最大支撑。尽管在这期间,房地产调控如影相随,但是并未改变房价总体上涨和趋势向上的格局,这里的答案既自然隐藏在由预期需求和潜在供给所构成的边际缺口之中,也隐藏在中国城镇化的历史进程之中。

首先,城镇化过程财富的快速增长和财富的分布失衡是最主要的支撑动力。财富的增长是预期需求的基本驱动力，在财富上升通道中，调控都只能将需求暂时压抑，并延后释放。从多数国家和地区的经验来看，财富的增长速度和房价的上涨速度始终保持大致同步的变动趋势，表现在相关指标上即是房价收入弹性基本维持在 1 附近，见图 19.2。从中国的历史经验来看，虽然 1998 年就全面启动了房改，但房价直到 2003 年才开始呈现明显的上涨，其中的原因就在于 2003 年之后国民财富、人均收入和储蓄存款才开始出现快速增长，并为有效购买力和预期需求的释放提供了支撑，而这段时间也恰恰是中国城镇化速度最快的时期。而且，越是那些城镇化率最高、人口流入最多、经济增长最快的省市，房价上涨的动力就越强劲，见图 19.3 和图 19.4。

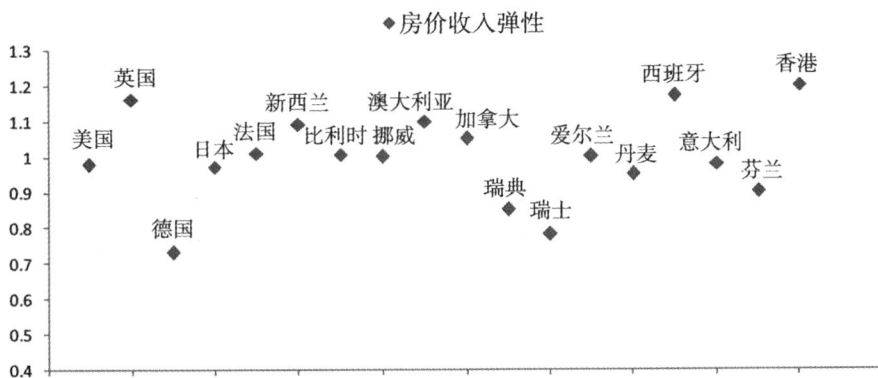

资料来源：REICO 工作室，作者梳理

图 19.2　房价收入弹性

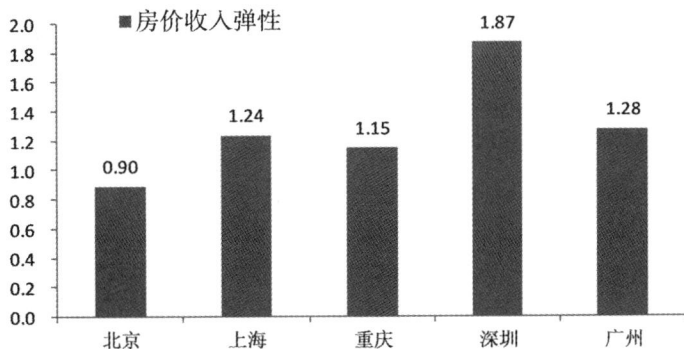

资料来源：作者梳理

图 19.3　不同城市的房价收入弹性

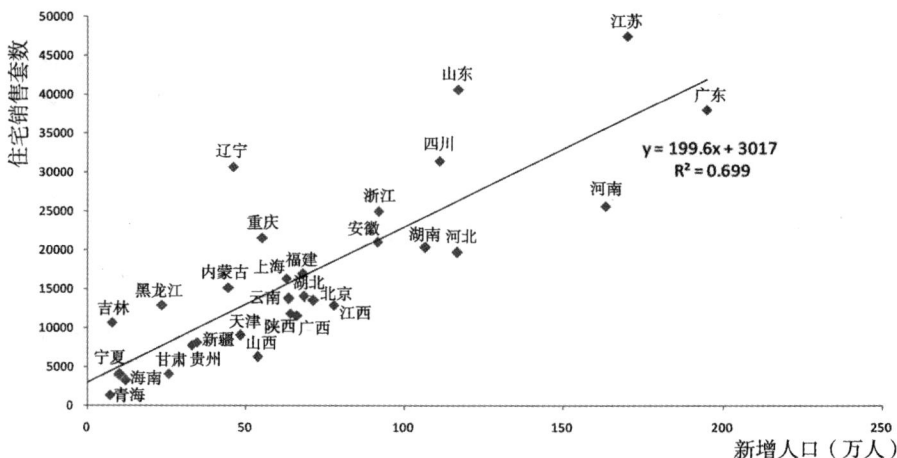

y = 199.6x + 3017
R² = 0.699

资料来源：作者梳理

图 19.4　不同省（市、自治区）城市新增人口与房地产住宅销售

　　其次，如果说财富的增长速度决定了住宅需求的基本趋势，那么财富的分布结构则决定了住宅消费的集中度。财富分布越失衡，住宅购买力越集中，投资性购房的比例就越倾向于更高，房价上涨的动力则越具有惯性。反过来，房价越是上涨，财富差距就会进一步扩大，就会有更多的人群无法进入市场，政府的调控诉求便会明显增加。从数据上看，这个判断也可以得到验证：（1）2003—2008 年中国收入差距急剧扩大的五年（见图 19.5）也是房地产市场的第一轮繁荣期；（2）调查数据显示，中国人均住宅使用

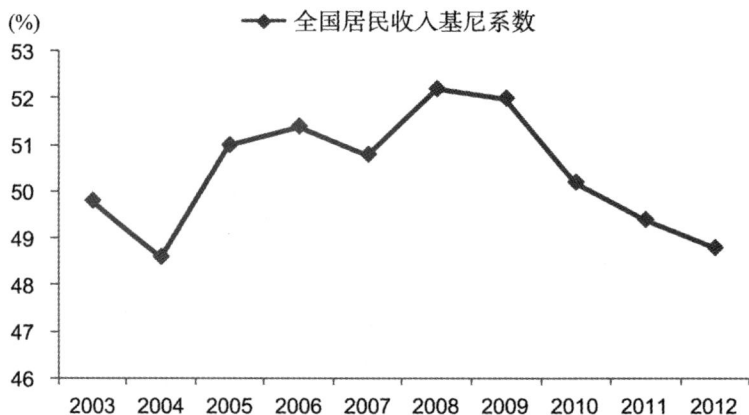

资料来源：作者梳理

图 19.5　中国基尼系数变化

面积的均值为 33.76 平方米,而中位数却只有 26 平方米,显示住宅市场的分化十分明显,见图 19.6;(3)房价的快速上涨和租金回报率的持续走低(见图 19.7)几乎是一同发生的,由于租赁市场更多地反映中低收入者的真实需求,这种背离的持续存在也暗示中国住宅市场的购买力十分集中,富人的购买市场和穷人的租赁市场形成两个相互分割的领域。

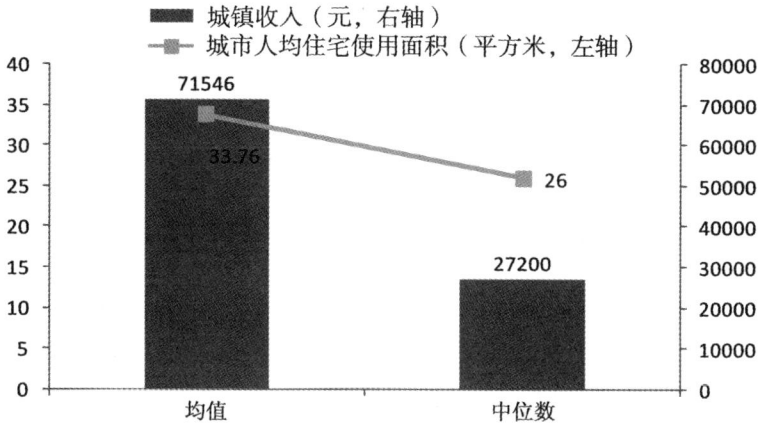

资料来源:西南财经大学"中国家庭金融调查与研究中心"调研数据,作者梳理

图 19.6 城镇收入和城市人均住宅使用面积对比

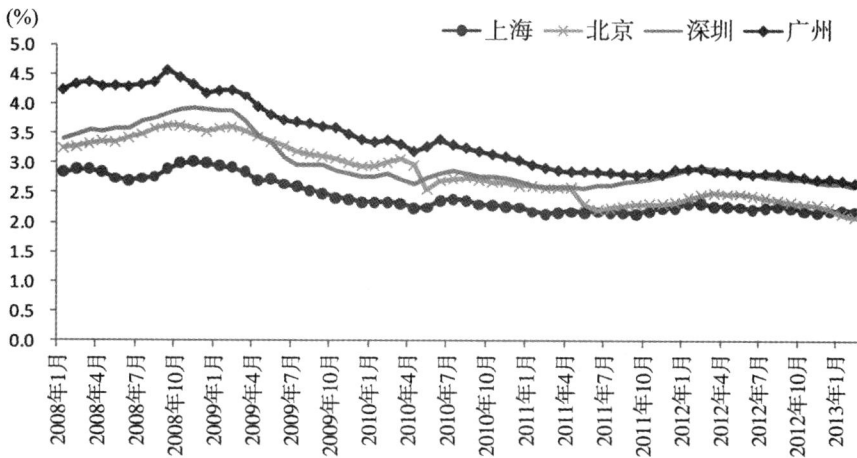

资料来源:WIND,作者梳理

图 19.7 一线城市租金回报率持续走低

再次，货币扩张和低利率是使房价偏离趋势水平的重要推动力。具体而言：（1）作为投资品的房地产，其需求在短期内对货币的敏感度远远大于收入，这一点决定了房价涨幅极易偏离长期趋势，2008—2010年房价的快速反弹即验证了这个规律，见图19.8。（2）在低利率的环境下，房价的快速上涨，使得房地产投资回报率和货币回报率之间的套利空间加大，从而引发投资性需求的上升。中原地产的调研数据显示，在低利率和货币宽松的2010年，北京市住宅市场的投资需求占比曾达到20%～25%。另据西南财经大学"中国家庭金融调查与研究中心"的数据，中国城市家庭第一套、第二套、第三套住宅的当前价值分别是获得成本的4.4倍、2.4倍、2倍，投资收益十分可观，见图19.9。

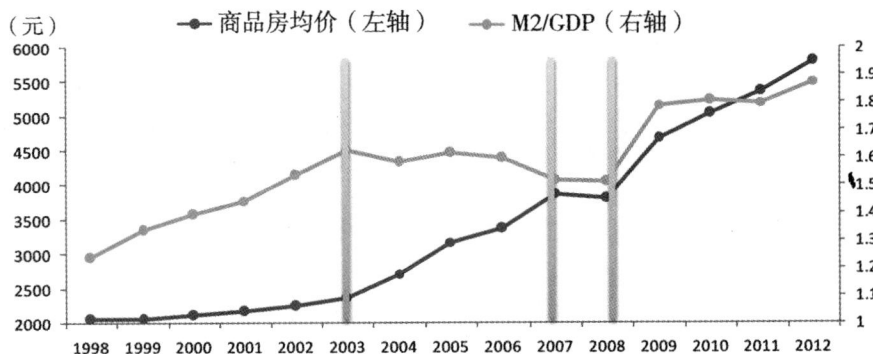

资料来源：作者梳理

图19.8 真实财富的增长是房价上涨的基本支撑

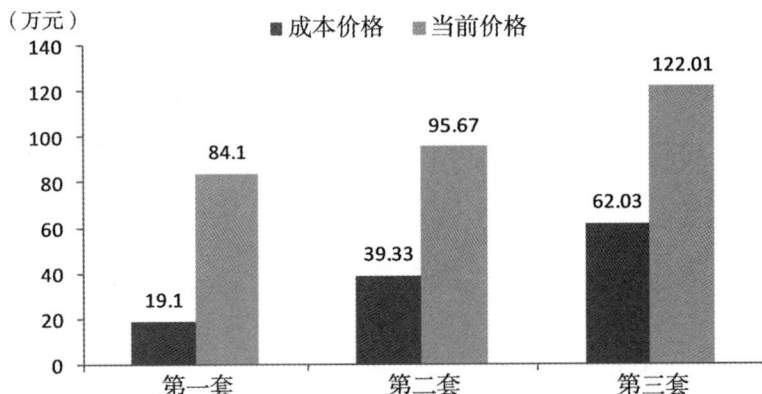

资料来源：西南财经大学"中国家庭金融调查与研究中心"调研数据，作者梳理

图19.9 住房获得成本和当前价值

最后,中国的住宅用地供给的弹性偏低,使得住宅潜在供给能力无法跟随市场自动调整。通常,地方政府出于土地收益最大化的考虑,在房价上行期,会减少住宅用地在建设用地中的供给比例,在房价下行期,地方政府又倾向于减少优质地块的供应,与此同时,地价却始终处于上升状态,一线城市尤其明显,这显示了地方政府对土地市场的垄断能力较强。从结果看,自2004年"招拍挂"制度实行以来,住宅供应增速显著放缓,2011年和2012年甚至呈现负增长,见图19.10、图19.11和图19.12。按照从土地开发到形成供给的时间节奏评估,2011年和2012年土地供给的负增长意味着2013年和2014年住宅供给的边际缺口扩大将会是大概率事件。

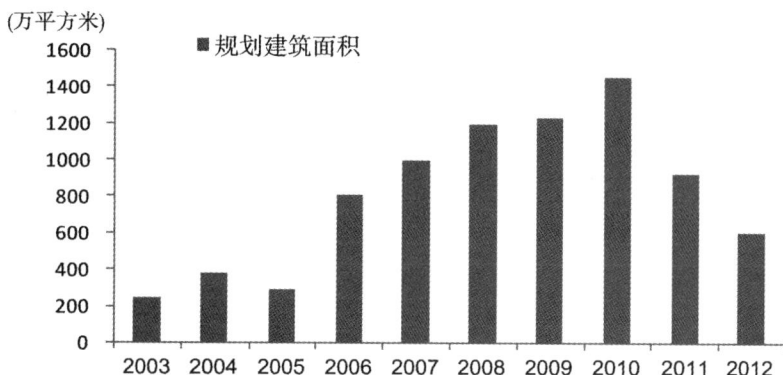

资料来源:作者梳理

图 19.10 北京市住宅用地土地出让建筑面积

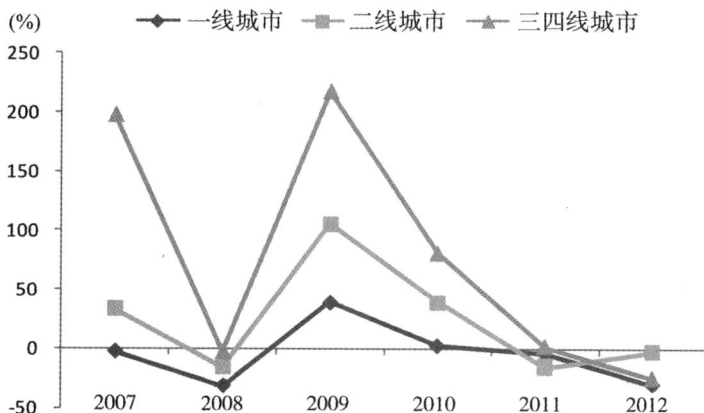

资料来源:作者梳理

图 19.11 一线、二线、三四线城市住宅用地成交同比变化

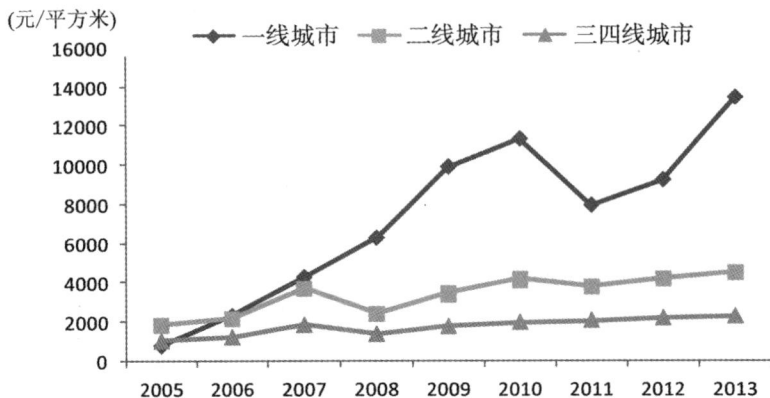

资料来源：作者梳理

图 19.12　住宅用地出让均价

黄金十年走向终结?

尽管 2003 年至今，调控政策层出不穷，从宏观到微观、从市场到行政、从限购到限价，却未能根本改变中国房地产市场的上行格局。那么，未来呢? 历史不会简单重复，预测未来是危险的。然而，市场自有逻辑，我们可以沿着这条逻辑，冷静看待房地产行业的基本驱动力是否已发生改变，从而客观评估中国房地产行业是否已经像大多数预言所宣称的那样"黄金十年已经终结"。

第一，预期需求的驱动因素是否已转变

首先，收入增长速度的下降是一种自然趋势。我们的分析已经表明，一个高速增长的经济体最终都将进入一个自然减速的阶段，这个减速的拐点则取决于工业与服务业的比例构成。通常，服务业的劳动生产率远远低于工业，随着工业占比的下降和服务业占比的上升，经济增长速度也将逐步趋缓，中国也难以例外。普遍的预测是，中国的经济增速将从过去十年平均 10％以上的水平逐步减速到 8％左右的中速区间，东部沿海省市则已提早进入这个区间。从趋势看，这种减速也意味着房价将从快速上涨进入中速上涨的通道。

表 19.1 对中国经济中长期增长前景的不同预测

预测来源	GDP 预测值
十八大报告	2020 年全面建成小康社会，GDP 比 2010 年翻一番
十二五规划	2010—2015 年增速 7％
IMF	2013 年增速 8.8％，2017 年增速 8.5％
巴克莱银行	2010—2020 年潜在增速 8％，2020—2030 年潜在增速 6％
摩根斯坦利	2011—2020 年平均增速 8％
世界银行、国务院发展研究中心	2010—2015 年潜在增速 8.6％

资料来源：作者梳理

其次，货币快速扩张和低利率的时代渐行渐远。在某种程度上，2003—2007 年中国的货币扩张和低利率是对出口增长和人民币升值预期的一种被动反应；2008—2010 年则是危机应对时期的非常规刺激，这两个时间段也恰好对应中国房地产市场的两个繁荣期。从目前的趋势评估，随着中国出口市场份额的见顶回落、人民币步入双向波动时代以及危机应对时期的货币政策回归常态，M2 增速维持 13％～15％的中速水平将是一种常态，见图 19.13。

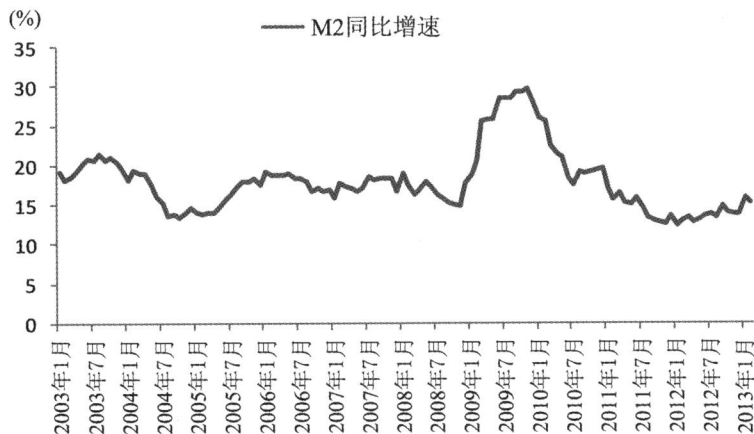

图 19.13 M2 同比增速

资料来源：作者梳理

最后，财富分布失衡的格局将逐步缓解。即使不考虑政策效应，一般的经济规律也决定了中国收入差距扩大的趋势必然会趋于缓解。通常，劳动成本在农产品中的占比最高，在服务品中的占比相对较高，在工业品中的占比最低，因此，农业向工业的过渡通常伴随着收入差距的扩大，工业向服务业的过渡则伴随着收入差距的收窄，中国已进入后一个阶段，劳动收入在 GDP 中的份额已趋向于上升。

第二，新的结构性因素

一方面是经济增长重心的转移和城市增长的分化。首先，东部省市的增长速度下移、中西部省市的增长速度上移已成事实。2012 年重庆、四川、安徽、湖北、湖南等省市的经济增长速度都超过 11%，上海、浙江等地的经济增长速度则在 8% 左右，见图 19.14。这种分化格局也将重塑中国房地产市场的区域版图。其次，城市之间的增长分化也将十分显著。随着人口、产业在不同城市间的重新配置，沿海城市将逐步从工业城市过渡到服务业城市，在这个过程中，经济增长速度将有所趋缓；内陆城市则继续其工业化进程，经济增长速度仍将保持在较高水平。

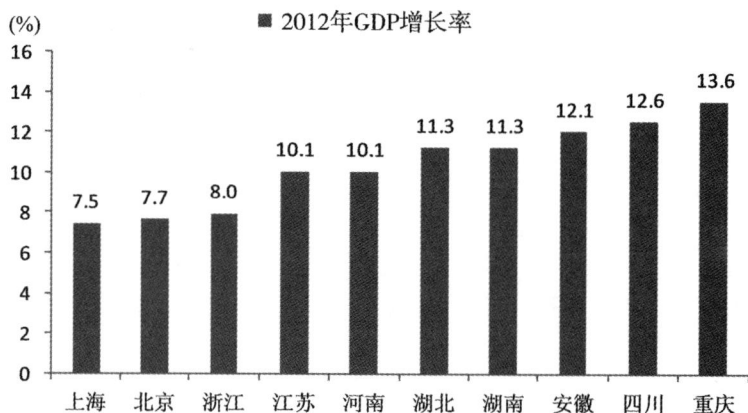

资料来源：作者梳理

图 19.14　不同省市 2012 年 GDP 增长率

另一方面是人口的郊区化。从国际经验观察，人口、产业和土地的郊区化即郊区的再城镇化是一个必经阶段，这会带来几个潜在结果：（1）中心城区人口占比最终趋向于下降，郊区则相反。纽约和东京都市区的郊区人口占比已分别达到55％和76％,有的城市甚至高达80％以上。(2)尽管郊区人口不断增长,但中心城区人口密度却始终远远高于郊区。在这一点上,美国的大都市区表现得更为突出,纽约中心城区人口密度是郊区的8倍多,见表19.2。这说明土地郊区化的速度通常要远远高于人口郊区化的速度。具体到中国目前的情况,北京和上海是郊区化趋势最为显著的城市,郊区人口增长速度远远高于中心城区,但郊区土地扩张更快,这使得两者的人口密度仍相差3～5倍。然而,除此之外,内陆中心城市如成都和重庆等,依然处于"中心化"过程中,中心城区的人口数量和人口密度都处于增长趋势。这种分化格局决定了不同城市的中心与郊区之间的住宅市场发展和房价变化必然处于不同的通道。

表 19.2 国际大都市区的人口分布

城市	都市区		中心城区		郊区	
	人口	人口密度	人口占比（％）	人口密度	人口占比（％）	人口密度
纽约	17 800 000	5 309	45	26 429	55	3 210
东京—横滨	33 200 000	12 296	24	34 017	76	10 187
芝加哥	8 308 000	3 913	35	12 736	65	2 857
亚特兰大	3 500 000	1 783	12	3 152	88	1 684
费城	5 149 000	2 862	29	11 244	71	2 182
波士顿	4 032 000	2 323	15	12 271	85	2 040
洛杉矶	11 789 000	7 068	31	7 878	69	6 751
休斯敦	3 823 000	2 952	51	3 367	49	2 615
底特律	3 903 000	3 095	24	6 842	76	2 631
华盛顿	3 934 000	3 400	15	9 377	85	3 068
迈阿密	4 919 000	4 408	7	13 923	93	4 181
名古屋	9 000 000	8 108	24	17 230	76	6 940
巴黎	9 645 000	9 177	22	51 829	78	7 446

数据来源:作者梳理

第三,潜在供给的驱动因素是否已转变

首先,土地垄断供给和弹性不足的格局在较长一段时间内都将难以改变。从三个层面可以验证这个问题:(1)在总量建设用地指标中,住宅用地占比下降的趋势仍然没有改变；在总量指标倾向于下降的情况下，住宅用地指标的下降速度更快。（2）2010—2012 年，中央政府下达的住宅用地供给计划指标都未能完成，2010—2012 年实际完成率分别为 67%、62%、72%。（3）从结构上看，房价上涨压力更大的一线城市，其住宅用地供给比例处于持续的下降通道。

其次，土地供应郊区化和出让方式综合化是近期土地市场的两个显著变化。一方面，一线城市中心城区新增建设用地日益收缩，郊区则相反。2012 年北京市市区供地面积占全市供地面积的比重仅为 9%，46% 的建设用地集中在大兴，如图 19.15。另一方面，2009 年之后，伴随着土地快速扩张的态势告一段落，地方政府的供地结构中，纯住宅用地供给越来越少，商业综合用地供给越来越多，绝大部分出让地块中都包含 50% 以上的非住宅用地，这导致纯住宅开发商拿地的难度上升，被迫采取合作开发的方式。

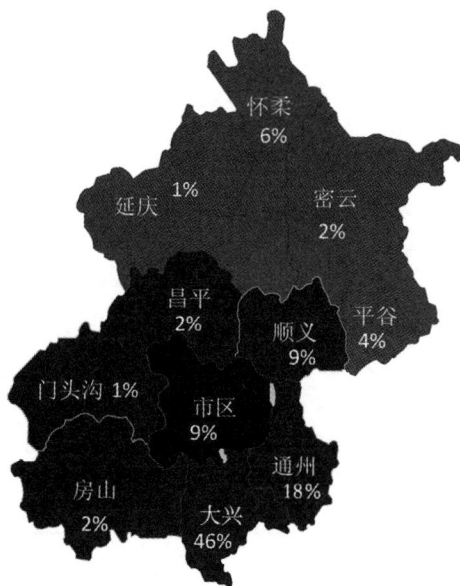

资料来源：作者梳理

图 19.15　北京市土地供给的郊区化

综合观察可知：（1）收入增长速度的下降、货币扩张增速的趋缓以及收入分配失衡格局的纠正都意味着房地产需求快速扩张的态势在中长期内将趋于缓和，投资性需求的占比将趋于下降；（2）增长重心的内移、城市发展的分化和人口的郊区化则意味着个别区域和城市的成长速度将快于行业均值水平；（3）土地供给的总量约束和结构变化则意味着地价上涨仍是大势所趋，且拿地难度也将与日俱增。

百花齐放的开始？

所谓"兵无常势，水无常形"，立足于已经发生改变的基本环境，以2013年新一轮政治周期、经济周期、城镇化的启动为标志，中国房地产行业将以大概率事件走向一种"新格局"。

第一，需求变迁：自住性需求取代投资性需求，成为决定行业走势的主导因素

首先，按照我们的逻辑，2003—2012年，投资性需求的释放在很大程度上取决于收入快速增长的预期、宽松的货币环境和分配失衡的财富结构。特别是在经济向好、收入向好的预期带动下，投资性需求被超前释放。未来，随着经济由快速增长转向中速增长，收入快速持续增长的预期开始弱化，收入弹性系数更大的投资性需求的受影响程度将远高于自住性需求。

其次，调控政策对投资性需求的抑制将会常态化。虽然限购、限贷、住房个人所得税、房产税等一系列政策无法完全改变房地产行业的基本趋势，但却会影响投资性购房者的预期。事实上，2009—2012年，一、二线城市的改善性需求和三四线城市的首次置业需求已经成为房地产市场需求的主力，市场成交份额已处于上升态势。从项目成交结构看，中国房地产信息网统计的九大重点城市90平方米以下项目成交套数占比已从2009年的28％上升到2012年的41％，见图19.16。通常被认为投资性需求占比最高的一线城市，特别是北京和上海，中小户型住房的成交占比也有明显上升。

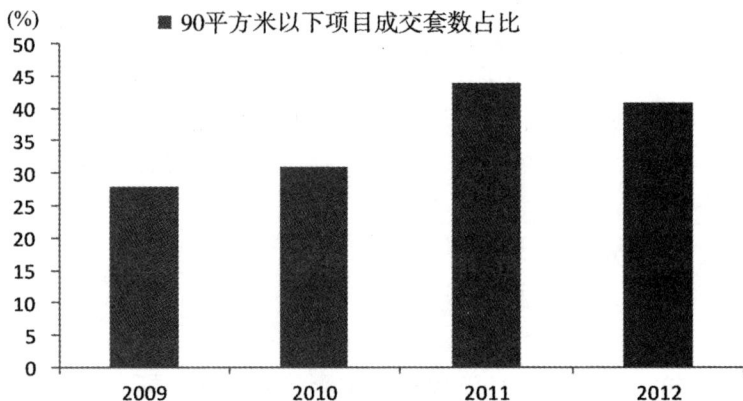

资料来源：中国房地产信息网，作者梳理

图 19.16　九大重点城市 90 平方米以下项目成交套数占比

第二，区域分化：需求增长重心将从沿海城市传导至内陆中心城市

　　首先，不同区域和不同城市之间的经济腾飞有先有后，这也决定了房地产需求的释放在区域和城市之间存在一个阶梯式的传导过程。北京、上海和深圳是三个最先启动房地产市场的城市，随后逐步向周边城市传导，目前已形成以长三角、珠三角和渤海湾为主体的三个区域市场。以长三角市场为例，上海市场在 2000—2005 年率先启动，随后传导至二线城市杭州、苏州和南京市场，然后再向周边三线城市宁波、舟山传导。

　　其次，下一阶段，随着沿海经济增长速度的趋缓和增长重心向内陆的转移，以北京、上海和深圳为代表的三大区域市场的占有率将趋于下降（见图 19.17），而内陆中心城市，特别是受益于产业转移的浪潮、借助于优越的地理位置、发达的交通网络的长江中游区域，如重庆、成都、武汉、长沙、合肥等市场，将成为下一阶段增长最快的城市。按照 2012 年的房地产住宅销售面积简单测算，仅仅这五个长江中游城市的市场规模已达 1 亿平方米，是北京、上海、深圳市场规模的 2.5 倍。

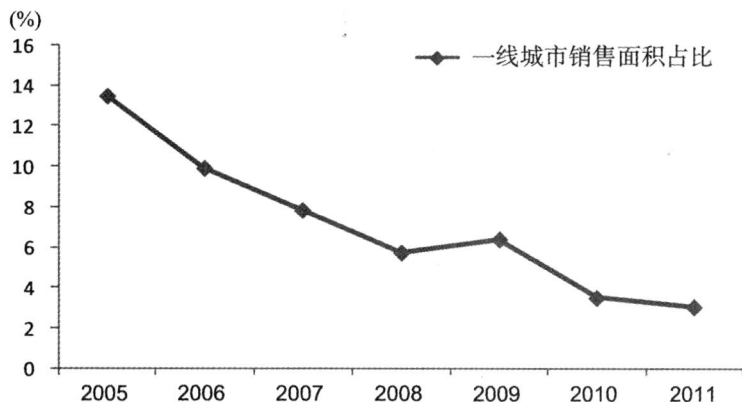

资料来源:中国指数研究院,作者梳理

图 19.17 一线城市销售面积占比

第三,城市深耕:企业规模扩张的主导路径

从 2012 年的数据看,TOP5 企业的单个城市销售额保持在 20 亿～30 亿之间,万科和中海地产的单城贡献额接近 30 亿,近年迅速实现规模扩张的龙湖地产和融创中国的单城贡献额则更大。深耕城市而不是跨城扩张之所以成为企业的普遍选择,主要原因不仅仅在于控制管理费用,根本原因在于行业发展环境发生改变,企业也在顺变求变,具体而言:(1)顺应自住购房占比提升和消费品牌效应强化的趋势,深耕城市更容易获得品牌的认知度和认可度;(2)在土地供应紧张和调控持久化的趋势之下,深耕城市更容易取得与地方政府和银行等的长期合作关系,形成双向的良性循环。

第四,企业分化:强者恒强,集中度加速提升

随着自住购房占比的提高,行业集中度上升的趋势可能会加速呈现。2012 年 TOP10 企业的销售额市场占有率已经达到 12.5%,较 2011 年提高了 2 个百分点,加速提升的态势比较明显,未来这一趋势不仅会延续,而且可能还会加速。原因在于:相对于投资性需求,对于自住购房而言,住宅是单笔支出最大的消费品,选择行为更为谨慎,对品牌开发商的依赖度更高。另外,房地产市场经过 10 多年的发展,消费者的置业意识、产

品认知能力和品牌鉴定能力都有显著的提升，从而使消费者对企业的筛选更为理性。一个自然的结果就是在行业平均增速趋缓甚至趋平的情况下，品牌企业能够获得远远高于市场平均水平的高速增长。从 2012 年的销售数据看，行业销售面积和销售额平均增速分别为 2％和 11％，但 TOP10 企业的这两项增速分别高达 33.5％和 27.6％，见图 19.18。

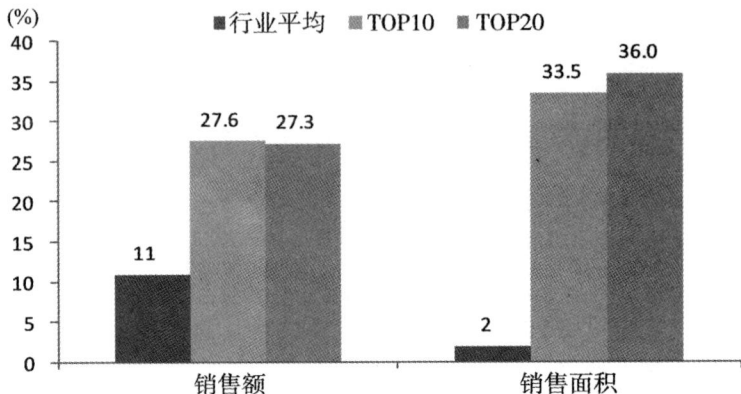

资料来源：中国指数研究院，作者梳理

图 19.18　行业平均、TOP10 企业和 TOP20 企业 2012 年销售额与销售面积增速对比

第五，存量住宅：二手房流通率上升是总体趋势

二手房成交占比和二手房流通率是衡量房地产市场发展阶段和发展成熟度的重要指标。在房地产市场起步和高速发展的阶段，新房供应是满足市场需求的主流途径，但是随着新房供给增速的下降以及存量住宅市场的扩大，二手房市场的流通率上升是总体趋势，而且在中国的一线城市将表现得更为突出。

从目前的交易占比来看，只有深圳、上海和北京的二手房交易占比在 40％以上，二线城市的二手房交易占比仅仅在 20％左右，与香港等成熟市场 10％左右的流通率相比仍然存在较大的差距。尽管 2010 年以来的限购政策以及个人住宅所得税政策都将在某种程度上抑制二手房的流通率，但是基于以下几点因素，二手房市场占比的上升应当是大势所趋：（1）在住宅用地供给持续减少的情况下，新房供给能力下降应该是一种常态，而中国的二手房存量目前已经较大，根据中原地产的统计数据，北京、上海、深圳和广州等城市的存量住宅规模相当于一手房住宅成交面积的 25 倍左右,但是目前的流通率仅在 2% 左右,远远低于香港 10% 的流通率,见图 19.19;(2)一线城市及部分二线城市的土地和新房供给呈现"郊区化"趋势,例如,北京、上海和深圳 2010—2012 年郊区住宅占全市新房供给的比例分别为 50%、60%、80%,但是郊区住宅却存在交通、生活配套等问题,居住功能弱于二手房,且二手房市场选择性较多,成交总价较低,在地段和设施方面也优于新房,这些特征都十分符合自住购房者的需求特征。

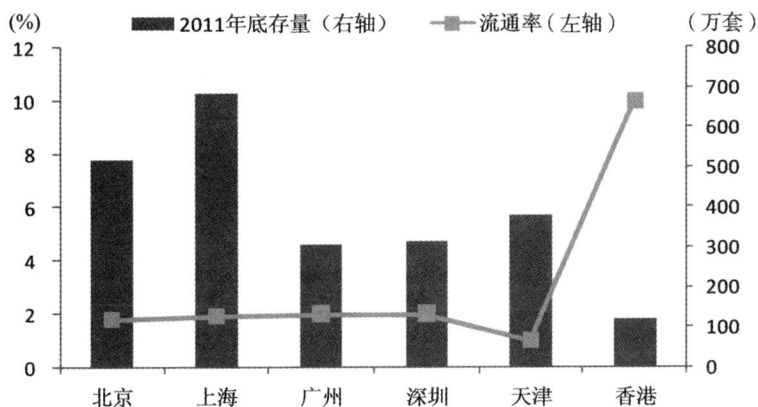

资料来源:中原集团研究中心,作者梳理

图 19.19　城市存量住宅及流通率(2011 年)

第六,经营业态:走向多元化

目前中国的房地产业态多元化趋势初步呈现,城市综合体开发、商业地产、物流地产和养老地产等多种业态呈现加速发展的态势,虽然初期阶段略显"混乱",但经过逐步的调整,这些新型业态有望部分替代纯住宅开发,形成新的增长点。

首先,从 2011 年土地市场的成交结构可以看出,房地产行业的业态多元化趋势已日益显现,以北京市为例(见表 19.3):(1)纯住宅开发将逐步过渡到以住宅配套幼托、中小学、医院、商业和交通为综合开发体的模式,这一点在地价上已有表现;(2)中国主要保险公司及部分投资公司开始布局北京市核心区的商业物业,从地价上看,2011 年核心区成交的

10 块商业用地占全部 249 块成交地价的 54％；（3）部分汽车零部件企业开始在布局物流地产，自建仓储中心；（4）城市综合体和商业用地对住宅用地的溢价已经比较显著。

表 19.3　北京市 2011 年土地成交结构：拿地企业

	土地面积 （平方米）	规划建筑面积 （平方米）	成交价 （万元）	土地 宗数	土地均价 （元/平方米）	楼面均价 （元/平方米）
高新技术及生物医药公司	2 846 784.14	2 478 704.25	462 318.79	48	1 624	1 865
房地产企业	7 126 643.87	10 352 725.8	6 196 781.4	75	8 695	5 986
汽车零部件及配件公司	2 385 561.92	2 090 276.06	156 069.45	19	654	747
保险及投资公司	564 289.1	660 000	1 364 320	6	24 177	20 672

数据来源：作者梳理

其次，物流地产开始起步，海外企业已加大布局这一市场，这可以参照几个微观案例：（1）以亚洲最大的物流设施提供商普洛斯为例，普洛斯是中国和日本领先的现代物流设施提供商，项目位于中国和日本大都市区域中的主要物流枢纽，靠近主要港口或机场，或位于交通枢纽和工业区等。凭借在两国市场中的先发优势，普洛斯目前已经在亚洲建立起了卓越的物流设施平台，而目前及未来一段更长时间的业务布局则主要在中国市场，主要的战略布局则在珠三角和长三角。从某种意义上说，普洛斯对国内物流地产的开拓也代表了未来国内布局的方向。（2）以嘉里建设为例，目前它已经成为中国物流业规模最大的经营者之一，全国的配送网络设有超过 130 个支部，涵盖 1 800 个服务点，所有物流设施的总楼面面积合计逾 55.6 万平方米。下一阶段，从其战略布局上看，随着珠江三角洲及华东沿岸地区经营成本的日渐上涨，其生产活动将逐步转移到东南亚以及中国二、三线城市，预计后者将发展成新的生产基地。

最后，一线城市商业地产未来成长空间逐步加大：（1）与住宅不同，商业地产起步期较晚但持续期很长。国际经验表明，人均 GDP 3 000～8 000美元是商业地产的起步期，8 000美元以上进入加速发展期，直至20 000美元以上才进入成熟发展期。其中，在起步期时，商业地产新增供应的增速往往最快。中国目前正处于起步期，而一线城市已步入加速发展期。（2）目前中国商业地产的基本情况是：零售物业中大部分还是低端物业，购物中心占比很小；写字楼中，甲级写字楼占比很小，并且楼龄已很长；仓储业仓库中，70％修建于 20 世纪 90 年代以前。如何改变这三大现状即是未来商业地产的成长空间所在。

第 20 章　消费品：农民工的崛起？

如果将农民工视为一个整体，则无论是其总体规模，还是其收入增长的速度，都有可能成为未来消费扩张的一个重要来源，配合新一轮城镇化对农民工的日益关注，那么这个可能性有较大的概率会变成现实。

原则上，农民工群体获取收入流主要来自以下三个支柱：工资性收入、农村的土地资产流转收入、农村非土地固定资产。这三大支柱分别转化为工资性收入、农产品收入和住宅等资产性收入。消费依赖于收入，但是目前农民工群体尚处在消费的第一阶段，即主要依赖工资性收入。未来随着后两大支柱的逐步货币化，该群体的消费空间将会出现新的飞跃。各种形式的收入膨胀都会影响边际消费倾向或者扩大消费预算约束而直接或间接地影响消费支出。

研究结果表明，农民工整体的规模在日益扩大，稀缺性使得该要素的不可替代性在逐日增强，要素价格也在不断攀升，量的扩大结合价的攀升使得农民工作为一个整体的人力资产价值在万亿的数量级上，并且增长态势强劲。不论是保持现有的边际消费倾向还是基于财富存量上的消费，农民工群体都将会成为新一代的"消费巨人"，并将给衣着、家庭设备用品以及服务和交通通信行业带来新的机遇。

从中长期的趋势来看，农民工会内迁，重庆、武汉、郑州、沈阳、西安和成都等将是下一批农民工迁入城市，目前处于经济发展第二梯队的省市是制造业迁入的重点区域，会带来巨大的消费机会。

农民工的数量和结构特征

第一,农民工总量持续增加,增速将在 2015 年达到峰值

外来务工农民工数量规模自 2003 年以来持续增长,2011 年规模已达到 1.58 亿。劳动力外出就业是农村劳动力从农业向非农业转移的主要途径,更是增加农民收入的主要手段。全国农村固定观察点系统自 2003 年以来,每年就农村劳动力转移情况进行两次专项跟踪调查,以更好地了解和掌握这一群体的特点和变化。从调查的数据来看,自 2003 年以来,农民工数量一直在保持稳定的增长。在有观测数据的 2003 年,外出农民工数量为 10 886 万人,到 2011 年已经达到了 15 863 万人,年均增长超过 600 万人,见图 20.1,如果加上外出后返乡就业或者创业的,以及有过外出就业经历的人员,那么这一数量将会更多。从增长速度来看,自 2005 年以来,农村外出就业人员保持了快速的增长,年增长速度都在 5% 以上,虽然 2008 年受到金融危机的影响,增长速度有所放缓,但是自 2009 年之后,随着金融危机影响的减弱以及国家一系列保增长、保就业政策的出台,农村外出就业的人数也随之快速增加。

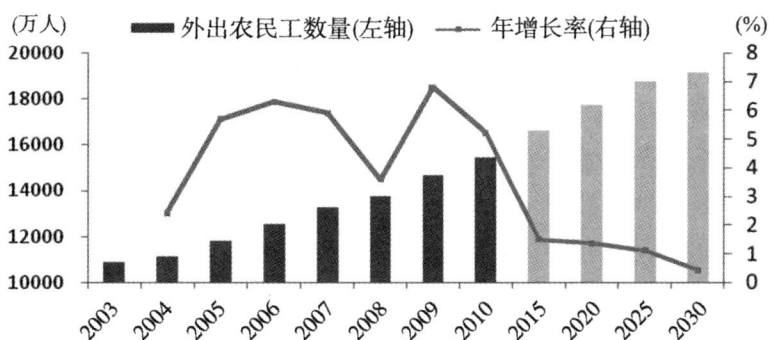

资料来源:根据全国农村固定观察点"农村劳动力转移专项跟踪调查"数据计算,作者梳理

图 20.1 外出劳动力数量变化趋势

随着劳动年龄人口年均负增长在 2016 年后出现，外出农民工数量增速开始放缓，预计在 2015 年达到增速的最高峰。未来外出劳动力的规模一方面取决于中国的城镇化发展水平，另一方面更取决于 15～64 岁劳动年龄人口的变化趋势。根据人口学专家蔡昉博士的预测，"十二五"期间是中国劳动年龄人口最多的时期，并在 2015 年达到峰值；对于新增的劳动年龄人口，将会从 2016 年开始出现年均负增长，如果每年新增的城市劳动力都是外来务工的农民工，那么 2015 年外出农民工数量为 1.66 亿，2020 年为 1.77 亿，2030 年为 1.9 亿。

第二，农民工结构特征决定了其在劳动力市场中的不可替代性

外出务工的农民工作为重要的生产要素，呈现出诸多鲜明的特性，这使得这一群体具有不可替代性，从而使得其在劳动力市场中的议价能力上升，在要素市场中的相对比价能力提高：（1）人力资本：文化教育水平的提升以及"干中学"工作经验的不断积累，尤其在制造业、服务业和零售业上构成其他劳动力的进入壁垒；（2）就业区域：自主性更强，不再集中于东部沿海地区，乡外县内和县外省内的就业比重在增加；（3）就业行业：代际变迁，由建筑业向制造业和服务业过渡；（4）劳动力供给弹性：受经济周期波动影响小。

所有这些农民工劳动力要素的特性都决定了这个群体的不可替代性，使得他们在劳动力市场上的议价能力增强，有利博弈结果的货币表现就是农民工劳动力要素价格的上升，也即工资收入的不断攀升。

首先，人力资本方面，文化教育水平的提升，"干中学"经验的不断积累，构成其他劳动力的进入壁垒。

农民工群体的受教育水平在不断提升，这使得他们有更强的学习能力，能更快地掌握新技术并转化为工资产出。2003 年，外出劳动力的平均受教育年限为 8.0 年，到了 2010 年，这一数字已经上升到了均值 8.3 年，特别是接受九年制义务教育的占比 2010 年时达到了 53.5%。从 2003 年至 2009 年的数据呈现的趋势来看，小学及以下的占比在不断下降，由 2003 年的占比 27.1% 下降到 2009 年的 20.6%；而与此同时，初中及以上文化程度的人数占比在逐年上升，如高中文化程度的人数占比由 2003 年的 10.7% 上升到了 2009 年的 13.2%，见图 20.2。农民工文化程度的不断提高得益于农村教育事业的不断发展和农村人口整体文化素质的不断提高,当然,这也可能是低文化程度的劳动力的回流造成的。受国家产业结构升级的影响,劳动力市场对从业者文化程度的要求越来越高,因此可能会导致逆向选择的发生,使得那些低文化程度的外出者就业难度增加。

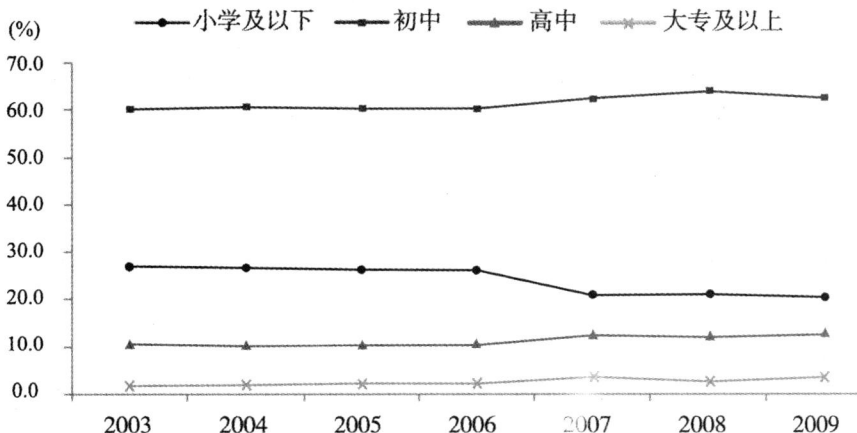

资料来源:根据全国农村固定观察点"农村劳动力转移专项跟踪调查"数据计算,作者梳理

图 20.2　外出劳动力学历结构变化趋势

农民工在制造业等相关行业中"干中学"不断积累的工作经验形成巨大的人力资本,成为其他群体劳动力的进入壁垒。微观调查数据显示,在大约6 000名的外出务工农民工当中,有20%在1995—2000年就离开故乡外出务工,有63%的人在2000年之后陆续离开故乡,所以,10多年来在制造业、建筑业等行业的工作经验的积累逐渐形成巨大的人力资本,是转化为收入产出的强劲动力。

其次,就业区域方面,选择灵活性增强,甚至引致制造业企业的内迁。

外出务工农民工就业区域的选择灵活性增强。2009年之后,跨省流动就业比重呈现下降趋势;与此同时,乡外县内和县外省内的农民工就业比重在增加。这种态势的出现是中西部地区近年来经济快速增长,中西部地区承接东部地区产业转移的步伐较快,基础设施建设的投入力度不断加大,县域经济发展态势良好,本地用工需求较快增长,使得农村劳动力外出就业的机会成本增加的结果。主要来说有以下几个方面:(1)在中西部务工的农民工增长较快，中西部地区对农民工的吸纳能力进一步加强。2011年，在东部地区务工的农民工为16 537万人，占全部农民工总量的65.7%，比2010年下降了1.5个百分点；在中部地区务工的农民工有4 438万人，占全部农民工总量的17.6%，比2010年提高了0.7个百分点；同时，在西部地区务工的农民工有4 215万人，比2010年增长了9.6%，占全部农民工的比重为16.7%，比2010年提高了0.8个百分点。(2) 在长三角和珠三角地区务工的农民工比重持续下降。在长三角地区务工的农民工为5 828万人，比2010年增加了0.3%，珠三角地区为5 072万人，比2010年增加了0.1%，这两大地区农民工每年增加的数量以及幅度都呈现逐年下降的趋势。2011年长三角和珠三角地区务工农民的占比分别为全国的23.1%和20.1%，比2010年分别下降了0.9个百分点和0.8个百分点。(3) 2009年之后，跨省就业比重呈现下降趋势。在外出务工的就业形势中，跨省就业的劳动力占比一直是最大的，特别是2008年，达到了45.4%，但是受金融危机的影响，2009年跨省就业的农村劳动力数量罕见地出现了大幅度的下降，大量的农村外出劳动力选择回到省内尤其是县内就业。2010年，随着宏观经济形势的好转，各地用工需求增加，农民工外出务工的比重呈现了一定的上升趋势。(4) 乡外县内和县外省内的就业比重在增加。乡外县内的就业比重在2006年以前一直呈现下降的趋势，从2003年的35.7%下降到了2006年的21.9%；而与此同时，县外省内的就业比重由2003年的23.3%上升到了2006年的35.3%。但是在2006年之后，随着中央一号文件提出"大力发展县域经济"，并注重农村劳动力的就地就业转移后，很多农民工选择回乡就业，乡外县内的就业比重近年来呈现上升的趋势，2009年和2010年的占比分别为30.0%和29.3%。

再次，就业行业的代际变迁，由建筑业转向制造业和服务业。农民工群体自身逐步完成了代际变迁，"新生代"农民工成为主体。国家统计局的微观调查数据显示，目前近60%的农民工（8 487万人）是所谓的"新生代"农民工，即1980年后出生的农民工。

由于就业行业的变迁，从事建筑业的农民工比重不到10%，大部分集中于制造业和服务业。农民工群体本身已经渐渐完成了代际的更替，从小成长的环境，决定了这一代人不愿再从事辛劳的建筑业，而是逐步向制造业和服务业转移。2009年的数据显示，在全部的农民工当中，有

39.1%从事制造业，17.3%选择在建筑业务工，住宿和餐饮业以及居民服务和其他服务业占比达到19.6%。而作为农民工主体的"新生代"农民工当中，有44.4%的人从事制造业工作，商业服务占比21.6%，从事建筑业的人占比仅9.8%，而上一代农民工当中有27.8%的人选择在建筑业务工。这样的现象充分说明了"新生代"农民工在选择行业时，不仅看重岗位的工资水平，也很看重企业提供的工作环境和职业前景。

最后，劳动力供给弹性受经济周期波动影响小，60%以上的农民工有稳定的工作。由于农民工劳动力资本的不可替代性，导致了整体农民工群体外出务工时间具有较强的抗周期性，波动小，尤其是在经济下行的时候外出务工时间减少幅度较小；同时微观调查数据也从侧面印证了该项要素资产的稀缺性。

外出务工的农民工劳动力具有很强的抗周期性，在2008年金融危机中表现得尤为突出，过半的务工者都有稳定的工作单位。主要的证据源于：（1）国家相关部委联合高校在2008年对6 000多名外来务工人员的调查显示，"在过去12个月失业次数"的均值仅为0.26。（2）在2007年以前，由于国家政策措施的不断完善、就业环境的逐步改善以及劳动力市场的日趋健全，农村劳动力外出就业保持稳定上升的态势，外出就业劳动力年均外出时间由2003年的261天增加到2007年的271天。2008年由于受到金融危机的影响，使得外出农民工提前返乡，劳动力在外务工的时间减少为266天，此后的2009年和2010年都维持在268天的水平。而同期由于受金融危机的影响，中国的经济增速由2007年的14.2%下降到了9.6%。相比较而言，从农民工在外就业天数反映的就业弹性相对宏观经济的波动很小。（3）从就业的形态来看，不同就业方式的农村外出劳动力的构成总体稳定。在2010年外出就业劳动力中，受雇佣者中有稳定工作的占比为61.6%，比2009年提高了0.5个百分点；以打零工为主的占比为24.6%，比2009年提高了1.2个百分点；从事自主经营的占9.6%。

农民工收入增长是一连串事件的叠加

反映农民工劳动力资产价值的是其收入，而这里的收入是广义的收入，除了基本的工资性收入之外，还有各项非货币化的福利待遇。由于农民工劳动力的不可替代性，以及该项要素本身的稀缺性，农民工外出务工的机会成本加大，这导致了要素资产的价格近年来快速上涨。2011—2012年的实际工资收入增速保持在 15% 以上，远高于 GDP 的平均增速。

具体而言，农民工劳动力要素价格的快速上涨体现在两个方面：（1）增速远高于 GDP 增速，2011 年全国外出农民工的月均工资收入为 2 049元，比 2010 年增长 21.2%；（2）工资抵御周期性强：2011 年，建筑行业不景气，房屋新开工面积增速比 2010 年回落了 24.4 个百分点，导致市场对建筑业用工需求的减少，但是农民工的月工资收入却呈现了 21% 的上涨。这里的逻辑是：农民工已经发生了代际变迁，就业结构已经发生了变化，不单单局限于建筑业，这种就业结构的转变提升了农民工抵御周期的能力。

为了说明在外务工农民工劳动力价格的快速增长，在此我们用两个角度的数据进行验证：（1）国家统计局针对农村家庭的调查数据；（2）侧面的农民工进城务工的机会成本。两方面的数据都证明了农民工劳动力要素资产价格近年来快速上涨的不争事实。

微观调查证据显示，2009 年，农民工月工资增长高出城市居民人均可支配收入和农村居民人均现金收入近 10 个百分点。根据中国人民银行最近一次农民工问题年度监测问卷调查的数据，截至 2009 年底，被调查农民工月均收入 1 783.3 元，同比增长 17.8%，分别高于全国城市居民人均可支配收入和农村居民人均现金收入 9.0 个百分点和 9.6 个百分点。2008—2010 年调查数据显示，农民工家庭的人均收入在逐年上升，2008年和 2009 年分别较上年增长了 10.8 个百分点和 16.7 个百分点。同时在收入的构成当中，外出务工收入占比是最大的，近年来都达到了 70% 以上，也都维持在年均 16% 以上的增长水平。原则上，只要农村还存在边际产出低于生存水平的剩余劳动力，工业部门的劳动供给就是一条基于生存收入的水平线，劳动工资就会稳定于生存收入，而不会随着劳动需求的扩大而提高，那么就可以推断，如果劳动力工资普遍上涨，就意味着工业化耗尽了农村剩余劳动力。但是自 20 世纪 80 年代以来，中国的农民工大量进城，他们在城市得到的实际工资在相对稳定时期过后，从 1996 年开始不断上涨，并在 2005 年出现爆炸式上涨，2004—2007 年间的实际工资收入年增幅一直维持在 7% 以上。在金融危机的背景下，2008 年的实际增长率达到了 19.6%，2009 年的工资增长率也达到两位数。统计局的数据也显示,2010 年中国农村居民人均纯收入实际增长 10.9%,为 1998 年以来首次快于城市居民,且工资性的收入增长速度高于 GDP 的增长速度。基于以上事实,以 2009 年1 783.3元的工资为基准,以与 GDP 增速相等的 8%的工资增长率作保守估计,到 2015 年,农民工的实际工资将会达到2 830元,2020 年和 2030 年分别达到4 158元和8 977元,见图 20.3。

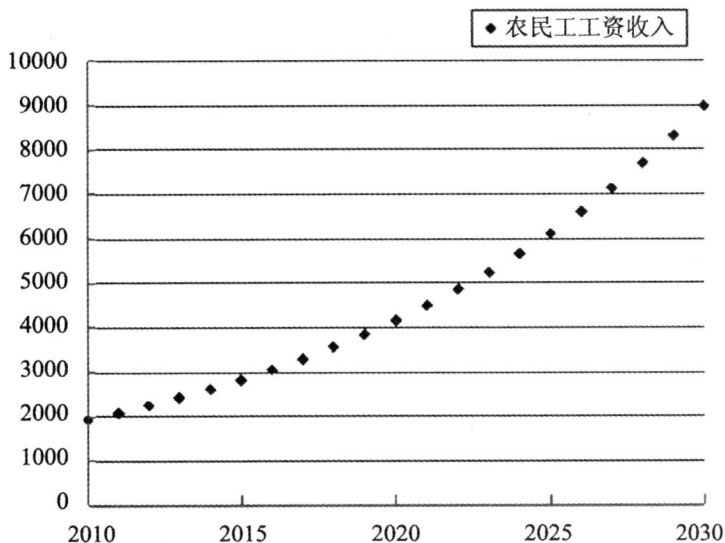

资料来源:《中国统计年鉴 2012》、《中国农业发展报告 2012》、《中国农村住户调查年鉴 2012》,中国统计出版社,2012;作者梳理

图 20.3 估算农民工人均实际月工资散点图

收入快速增长的反向证明是农民工的机会成本大幅上升:蔬菜价格快速上升。对于微观的调查数据,由于样本存在选择性偏差的可能性,而且现有可得的微观调查数据中关于农民工收入的数据都是基于农民工家庭,几乎不能完全反映在城务工者的工资性收入,在此我们可以从机会成本的角度来衡量农民工收入的增长情况。机会成本是指,在作出一种选择时,所放弃另一些可能的选择的最大价值或者收益。农民工拥有的资源是劳动力,那么在外出务工和在家务农之间进行选择时,需要考虑到两个方案的潜在收益。对于农民工的机会成本,在这里就是选择外出务工时所放弃的在家务农的最大收益。在理想状态下,在农民工在外务工人员的数量保持稳定或者在动态均衡的状态下,从事两种职业的边际报酬是相等的,也即

务工工资和务农所得的增长率是相等的。

在这里,可以选择最能反映 CPI 数据中粮食和鲜蔬价格同比增速数据来反映务农收益增速。从图 20.4 可以看到,不论是鲜蔬还是粮食的价格都呈现出快速上升的趋势,特别是在 2004 年"农民工荒"之后,鲜蔬的价格更是保持了接近两位数的增速,2009 年和 2010 年的同比增速分别达到了 15.43% 和 18.7%。粮食价格因为受国家调控影响比较大,所以增速较为平缓。需要说明的是,2003 年鲜蔬和 2004 年粮食价格的大涨,最主要是受到了 2003 年自然灾害的影响,农作物的受灾面积扩大了16.6%,当然这与鲜蔬价格 20.51% 和粮食价格 26.42% 的增幅之间的差异也反映了农民工工资的上涨。

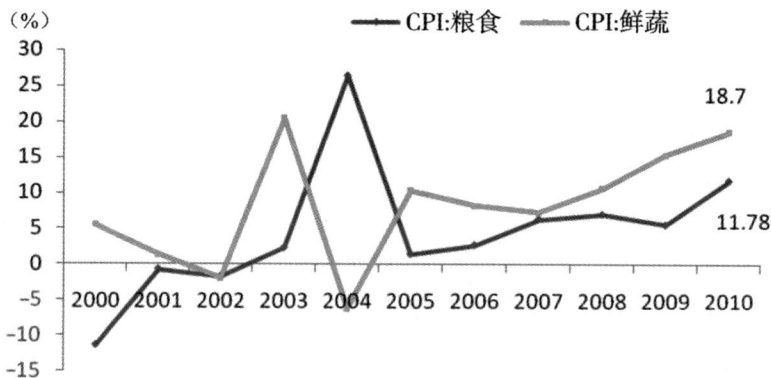

资料来源:WIND,作者梳理

图 20.4 CPI 中粮食和鲜蔬价格同比增速

农民工消费市场有多大

中国的整体经济在转型,拉动经济的"三驾马车"的主力正由出口和投资为主转向消费为主,"中国消费"时代渐行渐近,在这个过程中,城市居民、农村居民和农民工三类人,谁将会是最大的主力?2.5 亿农民工的消费潜力能够释放吗?

第一,医疗、养老是农民工生活最大的忧虑

消费行为是指理性人如何分配收入,或者说是行为人在消费时间上的选择。当前的储蓄是未来的消费,而这背后的主导因素是人们的"后顾之忧",在此,我们以实际调查数据作为分析的起点。[①]

首先,农民工担忧自身的事业,也担心孩子的教育和养老、医疗问题,这些都是宏观体制的映射。从我们的调研数据来看,对未来的不确定性的担忧随着年龄的改变而变化。对于大多数未婚年轻人来说,他们总是希望在城市闯出自己的一片天地,有52.4%的人为自己的事业而忧虑,担忧薪资的不稳定、担忧创业的艰辛;另外还担心未来物价太高,工资的上涨速度赶不上物价的攀升速度。而对于大多数已婚务工者来说,他们担心更多的是孩子的教育、成长以及医疗和养老。(见图20.5)访谈中,对于广安市的农民工来说,新型农村合作医疗农民受益基本上不是特别大,众多医药费用不在报销的范围之内。

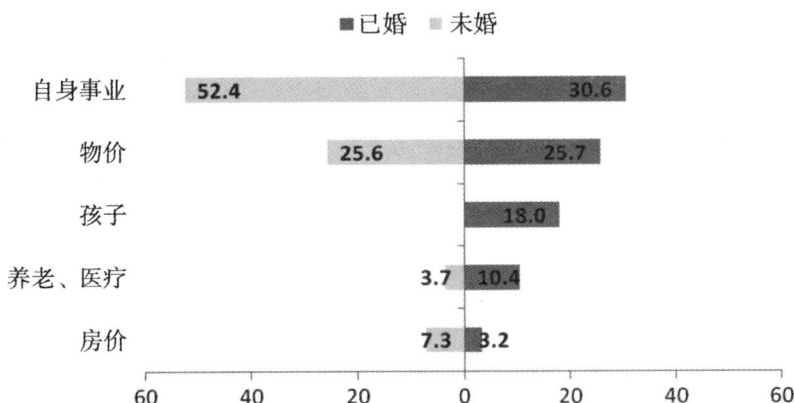

图 20.5 农民工对未来不确定性的担忧(%)

资料来源:作者微观调研

其次,42%的农民工没有任何养老保险。从调研的数据来看,农民工担心养老源于现实养老保障体系的不完善,非常寒碜的数据是42%的农民工没有参加任何养老保险,参加农村社会养老保险的比例仅为28%,

---

[①] 我们曾于2012年6月在成都、郑州等地调研农民工消费问题。

商业保险参保率更是仅为 3.3%。

再次，现实教育和医疗、养老领域的"难"、"贵"问题正在得到逐步改善。教育作为人力资本投资和改变命运的主要方式，医疗作为人力资本维护和改变生活质量的主要方式，两者的费用对于农民工来说确实过高，这会使他们进一步承受通胀压力和资产价格膨胀带来的压力。同时，我们也看到这些体制正在渐渐发生变化。

医疗方面，新型农村合作医疗制度（"新农合"）是近年来中国医疗卫生体系的一个重大变革，目的是重点解决农民因大病出现的致贫、返贫的问题。当初基本的制度设计也是自愿加入、大病以防治为主，为参合者提供医疗补贴。自该制度实施以来，参合人数不断上升，截至 2010 年，已有 8.4 亿人参加了新农合，参合率达到了 96%，同时，已有 2 678 个县开展了新农合，补偿受益达到了 10.87 亿人次。新农合每年的基金支出从 2004 年的 26 亿元增加到 2010 年的 1 188 亿元，支出增加了约 45 倍，见图 20.6。

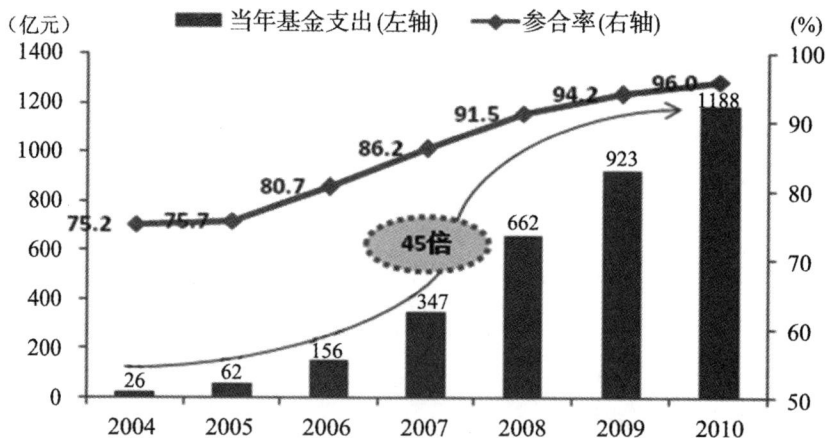

资料来源：《中国统计年鉴 2011》，作者梳理

图 20.6　新农合参合进程

养老方面，新农保①将在 2020 年全面覆盖农村居民。中国农村居民在 2009 年末，参加基本养老保险的有 7 277.3 万人。为了更好地解决农村居民的养老问题，国务院又在基本养老保险的基础上，开展了"新农保"的试点，颁布了《关于开展新型农村社会养老保险试点的指导意见》。意见指出，2009 年试点覆盖全国 10％的县，以后逐步扩大试点，在全国普遍实施，2020 年前基本实现对农村适龄居民的全覆盖。意见指出，参保范围为年满 16 周岁的（不含在校生）、未参加城市职工基本养老保险的农村居民，可在户籍地自愿参加新农保。新农保基金由个人缴费、集体补助和政府补贴构成，其中个人缴费的部分设为每年 100 元、200 元、300 元、400 元、500 元 5 个档次，参保人自主选择档次缴费，多缴多得；政府补贴的部分分为中央政府对中西部基础养老金的全额补贴、对东部 50％的补贴和地方政府不低于每人每年 30 元的补贴标准。在参保人年满 60 周岁之后，每月可领取到的养老金分为两部分，一部分是国家规定的基础养老金 55 元/人·年，另一部分是来自个人账户的养老金，为个人账户全部储存额除以 139。

最后，其他相关政策逐步完善。比如户籍制度的改革、政府的财政性补贴、基本医疗保障等等，都解决了农民工的后顾之忧，增加了他们的边际消费倾向。有 60％的"新生代"农民工的父辈已经为其积累了一笔财富，他们无须将工资性收入寄回老家用于建房等农村性的消费。同时，在社会保障方面，社会保障覆盖率的提高也会在一定程度上解除农民工的后顾之忧，由于新的《劳动合同法》以及其他法规的要求，农民工已经从制度上被基本的保险制度所覆盖。另外，在政策上，自 2010 年始，中央就明确提出统筹城乡发展的战略决策，要求把解决符合条件的农业转移人口逐步在城市就业和落户的问题作为推进城镇化的重要任务，这为我们从根本上解决农民工问题尤其是"新生代"农民工问题指明了方向。户籍制度的渐进式改革将会把大规模的农民工转化为新市民，消费模式的变化也将

---

① 这里和"老农保"相对应，老农保在 1996 年开启，与试点的新农保主要存在两大区别：一是筹资结构，老农保基本上是农民自己缴费，实际上是自我储蓄的模式，而新农保是个人缴费、集体补助和政府补贴三个渠道，特别是中央财政对地方的补贴是直接补贴到农民头上；二是支付结构，老农保建立农民的账户，新农保有基础养老金和个人账户的养老金两部分。可见新农保对于农村居民来说更为实惠。

渗入他们的生活之中。各种形式的户籍制度改革正不断推出。如广东省作为流动人口第一大省，2011 年 8 月就已经将 3 000 万流动人口服务管理工作纳入"和谐广东、幸福广东"建设的重要内容，2011 年有 18 万农民工入户。又如始于 2010 年 7 月的重庆市户籍制度改革，计划于 2020 年前将 1 000 万农村人口移居城市并为其提供城市户口，将城镇化率从 29％提高至 60％。

第二，农民工消费模式为"高收入、高储蓄率"，是典型的生命周期消费行为

调研数据显示，农民工消费行为更多的是生命周期的行为。30 岁以上的农民工收入是最高的，69％以上的农民工月收入都在 2 000 元以上，而 20 岁以下的年轻人的月收入 84％都在 2 000 元以下，但是储蓄率呈现一个倒置的现象。这里的解释为，对于未婚的年轻人，有 53％担忧自己的事业和工作的稳定、收入来源的可持续性，再加上社会保障的不健全，这使得他们在收入高的时候有更高的储蓄倾向，以备子女的教育支出、父母的养老支出、可能的大型医疗支出等等，为所有的未来不确定性储蓄。

第三，2015 年消费市场占 GDP 的比重至少达 7.2％

如果农民工的消费行为遵循生命周期的模式，同时该群体所忧虑的因素正在逐步改善，我们有理由相信农民工消费市场空间将会逐步释放开。那么这个群体的市场规模有多大？在此，我们要以 GDP 为基础，做一个测算。

基本假设：在此做了两种口径的消费规模的预测，一个是基于边际上的规模，类似凯恩斯的消费行为，也即以每年的农民工消费支出占当年收入的比重来衡量。这里考虑的因素为：随着户籍、医疗、教育等社会服务的完善以及政策的开放，可能农民工的消费模式会渐渐向城市居民过渡，有可能演化为与其类似的模式。另一个是基于存量资产上的消费预测。随着代际更替逐步实现，以及家庭财富的积累（以家庭中每百户拥有的固定资产中的彩色电视机为例，在 2010 年，农村居民每百户拥有量为 111.79 台，非常接近城市居民的 137.43 台），使得基于财富基础之上的"新生代"农民工的消费规模快速增长。在此，农民工消费主要基于存量的财富，主要包括自身的工资性收入以及祖辈的储蓄；消费占财富的比重在

2012 年前为 0.3，之后为 0.5。其他相关假设如表 20.1 所示。

表 20.1　外出农民工消费规模预测基本假设

变量	假设值	支撑理由
GDP 增长率（%）	8	中国经济增长速度中枢下移
农民工年收入增长率（%）	15	包含了 GDP 的平均增速 8%，以及由于 2010 年工资增加 21.2% 所带来的 3% 的粘性工资和由于农民工劳动力要素资本的不可替代性和稀缺性带来的额外溢价 4%
农民工数量增长率（%）	1.5	蔡昉博士预测的劳动年龄人口（15～64 岁）人口增长速度
边际上的消费预测		
农民工消费倾向	0.64	利用调研数据计算出加权平均消费倾向
存量上的消费预测——生命周期理论		
消费占财富比重	0.5	2011 年前为 0.3，之后为 0.5
利率（%）	6.56	2012—2015 年保持 2011 年的利率水平不变

资料来源：作者梳理

　　预测结果：基于边际消费预测，2015 年外出农民工消费市场规模将达到 GDP 的 7.2%，基于存量财富的消费行为的市场规模更是达到 GDP 的 11%。（1）假使相信未来农民工的消费行为会向城市居民过渡，那么我们的模型测算结果表明，2013—2015 年的消费支出占 GDP 的比重将分别达到 6.2%、6.7% 和 7.2%；（2）假使我们相信农民工的财富在代际之间积累且消费行为基于存量的财富，那么结果表明，至 2015 年外出农民工的消费市场规模将达到 GDP 的 10.9%。

谁将受益于农民工的消费

　　外出农民工的消费市场规模将达到 GDP 1/10 左右的规模，那么具体来说，受益的行业会是哪些？在此我们基于三种可能的逻辑对细分消费行业做出测算，方法及逻辑如表 20.2：

表 20.2　外出农民工消费行业测算逻辑

方法	支撑逻辑	具体方法
基于实际收入的可比性	农民工的消费路径延续城市居民； 农民工—城市居民的收入差距是天然的实验场	测算出目前农民工的实际收入水平与城市居民的可比年度； 外推
基于消费结构的可比性	基于目前消费环境； 农民工消费路径与城市居民的可比性	测算出目前农民工与城市居民中可比的收入等级的消费； 中等收入→中等偏上→高等收入 外推
基于调研	从调研数据出发； 可能存在局部性	实际的问卷数据分析及可能的消费品行业预测

资料来源：作者梳理

第一，基于相同实际收入的预测

2012 年外出农民工家庭的实际人均可支配收入水平相当于 2005 年城市居民的收入水平。具体计算方法为：以四名家庭成员、两名外出务工的农民工家庭为例，将国家统计局公布的城市居民家庭名义人均可支配收入用每年 CPI（1990 年＝100）进行平减，得到实际可支配收入，同样将 2011 年外出务工人员人均月收入 2 049 元折算为真实工资性收入，类比后我们发现，农民工家庭的实际人均可支配收入与 2005 年城市居民家庭的人均收入水平相当。

农民工未来五年在衣着、家庭设备用品及服务、交通和通信三方面的支出比例将会增加。假使未来五年外出务工农民工复制城市居民消费支出结构，那么到 2016 年，消费支出的格局将会发生一些变化。预计衣着将会上涨 0.6 个百分点，由目前的 10.1％上升到 10.7％；家庭设备用品和服务支出占比将会上涨 1.1 个百分点，由目前的 5.6％上升到 6.7％；交通和通信支出将会上涨 2.2 个百分点，由目前的 12.5％上升到 14.7％。（见图 20.7）在整个消费支出中，虽然食品性支出有所下降，但仍然是占比最大的支出,预计在 2016 年将占整个消费支出的 35.7%。

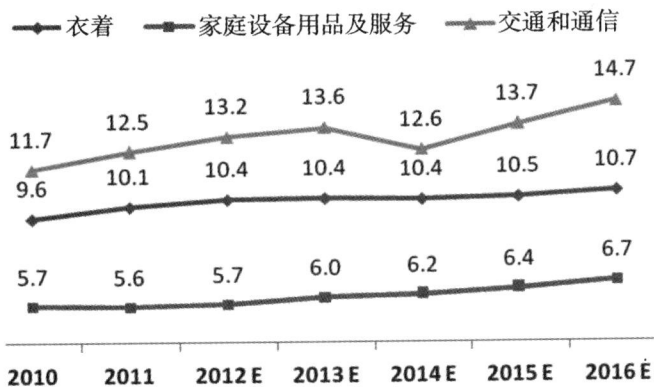

图中图例:
◆ 衣着 ■ 家庭设备用品及服务 ▲ 交通和通信

交通和通信:11.7 12.5 13.2 13.6 12.6 13.7 14.7

衣着:9.6 10.1 10.4 10.4 10.4 10.5 10.7

家庭设备用品及服务:5.7 5.6 5.7 6.0 6.2 6.4 6.7

横轴:2010 2011 2012 E 2013 E 2014 E 2015 E 2016 E

资料来源:作者梳理

图 20.7 基于收入——外出农民工家庭消费结构预测

第二,基于类似消费结构的预测

新一代农民工的消费结构和中等收入城市居民的消费结构类似,见图 20.8。从零点咨询对农民工的调查数据来看,目前"新生代"农民工家庭的消费结构基本和中等收入水平的城市居民消费结构类似,其中饮食是最大的消费支出,大约占到了 38%,当然作为农民工,除了食品支出之外,最大的就是居住性的支出,占到了 24%。特别值得注意的是,农民工休闲娱乐的支出高达 17%,这样一群"新生代"农民工将会引领农村居民的消费潮流。他们更多地把进城务工看作是谋求发展的途径,不仅注重工资待遇,而且注重自身技能的提高和权利的实现;大众传媒和通信技术的进步使他们更快捷地接受现代文明的熏陶,形成多元的价值观和开放式的新思维,成为城市文明、城市生活方式的向往者、接受者和传播者。

预计农民工家庭消费结构中,食品消费会降低,交通和通信以及教育文化娱乐占比会增加。目前"新生代"农民工家庭的消费结构相当于城市居民家庭中的中等收入水平,在中短期内,我们预计农民工家庭的消费结构会沿着当前的城市居民的中等收入→中等偏上→高等收入的居民家庭的消费结构演进,如果这样的逻辑行得通的话,那么在中短期内,我们预计食品消费支出会减少约 6 个百分点,同时交通和通信的消费支出会大幅提高 3~4 个百分点，教育文化娱乐支出的占比也会相应提高，见图 20.9。

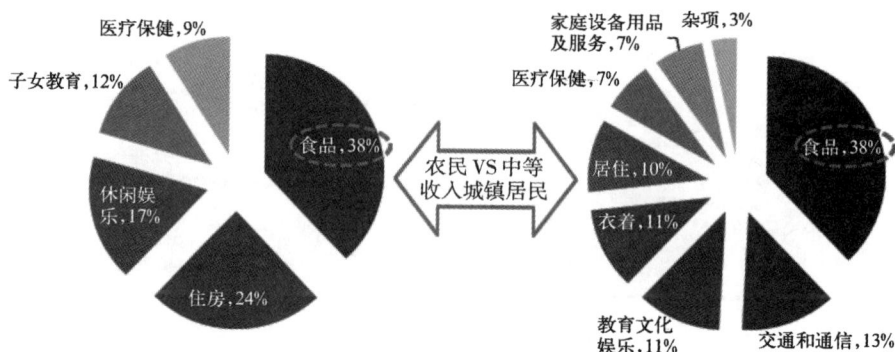

资料来源：Horizonkey，CEIC，作者梳理

图 20.8　农民工、中等收入城市居民消费结构

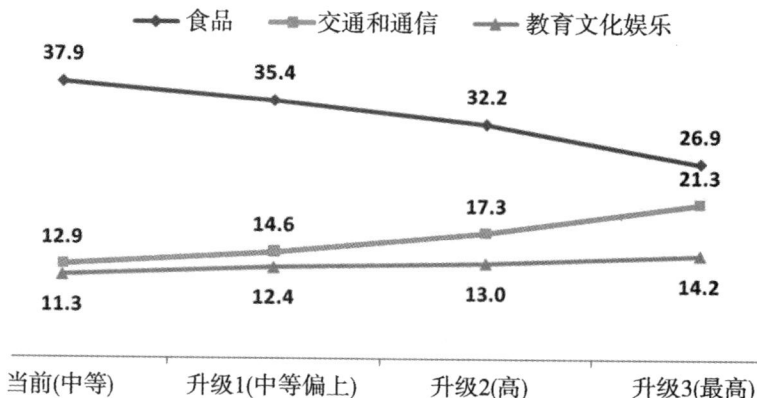

资料来源：作者梳理

图 20.9　基于结构——外出农民工家庭消费结构预测

第三，基于我们的实际调研数据

调查结果表明，结婚是农民工人生的一个转折点，是其消费倾向、消费结构、事业规划等的转折点。为此我们可以从不同年龄阶段的纵向市场以及基于结婚与否的空间市场两方面进行分析。

首先，已婚、未婚群体的消费结构存在差异，但将以已婚群体为主体。

消费市场的机会在衣服、鞋帽和餐饮以及培训。婚后农民工的消费市场在餐饮、衣服鞋帽以及其他日常生活用品。我们的调研数据显示,对于当前尚未结婚的外出农民工来说,随着未来收入的增加,他们最希望改善的三方面生活为:衣服、鞋帽;餐饮;文体娱乐。特别有别于婚后农民工的消费支出倾向的是,年轻的一代会特别加大在培训方面的支出。而对于已婚的农民工来说,收入提高后,最希望加大的支出项为餐饮、衣服鞋帽和文体娱乐,此外,婚后人群会更加注重日常用品方面的支出,在支出意愿里排在了第四位,见图20.10。

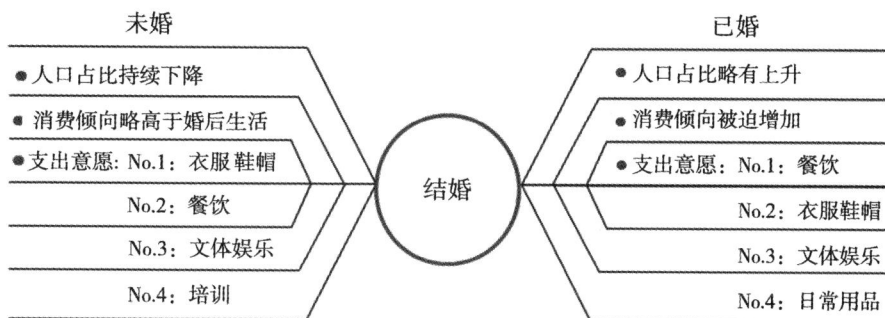

资料来源:作者梳理

图 20.10 基于调研——外出农民工家庭消费结构预测

随着15～24岁年轻人占比的下降,以及婚后消费倾向的略微增加,我们预期从农民工消费中受益的行业将会是餐饮、衣服鞋帽和文体。联合国预测的数据显示,未来几年中国15～24周岁的年轻人占总人口的比重将不断下降,而农民工作为统一计划生育政策下的群体,其人口结构的变化与全国一致,其占比将从2012年的16.1%下降到2015年的13.8%,且将持续下降到2020年的11.6%,见图20.11。而与此同时,同样以婚姻为"分水岭",我们从调研数据中看到,婚后农民工的储蓄意愿明显下降,如果他们的储蓄意愿未来都实现的话,那么已婚的农民工当中,将会有58.23%的人会降低自己的储蓄并增加消费;而未婚群体中将会有67.74%的人增加储蓄,为了将来子女的教育、将来的房子、将来可能的医疗支出,选择"明天消费",见图20.12。那么综合来看,将会以已婚的消费市场为主体,最先受益的消费行业将分别为:餐饮、衣服鞋帽、文体娱乐和日常用品。

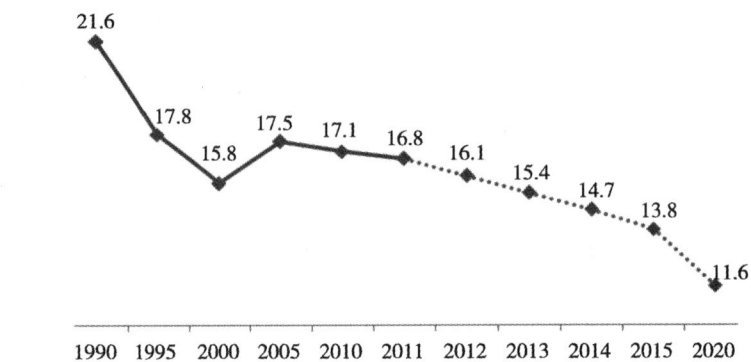

资料来源：UN，作者梳理

图 20.11　15～24 岁年轻人占比（％）

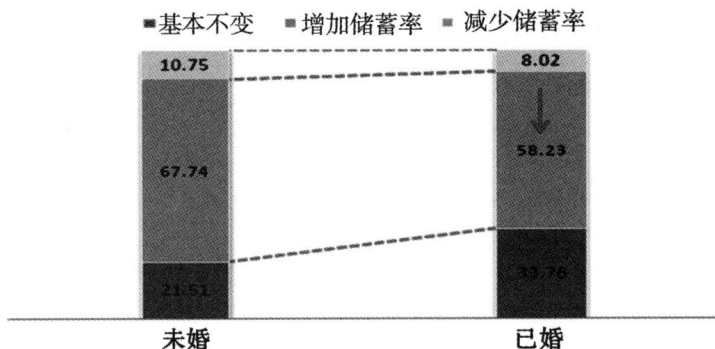

资料来源：作者微观调研

图 20.12　农民工储蓄意愿

　　此外，在耐用品市场，年轻一代更期待购买智能手机及电脑等电子产品，而已婚家庭对家用汽车和空调机的支付意愿更大。从调研数据分析，我们看到，耐用品的消费与年龄以及婚姻状况有很大的关系，对于未婚的一代，2～3 年内最想置办的耐用品为智能手机、电脑和家用汽车；但是对于已婚的家庭来说，更多的需求来自对家庭整体生活状况改善的耐用品的需求，排在首位的是家用汽车，其次是空调机和洗衣机。智能手机的需求在已婚家庭中不是显著的；同时，分析得出未婚年轻人对空调机的需求不是那么的迫切。

　　对于耐用品（含房屋）的购买谨慎，主要依赖自有资金。调研数据显示，对于包括汽车、房屋等耐用品的购置，假使自有资金不足，47％的农民工不会借贷消费,而是靠自己储蓄积攒,即使是会选择借贷的人群中,大部分人也是选择 5 万元以下的小额借贷。同样以结婚为分界线,我们看到已婚群体的借贷意愿更强,这里可能源于对收入可持续的预期或者是家庭需求的迫切性。

农民工购买的消费品"实用"是首要因素,无论是服装还是耐用品消费,男性比女性更加注重自己的品牌以及"从众"。我们的调研数据显示,对于大多数农民工来说,消费时,最重要的是考虑消费品的实用性,品牌效应并不显著。以服装行业为例,67%的农民工认为购买衣服鞋帽时最重要的是考虑衣物的实用与舒适;在购买手机这一耐用品时,更是有 79%的农民工认为品牌无所谓,打电话是最主要的功能。但是从具体的性别比例看,我们可以看到,男性比女性更加注重"自己的面子",30%的男性只购买自己喜欢的品牌,高于女性 10 个百分点,同时有 11.2%的男性购买衣服的标准是"从众",和周围人差不多,高出女性 7 个百分点。在购买手机这一耐用品时,有 11.5%的男性表示一定要比自己周围的人用得好,拿出来打电话会觉得比较有面子,高出了女性 6 个百分点。

其次,从空间市场看,农民工消费的主体市场在老家。

随着年龄的增长,75%的 30 岁以上农民工在未来 3~5 年会选择回到自己的老家。调研数据显示,农民工务工地点的选择受制于自身能够承受风险的大小。80%的 20 岁以下农民工会选择到别的大城市去追逐自己的梦想;相比之下,只有 24%的 30 岁以上务工者愿意背井离乡去别的城市,他们中的 30%将选择回老家附近的城市打工,10%选择回乡创业,自己做买卖。而回乡务工的缘由中,有 40%的考虑因素是城市的生活成本较高;25%认为随着经济的发展老家也有很多机会,也有部分人考虑到在城市没有归宿感以及孩子的落户教育等因素。

消费总是紧随人流,同时农民工的特殊品质使得更多的消费发生在乡外县内和县外省内。对于回老家的农民工来说,消费行为无疑发生在老家附近的城市,同时从务工地的变迁上来看,超过五成的农民工会选择在县外省内务工,同时有 35%的农民工选择在乡外县内务工,选择在省外的务工比例远远低于第一次外出务工。

消费市场主体在老家,外出务工者的消费市场与就业市场相分离,见图 20.13,对于在省外务工的大多数年轻人来说,首先由于其在外地需要承担更多的房租等在老家附近不必要的支出,就使得其真正用于提高自己效用的消费支出比例并不高；同时，又由于中国农民工特有的品质，务工收入中有相当一部分会寄回家中，这就降低了消费的倾向，所以在非老家的消费市场是有限的。访谈中，大部分农民工告诉我们，在外地务工工友之间，饮食支出是最大的消费支出，回老家之后，中国传统的人情往来消费支出显著增加，"城市挣钱，在老家花"的就业市场与消费市场分离的现象十分明显。

资料来源：作者梳理

图 20.13 外出农民工消费市场与就业市场的分离

第 21 章　商业保险：受益于人的城镇化

保险是现代城镇化的生活方式。国际经验表明，一国的保险发育程度与城镇化水平高度正相关。这里的主要逻辑在于：（1）在脱离土地、血缘等传统生活保障的依托之后，商业保险是新的保障手段；（2）与城镇化率提升相伴随的居民财富的增长，会提高对商业保险和理财的需求。过去 20 年中国保险密度与城镇化率的高度相关性证实了这一点。

中国经验表明，城镇化率每上升 1 个百分点，保险密度将增加 4.4％。据此推算，2020 年中国保费收入将达到 3.98 万亿元，对应年化增速 12.01％。城镇化下半程的重点是打破城乡二元以及城市二元结构的制度藩篱，逐步推进公共服务和社会保障的均等化。由此给保险业带来的发展新契机有：（1）新型城镇化关注于解决当前的不完全城镇化，推进公共服务和社会保障的逐步均等化。鉴于目前中国分割的社会保障制度，以商业保险解决地区、职业的保障差异，倒逼改革不失为一个选择。目前政府明确由商业保险公司提供大病保险进而倒逼基本医保实现城乡统筹，实际上已经昭示了未来的改革思路。（2）社会保障领域区分基本、非基本领域，以及通过非基本撬动基本领域改革的思路，将拓宽保险业在养老和健康保障领域以及社会管理领域的市场。（3）长久期的保险资金可以弥补城镇化过程中大规模基础设施建设的资金缺口，同时也为保险资金找到稳定的配置标的。从美国经验来看，二战后城镇化建设加速的过程，也是其债券市场大发展的时期，保险资产配置也从之前的以国债为主逐步过渡到以企业债券为主。

商业保险是现代城市生活方式

城镇化是一个城市经济演变的社会过程，不仅是变农村为城市，也不仅是城市数量的增加、规模的扩大。城镇化具有三重特征：其一是经济特征，人类进入工业时代后，商品经济的发展使农业的比重逐渐下降，非农业比重逐渐上升。其二是社会特征，城市人口占总人口的比重增加。其三是行为特征，生活方式发生变化，逐渐向城市方式转换。这是城市生活的社会行为特征在本质上的发展。

第一，国际经验：越城市、越保险

首先，一国的保险发育程度与其城镇化水平正相关。通过对 88 个国家 2010 年数据的研究发现，保险密度或深度与各个国家城镇化率之间的关系较为复杂。但从时间序列关系考察，保险密度和深度基本上与城镇化率呈现同向变动，即城镇化率越高，保险密度和深度越高，反之亦然。

其次，城镇化带来人均 GDP 的增加，从而带动保险行业的发展。从 207 个国家及地区的经验来看，城镇化率的上升将带来人均 GDP 的增加，见图 21.1。而根据 Sigma 的研究，各国人均 GDP 上升将带动保险深度的同向增加，但增幅会经历一个先增后降的过程，具体表现为人均 GDP 与保险深度间存在一条 S 形曲线，见图 21.2。根据上面的分析就能得到城镇化率的上升将带来保险深度的增加这一结论。

再次，保险是现代城市的生活方式。城镇化之所以能够提升保险发展空间，内在逻辑在于：（1）城镇化打破了传统社会通过血缘、土地形成的互助共保体，商业保险成为满足居民保障需求的新选择。随着城镇化的逐步推进，人口广泛流动，农村居民转变成为城市居民，与亲属物理距离的增加及土地的流转弱化了血缘及土地的保障功能，之前形成的共保体濒临瓦解。保障需求的实现由依赖土地及血缘转移到依赖商业契约。（2）与城镇化率提升相伴随的居民财富的增长，会提高对商业保险和理财的需求。从 2006 年到 2009 年中国 31 个省及直辖市的经验来看，各地人均 GDP 与当地城镇化水平之间存在明显的正相关性。城镇化水平的提升带动居民收入的增长，从而推动居民财富积累，居民会更加关注如何维持自身生活质

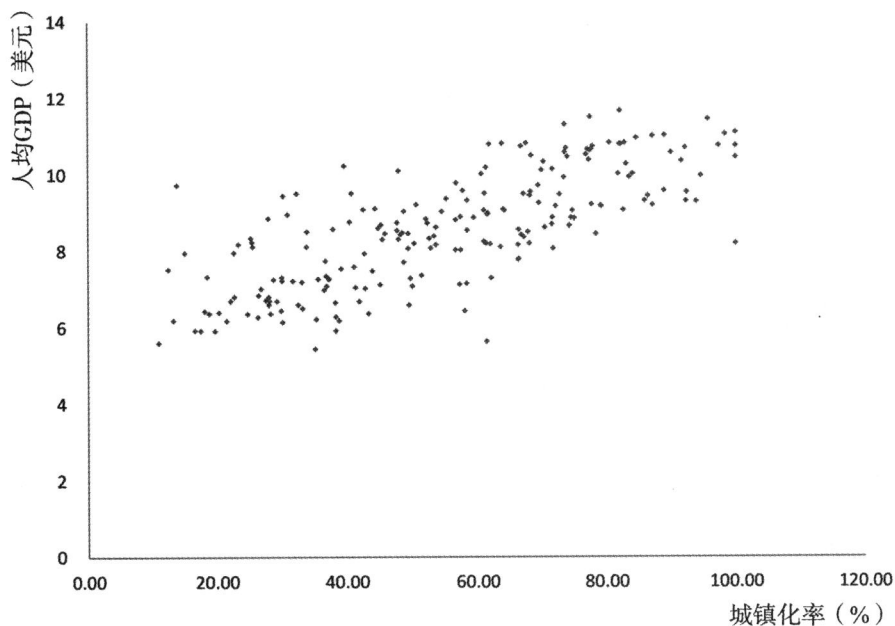

资料来源:作者梳理

图 21.1 207 个国家及地区 2010 年城镇化率与人均 GDP(对数化)

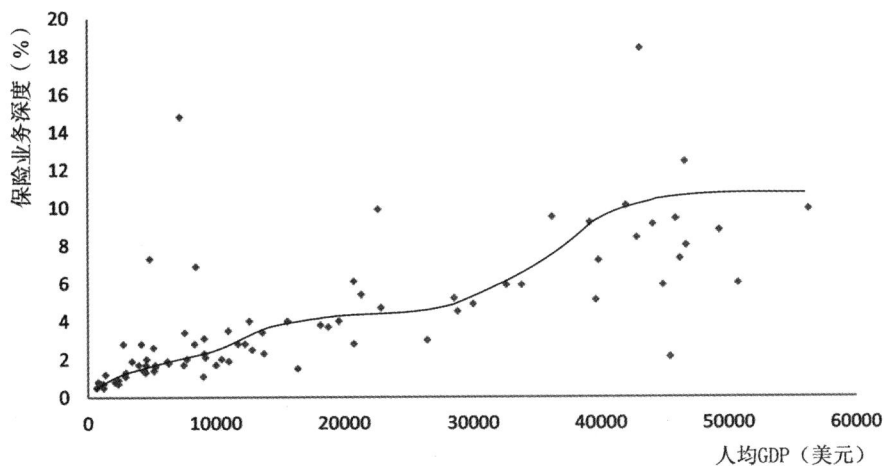

资料来源:作者梳理

图 21.2 2010 年人均 GDP 与保险业务深度的 S 形曲线

量及保证财产安全，这种情况必将增加人们对保障和理财的需求。目前，中国农村居民保险消费仅为城市居民保险消费的 1/10 左右。2011 年城市居民年保险消费支出为 2 516 元，而农村居民为 281.4 元，见图 21.3。这表明生活方式以及收入的差异抑制了保险需求。

2011 年北京大学和泰康保险发起的"中国家庭寿险需求调查"也佐证了城市和县域居民在保险需求行为方式上的差异。在面临潜在的疾病风险时，约有 15.5％的城市居民会选择商业保险作为筹资手段，而仅有 4.5％的县域居民会作出这一选择。同时，城市和县域不同收入阶层的家庭商业人身保险参保率有明显差异，特别是中等收入以上阶层。

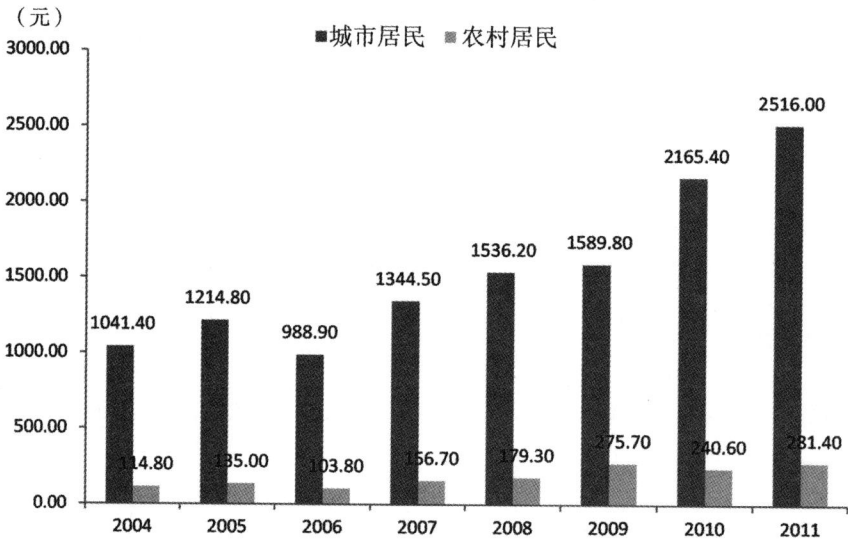

资料来源：作者梳理

图 21.3　2004—2011 年中国城市居民及农村居民保险服务消费支出

第二，中国经验：城镇化率每上升 1 个百分点，保险密度将增加 4.4％

数据显示了 2006—2009 年中国 31 个省及直辖市城镇化率与保险密度及深度之间的关系。虽然城镇化率的上升将带动保险深度的增加，但是这种同向关系并不明显；而保险密度与城镇化率之间则存在较强的指数关系，利用线性回归可以得到，城镇化率与保险密度之间的弹性为 4.4。

随着中国各地城镇化的推进，预计到 2020 年，中国保费收入将达到

3.98 万亿元,对应的年化增速为 12.01％。考虑到东部地区城镇化率统计虚高,故对其作出调整,并假设东部省市在未来十年内会将城镇化率做实,达到当前公布的数值;对于中西部省(市、自治区),假设其在十年后城镇化率达到东部地区当前城镇化率的平均水平(未调整之前)。基于上述假设,可以得出结论,到 2022 年,中国保费收入将较 2011 年增加2.54 万亿元,达到 3.98 万亿元。

城镇化下半程,城乡一体的社会保障制度是核心要素

过去 30 多年,中国城镇化进程以世所罕见的速度推进,从 1978 年的17.92％提高到 2011 年的 51.27％,平均每年提高 1 个百分点左右。

然而,城市人口占比大幅提高的背后是户籍制度的分割;是 9.35 亿的农业户籍人口和 2.5 亿的流动务工人员;是城市新二元结构的出现,以及大量进城农村人口不能等同享受城市公共服务和分享城市发展的成果。许多农民虽然实现了职业的转变和地域的转移,但缺乏身份的转变、生活方式的转变,更多的是往返于城乡之间的"候鸟式"群体。

准确地说,中国仍处在半城镇化进程中。

2012 年 3 月底,中央农村工作领导小组副组长陈锡文表示,51.3％比例的城镇化水平,至少要砍掉 1/3。也就是在目前的城市人口里面,至少有 1/3 的人还要经历一个成为城市人口的过程。

如果说过去 30 多年的城镇化是围绕土地的量的扩张阶段,是城镇化的上半程,则未来几十年的城镇化是围绕人的质的提升阶段,是城镇化的下半程。城镇化质量提升阶段最重要的任务是要解决进城农民如何变成现代新市民、融入城市生活方式的问题。从这个意义上讲,对当前中国的发展阶段而言,更有意义的城镇化不是简单的城市常住人口增加,更不是城市面积的扩大和开发区、新城的大规模建设,而是尽享城市公共服务的市民的增加。

中国经历了市场化的"脱离嵌入"这个大转变,接下去应该是迈向市场"重新嵌入"其他社会系统的另一个大转变。因此,现在到了全面调整城乡关系、迈向城乡一体化的制度和系统的重构与整合阶段。城乡统筹目标的实现,需要政府在社会保障、医疗就业、住房保障等多个方面保持政

策跟进。

第一，中国半城镇化的症结：城乡差异、地域断裂的保障制度

目前城乡一体化最大的障碍来自户籍制度捆绑的城市居民社会保障和公共服务。因此，城镇化下半程的真正要义不在于户口变更，而在于待遇一体化以及社会保障伴随人口流动的畅通转移，是以各项社会保障为核心的各项制度的差距的缩小及可流通的过程，同时还要打破城乡二元以及城市二元结构的制度藩篱。

目前城乡分割，碎片化、分散化的社会保障体系显然已经成为推进城镇化的最大障碍之一。以养老保险为例，中国目前已经形成了多种类型养老保险并存的格局，即城市基本养老保险、机关事业单位养老保险、城市居民养老保险和新型农村养老保险四大类。城市职工基本养老保险制度是成立最早、基金规模最大的项目，覆盖城市除机关事业单位之外的职工，按现收现付方式筹资，由企业主按工资总额的 20％为参保者缴费，缴费满 15 年以上的参保者有资格获得统筹账户的养老金，缴费期越长，养老金替代率越高。2009 年和 2011 年又相继推出新型农村养老保险制度、城市居民养老保险制度，以覆盖农村居民以及城市非就业人员。具体而言：

首先，人为分割的社会保障体系在二次分配领域拉大了城乡收入差距。

由于城乡社会保障体系存在巨大差异，本应着力提倡公平的二次分配领域却再次拉大了城乡差距。以 2009 年北京城乡居民社保待遇差别为例（见表 21.1），农村社会保险中除居民自己缴纳的社会保险费用外，集体经济或国家补助的比例相对较低，占农民人均纯收入的比重不足 10％；城市居民除自身负担的社会保险费外，企业和国家补助的比例约占城市居民人均可支配收入的 30％。据测算，中国农村和城市福利待遇人均相差33 万元，一般来讲，大城市是 50 万元以上，中小城市是十几万元，其中最基本的几项公共服务如义务教育、医疗保障、养老保障，农村和城市费用差约为每人每年3 000 元。

表 21.1　2009 年北京市城乡居民社会保障待遇的差距的简单对比

	养老金	医疗	工伤	失业	生育	住房公积金	计划和生育补助	其他社会福利
农村	280 元	37 元	无	无	无	无	独生子女补助及奖励	—
城市	工资基数的 20%	工资基数的 8%	工资基数的 2%	工资基数的 1%	工资基数的 2%	工资基数的 12%	独生子女补助及奖励	经济适用房、物价补贴等

资料来源：作者梳理

　　其次，区域分割、户籍分割的社会保障体系难以适应城镇化过程中人口大规模流动的格局。

　　中国的养老保障体系是在县级统筹的基础上发展起来的。由于各地经济发展水平不一，所以养老金的筹资和支付额度有很大差异。统筹层次低、支付水平差异导致了养老金跨区域转移较为困难，出现了一些劳动者特别是农民工因跨地区、跨城乡就业而养老保险权益得不到有效维护的问题。2009 年底中国出台了《城市职工基本养老保险关系转移接续办法》，要求养老保险全国无障碍转移，但在转移额度上仅个人账户全额转移，单位缴纳的统筹账户只能按总和的 12% 转移。在实际转移中也存在较大障碍。这与中国农民工以跨省流动为主的格局极不适应，也在很大程度上限制了农民工参与所在地养老保险的积极性。据统计，2011 年全国农民工总量达到 25 278 万人，其中，外出农民工 15 863 万人，占 62.75%，这部分农民工的养老保险转移都存在障碍。

　　社保体系的分割和转移性差抑制了农村外出劳动力参与城市职工基本养老保险的积极性。对于农村外出劳动力，2010 年颁布的《社会保险法》明确了他们与城市劳动力适用同样的法律规定。然而，由于城市职工基本养老保险不可全额携带，因此绝大部分非当地户籍人口参与度不高。2011年国家统计局数据显示，雇主或单位为农民工缴纳养老保险、工伤保险、医疗保险、失业保险和生育保险的比例分别为 13.9%、23.6%、16.7%、8% 和 5.6%，见图 21.4。农村流动人口只能享受形式上的社会保障，而非实质性的社会保障，也就是说，他们即使参与社会保障，由于养老保险不能随流动人口的流动而转移和接续，也享受不到社会保障的待遇。

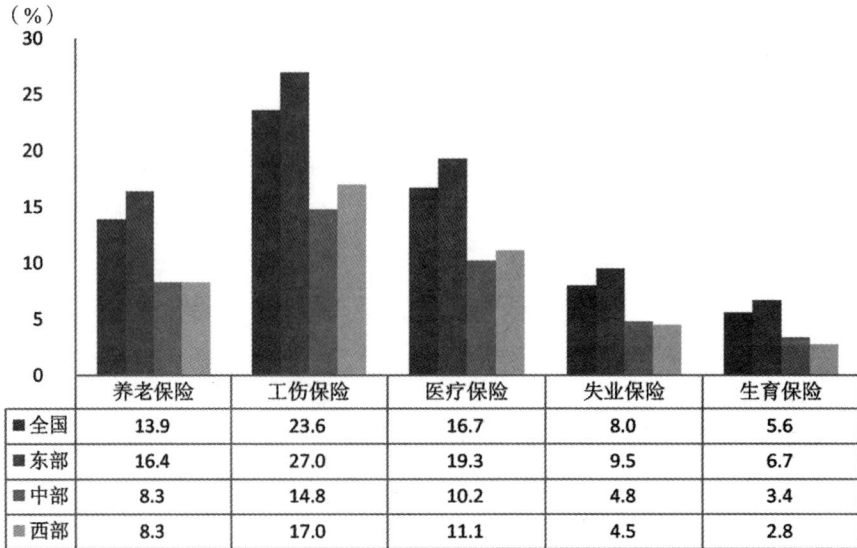

	养老保险	工伤保险	医疗保险	失业保险	生育保险
■ 全国	13.9	23.6	16.7	8.0	5.6
■ 东部	16.4	27.0	19.3	9.5	6.7
■ 中部	8.3	14.8	10.2	4.8	3.4
■ 西部	8.3	17.0	11.1	4.5	2.8

资料来源：作者梳理

图 21.4　2011 年外出农民工在不同地区务工参加社会保障的比例（％）

　　社科院 2010 年在温州的一项调研也支持该项结果。调查显示，雇主或单位为农民工缴纳养老保险、工伤保险、医疗保险的比例分别为 13.9％、23.6％、16.7％。养老保险缴纳比例极低。

　　2009 年起养老保障体系改革加速，沿着"广覆盖、保基本"的思路，下一阶段即将面临城乡统筹和实现不同保障制度之间可转换的任务。2009 年中国推出新型农村养老保险制度（简称"新农保"），2011 年推出城市居民养老保险制度（简称"城居保"），以覆盖农村居民以及城市非就业人员。目前，全国所有县级行政区全部纳入国家两项试点。截至 2012 年 9 月底，全国两项制度参保人数达到 4.49 亿人，其中，1.24 亿城乡老年居民领取养老金，再加上城市职工基本养老保险，中国养老保险总计覆盖人数已超过 7 亿人。覆盖人群范围的逐步拓宽，为下一步统筹城乡奠定了基础。

　　相比养老保障体系，近年来医疗保障体系利用商业保险的改革步伐迈得更快，见图 21.5。尽管医疗保障体系也呈现碎片化特征，但与养老保障相比，新型农村合作医疗目前已经覆盖了 97.5％的农民，且异地诊疗报销也较为畅通。特别是保险公司经办区域的新农合，利用保险公司覆盖广泛的网络帮助流动人口基本实现了在全国范围内都可获得医疗保障。目前部分省市已经推动了城乡一体化的医疗保障制度,且正在尝试打破城乡分割的人为设置。

资料来源:作者梳理

图 21.5　中国各地城乡医保一体化推进加快

第二,未来可选路径:基本养老保险广覆盖、低标准,地区差异交由商业保险负责

当前养老保障制度的分割,很大程度上是由于政府的公共服务和社会保障体制改革发展的滞后,从而人为地造成了城乡和地区的差异甚至不公平,阻碍了农村劳动力的自由迁移。

如果社会保障制度不是覆盖全体国民,且不着力熨平差别社会保障制度,那么城镇化、工业化都难以取得实质性的进展。因此,在城镇化进入下半程后,社会保障制度改革便成为政府必须要直面的问题。

长期目标:逐步实现城乡再次分配的均等化,推进城乡和不同职业社会保障均等化。

可选路径:制定全国统一的较低的社保支付标准,而把地区和职业差异纳入商业保险的范畴综合考虑。

2010 年人保部的相关负责人表示,基本养老保险有望在五年内实现全国统筹。目前,各省区之间企业的基本养老保险缴费率仍然存在一定差别,见表 21.2。制度的统一是实现基金统筹层次提高的前提,因此,应当在精算的基础上,尽快统一全国的企业养老保险缴费率。可以想象,由于统筹层次的提高,部分大中城市企业养老保险费率将有下调的空间,要想维持原有替代率,地区差异部分必须转而求助商业保险。

例如,目前各地加速推进的公务员公费医疗改革,公务员加入城市职工医保,由此造成的医疗保障的下降可以通过购买商业保险建立补充医疗保险。

表 21.2　2012 年中国主要城市养老保险缴费率及平均缴费

	企业缴费率（%）	个人缴费率（%）	合计（%）	人均工资（元/月）	平均缴费（元）
北京	20	8	28	4 672	1 308
天津	25	8	33	3 520	1 162
上海	22	8	30	4 331	1 299
广州	12	8	20	4 789	958
深圳	18	8	26	5 021	1 305
重庆	20	8	28	3 337	934
沈阳	20	8	28	1 929	540
南京	20	8	28	3 008	842
武汉	22	8	30	3 275	983
郑州	20	8	28	2 962	829
石家庄	20	8	28	2 928	820

资料来源：作者梳理

基本与非基本之辨：明确社会保障和商业保障的界限

第一，上帝的归上帝，恺撒的归恺撒

长期以来，商业保险在社会保障领域的定位一直摇摆不定，从"补充"到"重要组成"等诸多提法不一。措辞上的多变（见表 21.3），实质上反映了政府对基本和非基本领域的划分并不清晰。

新一届政府在社会管理领域明确提出，要合理划分"基本"与"非基本"的范围。基本社会保障由政府承担，非基本社会保障由市场提供，利用市场机制加快社会领域发展。这将有利于商业保险和社会保险界限的厘清，从而为商业保险发展腾挪出空间。

不可否认，近年来个别发达地区政府由于财政实力雄厚，在部分社会保障领域不切实际地大包大揽，不断提高政府应负担的社会和医疗保障上限，模糊了社会保险和商业保险的界限，由此造成隐形刚性约束以及未来巨大的财政压力，也挤掉了商业保险的发展空间。这一点在医疗保障领域表现得较为突出,例如部分地方政府提供了本应由商业保险提供的补充医疗保险。目前,部分地方政府已经意识到医疗保障支出的刚性约束,并开始借助商业保险手段控制费用的过快增长。这是利用市场机制的典型做法。

表 21.3　关于商业保险在社会保障领域定位的历次表述

时间	文件	事项
2006 年 6 月	《国务院关于保险业改革发展的若干意见》	提出要努力发展适合农民的各类商业保险,要积极探索保险机构参与新型农村合作医疗管理的有效方式
2006 年 10 月	《关于构建社会主义和谐社会若干重大问题的决定》	提出发挥商业保险在健全社会保障体系中的重要作用
2007 年 10 月	十七大报告《高举中国特色社会主义伟大旗帜　为夺取全面建设小康社会新胜利而奋斗》	要以慈善事业、商业保险为补充,加快完善社会保障体系。作为市场经济条件下风险管理的基本手段、经济的助推器和社会的稳定器,商业保险充分发挥其经济补偿、资金融通和社会管理功能,对中国特色社会保障体系建设有着重要的现实意义和深远的历史影响
2012 年 3 月	《“十二五”期间深化医药卫生体制改革规划暨实施方案》	指出,应加快健全全民医保体系,充分发挥全民基本医保的基础性作用。积极发展商业健康保险,完善商业健康保险产业政策,鼓励商业保险机构发展基本医保

资料来源:作者梳理

第二,“非基本”撬动“基本”改革:大病保险样本

2012 年 8 月底,国家发改委、卫生部等六部委出台《关于开展城乡居民大病保险工作的指导意见》,明确了商业保险机构是大病保险的经办机构,必须采取向商业保险机构购买大病保险的方式开展,实现了在商业保险提供大病保险上的重大政策突破。

实践中,商业保险机构承保大病和补充医保的一个前提,是要求获得基本医保的管理权,介入基本医保层次的费用管控,从而促进基本医保层次效率的提高和管理的改进,并有效推进基本医保层次尽快实行总额付费、按病种付费改革。

同时,由于商业保险机构具有全国机构网络,使得大病保险能够实现异地报销,这被称为"具有高度可携带性特征的制度,即健(医)保待遇可以随着参保者的迁徙而全国漫游"。例如,河南洛阳已与上海、北京、广州、重庆、天津、哈尔滨、沈阳、西安、南京、武汉等十个大城市完成了异地就医结算的"直补"工作。也就是说,在洛阳参保的人员,无论是异地工作的中青年,还是随子女异地定居的老年人,在上述十大城市就医之时,已可在其中任何一个城市的医院窗口结算时直接报销医保费用。

大病医保"全国一盘棋"之后,商保机构的网络化功效将被放大,进而可实质推动城乡医保并轨。

第三,借助商业保险手段提高基本社会管理领域的运作效率

推进"公私合作"是社会管理领域的一项基本经验,通过购买第三方服务可以提高政府的管理效率和服务水平。这一点在保险领域表现得尤为突出,例如交强险、强制安全责任保险等法定险种,见表21.4。最典型的做法是政府向保险公司购买经办服务。商业保险公司不仅可以在基本保障范围以外提供可自由选择的医疗、养老保险,更可以协助政府管理社会保险体系的运行。特别是在医疗领域,政府可以利用商业保险业内专业知识和第三方管理机构经验,来提高整个医疗保险体系的专业化运作水平。改变单纯进行事后报销审核的传统做法,有效控制医疗费用的过快增长。人保部数据显示,截至2010年,全国共有586个统筹地区将城市职工基本医保委托给商保机构经办,占比为20%;另外还有67个地区将城市居民基本医保委托给商保机构经办。

2011年,保险业接受政府委托,参与新农合、新农合补充、城市职工和城市居民基本医疗保险和补充医疗保险、医疗救助等医疗保障项目,新增委托管理资金105.4亿元,同比上升17.45%。其中以"洛阳模式"、"江阴模式"等为代表。

总体而言,社会保障领域的改革要致力于解决目前政府定位的问题,

既要弥补政府长期以来对非城市居民没有履行基本保障职能而造成的"缺位",也要逐步降低城市职工个人和企业负担的缴费比例,实现城乡统筹,同时在基本保障领域也可以借助商业保险手段提高效率。在其他社会管理领域,政府也可以通过购买保险服务的方式,实现社会管理手段的创新。

表 21.4 商业保险参与社会管理情况

时间	相关文件	险种
1999 年	——	学生平安保险
2002 年 3 月	《关于建议明确〈旅行社管理条例〉中"旅游意外保险"含义的函》	旅行社责任保险
2006 年 6 月	《机动车交通事故责任强制保险条例》	交强险
2007 年	——	中央补贴的农业保险
2007 年 7 月	《关于推动医疗责任保险有关问题的通知》	医疗责任保险
2008 年 4 月	《关于推行校方责任保险完善校园意外伤害事故风险管理机制的通知》	校方责任保险
2008 年 2 月	《关于环境污染责任保险的指导意见》	环境污染责任保险制度
2009 年	——	社会治安保险

资料来源:作者梳理

保险资金参与城镇化建设

第一,从国际经验看,寿险资金的长期性和稳定性契合了基础设施建设的需求

美国二战后城镇化加速的过程,是债券市场大发展的过程,也是保险资金配置多元化的过程。二战后,美国出台了一系列政策来支持城镇化的推进,城镇化率由 1940 年的 56.5％上升至 1960 年的 70％。快速的城镇化进程产生了巨大的资金需求,债券市场由于其融资成本相对较低而受到政府的青睐,政府通过在债券市场上大规模发行国债及市政债券获得了充足的资金,同时,伴随着政府债券的发行,美国政府尚未偿还的债券规模由 1945 年的 2 586.8 亿美元上升至 1970 年的 3 709.2 亿美元。同时,城镇化增强了美国企业的投资需求,从而刺激了企业的融资需求,美国公司债券市场快速增长,截至 2011 年,美国非政府债券市场规模为 22 万亿美元,而同期政府债券市场规模为 16 万亿美元。美国债券市场的重大发展,为保险资金提供了大量的优质债券供给,特别地,高质量的公司债券给保险业带来了巨大变革。二战前,寿险业 50% 以上的资产投资于国债。战后因重建需要,美国公司债券快速发展,同时住房需求也迅速上升。保险行业持有的公司债券和抵押贷款比例提高。1945 年到 20 世纪 60 年代,保险投资国债、公司债和抵押贷款的比例从 50:25:15 变化为 4:40:35。这一比例基本一直维持到现在,除了国债和抵押贷款的比重进一步下降。而目前中国保险投资国债和企业债的比例是 7:16,具有巨大的优化空间。

寿险资金的长期性和稳定性契合了城镇化进程中基础设施和房地产建设的资金需求。寿险资金的期限基本在 5 年以上,平均资产久期在 10 年左右,适合投资信用评级较高、现金流稳定的长期项目。基础设施类项目一般所需资金量较大、项目营运周期长,基础设施投资中的铁路、桥梁、高速公路、水利等项目无疑在期限上能够实现与保险资金的较好匹配。

美国寿险资金的债券配置中有 20% 集中于基础设施行业。美国寿险资金逐步提高对基础设施建设相关行业(航天、国防、广播、电力、石油、天然气、通信、物流)的债券投资。截至 2010 年,基础设施建设相关行业债券在美国保险债券资产中的占比达到 20.17%,在保险总资产中占比达到了 9.81%。

房地产及其证券是美国保险资金的重要配置领域。虽然实物房地产投资占比近年来持续下降,但随着 MBS 的产生和发展,MBS 已经成为保险资金重要的配置方向。如果将实物房地产、住房抵押贷款及其相关金融工具合并考虑,房地产投资在保险资产中的占比将达到 12.40%。

第二,新一轮监管改革助力保险资金分享城镇化盛宴

2012 年新一轮保险投资改革的重点之一就是放宽保险公司投资基础设施建设和不动产的各项要求,这在一定意义上顺应了城镇化建设加速过程中对保险资金的需求。目前,投资基础设施债权投资计划和不动产相关金融产品的账面余额占公司上季末总资产的比例已经提高到 20%，见表 21.5。

表 21.5 关于保险公司投资不动产、基础设施债权投资计划的最新比例及要求

总体比例要求	保险公司投资非自用性不动产、基础设施债权投资计划及不动产相关金融产品，可以自主确定投资标的，账面余额合计不高于本公司上季末总资产的 20%。投资基础设施债权投资计划和不动产相关金融产品的账面余额，合计不高于本公司上季末总资产的 20%
集中度要求	保险公司投资同一基础设施债权投资计划或者不动产投资计划的账面余额，不高于该计划发行规模的 50%，投资其他不动产相关金融产品的账面余额，不高于该产品发行规模的 20%。保险集团（控股）公司及其保险子公司，投资同一基础设施债权投资计划或者不动产相关金融产品的账面余额，合计不高于该计划（产品）发行规模的 60%
其他要求	保险资金以间接方式投资公共租赁住房和廉租住房项目，该类项目应当经政府审定，权证齐全合法有效，地处经济实力较强、财政状况良好、人口增长速度较为稳定的大城市

资料来源：CIRC，作者梳理

在此之前，保险资金主要通过投资基础设施债券来服务城镇化，如铁道债、电网债等等。2007 年以来，保险资金就开始逐步进入基础设施投资领域，从平安保险发起的"京沪高铁"到太平洋保险的"南水北调"计划。据不完全统计，截至目前，保险行业累计发行基础设施债权投资计划已超过 70 个，金额超过 2 000 亿元。2012 年 6 月以来，随着投资新政改革开启以及国家多项基础投资加码，保险资金新增债权投资计划资金约 500 亿元，广泛涵盖公路、铁路、核电、风电、火电、水电、水利、煤炭等重大民生行业。

同时，保险资金开始逐步涉足保障房领域。2011 年太平洋—上海公共租赁房项目债权投资计划投资 40 亿元，主要用于上海地产（集团）有限公司在上海市区的约 50 万平方米公共租赁住房项目的建设和运营。多家保险公司参与"北京市土地储备 7 年期债权投资计划"，筹资 200 多亿元，主要用于北京市保障房的土地储备。而早在 2006 年，保险资金就陆续以直接或间接的方式购入土地或写字楼，一些大型保险公司还与地产企业展开战略合作以及股权收购。

据此测算，仅基础设施投资计划和不动产两项，目前保险基金能够为城镇化建设提供的资金约为 1.2 万亿元。而如果考虑到债券投资，则数字更为可观。加速的城镇化建设能够为保险资金提供更广阔的配置空间，促进保险资产配置的多元化，从而分享新一轮城镇化的收益。

参考文献

1. 乔尔·科特金著,王旭译:《全球城市史》,社会科学文献出版社,2010。

2. 爱德华·格莱泽著,刘润泉译:《城市的胜利》,上海社会科学院出版社,2012。

3. 保罗·诺克斯、琳达·迈克卡西著,顾朝林等译:《城市化》,科学出版社,2009。

4. 道格·桑德斯著,陈信宏译:《落脚城市:最后的人类大迁移和我们的未来》,上海译文出版社,2012。

5. 皮埃尔·雅克等著,潘革平译:《看地球 2010:城市改变发展轨迹》,社会科学文献出版社,2010。

6. 刘易斯·芒福德著,宋俊岭、倪文彦译:《城市发展史——起源、演变和前景》,中国建筑工业出版社,2005。

7. 马里奥·波利斯著,方菁译:《富城市、穷城市》,新华出版社,2011。

8. 布赖恩·贝利著,顾朝林等译:《比较城市化——20 世纪的不同道路》,商务印书馆,2008。

9. 王旭:《美国城市发展模式:从城市化到大都市区化》,清华大学出版社,2006。

10. 周晓华:《新城模式:国际大都市发展实证案例》(第 2 版),机械工业出版社,2007。

11. 高盛全球经济研究 No.218,《集约型城市化是中国未来高效增长的关键》,2013 年 5 月。

12. 埃森哲卓越绩效研究院报告:和谐城市化——未来中国经济的新动力和持续发展的途径,2010 年,第 3 期。

13. Arthur(1990),Silicon Valley Locational Clusters:When Do Increasing Returns to Scale Imply Monopoly, *Mathematical Social Sciences*, 19,235~251.

14. Barro,Robert J. (1991),Economic Growth in a Cross Section of Countries, *Quarterly Journal of Economics*, CVI,407~443.

15. Barry Eichengreen(2011),When Fast Growing Economies Slow Down:International Evidence and Implications for China. NBER,Working Paper 16919.

16. Cheshire, P. C. (1995), A New Phase of Urban Development in Western Europe: The Evidence for the 1980s, *Urban Studies*, 32,7,1045~1063.

17. Carl Abbott, *The New Urban America: Growth and Politics in Sunbelt Cities*, The University of North Carolina Press,1987,p. 60.

18. Henderson, J. V. (1988), *Urban Development: Theory, Fact and Illusion*, Oxford University Press.

19. Michael Spencer,Patricia Annez,and Robert Buckley, *Urbanization and Growth* (2009),IBRD.

20. Lucas,R. E. (1988),On the Mechanics of Economic Development, *Journal of Monetary Economics*, 12,3~42.

21. Dennis R. Judd, *The Politics of American Cities: Private Power and Public Policy*, Little,Brown and Company,1979,p. 159.

22. E. Helpman (1998),The Size of Regions,in D. Pines,E. Sadka and I. Zilcha (eds.), *Topics in Public Economics: Theoretical and Applied Analysis*, Cambridge University Press,33~54.

23. Williamson,J. G. (1965),Regional Inequality and the Process of National Development, *Economic Development and Cultural Change*, 13,3~45.

24. Tibaijuka,A. (2006), *The Importance of Urban Planning in Urban Poverty Reduction and Sustainable Development*, World Planners Congress,Vancouver,2006.

图书在版编目(CIP)数据

城镇化大转型的金融视角/巴曙松,杨现领著. —厦门:厦门大学出版社,
2013.9(2013.12 重印)
ISBN 978-7-5615-4773-1

Ⅰ.①城… Ⅱ.①巴…②杨… Ⅲ.①城市化-研究-中国②城乡金融-研究-中国
Ⅳ.①F299.21 ②F832.35

中国版本图书馆 CIP 数据核字(2013)第 217734 号

厦门大学出版社出版发行

(地址:厦门市软件园二期望海路 39 号 邮编:361008)

http://www.xmupress.com

xmup @ xmupress.com

厦门集大印刷厂印刷

2013 年 9 月第 1 版 2013 年 12 月第 4 次印刷

开本:787×1092 1/16 印张:23 插页:3

字数:368 千字 印数:14 000～19 500 册

定价:49.00 元

本书如有印装质量问题请直接寄承印厂调换